森　公　章著

長屋王家木簡の基礎的研究

吉川弘文館

序にかえて

『長屋王家木簡の基礎的研究』と題する本書は、一九八八年一二月一日、著者が前任の職場・奈良国立文化財研究所平城宮跡発掘調査部に就職して以来、長屋王家木簡・二条大路木簡の整理・研究に従事し、報告書などの執筆の過程で発表してきた論考を一書になしたものである。一九八八年出土の両木簡群については、一九九五年に発掘調査の正式報告書『平城京左京二条二坊・三条二坊発掘調査報告』（奈良国立文化財研究所、一九九六年に『平城京長屋王邸宅』として吉川弘文館からも販売）、木簡釈読の正式報告書『平城京木簡』一（奈良国立文化財研究所、同年に吉川弘文館からも販売）が呈され、調査主体である奈良国立文化財研究所の整理・研究の一応の到達点が示された。しかし、この一大史料群の研究はまだ途についたばかりであり、今後の研究の展開が大いに期待される分野である。この間、木簡の整理に従事した者として、一応の見解をまとめておくこともなにがしかの意味があると思い、ここに拙論を便宜上三部に構成し、これに「長屋王家木簡・長屋王邸関連論文目録（稿）」を付して、諸賢のご照覧に委ねる次第である。各論考の旧稿との関係などを整理して、序に代えることにしたい。

第一部　長屋王家木簡と家政運営

第一部は前述の発掘報告書に「長屋王邸の住人と家政運営」として書いたものに、拙稿「長屋王家木簡再考」（『弘前大学国史研究』九六、一九九四年）の内容を加味して、第一章「平城京左京三条二坊の邸宅と住人」、第二章「家政運営の様相」、第三章「長屋王家の興亡」の三章仕立てとし、長屋王家木簡の全体的理解をまとめたものである。ここでは長屋王家木簡を考える上で、最も大きな問題となる家政機関の主人についての私見を示しており、現時点では高市皇子の家政機関継承説を支持するのが至当であり、長屋王家木簡の全体を最もよく説明できる考え方であると思う。

なお、「長屋王家木簡」という名称の当否は、木簡群の性格や家政機関の主人の問題と密接にかかわる事柄であるが、長屋王家木簡の全容については、寺崎保広「長屋王家木簡」（『平城京左京二条二坊・三条二坊発掘調査報告』奈良国立文化財研究所、一九九五年）を参照していただきたい。

第二部　長屋王家木簡の諸相

第二部は第一部の元原稿執筆の過程で、あるいはその後に興味を持った点を個別に論じたもので、概ね第一・二・三・七章が第一部第一章、第四・五・六章が第一部第二章、そして、重複するが、第七章が第一部第三章に関連している。

第一章　橘家と恵美大家——奈良時代貴族の家政断章——

『海南史学』三三号（一九九五年）に掲載したものを収載した。長屋王家木簡で検討した家政のあり方の一般化の可否を探って、表題の二つの家の家政を復原しようとしたものである。時代的には長屋王家木簡よりも下るが、特に藤原氏の家政の要素には長屋王家と共通する面があることを指摘し、一方では律令制度の定着に伴って、異なる要素も検出できるのではないかと考えた。

第二章　「故京職宅返抄」を含む天平宝字八年の造東大寺司牒の読み方

『日本歴史』五八五号（一九九七年）に研究余録として掲載された同名の小文に、若干の補訂、付記を加えたものである。当初は「故京職宅返抄」が家政機関の継承に関わる史料になると考えていたが、現時点ではやはり無理があるのではないかと述べ、史料の解釈を厳密にしようとした。

第三章　長屋王家木簡三題

『木簡研究』一八号（一九九六年）に掲載された論考を収載した。伝票木簡に「受」として登場する人物と所属部署との関係、長屋王家における帳簿の作成の問題、また木簡整理の段階で木簡を実見する中で気づいた木簡の転用・再利用の認知の可能性などに言及したものである。

第四章　卜部寸考――長屋王家木簡の中の一点から――

『日本歴史』五三九号（一九九三年）掲載の論考に、若干の付記を加えたもの。長屋王家木簡に見える「伊豆国造」について、拙稿「律令制下の国造に関する初歩的考察」（『ヒストリア』一一四、一九八七年、『古代郡司制度の研究』吉川弘文館、二〇〇〇年に所収）以来持っていた律令制下の国造に関する興味から、これを卜部に関係するものと理解し、長屋王家における行事・祭祀のあり方に触れた。「伊豆国造」を卜部とする理解には異論も呈されており、付記の諸論考を併読していただきたい。

第五章　王臣家と馬――長屋王家木簡の馬司の考察から――

史聚会編『奈良平安時代史の諸相』（高科書店、一九九七年）に掲載された論考に、発表時には枚数制限のため、史料の所在のみを記した畿内武装化に関する史料を加えたもの。長屋王家木簡に比較的多数見える馬司関係の木簡を集め、馬司という一部署のあり方について考え、合せて王臣家の私的な武力という視点から、長屋王家木簡の一般化を図ったものである。

第六章　長屋王家木簡と田庄の経営

皆川完一編『古代中世史料学研究』上巻（吉川弘文館、一九九八年）掲載の論考に、若干の史料・図や註の増補を行ったものである。長屋王家の家政運営の具体像の復原の試みとして、御田・御薗の経営に絞って考察を加えたもので、やはり王貴族の家政としての一般化の可否を探ったつもりである。

第七章　奈良時代の王族とその生活断章——長屋王の子女と兄弟姉妹を例として——

『続日本紀研究』三一九号（一九九九年）掲載の論考を収載したもの。長屋王没後の長屋王家のあり方から、第一部で問題とした長屋王家の家政機関の特色や継承の問題を考える手がかりを得ることができるのではないかと思い、安宿王・河内女王・鈴鹿王などについて考察を試みた。

第三部　長屋王家木簡の周辺

第三部は長屋王家木簡の研究に関連して発表した、小文の研究整理、二条大路木簡に関する論考などを収載したものである。

第一章　荷札木簡の研究課題

『考古学ジャーナル』三三九号（一九九一年）掲載の荷札木簡の研究史整理に関する小文を収載したものである。第一部でも引用しており、参照の便宜も考えて、本書に収載した。なお、二条大路木簡の贄札に関しては、樋口知志「二条大路木簡と古代の食料品貢進制度」（『木簡研究』一三、一九九一年）が呈されているので、参照していただきたい。

第二章　平城宮跡の墨書土器

『月刊文化財』三六二号（一九九三年）に掲載された小文のうち、墨書土器の写真を除いて、収載したもの。長屋王邸とその周辺の墨書土器の出土状況にも言及しており、第一部第三章の長屋王没後のこの宅地の様相に関わる点にも触れているので、本書に収載しておいた。

第三章　二条大路木簡と門の警備

奈良国立文化財研究所編『文化財論叢』II（同朋舎出版、一九九五年）に掲載した論考に、若干の付記を加えたもの。二条大路木簡について、個別の構成要素から検討を試みたもので、平城宮跡出土の西宮兵衛木簡の知見を補う材料を呈している。

第四章　二条大路木簡中の鼠進上木簡寸考

『日本歴史』六一五号（一九九九年）掲載の論考に、註の補訂を行い、収載したものである。やはり個別構成要素から二条大路木簡の理解を試みたもので、研究の少ない奈良時代の京職の運営のあり方を考える材料としても、二条大路木簡が有用なことを示しており、二条大路木簡の研究の深化を図っている。

付　長屋王家木簡・長屋王邸関連論文目録（稿）

『続日本紀研究』三〇四号（一九九六年）に掲載した文献目録に、その後の補訂を加えたもの。長屋王家木簡の研究は今後さらに発展することが期待されるので、「（稿）」に留まるものであるが、一応の整理として、本書に収載した。

以上、本書の構成を紹介したが、全体にわたる事柄として、次の点に触れておきたい。まず本書で使用した長屋王家木簡、二条大路木簡の釈文は、基本的に『平城宮発掘調査出土木簡概報』（奈良国立文化財研究所）に依拠し、その出典を概報の号数・頁数で示し、城21-10のように略記した。両木簡群の釈文は、前述の発掘報告書、木簡釈読の報告書などにも掲載されているが、釈読の正式報告書が完成するにはまだ多くの時間が必要であり、現段階では上記の概報が最も依拠すべき全体像を呈していると考えたからである。なお、概報の釈文が訂正されているものに関しては、その訂正に依拠した釈文を載せているので、ご承知いただきたい。

次に寺崎保広「長屋王家木簡に見える小子と帳内」（『国史談話会雑誌』三八、一九九七年）、『長屋王』（吉川弘文館、一九九九年）が指摘している、長屋王家木簡に登場する小（少）子の理解である。本書では関晃「大化前代における皇室私有民」（『大化改新の研究』下、吉川弘文館、一九九六年）が子代について呈した、君主と従属者の擬制的な関係を示す「子」の概念をイメージし、小子を帳内・資人クラスの者と考えた。この点については、何人かの方から理解を問われたことがあるが、寺崎氏の論考で、文章の形でその問題点が示され、小子はやはり年少者を表す表現と解すべきであり、家令職員、雑任者、雑仕者、技能者の区分では、雑任者ではなく、雑仕者に入れるのがよい旨を指摘されている。確かに寺崎氏の史料解釈には魅力を感じ、絵巻物などに基づく社会史的研究の中では子どもの労働の重要性が言及されているが、八世紀の年少者労働のあり方（その一端は本書第三部第四章で触れた）がなお不明確であり、また長屋王家に多数の年少労働者が勤務するという構造を認めてよいか否か、若干の躊躇が残る。したがって本書では、比較・検討の材料として、旧稿の理解のまま小子を帳内・資人クラスとしているが、寺崎氏のご指摘を受けて、全面的に再検討する必要があるとは考えている点を付け加え、寺崎氏ならびに読者のご了解をお願いしたい。

目　次

序にかえて

第一部　長屋王家木簡と家政運営……一

第一章　平城京左京三条二坊の邸宅と住人……二

はじめに……二

一　研究小史・問題点と確認点……三

二　二つの家政機関……一五

1　第二の家政機関の構成と文書木簡の内容……一七

2　第二の家政機関の対象……二二

3　長屋王の家政機関との関係……二六

三　奈良時代の貴族の家政……三三

1　大伴氏の場合……三三

2　本主死後の家政機関の存続……三八

3 飛鳥・藤原地域と奈良貴族……三九
4 家政機関の融合……四四
四 北宮寸釈……四六
1 北宮と長屋王家……四七
2 高市皇子宮をめぐって……五三
3 北宮の名義……五七
五 吉備内親王の位置……六〇
1 吉備内親王の居所……六〇
2 長屋王による資養……六三
むすび……六四
第二章 家政運営の様相……七三
はじめに……七三
一 家政機関の部署……七四
1 邸内の部署……七四
2 伝票木簡の作成……七八
3 政所の役割……七九

二　御田・御薗……八一
1　所在地をめぐる特色……八一
2　経営方式と由来……八三
三　畿外の土地との関係……八八
1　荷札木簡の特徴……八九
2　封戸の経営と税司（使）……九四
むすび……九七
第三章　長屋王家の興亡……一〇一
はじめに……一〇一
一　長屋王家の動向……一〇三
二　長屋王の変……一〇八
三　長屋王没後の様相……一一一
むすび……一一三
第二部　長屋王家木簡の諸相……一一七
第一章　橘家と恵美太家……一一八
――奈良時代貴族の家政断章――

はじめに……一一八
一　橘奈良麻呂の乱とその族的結合……一一九
1　奈良麻呂与党の検討……一二〇
2　橘氏と県犬養氏……一二三
二　橘家の家政運営……一二六
三　恵美太家の場合……一三〇
むすび……一三五
第二章　「故京職宅返抄」を含む天平宝字八年の造東大寺司牒の読み方……一三九
はじめに……一三九
一　「故京職宅返抄」と日下部乙万呂……一四三
二　造東大寺司牒の読み方について……一四三
むすびにかえて……一四五
第三章　長屋王家木簡三題……一四七
はじめに……一四七
一　「受」某と所属（宛先）部署との関係……一四八
二　帳簿作成の技法……一五六

三　木簡の転用・再利用のあり方……一六六
むすびにかえて……一七三
第四章　卜部寸考……一七六
——長屋王家木簡の中の一点から——
はじめに……一七六
一　官員令別記と延喜式制……一七七
二　律令制下の卜部……一七九
三　木簡寸釈——長屋王家と卜部——……一八五
むすび……一八九
第五章　王臣家と馬……一九三
——長屋王家木簡の馬司の考察から——
はじめに……一九三
一　長屋王家の馬司……一九四
二　天武朝の畿内武装化政策……一九九
三　王臣家対策と馬……二〇三
むすび……二〇七

第六章　長屋王家木簡と田庄の経営……二一〇
はじめに……二一〇
一　長屋王家における御田・御薗の運営……二一一
1　管理形態……二一四
2　労役形態……二一八
3　長屋王家における位置……二二二
二　大伴氏の田庄……二二六
1　管理形態……二二九
2　田庄の施設……二三〇
3　祭　田……二三三
三　田庄経営の特色……二三五
1　屯田との比較……二三七
2　国郡司との関係……二四一
むすび……二四七
第七章　奈良時代の王族とその生活断章……二五一
——長屋王の子女と兄弟姉妹を例として——

はじめに……二五一
一　安宿王のくらし……二五三
二　河内女王と後宮出仕……二六〇
三　鈴鹿王の位置……二六六
むすび……二七三

第三部　長屋王家木簡の周辺……二七七

第一章　荷札木簡の研究課題……二七八
はじめに……二七八
一　研究の足跡……二七九
1　平城宮木簡と藤原宮木簡……二八〇
2　荷札木簡の機能……二八一
3　荷札はどこで作成されたか……二八四
二　長屋王家木簡と二条大路木簡の出土……二八六
1　長屋王家の荷札木簡……二八六
2　二条大路木簡の特色……二八七

3　研究の方法と課題……二八九
三　贄について……二九〇
1　研究史の概括……二九一
2　問題点の所在……二九二
むすびにかえて……二九三
第二章　平城宮跡の墨書土器……二九四
はじめに……二九四
一　平城宮の研究と墨書土器……二九五
二　長屋王邸跡とその周辺……二九九
三　「名と器とは人にかさず」――属人器の明示……三〇一
四　官吏の学習、教養……三〇四
むすびにかえて……三〇六
第三章　二条大路木簡と門の警備……三〇八
はじめに……三〇八
一　門の木簡とその特色……三〇九
二　二条大路木簡から見た門の警備……三一六

三　兵衛の氏姓分析（補遺）……三三一
むすびにかえて……三三三
第四章　二条大路木簡中の鼠進上木簡寸考……三三九
はじめに……三三九
一　鼠進上木簡の検討……三四〇
二　京職と鼠の確保……三四六
三　鷹所への進上……三五〇
むすび……三五四
付　長屋王家木簡・長屋王邸関連論文目録（稿）……三五七
あとがき……三七七
索　引……巻末

第一部　長屋王家木簡と家政運営

第一章　平城京左京三条二坊の邸宅と住人

はじめに

一九八八年八月、平城京跡左京三条二坊八坪東南の南北溝SD四七五〇から出土した長屋王家木簡は、古代貴族の日常生活を知る上で、この前後の時代を見渡しても、比類のない史料群である。家政機関の存在、家政運営のための様々な部署や職名、そこに働く人々の動向、長屋王家の田庄・封戸の所在地とその経営、それらの地からの日々の物資搬入状況や邸内外への支給など、貴族の家政運営を具体的に明らかにすることのできる材料、しかもそれが木簡という「地下の正倉院」とも評される第一次史料の形で呈された。また長屋王家木簡の年紀は和銅三年～霊亀三年と、従来史料の少ない奈良時代初期のものであり[1]、編纂史料や律令の規定とは別の角度から八世紀前半の歴史を検討することも可能になる。さらに時代を遡って、律令制成立以前の「宮」の運営や部民制などの諸制度の解明にも資することができるのではないかと期待される[2]。これら以外にも、様々な方面で奥深い研究の展開・展望を期待させる史料群であるが、ここではまずこの木簡群の基本的性格を明らかにするために、表記の課題に限定して、考察を試みる。

一　研究小史・問題点と確認点

今、長屋王家木簡という言葉を用いてきたが、木簡出土当初から、左京三条二坊一・二・七・八坪の邸宅の主は誰か、また木簡を残した家政機関は誰のものであったかが大きな問題点とされてきた。

まず木簡に見える固有名詞を冠する「宮」、「御所」などを整理すると、表1のようになる。このうち、邸内に存したものはどれであるかを確定したい。表1のうち、Aは長屋王の父高市皇子を指すが、習書風の木簡なので、一応考察対象から除く。Eもわずか一点で、荷札木簡に見えるものであるが、氷高内親王（霊亀元年九月に元正天皇として即位）がこの邸宅に幸じた際のもの、あるいは氷高内親王のもとから送られてきたものなど、いくつかの可能性で説明でき、やはり対象外となる。その他、地名を冠するI・Jは邸外に存した可能性が高い。個人名を冠するF～Hに関しては、次のような記載の木簡に注目しておきたい。

・山形皇子宮帳内四口□竪九口□□。
・□□一斗三升［　　］秦忌寸　　○　（城21-15）　183・(16)・3　081
・○山方王子御湯曳人米二升半

表1　木簡にみえる「宮」「御所」

	「宮」	点数
A	後皇子命宮	1
B	長屋親王、長屋皇宮 長屋皇（王）子宮	17
C	北宮	16
D	西宮	多数
E	氷高親王宮	1
F	山形皇（王）子宮	4*
G	竹野王子宮	6*
H	門部王宮	1
I	春日宮	3
J	都祁宮	1

	「御所」	点数
a	御所	多数
b	内親王御所、 内御所、内	多数
c	安倍大刀自御所	1*
d	石川夫人所	1*
e	竹野王子御所	5*

*某宮、某御所と記されるのはその点数だけであるが、人名としては木簡にみえる例が他にもあることを示す。

・○受粟田刀自女若万呂　書吏　（城21-15）　170・24・4　011

・竹野王子山寺遣雇人米二升□〔受カ〕□□

・古万呂　十月八日□〔稲カ〕万呂家令　（城21-15）　198・(12)・2　019

・○竹野王子御所進粥米二升受老

・○　九日「萬呂」　（城21-15）　163・22・2　011

・竹野王子女医二口

・一升半受真木女　（城23-8）　(107)・15・4　019

これらによると、山形王子宮には帳内・御湯曳人・□（女か）竪、竹野王子宮には女医や奴婢がいたことがわかり、また「竹野王子山寺」なども見えており、独立した資産や家政運営の存在も想定される。(3) しかし、彼らは米支給の伝票木簡に支給対象としてしばしば現れており、所在地は邸内・外双方の可能性がある。したがって独立した資産・機構の存在を考慮して、ここでは邸外でもごく近接した場所に居住していたと見ておくことにしたい。

とすると、残るのはB～Dとa～dであり、これらが邸内に存したものである可能性が高いと考える。人名を冠するB、c、dは問題ないとして、これ以外のものについて説明してみたい。D西宮については、まず次の点が指摘できる。B・Cが荷札、付札に記され、邸外にも通用した名称であるのに対して、Dは米飯支給木簡のみに見え、いわば邸内の通称ではなかったかということである。西宮の名称は平城宮木簡にもあり、宮内の一地域を指す言葉として用いられている[4]。宮内の場合は色々と解釈があり、定説はないが、東宮に対して、その西にあたる内裏地区を西宮と呼んだとする説、東区の内裏・大極殿・朝堂院地域に対して、その西にあたる中央区の旧大極殿地域を西宮と称したと見る説などが呈されており[5]、西宮は相対的な位置を示す用語であった。一方、諸橋轍次『大漢和辞典』によれば、媵妾、妃嬪など、特定の人物の居住地域を指す用法もあり、この可能性も考慮して、後述することにしたい。a御所は、特に固有名詞・冠称をつけない点やb内親王御所という表現があることからみて、この邸宅の主人の居所とbその妻たる内親王の居所を指した表現と推定される。以上の検討からは、邸外にも通用するB長屋王関係の名称とその妻吉備内親王、C北宮が、この邸宅の主人について考える基礎材料となる。

『続紀』によると、神亀六年二月、長屋王の変に際して、「長屋王宅」で自尽したのは、長屋王、吉備内親王と諸王子達であった。これらを試みに長屋王家木簡に現れる人物と比較すると（図1）、（イ）藤原不比等の女とその所生子は木簡にまったく見えない、（ロ）長屋王の変で自尽した人々は木簡に出てくる人物とつながりを持っていることがわかる。つまり不比等の女は「長屋王宅」に居住しておらず、長屋王、妻吉備内親王や不比等の女以外の妻妾とそれらの所生子が「長屋王宅」に住んでいたことが推定できるのである。

以上のような視点および「長屋親王宮」、「長屋皇（子）宮」（城21-6・35、23-5・14、25-22・23・25・30）や「吉備内親王」（城21-5）などの個人名の表記からは、邸宅の主人を確定することは一見簡単であるように思われるが、木簡には少なくとも二系統の家令職員が存在し、この二つの家政機関の主人の比定とその関係の理解が問題解明の大きな鍵となる。二つの家政機関とは、Ⅰ家令と（大・少）書吏、Ⅱ家令、扶、従、大・少書吏である。

ここで、Ⅰ、Ⅱ系統の家政機関をめぐる学説と問題点を簡単に整理しておきたい。まずⅠ系統の家令職員に関しては、その構成を、①基本的には家令、書吏と理解する、②米支給の伝票木簡に散見する大・少書吏や家扶・従もその

図1　長屋王の家族関係

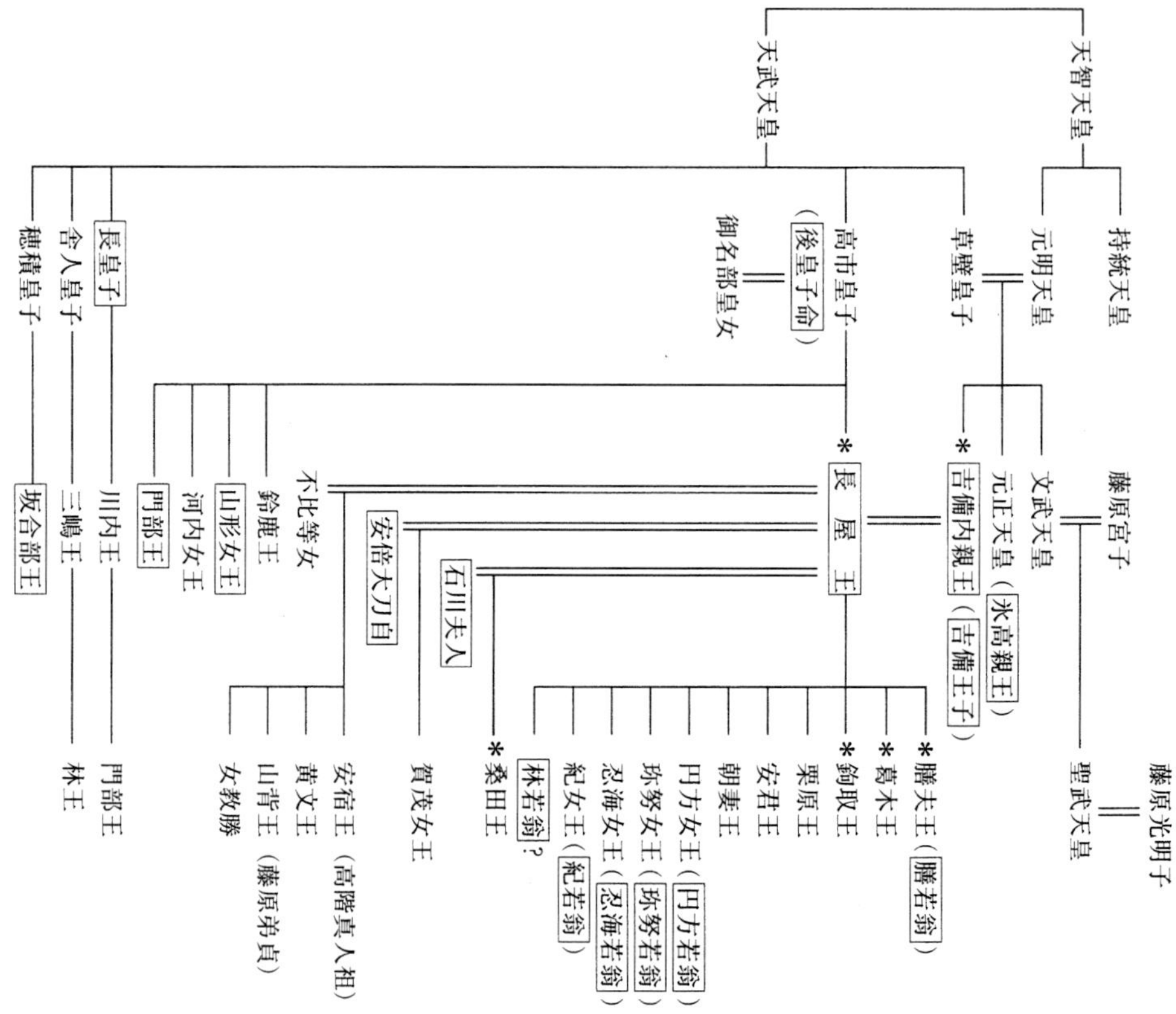

（註）
・［　　］は木簡にみえる人物
・＊は長屋王の変で自尽した人物（桑田王、賀茂女王の母については『本朝皇胤紹運録』『万葉集』を参照した）
・系譜不明で木簡にみえる人物は以下の通り（※は『日本古代人名辞典』で比定できそうな人物）
竹野皇（王）子※　矢釣王※　田持王　額田部王　粟田王子※　石川王※　太若翁
馬甘若翁　小治田若翁※

表2　家令の人数と相当位

<table>
<tr><th rowspan="2"></th><th rowspan="2">家令</th><th rowspan="2">扶</th><th colspan="2">従</th><th colspan="2">書吏</th></tr>
<tr><th>大</th><th>少</th><th>大</th><th>少</th></tr>
<tr><td>親王一品</td><td>1
従五下</td><td>1
従六上</td><td>1
従七上</td><td>1
従七下</td><td>1
従八下</td><td>1
大初上</td></tr>
<tr><td>二品</td><td>1
正六上</td><td>1
正七上</td><td colspan="2">1
従七下</td><td>1
大初上</td><td>1
大初下</td></tr>
<tr><td>三品</td><td>1
従六上</td><td>1
従七上</td><td colspan="2">1
正八下</td><td colspan="2">1
少初上</td></tr>
<tr><td>四品</td><td>1
正七上</td><td>1
従七下</td><td colspan="2">1
従八上</td><td colspan="2">1
少初上</td></tr>
<tr><td>職事一位</td><td>1
従五下</td><td>1
従六上</td><td>1
従七上</td><td>1
従七下</td><td>1
従八下</td><td>1
大初上</td></tr>
<tr><td>二位</td><td>1
従六上</td><td>—</td><td colspan="2">1
正八下</td><td>1
少初上</td><td>1
少初上</td></tr>
<tr><td>正三位</td><td>1
従七上</td><td>—</td><td colspan="2">—</td><td colspan="2">2
少初下</td></tr>
<tr><td>従三位</td><td>1
従七下</td><td>—</td><td colspan="2">—</td><td colspan="2">1
少初下</td></tr>
</table>

構成員と見なすかで、立場が分かれる。(6)①であれば、当時三位の長屋王の可能性が想定され得るが、②の大・少書吏などを含む家令職員構成では、和銅三年〜霊亀三年に三位の長屋王、三品の吉備内親王には大・少書吏は存在しない筈である（表2）から、別の可能性を考えねばならなくなる。次にIIは、家令職員の構成（表2）から見て、二品相当の者の家政機関となる。ここでも、同様に、長屋王、吉備内親王の位階はこの家政機関の構成と合致しないという問題が生じることになる。

この点の解明へのアプローチとしては、大別して二つの立場が存する。(7)あくまで律令の規定を楯に、大・少書吏を有する家政機関の本主や二品相当の人物を比定しようとする立場と、木簡の内容に即し、少々律令の規定にはずれる場合もあるという立場であり、これらは本来親王の子で王である長屋王に対して「長屋親王宮」と記す例があること、「夫人」、「侍従」など天皇関係と目される語が存するなど、木簡に現れる用語の理解の仕方にも関わる見識である。前者では、I系統の家令職員を家令と大・少書吏と解した場合、I系統も含めて、長屋王の可能性は排除されることになるが、木簡に散見される前掲の長屋王関係の固有名詞を持つものに対する納得のいく説明が必要となる。一方、後者の立場では、なぜ律令の規定にはずれるのかという説明を要する。そこで、第三の立場として、両者を総合し、律令の規定にも合致し、また木簡の内容にも即した理解の方法が模索される訳である。特にII系統の家令職員をめぐる諸問題の解明は、I系統の主人比定や北宮の理解にも関係し、木簡群の内容理解に大きな齟齬を来す面があるだけに、その検討が重要になる。

次にII系統の家政機関に関する学説を整理する。(8)

A吉備内親王説。当初、長屋王家木簡・長屋王邸宅跡の調査の概報である奈良国立文化財研究所編『平城京長屋王邸宅と木簡』（吉川弘文館、一九九一年）で呈された立場である。吉備内親王は長屋王の妻で、元明天皇の子にあたる。『続紀』天平元年二月甲戌条ではその家令・帳内が、平城宮跡第二三二次調査出土の木簡に「故二品吉備内親王宮」が見え（城26-10）、その家政機関が存したのはまちがいない。木簡には「吉備内親王大命以符」で始まり、II系統の家令職員の署名を持つ文書木簡があり、これを大きな論拠として、この説が呈された。

・吉備内親王大命以符　婢筥入女進出□
　　　　　　　　　　　　　　　　　［　　］

・五月八日少書吏国足　家令　家扶　　　　　　　　　　　（城21-5）　(266)・(26)・3　081

但し、吉備内親王が二品になるのは神亀元年二月のことであり、木簡の時期には三品であって、IIの家令職員の構成とは合致しない。管見の限りでは、他に本主の位階と家政機関の構成が律令の規定に矛盾する例はない。また先の木簡についても、命令を下す人物名が自己の家政機関の奉じる文書に固有名詞で現れるのはおかしいと見て、他の「大命」木簡とは異なり、特別に吉備内親王の命令を奉じたので、「吉備内親王」という限定詞が付いたのだとする意見も出されており[9]、再考を要する。そこで、以下のような説が呈された。

B氷高内親王（元正天皇）説。Bは、

・備後国葦田郡葦田里
・氷高親王宮春米税五斗　　（城21-32）　193・34・6　033

のように、「氷高親王宮」宛の荷札木簡があること、氷高は『続紀』和銅七年正月己卯条に二品と見え、IIの家政機関の本主の位階と合致することが主な根拠である。氷高内親王は吉備内親王の姉妹で、長屋王とのつながりもなくはないが、独身の彼女がなぜ長屋王の姉妹山形女王や長屋王の子女などに関して細々と物品支給の指示をするのか（城21-5「以大命符」木簡など）、また氷高内親王は霊亀元年正月癸巳条で一品になっているのに、IIの家令職員の構成はその後も変化していないという点、同年九月には元正天皇として即位しているのに、なぜ即位後も家政機関が維持されたのかなどの疑問がある。先の荷札木簡の理解については先述のように様々な可能性が考えられるので、決め手にはならない。なお、B説の論者には、即位前の氷高内親王が左京三条二坊一・二・七・八坪の南（六坪の特別史跡宮跡庭園の地）に「南宮」を構えて居住したとする意見もあるが、長屋王の時期の六坪は出土する瓦から見ると、一・二・七・八坪との共通性は小さく、むしろ藤原氏との関連が想起されるという指摘もなされている[10]。いずれにしても即位前の彼女の生活ぶりは如何であったか、独自の宮を営んだのか否か、母元明天皇と同居していたのではないかなど、をさらに検討する必要があろう。

C御名部内親王説。御名部内親王は元明天皇の姉妹で、長屋王の母にあたる。この説では「北宮」を、高市皇子の香具山之宮＝「南宮」に対して、その妻御名部が平城京で営んだ宮とする。御名部内親王は『万葉集』巻一―七六・七七では和銅元年の元明即位時での生存は確認できるが、『続紀』慶雲元年正月壬寅条の封戸百戸増加以外には動向が不明である。神亀五年長屋王願経（『大日本古文書』二十四—五～六）に「奉資登仙二尊（長屋王の父・母）神霊」とあり、この時点での死没は知られるが、長屋王家木簡の時期の存否は不詳とせねばならない。またC説では、木簡中の固有名詞の付かない「内親王」、「御所」を御名部内親王にあてるが、その比定の是非は決め手がなく、なによりも御名部内親王の名前や関連を窺わせる材料が木簡には現れないという点は問題であろう。御名部が二品であったという明証はないし、妻が夫の宮を継承する例、Ⅰを長屋王の家政機関と見た場合、母と成人男子が同居する例の是非の検討も必要となる。また御名部の父天智が建立した志賀山寺（崇福寺／城21-5に「志我山寺」が見える）との関係という指摘は、例えば『万葉集』巻二—一一五「勅二穂積皇子一遣二近江志賀山寺一」とあり、天武系皇族も志賀山寺との関係を有しており、他の人物でも説明できないのであろうか。志賀山寺との関係をC説の傍証とするのは困難であるといわざるを得ない。

D高市皇子の家政機関継承説。長屋王の父高市皇子の家政機関を継承したとする説で、高市皇子は『書紀』持統十年七月庚戌条で浄広壱・太政大臣で薨じており、「後皇子尊」と称されていた。先には一応考察対象外としたが、木簡にも、

・後皇子　後皇子命宮○

・□○　（城21-36）　(166)・19・4　019

と記した習書風のものがあり、浄広壱を二品相当と見る(11)ところからD説が呈されている。また木簡に窺われるこの邸宅の財産形成（耳梨・木上などの領地、高市皇子の母の実家にあたる筑前国宗像郡司家とのつながり〈城21-34・25-29、23-14、27-21〉など）、家令として見える赤染豊嶋（城21-29）の人的系譜（壬申の乱で高市皇子に供奉した従者に赤染造徳足が見える〈『書紀』天武元年六月甲申条〉）などに高市皇子の影が色濃く見えるのも重要な指摘である。ただ、この観点は古代における

図２　物品の動きと木簡

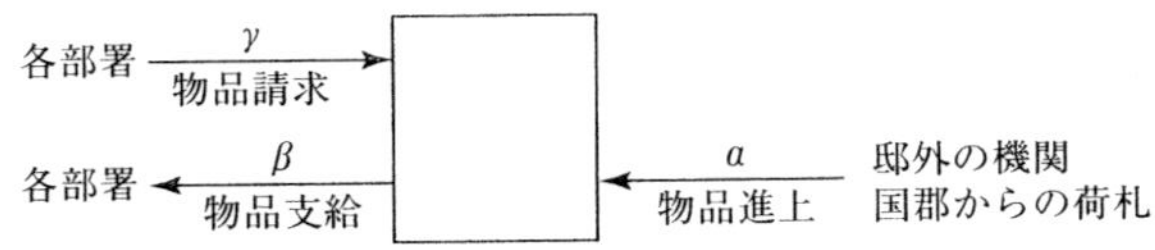

家の継承の問題にも大きく関わる。高市皇子に贈官・贈位が行われ、死後も家政機関の維持が許されたか否か、またⅠを長屋王の家政機関とすると、それとは別にⅡが存在する理由は何か、など解明すべき点は多い。なお、Ｂには氷高と吉備あるいは氷高・吉備・長屋王の三者の家政機関を考える説があるが、Ⅰを長屋王の家政機関とすれば、以上のＣ・Ｄでは木簡から吉備内親王の家政機関が抽出できなくなり、この点を如何に考えるかも問題である。

以上、各説の紹介と問題点を掲げた。その当否については適宜後に触れるとして、ここでは以下の考察の前提として、次のような指摘・視点に留意しておきたい。まず長屋王家木簡の内容分類を行うと、大きくα物品の進上、β物品支給、γ物品請求の三つのタイプに分かれ、αは邸外の機関や国郡からの荷札の形で邸内に物資が搬入されるもの、βは長屋王家木簡の中で最も点数の多い所謂米支給の伝票木簡を中心に、物品の支給の際に用いられる木簡、γは人・物の請求を行ったり、人・物の配分・支給についての指示を行ったりする文書などである（図２）。これらのうち、β・γについては、概ねⅠ―β、Ⅱ―γの対応を見せている[12]。これはⅠ、Ⅱの家政機関の役割の相違を示唆するものである。

次に長屋王家木簡の年代である。木簡群の年紀は先に触れた通りであるが、βのタイプの米支給の伝票木簡の分析から、大部分のものは霊亀二年のものではないかという見解が呈されており、年紀不明で、Ⅱ系統の家令職員の署名を持つ文書木簡には霊亀二年のものが多いと考えられる。これは年紀の記されていない伝票木簡を日付順に配列すると、一年間のものとして矛盾がなく、また閏十一月の存在（長屋王家木簡の年紀の範囲では、閏十一月があるのは霊亀二年だけである）、月の大小の合致

（霊亀二年は正大二小三小四大五小六小七大八小九大十大十一大閏十一小十二大で、木簡の日付とよく合致している）、木簡群の廃棄の年次（霊亀三年頃か）からさほど遡って廃棄されたものではないであろうという点などから、以上のように推定された訳である。[13] II系統の家令職員の署名が見える木簡は、

・大命宣　大書吏［　］［□人随］

・□□□□万呂　和銅五年七月十五日
　別古堅薦二枚進上　家扶　従廣足
　（城25-4）　335・35・2　011

のように、和銅五年七月十五日のものを初見とし、年紀のないものを霊亀二年と見なせば、

・九月繋行余米十五斛□〔九ヵ〕斗五升　八月送五斛三斗八升。

・右送廿一斛三斗三升　九月二十一日山田得足　家従　家令
　（城21-8）　215・28・3　011

のように霊亀二年九月二十一日のものまでが存する。とすると、霊亀二年まで家令職員の構成は変わらなかった、つまり本主の位階に変化がなかったと見なければならない。またII系統の家政機関はI系統と並存していたこともまちがいない。

そして、「奈良務所（処）」、「奈良宮」という表記を持つ木簡や時刻を記した木簡の存在に関する視点も重要である。[14] 長屋王家木簡の中には、「奈良務所（処）」宛に様々な指示・命令を伝達する木簡が見られる（後掲表3）。

・○移　奈良務所専大物皇子右処月料物及王子等

・○公料米進出　附紙師等　五月九日少書吏置始国足　家令　家扶　（城21-6）　241・28・3　011

これらは主にγのタイプの木簡に現れ、IIの家政機関が様々な要求を伝える宛先であった。「務所（処）」、「司所」などは木簡が出土し、その多くを占める伝票木簡に署名するIの家政機関が所在した左京三条二坊の地の家政の実務を執行する中枢部を示す表現と考えられるので、それに「奈良」が冠せられるのは、正倉院文書中の石山、『万葉集』の恭仁京からの「奈良」の呼称（巻四―七六五・七七〇～七七四、八―一四六四・一六三二、十七―三九〇九・三九一〇など）の用法を考慮すると、「奈良」（＝平城京）以外の地からの呼称ではないか。したがってII系統の家政機関の所在地は、木簡群が廃棄された左京三条二坊の地以外の場所に求めなければならないのではないかということになる。「巳時」など文書の末尾に発信時刻を記した木簡の存在（城21-5・8、23-5・6など）も、同一邸内なら、いくら広くても不要であって、I系統とII系統の家令職員が互いに離れた場所に存した可能性を裏付けるものである。

このように、I系統とII系統の家令職員は本来別の場所にいたようであるが、一方で、これらが全く別個の家政機関であるなら、「家令」などの職名表記だけで、姓名を記さないで済むというのはおかしく、平行関係を示す文書形式である移と下達文書の形式である符の使い分けが不明瞭である点、またβの伝票木簡中には、

・小子十一人米五升半　○
・　十一月廿日　甥万呂　大書吏　○　（城21-20）　233・20・2　011

・○画師四口帳内二口飯一斗
・○十一月廿六日　受得末呂　少書吏　（城21-25）　181・26・5　011

・鏤盤所　長一口米二升　帳内一口米一升　銅造一口二升半　雇人二口四升　右五人米九升半受龍万呂　○
・十二月廿六日　可加流「稲栗」　稲虫　○　（城21-25）　415・26・8　011

・［　　］□大〔翁カ〕許二升受呰女　穎米
・　　□月十三日　家田扶主　（城27-8）　215・30・2　011

・五月物作人等十一人
・万呂　四月廿七日従　（城27-12）　(167)・15・3　019

・□□二口米三升置始佐官米七合五タ
・受麻呂　十四日萬呂　（城21-18）　(168)・17・2　019

などのように、置始佐官＝Ⅱ系統の家政機関の第四等官である少書吏置始国足が給米に与る例や日下に大・少書吏、さらに家扶・従までもが署名する例があり、彼らが「奈良務所」の地にいたと考えられる例が存する点など、家令職員の勤務地が截然と分かれていた訳ではなく、二つの家政機関が融合していた可能性が高いという見解にも注目したい(15)。

以上の四点を以下での考察の前提とし、以下長屋王家木簡の例を中心に据えながら、より広く奈良時代の貴族の家政という観点から、二つの家政機関の存在、所在形態の問題や家政の運営のあり方などに検討を加えることにしたい。その際、正倉院文書や『万葉集』を用いた従来からの見解も尊重し、特に『万葉集』に窺われる大伴氏の家政には大いに着目・参照したい[16]。長屋王家木簡そのものの内容検討は勿論重要であるが、それを特殊事例とするのではなく、いかに敷衍できるかは、奈良時代の貴族の日常生活や家政の運営について解明する大きな鍵であると言えよう。

二　二つの家政機関

まずⅠ系統の家政機関については、伝票木簡の作成は基本的にはⅠ系統の家政機関の事務であり、伝票木簡中の日下に署名する大・少書吏や家扶・従をⅠ系統の家令職員に含む理解には従い難い。これらはⅡ系統の家令職員と識別すべきである。したがってⅠ系統の家令職員は、やはり基本的に家令と書吏からなる構成をとると理解される[17]。

・従七位上行家令赤染豊嶋
・［　　］日十一　　　　（城21-29）　226・13・3　065

・雅楽寮移長屋王家令所　平群朝臣廣足 / 右人請因倭儛
・故移　十二月廿四日　少属白鳥史豊麻呂 / 少允船連豊　　　　（城21-16・25-25）　220・37・3　011

そうすると、右掲の木簡の「従七位上行家令赤染豊嶋」という記載が注目される。これは相当位（表2）と行守の規定から見て、従三位の者の家令であることを示し、「長屋王家令所」宛の雅楽寮移の存在を考慮すると、Ⅰ系統の家政機関を当時従三位（霊亀二年正月に正三位）であった長屋王の家政機関にあてるのが妥当である。その家令職員は、

家令…従七位上赤染豊嶋

書吏…諸月（城27-16）、鞠［　　（城28-19）

と復原され、家令と書吏二人という三位の長屋王の家政機関として相応しい。

Ⅰ系統を長屋王以外に比定する考え方のひとつの視点として、木簡には「帳内」の表記が大多数を占め、長屋王ならば、当然登場すべき「資人」は殆ど見えない（城28-19）という問題がある。但し、長屋王家木簡中で最も話題を集めた「長屋親王宮鮑大贄十編」という木簡の「親王」「大贄」などの用語については、「大命」「幸行」「侍従」「夫人」といった用語とともに、すべてを文字通りとって、長屋王は親王であったとか、天皇に関わるものであると理解したり、あるいはそのような用語を用いているので、長屋王の可能性を排除するといった立場をとる必要はない。長屋王に関する表記としては、木簡には「長屋皇宮」「長屋皇子」「長屋王子」「長屋王」などの表現が現れ、いずれも「ミコ」の文字表記であり、「親王」もそのヴァリエーションの一つと見るべきである。木簡の中で唯一公的な文書と見られる先掲の「雅楽寮移長屋王家令所」木簡では、明確に「長屋王」と記されており、「王」が正式な表記であった。「幸行」については、「馬甘若翁幸行」（城27-8）とあり、これらの用語が木簡の中での用法であることを裏付ける。「帳内」についても、木簡には「舎人」「資人」などの表記も現れ、いずれも「トネリ」を表わすものである、という立場を支持したい[18]。あえて「帳内」の表記を用いた理由は後述するが、このように考えれば、Ⅰを長屋王以外に想定する必要はなく、Ⅰ系統の家政機関は、長屋王のものと確定したい。これが左京三条二坊の地に存した家政機関である。

以上のⅠ系統の家政機関に関する理解をふまえて、以下では、長屋王家木簡に見えるⅡ系統の家政機関、いわば第二の家政機関の特色を検討すること、奈良時代の貴族の家政との比較、「北宮」の意味と内容の解明などを試み、左京三条二坊の地の邸宅の本主や住人と家政の運営のあり方など長屋王家木簡の世界の解明への一助としたい。

1　第二の家政機関の構成と文書木簡の内容

まず木簡から判明するII系統の構成員を掲げる。

家令

家扶……稲栗（城25-4、27-4）＝正七位上秦連稲栗（城27-16）

家従……広足（例多数）＝従七位下石城村主広足（城21-7・25-25）

大書吏

少書吏…置始国足（城21-6・8）

その他…白鳥鎌足（城21-8・23-6）、田辺黒万呂（城21-8）、山田得足（城21-8）、〔物部□嶋（城25-25）、大伴蓑麻呂（城21-8）、大神□志（城25-4）、秦道万呂（城21-8）〕牟射（城21-5）、黄文万呂（城21-5）、（田辺ヵ）黒万呂（城25-4）

（参考）

・正七位上秦連稲栗　上日　□□　□□□
・［　　　　　　　　　］　（城27-16）　(159)・(15)・3　019

・召　若麻続□麻呂　長屋皇子宮侍　急［
・従七位下石城村主廣足　九月十九日付　（城25-25）　(271)・29・4　019

Ⅱ系統の家政機関は家令職員の構成、家扶稲栗を「正七位上秦連稲栗」、家従広足を「従七位下石城村主広足」に比定すれば、正七位上・従七位下は各々二品家の家扶・家従の相当位であり（表2）、Ⅱ系統が二品相当の者の家政機関であることが確認される。またその構成は和銅五年～霊亀二年、つまり長屋王家木簡の年代を通じて変化していないという特色を有することは先に触れた通りである。こうした家令職員以外にも文書木簡の日下に家令職員とともに署名する者、また「以大命符○○」と、「大命」を受ける者にも、家従広足や少書吏国足かと思われる者とともに現れる例があり（表3）、雑任者として家令職員の下で実務を担う存在であったと推定されるので、「その他」として掲げた。

ちなみに「以大命符○○」の「○○」の人物は、その文書木簡の日下の署名には出てこない。例えば、「大命」を受ける者が広足、大書吏、少書吏（国足）である場合は、日下には家従や大・少書吏の署名はなく、命令を受け取る者と宣奉者とは明確に区別されている（城21-5、25-4など）。

以上はⅡ系統の家政機関の存続期間とその構成員について整理した。では、この機関が発給する文書の内容は如何であったか。Ⅱ系統の家政機関の人・物の管理のあり方を中心に、次に文書木簡の内容の検討に進もう。

表3により、発給文書の内容を整理すると、次のようになる。[19]

（イ）「奈良務所」・「奈良宮」に人の派遣・様々な物品の進上また物品支給の指示など諸要求を行う。

（ロ）山背薗の経営について指示を与える。

・移　「山背御田芸人功井六常□苅田人功」
○務所

・○扶［　］従廣足　（城 21-7）　224・(20)・3　011

（ハ）「奈良務所」に物品受納の返抄を呈する。

（ニ）鎰の管理に関わる事項。

これらのうち（ロ）は（イ）に含めることも可能かと思うが、ある程度まとまった点数があるので、一項目を立てておく。（ハ）は（イ）による物品進上に対応するものであろう。但し、残っている例は少なく、両者の対応は不明である。さて、以上のうちでII系統の家政機関の特色を知る上で注目すべきは、（ロ）と（ニ）であろう。（ロ）については、その経営に関してはII系統の家政機関が様々な指示を与えながら、一方で作物が進上されたのは、

・山背薗司　進上大根四束　交菜二斗　遣諸月

・和銅七年十二月四日　大人　（城 21-10）　255・30・4　011

のように、長屋王家木簡が出土した平城京左京三条二坊の地であることから、所有権・経営権はII系統の家政機関にあるが、実際の運営・集荷はI系統の家政機関が行っており、長屋王家全体として財産の管理・運営が行われている例として指摘したことがある。その他、II系統の少書吏である置始国足は、和銅五年～霊亀元年九月の山背薗からの野菜進上状の日下に署名しており（城 25-25、25-6）、本来II系統の家政機関の所有にかかる山背薗司に勤務していたのが、霊亀二年頃（少書吏置始国足の初見は城 21-5 の五月二日付の文書である。上述のように、年紀のないものを霊亀二年と想定できれば、これも霊亀二年となろう）少書吏に昇格したものと見なされ、人事面からも山背薗の系譜を辿ることができよう。

・山背薗司解　進上大根四束［　］　知佐五束　古自一束右四種持人。

表3　II系統の家政機関が発給する文書木簡

日　付	書　式	充　所	署　　名	出典	内　　容
和銅5・7・15	大命宣	大書吏	家扶、従広足	城25-4	薦等の進上を請求
和銅5・7・20	移		扶、大書吏	城21-7 城25-25	山背薗への食料給付を指示
2・20	移	務所	家令	城21-7	立薦、旦風悔過布施文、大炊司女1人を請求
2・22巳時	以大命符		稲栗	城21-5	吉備内親王の元に縫幡様を進上するように指示
2・25	符	少書吏		城23-7	丹機、畳、席、丹杯の進上を請求
3・5巳時4点	御命宣		広足	城23-5	筥6張を請求
5・1			少書吏、白鳥鎌足	城23-6	橡、茶、鯛鮓を進上（？）
5・2	大命以符	牟射	家令、少書吏国足	城21-5	洗退給米を請求、または給付を指示
5・7	符	奈良務処	家令	城21-5	大御食春分、塩を請求
	移	奈良務所	家令、家扶 少書吏	城25-5	皇子大物（干鰯など3種）の進上を請求
5・8	吉備内親王 大命以符		家令、家扶 少書吏国足	城21-5	婢筥入女の進上を請求
5・9	符召		家令、家扶	城21-6	医許母を召す
	移	奈良務所	家令、家扶 少書吏国足	城21-6	専大物・皇子の二処の月料及び王子等の公料米を請求
	符	奈良務所	家扶、少書吏	城21-6	氈1床を請求
5・12	召		家扶、鎌足	城21-8	採松者3人の進上、油持の参向を請求
5・17	以大命符	牟射 広足	家令、家扶	城21-5	絁、山方王の白褥、弥努若翁の下裳、片絁（林若翁の帳内物万呂に煮遣す）、御褌代帛絁、大御物・王子御物の御食土器などの進上を請求、太御巫を召す、鏡鈴の直の下行、志我山寺の都保菜の栽培について指示
5・21辰時	返報	黒万呂	家扶、少書吏	城21-8	米12斛進上について返報
6・20			家扶	城27-5	伊勢絁を用始、？1斛の進上を請求
6・29	移	務所		城21-7	蘗10連を請求
7・2	移	務所		城21-7	紀若翁乳母、山田先生、佐官大夫への物品支給を請求
7・4			従広足、黒万呂	城21-8	僧分の薬、交易布を請求
7・7	移	務所	扶、従	城21-7	物部麻蘇売の7月分の常食を楢宮で支給するように指示
			従広足	城21-7	男造蘭40枚の進上を請求
	移	務所	従	城23-5	余慶造始人の功銭を請求、下総税司が進上した常布の分配を指示
			扶、従	城25-5	2人を7月8日より？するように指示、春日住処への別菜草送付を指示

日付	書式	充所	署名	出典	内容
7・13			扶	城23-6	▢日滓大御滓1を乳戸が進上するように指示
7・14			扶	城27-5	？等裳分の橡、布8尋の進上を請求？
7・20	召		家扶、大書吏	城25-4	女2人を召す
7・26			家従広足 少書吏置始国足	城21-8	炭・小刀・針の進上を請求または受納した旨を伝達？
7・？			扶、従	城27-5	□□安・万呂の2人を？
8・17巳時			家扶	城23-6	？・匏20口を請求
9・5	移	政所	椋石角	城21-6	各兄麻呂の厭用の糸・布の捻出方法を指示、倉の鎰を送る
9・19	召		従七下石城村主広足	城25-25	「長屋皇宮侍」若麻続□麻呂を召す
9・21			家令、家従 山田得足	城21-8	9月繋行米・8月送（米ヵ）を送る
？・15	移	司所	家令、家扶	城21-7	米・滑海藻の進上を請求
？・16	符	少書吏	家扶稲栗 家従広足	城25-4	布・折櫃負笥の進上を請求、鎰を送る
？・21	符	豊嶋	家令	城21-6	長親王に40足を進上するように指示、飛鳥戸若万呂・大炊司の人を召す
3日	移	務所	家扶	城27-4	主殿寮之大御物行月料之炭松8俵を？
？	以大命宣	黄文万呂 国足		城21-5	朱砂・采色の進上を請求
		家従 少書吏		城21-6	米・塩の進上を請求
	移	務所	扶、従広足	城21-7	山背御田芸人の功を請求
	移	務所		城21-7	経師分由加6口を請求ヵ
	移	奈良宮務処	物部□嶋	城25-25	宇太御□の仕丁の食？を請求ヵ
未時			従	城23-6	▢子二坐月々省給常食を請求
	符	広足	大神□志	城25-4	布□〔五ヵ〕端の進上を請求
	移	黒万呂			御服布の進上を請求
	符	田辺黒▢		城25-4	？・苫の進上を請求
	大命□符	田辺黒万呂		城25-4	沽椋1間の直・買田の？を計算して報告するように指示
	移	務所		城25-5	清味□を？、「婢之中在者削去」
	符	政人等	家扶稲栗 飛鳥戸甥万呂	城27-4	秋大御服綿100斤の進上を請求

・奴稲万呂　和銅五年十一月八日国足　○　(城 25-25)　350・38・3　011

山背薗司進上菁□束□□一斗　右三種持人[　]
茄子一斗一升　□□□三日　国足　(城 25-6)　(384)・(23)・5　081

・□□□〔解ヵ〕進上舂米三斛五斗持人

・□□〔万呂ヵ〕霊亀元年九月□九日□□〔国足ヵ〕　(城 25-6)　(202)・26・5　019

（二）に関しても、同様に、鎰そのものはII系統の家政機関が管理しているようであるが、倉蔵の開封は鎰を遣して指示しており、やはり「奈良務所」が実際の運営に携わっているようである。

したがってII系統の家政機関は、薗や鎰の所有、物品・人の使用・差配の権限は持っているが、物・人そのものを直接管理するのではなく、「奈良務所」・「奈良宮」に存したI系統の家政機関に管理・運用を行わせるという構図が抽出できる。以上、文書木簡の内容から、II系統の家政機関の特色を考え、I系統の家政機関＝長屋王の家政機関と財政の共有が可能な程密接な人物のものであることが推定できるとした。次にII系統の家政機関が対象とする人物の考察から、さらにその特色を検討してみたい。

2　第二の家政機関の対象

ここでは表3でII系統の家政機関の奉仕対象者として登場する人物を検討し、II系統の家政機関が対象とした人々は誰かを明らかにして、主人および周囲に居住・滞在した人々に考察を加える。奉仕対象者は次の通りであり、若干叙述が長くなるが、図1の長屋王の家族関係と合せて、説明を行うことにしたい。

「大御物」・「大御食」と称される物品を消費する主人

吉備内親王

山方王（城21-5）、門部王（23-5）

珍努若翁、林若翁（城21-5）、紀若翁の乳母（城21-7）

長親王（城21-6）

II系統の家政機関の対象としては、まず「大御物」・「大御食」（城21－5）と称される物品を消費する主人の存在が掲げられる。この「大御物（食）」は、「大御物・王子御物」（城21－5）、「専大物・皇子右二処月料及王子等公料米」（城21-6）などのように、皇子・王子の物とは区別されたものであり、主人のものと見るのがよいであろう。そして、II系統の家政機関の発給する文書には「大命」によって符・宣・召などの形式のものが多いことに注目され、これは「大命」という形で家令その他に命令を下し、また家令が命令を奉じる文書を出すという、家政機関の主人の存在を如実に示すものである。中には、

・○以大命符　吉備内親王　縫幡様進上
・○　使文老末呂　二月廿二日　巳時　稲栗

（城21-5）　200•26•3　011

のように、家扶稲栗の署名により、「大命」によって吉備内親王への縫幡の様（ためし）支給を命じたものもあり、(20) 吉備内親王への物品支給を指示する主人の有様が知られる。先述のように、「吉備内親王大命以符」木簡（城21-5）を、吉備内親王はII系統の家政機関の主人ではなく、主人と近い位置にいたので、この家政機関が吉備内親王の命令を奉

じたもの、つまり吉備内親王がII系統の家令職員の所在地にいることもあったと見れば（先に指摘したII系統の家政機関が発給する文書の日付は五月と七月が多いことも、主人や吉備内親王の滞在期間を示唆するものと思われる）、「大命」を発する主人と吉備内親王との関係は上掲の木簡の解釈と矛盾しない。II系統の家政機関の主人と吉備内親王は明確に識別される存在であったのである。

以上は「大御物（食）」を消費し、「大命」を発する主人の存在と吉備内親王との関係に触れた。次に「王子御物」に関連して、王子クラスの者で物品支給に与る人々を概観したい。長屋王の家族関係は図1のようである。これらのうち、珍努女王・忍海（部）女王・紀女王は長屋王の女とする説が有力であり[21]、各々木簡に出てくる珍努若翁・忍海（部）若翁・紀若翁に比定される。『万葉集』巻二十―四四七七には「智努女王卒後、円方女王悲傷作歌」があり、長屋王の女円方女王（『続紀』宝亀五年十二月丁亥条）と珍努女王との緊密な関係が窺われる。彼女は『続紀』神亀元年二月丙申条で吉備内親王や藤原長娥子（藤原不比等の女で長屋王の妻という説がある[22]）とともに従四位下から従三位に叙せられており、あるいは長屋王の長女ではなかったかと言われる（初叙は養老七年正月丙子条）。紀女王・忍海部女王は天平九年十月庚申条で安宿王・黄文王（ともに藤原不比等女所生の長屋王の子）・円方女王とともに叙位されており、これらはいずれも長屋王の子女であったという共通性が看取され、とすると、彼女たちも同様ではなかったと推定されるのである。また木簡には某王―成人、某若翁―長屋王の子女で未成年者という用法があったとする指摘もあり[23]、それに従うならば、林若翁も長屋王の子女に比定する方がよく、某若翁全体を長屋王の子女と見る可能性は高いと思う（但し、円方については円方王子、円方若翁の両方があり、中間の年齢に属したとも憶測される）。

若翁の訓みと意味については、『隋書』倭国伝の太子を「和歌弥多弗利」と称するというワカミタフリを充てる説があり[24]、これは『宇津保物語』や『源氏物語』など平安時代の史料に見える「わかんとほり」との間をつなぐものとして注目される。但し、その論拠となった『字鏡抄』の「翁」の訓「タフレヌ」は別の文字に対する訓を誤って記したものである可能性があるとの批判もあり[25]、また木簡に「智　珍努若翁…智努若王」（城 23-16）との習書が見えるので、「若翁」は「若王」と同じであるとする説も呈されている[26]。しかし、『音訓立篇』天下第二十九羽篇にも「翁」訓の一つに「タフレヌ」があり、また「王」をことさらに画数の多い「翁」と書く理由は不明であるので、やはり「ワカミタフリ」説は捨て難いと思われる。いずれにしても、ここでは「若翁」が未成年の王族を示す表現であることが確認できればよい。

次に木簡では王・王子に男女の区別はなく、山方王は長屋王の姉妹山形女王で問題ない。門部王については、かつては長親王の孫で、川内王の子の門部王に比定するしかなかったが[27]、長屋王家木簡の年代とはやや世代が合わず、疑問を残していた。しかし、「薬師寺縁起」所引天武系皇親系図の検討から、長屋王の弟ではないかという有力な見解が呈され[28]、この見解を支持したい。とすると、山形女王と合せて、長屋王の兄弟姉妹のうち二人が木簡に登場することになる。ただ、鈴鹿王は木簡には全く姿を見せない。長屋王の変の際には、『続紀』神亀六年二月己卯条でわざわざ鈴鹿王の邸宅に使者を派遣し、「長屋王昆弟姉妹子孫及妾等合二縁坐一者、不レ問二男女一、咸皆赦除」と勅しており、彼は長屋王没後の一族の中心的存在であった。あるいは鈴鹿王・河内女王は異母兄弟であったためか、従来の文献では知ることのできない長屋王の家族関係が色々と推測される。なお、その他、田持王・粟田王（『万葉集』巻十八―四〇五九の河内女王の次に四〇六〇として粟田女王の歌がある）・坂合部（女）王を長屋王の姉妹に比定する考え方も呈されているが[29]、その当否は決め手がなく、今は不明としておきたい。

長親王は天武天皇の皇子で、長屋王の父高市皇子の異母兄弟である。この長親王を例外とすれば、以上のII系統の家政機関が対象とする人物の範囲は長屋王の妻妾、子女と長屋王の（同母か）兄弟姉妹に収まる。つまり長屋王、あるいはその父高市皇子まで遡って理解できる範囲の人物である。特に長屋王の兄弟姉妹を含むことは、高市皇子にまで遡る役割を果していることを窺わせ、天武系皇族長親王も高市皇子との関係で説明できるかもしれない。要するに、II系統の家政機関の主人は、吉備内親王と近い関係にある人物で、長屋王の父高市皇子にまで遡って理解できる範囲の人々に対して人や物の派遣、差配・配分の指示を行う者であったとまとめることができよう。

3　長屋王の家政機関との関係

平城京左京三条二坊に存したと目されるI系統の家政機関＝長屋王の家政機関とII系統の家政機関との関係は如何であったか。II系統の家政機関の特色を考えるために、ここでは二つの家政機関の関係について触れたい。かつて私は財政面において二つの家政機関の融合が著しい旨を指摘し[30]、本章でも物品管理の面について同様の理解を示した。この家政機関の融合については何人かの方も指摘しているが、その融合形態に関しては、家令クラスまでもが融合していたと見るか[31]、家令は厳然と区別されており、その下の少子などの雑任者クラスでの融合であったとする見方[32]とが呈されている。では、その融合形態を解明する方法は如何であろうか。召札などによってII系統の家政機関に呼び寄せられる者、逆にII系統の家政機関から「奈良務所」・「奈良宮」に行き、執務する者のあり方、これらが鍵になると思われる。

I→II

雑仕者…婢宮入女、根麻呂・益女・衣縫安麻呂、飛鳥戸若麻呂、
　若麻続□麻呂、大炊司の人（女）

技能者…医許母、太御巫

II→I

雑仕者…物部麻蘇売

家令職員…家扶、従、大書吏、少書吏

雑任者…田辺黒万呂、牟射、黄文万呂

以上の整理のうち、I→IIの例として、「吉備内親王大命以符」木簡（城21－5）に出てくる婢筥入女に注目してみたい。彼女は五月十二日にも「採松」のために召されており（城21－8）、吉備内親王のお気に入りの者であったのだろうか。一方、この筥入女はI系統の家政機関が携わるβ物品支給の伝票木簡で、「内親王御許」宛の米を受納している（城21-14）ので、左京三条二坊の地でも勤務していたのは確実である。大炊司も第二章で触れるように、左京三条二坊の地に存した家政機関の部署であると考える。次にII→I、II系統の家政機関から「奈良」と称された左京三条二坊の邸宅に行く者の中では、物部麻蘇女の例に着目したい。

・○移　務所　物部麻蘇売七月常食楢宮宜□〔給カ〕

・○　　七月七日
　　扶　従［　　］

（城21-7）　392•31•6　011

これはII系統の家令が（奈良）務所に対して、物部麻蘇売の七月分の常食を楢（奈良）宮で支給するようにと伝達したものであり、逆に言えば、彼女は本来II系統の家政機関の地に勤務する筈であったが、左京三条二坊で勤務していた（城21-26に伝票木簡の中に「受麻蘇女」という例がある）ので、そちらで常食を支給するように伝えたものと理解することができよう。

家令職員については、先述のように、伝票木簡中に給米に与る例、日下に署名する例が存する。管見の限りで、II系統の家令が伝票木簡の日下に署名している例を整理すると、次のようになる。

家扶　…十二月二十六日（城21-25）、某月十三日（27-8）
従　　…四月二十七日（城27-12）
大書吏…四月某日（城25-18）、十一月二十日（21-20）・二十八日（21-18）
　　　日付不明（23-8・25-17）
少書吏…四月十二日（城25-18）、九月九日（21-23）、十月四日（23-9）、十一月七日（21-26）、某月十六日（21-18・27-7）
　　　日付不明（27-8）

以上の事例からは、II系統の家令が米支給の伝票木簡作成に従事し、また自らも米支給に与る、つまりI系統の家令が掌る左京三条二坊の地の中枢部の事務に携わることもあると見なさざるを得まい。ちなみに、I系統の書吏などがII系統の家令が作成する文書木簡に署名した例は皆無であるので、II系統の家令は左京三条二坊の地で執務することがあるが、I系統の家令はII系統の家政機関の所在地で執務することはなかったと考えられる。

また「大命」木簡など、II系統の家政機関が「奈良務所」に様々な命令を伝える方法にも注目される。「以大命符○○」の「○○」の人物は、その文書木簡の日下には出てこない。例えば「○○」が家従の広足、少書吏の国足である場合は、日下には各々家従、少書吏の署名はない（表3）。では、「○○」に相当する部分が「奈良務所」などになっている場合と、II系統の家政機関の人物と推定した人や役職名である場合とでは違いがあるのであろうか。「奈良務所」宛のものは移形式が多いが、符形式もあり、先述のように、移・符の使い分けは厳密でないと言われており、また内容の上からも相違を見出せない(33)。とするならば、II系統の家令職員が左京三条二坊の地、すなわち「奈良務所」の地で勤務していた点と合せて、実際にはその時に「奈良務所」で勤務していたII系統の家令職員のうちの者に命令を伝達し、その実行を期待していたのではあるまいか。同じ家政機関の同僚でもあり、直接指示し易いという事情も考慮される。上掲の雑任者三名は「〇〇」の部分に現れる人物であり、田辺黒万呂は伝票木簡の日下署名にも登場しているので、家令職員の下の雑任者クラスでもII→Iの例があることが確認できる。ただ、符の中には、伝票木簡に給米に与ったことが頻出し、I系統の家政機関に属したと思われる「政人」宛の例（城27-4）や家令赤染豊嶋宛かと推定される例（城21-6）もあり、I系統の家政機関の職員に宛てた場合も勿論あった。

以上により、（1）両者は家令クラス、雑任者クラス、雑仕者と様々なレベルで融合していたこと、（2）但し、その融合の形態は、雑務に従事する女性などでは双方の交通があったが、家令クラスでは、II系統の家政機関の者が左京三条二坊の地に行き、I系統の家政機関の米支給などの事務に携わったり、II系統の家政機関からの指示・命令を受け取ったりすることはあるものの、逆にI系統の家令はII系統の家政機関の所在地に行ったり、その事務を執務したりするといったことは窺えないという関係であったこと、といった形を取る二つの家政機関の融合形態が確認される。但し、II系統の家政機関の者がI系統の家政機関の事務に携わっていたことが確定できるのは、伝票木簡発給だけであり、その他、II系統の家政機関からの指示などをI系統の家政機関に伝達するという点がわかるのみである。また家令職員やその下の雑任者クラスの者にI→IIの例がないのは、長屋王家木簡がIの家政機関の中枢部に残されたものであるという性格を考慮すると、当然の現象とも言えるが、二つの家政機関の現状の関係を窺わせるものとして留意したい。なお、家令赤染豊嶋宛の「符豊嶋…」木簡については、文書形式上はII系統の家令の方が格上となるが、先述のように、符・移の使い分けは曖昧で、文書の形式だけで上下関係を決定するのは難しいとせねばならない。

では、II系統の家政機関の所在地とはどこであったのか。最後にこの点に触れ、本節の考察をまとめたい。まず先に触れた「奈良務所」、「奈良宮」に関する理解である。この点については、平城京内でもI系統の家政機関の所在した左京三条二坊の地を「奈良」と呼び得るとする説[34]、平城京に隣接する佐保の地（神亀年間には長屋王の佐保宅が所在したことが知られている）をII系統の家政機関の所在地とする説[35]などが呈されているが、やはり平城京からある程度離れていなければ、「奈良」の呼称は起こり難いと考える。正倉院文書中の石山、『万葉集』の恭仁京からの「奈良」の呼称の例を考慮すると、その感が強い。またII系統の家令の発給する召文の中に「長屋皇宮侍」る人物を召す例があり（城25-25）、II系統の家政機関の所在地は本来長屋王宅とは別個のものであり、佐保説も支持し難い。そして、時刻を記した木簡の存在にも注目したい。第一節で触れたように、これは発信時刻を明記せねばならない程離れた地に存することを窺わせるものである。但し、その要求は「急々」、「今日」など限られた時間内に実現すべきものであり、あまり長大な距離ではないとも言える。今、発信時刻を整理しておくと、次の通りである。

辰時…城21-8（返抄）

巳時…城21-5、23-5（「急々取遣」）・6

午時…城21-8（返抄）

未時…城23-6

多くは午前中に発せられ、少なくともその日のうちに要求が実現する距離にあったのではないかと推定される。

以上の点を勘案して、結論から言えば、私はII系統の家政機関の所在地は飛鳥・藤原地域ではなかったかと考える。この地は奈良貴族も「ふるさと」と慣れ親しんだ地であり、平城京からは二十キロメートル程の距離である。そして、次の木簡に注目したい。

・○移　務所　立薦三枚　旦風悔過布施文
右二種今急進

・○大炊司女一人依斉会而召　二月廿日
遣仕丁刑部諸男　家令

（城 21-7）　369・33・4　011

II系統の家令の発給する文書の中で、地名が現われるものに着目すると、邸外の機関（山背薗など）や志我山寺などを除けば、旦風悔過や斎会の用途をII系統の家政機関が要求しているのは興味深いであろう。この旦風は木簡中に「旦風来人米一升」（城 23-11）の例があり、奈良県高市郡明日香村稲淵龍福寺に所在し、「天平勝宝三年歳次辛卯四月廿四日庚子従二位竹野王」との記載が見える竹野王塔銘の「朝風南」、『万葉集』巻一―七五の長屋王の歌「宇治間山、朝風寒し、旅にして、衣貸すべき、妹もあらなくに」の「朝風」と同じ地を指すものと考えられ、飛鳥地域に存在した。また木簡中の「竹野王子山寺」（城 21-15）を朝（旦）風に存したものと見て、この「山寺」こそ、悔過や斎会の舞台となった場所ではないかとする見解も呈されている(36)。この飛鳥の朝（旦）風の地での悔過や斎会の用途を要求しているということは、その運営に携わったのはII系統の家令であり、平城京左京三条二坊に存したI系統の家政機関よりは身近な距離にいたこと、すなわちII系統の家政機関の所在地が飛鳥・藤原地域であったことを示すと考える次第である。なお、長屋王家木簡の削屑中には「飛鳥」と記したもの（城 28-28）、散田に関わる木簡の削屑と思われるものに「古京拾町」（城 28-38）などの記載が見えていることも参考となろう。

以上、本節ではII系統の家政機関の特色に考察を加えた。その特色を整理すると、次のようになる。

①和銅五年～霊亀二年と、長屋王家木簡とほぼ同時期に存在しており、しかもその間家令職員の構成に変化がない。つまり本主の位階に変化がない。

②二品相当の者の家政機関である。

③薗や鎰の所有権、物品・人の使用・差配の権限は持っているが、薗の経営、倉蔵や物・人そのものを直接管理するのではなく、「奈良務所」・「奈良宮」と称される平城京左京三条二坊の地に存した長屋王の家政機関＝Ⅰ系統の家政機関に管理・運営を行わせている。

④主人は吉備内親王に近い存在で、長屋王の子女、また長屋王の兄弟姉妹への物品支給などを差配・指示しており、長屋王、あるいは長屋王の父高市皇子にまで遡って理解できる役割を体現している。

⑤Ⅰ系統の家政機関とは家令クラスまで人的融合が見られる。但し、Ⅱ系統の家令が左京三条二坊の地でⅠ系統の家政機関の事務に参画することはあるが、その逆はない。なお、「符豊嶋…」木簡（城21-6）を、Ⅱ系統の家令がⅠ系統の家令赤染豊島に命令を下したものとすると、文書形式上はⅡ系統の家令の方が格上となるが、「奈良務所」宛の文書には符・移両様があり、文書の形式だけで上下関係を決定するのは難しい。

⑥所在地は明らかに平城京外であり、ある程度距離をおいたところと考えられ、飛鳥・藤原地域であった可能性が高い。

以上の諸点を考慮して、Ⅱ系統の家政機関の主人、またこの家政機関の由来や二つの家政機関の融合の理由などに解答を出したいと思う。その前に、こうした事柄は長屋王家木簡のみの特殊事情であろうか、奈良貴族の家政に類例はないのであろうか。一般化が可能か否か、その点を検討しておきたい。

三　奈良時代の貴族の家政

奈良時代の貴族の家政のあり方を考えようとする時、従来からの考察材料として、次のような史料が存する。『万葉集』に見える大伴氏の家政は、長屋王家木簡出土以前にあっては、奈良時代の貴族の生活を知る唯一の史料として、様々な面から検討が加えられている[37]。特に大伴氏関係の複数の邸宅の所在とその伝領、邸宅内の居住者の様相、竹田庄・跡見庄といった田庄の領有などは、長屋王家木簡の世界と比較されねばならない。また正倉院文書に見える貴族の家政機関のあり方、各家政機関の主人・伝領の問題や家令職員の構成なども重要である[38]。近年、本主死後の家政機関の存在形態については活発な論争が行われており[39]、正倉院文書も考察材料として注目される。

そこで、本節では以上のような材料を用いて、大伴氏の家政のあり方、正倉院文書に見える家政機関の存在形態、大伴氏の田庄に窺われる奈良貴族と飛鳥・藤原地域との結びつきなどを整理し、長屋王家木簡における家政のあり方との比較・検討を行いたい。

1　大伴氏の場合

大伴氏の家政の特色として、まず複数の邸宅の存在とその伝領関係、居住者を検討したい。『万葉集』には佐保宅、西宅や坂上里の家、田村里の家など平城京内に存した大伴氏関係の邸宅がいくつか知られる。今、その関係と居住者を整理すると次のようになろう（図3）。

まず和銅七年五月大納言大将軍正三位で薨じた（従二位を贈位）安麻呂は、「佐保大納言」（『万葉集』巻四―六四九）と

図3　大伴氏略系図

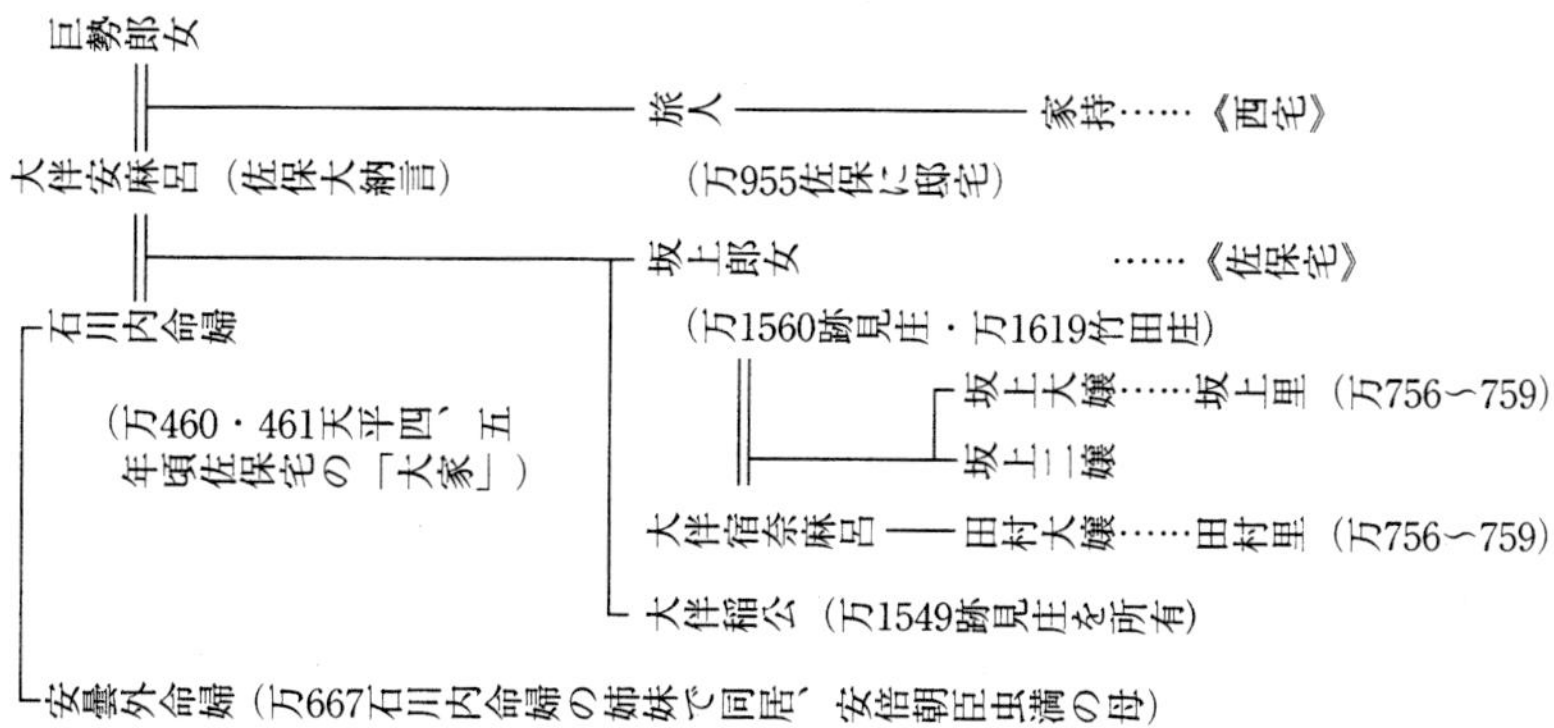

称されており、平城遷都後、佐保宅を定立した人物であったと考えられる。その子旅人も、大宰帥在任中に少弐石川足人から「さすたけの大宮人の家と住む佐保の山をば思ふやも君」（『万葉集』巻六—九五五）と歌いかけられており、やはり佐保の地に居住したと推定される。しかし、天平三年七月に旅人が死去した後、佐保宅に居住していたのは坂上郎女であった。「佐保宅」は『万葉集』巻四—七二一、八—一四四七に見え、いずれも坂上郎女の歌で、一四四七は左注に天平四年三月一日の作歌である旨が記されている。また坂上郎女には佐保を詠んだ歌も多く（『万葉集』巻四—五二五〜五二八、八—一四三二・一四三三）、彼女が佐保宅に住んでいたのはまちがいあるまい。『万葉集』巻六—九七九は「大伴坂上郎女与姪家持従佐保還帰西宅歌一首」とあり、坂上郎女—佐保宅、家持—西宅という関係が存し

たようである。坂上郎女は家持の叔母で、その女坂上大嬢を家持に嫁し、義母となる人物であるが、「右郎女者佐保大納言卿之女也。初嫁二一品穂積皇子一被レ寵、無レ儔而皇子薨之後時、藤原麻呂大夫娉二之郎女一焉。郎女家二於坂上里一、仍族氏号曰二坂上郎女一也」(『万葉集』巻四―五二八左注)とあり、元来は坂上里の家に居住していたようである。しかし、神亀五年旅人の妻大伴郎女が夫の任地大宰府で病没する(『万葉集』巻五―七九三、八―一四七二)と、早速旅人の下に下向し、大宰府に留まって後事を処理したものと思われ、天平二年十一月旅人の帰京の少し前に上京している(『万葉集』巻六―九六三・九六四)。そして、旅人死後も、「供二祭大伴氏神一」(『万葉集』巻三―三七九・三八〇、天平五年十一月)、「宴二親族一」(『万葉集』巻六―九九五)など、大伴氏の中心的存在、大伴家の刀自ともいうべき存在として活躍している。天平七年、安麻呂の代から佐保宅に居住していた新羅人の尼理願が死去した時、「大家」と称された母石川内命婦が有間温泉に出かけていたため、この葬喪を行ったのも坂上郎女であった(『万葉集』巻三―四六〇・四六一)。

一方、旅人の死後、大伴氏の嫡流ともいうべき家持は、天平十年十月頃内舎人であったことがわかるが(『万葉集』巻八―一五九一)、まだ官人として出仕したばかりであり、先述のように、「西宅」に居住していたようである。この「西宅」についてはいくつかの説があるが、妻坂上大嬢のいた坂上里の家を指すとする説が有力であると思われ、現在平城宮の北方に比定される磐之媛命の墓が「平城坂上墓」(延喜諸陵寮式)と称されるので、その付近ではないかといわれる[40]。ただ、その比定地については、先掲の『万葉集』巻六―九七九に「佐保風はいたくな吹きそ家に至るまで」とあり、佐保風の届く範囲=佐保の地であったとする見解もあるが[41]、ここでは「西宅」とは佐保宅の西にあった邸宅で、家持が佐保宅とは別の場所に居住していたことを確認できればよい。

さて、こうした旅人死後の大伴家の様子について、東野治之氏は高市皇子死後の長屋王家のあり方、つまり嫡子たる長屋王はまだ幼少で、律令的な家政機関を引き継ぐにたる者はいないが、家政は維持せねばならず、家政を掌る機関は存続していたという想定をされ、大伴家、長屋王家のあり方を一般化できるものとされた。[42]確かに旅人が大納言従二位で死去した時、その家政機関を継承し得る者はいなかった。家持が五位になるのは天平十七年正月であり、宅司さえも置けない。庶祖母石川内命婦は「内命婦」の称から見て五位には達していたことがわかるが、どの程度の位階かは不明であるし、尼理願死去の際の処理を見ても、あまり家政には関わっていなかったように思われる。一方、佐保宅においては、氏神の祭や一族の宴会など、大伴氏の家政の中心的行事が行われたのも確実であり、そのために必要な費用を捻出するためにも何らかの組織維持は不可欠である。その中心になったのが坂上郎女であり、彼女を中核にその組織が保持・運営されたものと考えたい。旅人の資人であった余明軍は家持にとっても親しい存在であり（『万葉集』巻四―五七九・五八〇）、東野氏が指摘するように、何らかの形で大伴家との関係を保持していたものと考えられる。また佐保宅に居住していた人々は、安麻呂の代から身を寄せていた尼理願や安麻呂の妻で「大家」と呼ばれる石川内命婦、その姉妹安曇外命婦など、安麻呂に遡って初めて関係が理解できる者があり、安麻呂以来の佐保宅及びその組織が維持されていた証左と考える。

次に大伴氏の場合で注目されるのは、竹田庄、跡見庄などの田庄の経営である。竹田庄は奈良県橿原市東竹田町付近、跡見庄は桜井市外山付近と推定され、いずれも飛鳥・藤原地域に存した所領である。跡見庄は坂上郎女の同母弟稲公も所有していたことが知られる（『万葉集』巻八―一五四九）が、いずれも坂上郎女が所有・関与しており（『万葉集』巻四―七六〇・七六一、八―一五九二・一五九三・一六一九・一六二〇・一六二四／四―七二三・七二四、八―一五六〇・一五六一）、父安麻呂あるいは母石川内命婦から伝領したものと推定され、大伴家の重要な経済基盤であった。こうした田庄に坂上郎女が滞在していた形跡がある。『万葉集』巻八―一五九二・一五九三・一六一九・一六二〇は天平十一年八、九月頃の歌で、この頃彼女は竹田庄に滞在していたらしく、また一五九二・一五九三・一六二四は竹田庄、一五四九・

一五六〇・一五六一は跡見庄に収穫が近づく時期に滞在していたことが窺われ、田庄の管理者の行動として興味深い。飛鳥・藤原地域に所領など関係の深い土地が存したこと、またその地に滞在することもあった点など、特に注意を喚起しておきたい。

そして、恭仁遷都中の平城京の様子も注意される。家持は内舎人として出仕し始めた頃であり、当然聖武天皇の側近に仕え、恭仁に移住したものと思われる。『続紀』天平十三年閏三月乙丑条「詔二留守従三位大養徳国守大野朝臣東人・兵部卿正四位下藤原朝臣豊成等一曰、自レ今以後、五位以上不レ得三任レ意住二於平城一。如有二事故一応レ須二退帰一、被レ賜二官符一然後聴レ之。其見在二平城一者、限二今日（月カ）内一悉皆催発。自余散二在他所一者亦宜二急追一。」、八月丙午条「遷二平城二市於恭仁京一。」、九月己未条「遣二木工頭正四位下智努王・民部卿従四位下藤原朝臣仲麻呂・散位外従五位下高丘連河内・主税頭外従五位下文忌寸黒麻呂四人一、班二給京都百姓宅地一。従二賀世山西道一以東為二左京一、以西為二右京一。」とあり、急ピッチで都作りが進められ、家持も恭仁京に宅地を班給されたのであろう。一方、平城には留守官が駐在し、実は平城京に残った人々もいた。大伴氏の場合、家持は恭仁から「寧楽宅」にしばしば歌を送り、また「寧楽（奈良）宅」から家持に歌が齎された。「寧楽宅」にいたのは妻坂上大嬢や弟書持であり（『万葉集』巻四―七六五・七七〇〜七七四、八―一四六四・一六三二、十七―三九〇九・三九一〇）、彼らは遷都後も旧京の邸宅に残り、その維持に努めたようである。こうした事例は、壬申の乱前夜に近江から引き上げた、あるいは近江遷都後も飛鳥の地に残っていたと考えられる人々、大伴連馬来田・吹負や三輪君高市麻呂・鴨君蝦夷など（『書紀』天武元年六月丙戌・己丑条）、また長岡京遷都後も平城京に留まったといわれる大中臣朝臣清麻呂にも見られ[43]、遷都後の旧京が即廃墟になったのではないことを窺わせる。

以上、大伴氏の場合を取り上げ、断片的な考察ながら、旧世代の家政機関の保持、飛鳥・藤原地域における所領の存在とその経営、遷都後も旧京に邸宅が残る例などの様相を指摘した。この様相は前節で見た長屋王家木簡の呈するII系統の家政機関の存在形態を解明する上で興味深いが、こうしたあり方は他にも類例を求めることができるのであろうか。

2　本主死後の家政機関の存続

近年、長屋王家木簡の出土を契機に、本主死後の家政機関の存在形態について、活発な論争が展開されている。(44)存続が確認される例としては、藤原不比等没（養老四年）後の太政大臣家、藤原房前没（天平九年）後の北家が紹介されている。このうち太政大臣家については、神亀三年山背国愛宕郡雲下里計帳に「太政大臣家位分資人」出雲臣山村（『大日本古文書』一―三五九）、『続紀』神亀四年十月甲戌条に「太政大臣家資人」への賜禄、同十一月辛亥条に「大納言従二位多治比真人池守引二百官史生已上一、拝二皇太子於太政大臣第一。」などの史料が存し、『万葉集』巻三―三七八には「山部宿禰赤人詠二故太政大臣藤原家之山池一歌一首」が見える。北家については、天平勝宝四年六月二十六日の文書に「正六位上行家令大田臣広人」が見え、官位相当からいって二位家の家令であること、大田広人は天平勝宝八歳五月四日北家牒に家令として現れることなどから、『続紀』天平九年十月丁未条に「贈二民部卿正三位藤原朝臣房前正一位左大臣一、并賜二食封二千戸於其家一、限以二廿年一。」とある房前の左大臣家が存続していたと考えられている。(45)その他、天平十年度周防国正税帳に「故左大臣藤原家封」（『大日本古文書』二―一四三）、同十一年正月二十三日国造豊足解に「申左大臣家税事」（二―一五三〜一五四・七―二二三）などの史料も見える。(46)

このように以上の二例については、没後もその家政機関が存続したのは確実である。問題はそれが特殊事例なのか否かである。確かに不比等については「食封・資人並如二全生一」（『尊卑分脈』所引藤氏大祖伝の中の不比等伝）、橘三千代にも「別　勅莫レ収ニ食封・資人ニ」（『続紀』天平五年十二月辛酉条）との詔勅が下されたと見える。しかし、房前についてはそのような措置は不明であり、存続指示の記録の有無とは別に、本主の死後も、家の形態・機能や家政機関・組織が維持されるとする視角は大いに考慮されてよいと考える。また以上の例では、本主死後、長期間に亘って家政機関が存続しており、持統十年死去の高市皇子と長屋王家木簡の年代の懸隔を問題にする必要がないことを示すものであり、II系統の家政機関の本主に高市皇子を推す立場に不都合はない。

3　飛鳥・藤原地域と奈良貴族

『万葉集』巻八―一五五七～一五五九には「故郷豊浦寺之尼私房宴歌三首」として、丹比真人国人と沙弥尼等の歌を載せる。国人は律令官人としての経歴を有し、橘奈良麻呂の乱に坐した人物である（『日本古代人名辞典』を参照）から、平城京に本宅を持ち（『万葉集』巻二〇―四四四六には天平勝宝七歳五月右大弁で、左大臣橘諸兄を自宅に宴している）、飛鳥には何らかの用務、または遊びのために立ち寄ったのであろう。また国家自体も、天平宝字年間の平城宮改作の際や紀伊行幸の途次などに小治田宮を遷居あるいは行宮の地として利用しており（『続紀』天平宝字四年八月辛未・乙亥条、同五年正月癸巳条、天平神護元年十月辛未条）、飛鳥にあった旧宮が維持されていることが知られる。ここではこうした事例を掲げ、飛鳥・藤原地域と奈良貴族の密接なつながりの証左としたい。

まず寺社との関係例を掲げる。寺社の存在は、その所在する土地が本来関係の深い土地であることを推測させ、また檀越などとして寺社の運営に関与し、依然飛鳥・藤原地域とのつながりを持つというあり方が考えられるからである。

①宗像神社、青木千坊（橋本廃寺）と高市皇子後裔高階真人氏

『三代格』巻一元慶五年十月十六日官符「応准筑前国本社置従一位勲八等宗像大神神主事〈坐大和国城上郡登美山〉」（a）、寛平五年十月二十九日官符「応充行宗像神社修理料賤代徭丁等事」（b）によると、城上郡登美山（桜井市外山付近）に存した宗像神社は、筑前国宗像郡の宗像神社を勧請したものであり、高階真人の「始祖太政大臣浄広壱高市皇子命、分氏賤年輸物、令修理神舎、以為永例」し（b）、また「自従清御原　天皇御世、至于当今、氏人等所奉神宝并園地色数稍多」（a）という。そして、氏人から任命して神社を運営する神主を設置する必要になった場合（a）や筑前国宗像郡に存する賤の年輸物を徴収できなくなったので、賤十六人を良人としてその調庸を官納する代わりに、大和国から徭丁を確保して修理を行おうとする際（b）には、氏上と思われる高階真人忠峯が申請を行っており、平安京の段階でも高階真人氏と宗像神社の密接な結びつきが知られる。高階真人氏は実は長屋王の子安宿王や桑田王を始祖としており（『続紀』宝亀四年十月戊申条、『本朝皇胤紹運録』・『続後紀』承和十年六月丙申条）、この関係は遡って平城京の時代でも同じであったと考えられる。

次にこの宗像神社から西南方の桜井市橋本の山中に存する青木千坊（橋本廃寺）は、「延喜六年造檀越高階茂生」の陽刻を持つ軒平瓦が出土した地として著名で、高階真人氏と関係の深い寺院が存したと思われる[47]。そして、ここから出土した軒平瓦の中には、長屋王邸出土の軒平瓦六六四四Aと同じものがある点に注目される。長屋王邸で出土した軒瓦のうち、特に顕著な存在をしめすのが軒丸瓦六二七二型式―軒平瓦六六四四型式の組合せであり、これらは平城京右京九条一坊十二坪＝長屋王家木簡にも見える観世音寺（城21-27・25-27）の所在地や現香芝市尼寺の片岡尼寺＝同上の片岡司の所在地など、長屋王家と関連の深い地に分布することが指摘されている[48]。とすると、青木千坊にも奈良時代初期に遡る寺院があった可能性が考えられ、平城京の長屋王邸との関係が想定される。

②龍福寺と竹野王

この点に関しては、既に第二節第三項の旦風について触れた部分および註（3）・（36）などで言及したので、それらを参照していただくことにし、ここでは記述を略するが、龍福寺付近、およびそれに面する朝（旦）風の地と竹野王あるは長屋王家が密接な関係を持っていたことが推定される。

③山田寺（浄土寺）と石川氏

天平十一年七月十日の跋語を有する大般若波羅蜜多経巻二三二（『寧楽遺文』六一六頁）には「仏弟子出雲国守従五位下勲十二等石川朝臣年足…敬写二大般若経一部一、置二浄土寺一、永為二寺宝一」とある。石川氏は山田寺を建立した蘇我倉山田石川麻呂の子孫であり、奈良時代においても経典を奉納するなど、山田寺の管理・運営に携わっていたことが知られ、興味深い。近年、山田寺の発掘が進み、勝宝～宝亀頃の写経の様子を窺わせる木簡も出土しており（『飛鳥・藤原宮発掘調査出土木簡概報』十一―一〇頁）、奈良時代後半の山田寺のあり方の一端が明らかになっている。平城遷都後も旧京に残った山田寺の経営については、やはり檀越として石川氏が深く関与したと見ることができよう。

④栄山寺（前山寺）と藤原南家

栄山寺文書の随所に、栄山寺は藤原武智麻呂が寺田を施入し、その子豊成が寺田を不輸租田としたとする文言が見える（『平安遺文』三四一、四八四、一三八五号など）。承徳二年八月十五日栄山寺別当実経置文（『平安遺文』一三九七号）では「藤氏南家贈太政大臣以二養老三年一所二建立一也、大臣天平九年七月廿五日薨逝、即点二定御墓所於大和国宇智郡阿陁郷栄山一、賜二守戸六烟・徭丁十二人一、永令レ守二護此所一」と、武智麻呂の創建・墓所の設置といった極めて密接な関係が強調されている。栄山寺文書の中には平安時代になって作られた偽文書も多いことが指摘されており[49]、そこに記された由来を全面的に信じることはできないが、天平神護元年四月五日僧綱牒の記載には注目される（『大日本古文書』五―五一九）。これは殖槻寺および前山寺の三綱に宛てて「仲麻呂等平生之日、借二請東大寺経論等一類、令二捜求取一者」と令したもので、少なくとも天平宝字八年の仲麻呂の乱以前から前山寺（栄山寺）が存したことがわかり、南家の仲麻呂が経論等を借り、写経などの便宜を図っていたこと、つまりその経営に関与していたことを物語ろう。また栄山寺の八角堂については、「仲麻呂奉二先考先妣一所二建立一也」（『平安遺文』一三九七号）とされるが、正倉院文書の検討から、天平宝字五年頃に造営されたのではないかという見解が呈されており、(50)少なくとも仲麻呂が栄山寺に密接に関係したことはまちがいない。(51)その背景にはやはり南家が栄山寺の所在する宇智郡の地と何らかの関係を有していたことが想定され、武智麻呂の墓がこの地に所在するのもこの点を如実に裏付けていよう。

⑤壺坂寺（南法華寺）と佐伯氏

『帝王編年記』大宝三年条に「今年、佐伯姫子入道尼、名善心、造二高市郡南法華寺一〈字壺坂寺是也〉」とあり、佐伯氏が壺坂寺建立に関与したかに思われる。しかし、建暦元年五月貞慶（解脱）撰の『南法花寺古老伝』によると、大宝三年に弁基が建立したとあり、弁基は俗姓大石村主安麻呂であったという。そして、承和年中に別当永継が「佐伯大納言弟五郎弁基并佐伯相感卿之女□大尼善心之所二建立一也」という縁起を偽作したとあるので、佐伯氏と壺坂寺の関係が本来のものであった否かは確説とはなし難い。(52)但し、『除目大成抄（大間成文抄）』第四の「諸寺申」に「同（永観元）　大和権大掾正六位上佐伯宿禰重規、壺坂寺申」とあり、佐伯氏が壺坂寺に関与した確実な事例は存する。承和年中の縁起偽作が事実とすれば、逆にその頃には佐伯氏が寺務を簒奪しようとする動きもあったと想定され、壺坂寺と佐伯氏との関係はさらに遡るかもしれない。

以上の壺坂寺の創建については不明の部分が多く、結論は保留しておく。ちなみに、天平宝字三年五月二十八日知太諸上宿置米注文（『大日本古文書』四―三六七）、同七年四月十六日堝坂宅解（十六―三七三）によると、堝坂家（宅）と称する施設が存したことが知られる。文書の内容はいずれも「宿置米」に関する事柄で、米の宿置あるいは進上を行い、日下には太諸上・車持果安や三尾公恵□が署名している。その主人が誰であったか、また壺坂寺との関係は不詳であるが、壺坂の地に奈良貴族と関わる何らかの組織があったことが推定できよう。

以上は飛鳥・藤原地域に存した寺社と奈良貴族との関わりを見た。[53] 次に経済・経営の面でもこの地域と深いつながりを持っていた事例として、大伴氏の竹田庄・跡見庄以外にも、『日本霊異記』中巻第十四話には注目される。この話は「窮女王帰二敬吉祥天女像一得二現報一縁」とあり、聖武天皇の頃、王宗のうち二十三人が順番に饗宴を行い、この女王もその宴衆に加わっていたが、自分の番になった時にその準備ができなかった。そこで、左京服部堂の吉祥天女像に祈ったところ、「養レ王乳母」が「従二故京一備レ食而来」り、その場をしのぐことができた。礼として衣裳を乳母に与え、後に服部堂に参拝すると、吉祥天女像がその衣裳を着しており、乳母に尋ねても、食物を持っていったことなどないと言われ、吉祥天女像の助力を知るという展開である。ここでは乳母が「故京」に居住しており、王宗の人々に饗宴を提供できる程富裕であると考えられ、また女王に経済援助を行うものと期待されていたことに注意したい。後宮職員令親王及子乳母条には「所レ養子年十三以上、雖二乳母身死一、不レ得二更立替一」、禄令皇親条「凡皇親年十三以上皆給二時服料一。…（其給二乳母一王者、絁四疋・糸八絇・布十二端。）」などによると、十三歳以上であっても乳母が生存していれば、乳母の奉仕関係は続いたようである。先掲の女王も「児」がおり、既に成人していたものとして描かれている。そして、孝謙天皇の乳母山田史比売嶋や井上内親王の斎王群行に従った乳母（『政事要略』巻二十四年中行事九月十一日奉幣伊勢太神宮事所引「官曹事類」養老五年九月十一日条）などの例に代表されるように、成人後も乳母は本主を資養・保護すべきものとされていた。[54] 先掲の女王の乳母は女王と疎遠になっていたようであるが、いざという時にはその援助に来ることが期待される存在であり、その乳母が「故京」＝飛鳥・藤原地域に居住していたことは興味深い。飛鳥・藤原地域に拠点を有した乳母が、平城京に居住する本主を支えるという構図が窺える。[55]

以上、事例の羅列に留まるが、飛鳥・藤原地域と奈良貴族との関係は、大伴氏や長屋王家だけの特例ではなく、一般化できるものと考えたい。

4　家政機関の融合

最後に、貴族家の家政機関の融合形態の事例として、次の二例を参照しておきたい。まず藤原仲麻呂家（恵美太家）の場合である。天平宝字七年十二月三十日大宰帥宅牒（『大日本古文書』五―四六四）には「知宅事大師家職分資人高来造広人」の署名があり、同八年八月二十九日京職宅写経所牒（十六―五五八）の「別当猪名部造」は同年八月十七日恵美太家牒（五―四九三）の「正六位上行大従猪名部造常人」に比定される。両者ともに仲麻呂の子の家政機関で、前者は正四位上真光、後者は従四位上訓儒麻呂である。この事例については、「この父子間における家司・宅司の兼帯は、家政が父押勝の「大師家」を中心として、子息たちの「宅」と密接に結合されていたことを示し、彼等（引用者注：高来造広人や猪名部造常人）はそのためのパイプ的存在であったといえよう。官界での子息のバックアップはもとより、ここに家父長押勝の私的家政面での連携をかいまみることができる」という評価に尽されており(56)、家令クラスにおいて家政機関の融合が行われていた例としておきたい。

次に近年出土した二条大路木簡にも、藤原麻呂と中宮藤原宮子との関係を窺わせる例が存する。長大にわたるので、体裁を変えて略記する（合点も省略）と、「・中宮職移兵部卿宅政所（池辺波利・大島高国・八多徳足・史戸廣山／大宿奈万呂・川内馬飼夷万呂・村国□万呂・大荒木事判／杖部廣国・日下部乙万呂・東代東人・太屋主／秦金積・大東人・山村大立・陽侯吉足）／・（狭井石楯／馬国人／他田神□〔護ヵ〕）右十九口舎人等考文銭人別三文成選六文又官仰給智／識銭人別一文件銭今早速進来勿怠緩／（大属／少属）天平八年八月二日付舎人刑部望麻呂」（城24-5・30-44、

261・42・3　011）というものである。これは中宮職から兵部卿藤原麻呂の家政機関に宛てて、十九人の中宮舎人の考文銭・成選銭と智識銭の支払いを要求した木簡と理解することができよう。考文銭・成選銭は勤務評定を受ける本人が支払い、これを所属する官司がとりまとめて太政官に送るものであったから、この場合、舎人らの本司は中宮職であり、またこの時宛先の兵部卿宅にいたことは明らかである。右掲の木簡の十九人のうち、杖部廣国は「直資人」（城24-11）と見え、麻呂邸に宿直していた資人であることが確実で、その他、宿直木簡や資人への食料支給木簡の中に見える人物も何人か含まれている（城24-10〜16）。また「他田神□」が海上国造他田日奉部直神護であれば、彼は「故兵部卿従三位藤原卿位分資人、始二養老二年一至二神亀五年一、十一年、中宮舎人、始二天平元年一至レ今廿年」（『大日本古文書』三―一五〇）と述べているから、正規の身分は中宮舎人でありながら、実際には旧主麻呂の資人として麻呂邸に勤務していたという状態が考えられ、その他の十八人についても同様の状況を推定できる。とすると、この場合は家政機関の融合とまではいかないが、資人など雑任者クラスで人の共通性があり、宮子と麻呂の家政が密接なつながりを持っていたことを推測させる例となろう[57]。

これらは長屋王家木簡に見える例とは若干度合が異なるが、家政の融合という形態が他にも存した証左となる。特に、仲麻呂父子の例は、木簡に窺われる高市皇子と長屋王という父子間の関係を考える際に参考としたい。

本節では、大伴氏の例などを中心に、断片的に奈良時代の貴族の家政のあり方の一断面をかいまみた。言及した事例を整理すると、次のようになろう。

（イ）本主の死後も、家の形態・機能や家政機関・組織が維持される。

（ロ）飛鳥・藤原地域に関連する土地などを保有し、時には「故京」を訪れ、滞在することもあった。

（ハ）また遷都後も旧京に邸宅を維持する例がある。恭仁京もあるいは永続する都となったかもしれないが、その恭仁遷都時の平城京の様子や都城制成立以前ではあるが、近江大津宮遷都時の飛鳥の様子などが参照される。

（ニ）父子間などで家政機関が融合する例があり、共通の人間が二つの家政に携わる場合があった。この場合、父親の死後はどのように融合状態が解消されたか、（イ）との関係は如何かなど疑問点も多いが、考察に堪える例がないので、保留しておかねばならない。

以上、長屋王家木簡と共通する面のみを取り上げたが、断片的な事例からも、長屋王家木簡によって描かれる世界は、決して特殊・個別的なものではないと考える次第である。では、長屋王家木簡に現れる二つの家政機関の問題、特にII系統の家政機関の本主についてはどのように考えればよいであろうか。次にその点に関する私見を述べることにしたい。

四　北宮考釈

長屋王家木簡の中には「北宮」という語が散見する。北宮は諸国からの荷札木簡の進上先であり、おそらく木簡が出土した平城京左京三条二坊の地は対外的にも北宮と認識される地ではなかったかと考える。では、この北宮と長屋王家木簡との関係、I系統の長屋王のものと見た家政機関、木簡に散見する「長屋皇宮」、「長屋親王宮」、「長屋皇（王）子宮」との関係、またII系統の家政機関との関係は如何であったか。

本節ではこの北宮の解釈を中心に、II系統の家政機関の本主は誰かという問題に解答を出したいと思う。

1　北宮と長屋王家

「北宮」とは、諸橋轍次『大漢和辞典』によると、「王后の六宮。王宮の北に在る。」とあり、「六宮」の項には「古の皇后の六つの宮殿。正寝一、燕寝五をいふ。正寝は路寝ともいひ、前に在り、燕寝は小寝ともいひ、後に在る。宮中のおくむき。大奥。」との説明が施され、要するに皇后の宮殿を指したようである。日本でも「北の宮」といえば、「(后の宮殿が内裏の北にあるところから)皇后の異称」(『日本国語大辞典』)と説明され、十世紀頃の文学作品・和歌の例が掲げられる。その他、北の方、北政所など、貴族の妻の敬称として「北」が付く用語が存するのは周知の通りである。(58)

では、長屋王家木簡の北宮は如何であろうか。皇后や貴族の妻といった辞書的説明が適合するのであろうか。また日本での事例はいずれも十世紀以降の用例であり、十世紀以前に知られる「北宮」の史料は、いずれも長屋王関係のものに限定されるという点が気になる。

まず北宮の関係史料を掲げ、学説史を整理する。

a 和銅五年長屋王願経(『大日本古文書』二十四―二～三頁)

藤原宮御寓　天皇、以慶雲四年六月十五日登遐、三光惨然、四海遏密、長屋殿下地極天倫、情深福報、乃為／天皇、敬写大般若経六百巻、用尽酸割之誠焉／和銅五年歳次壬子十一月十五日庚辰竟／用紙十六張　北宮

b 神亀三年山背国愛宕郡計帳(同一―三六四頁)　戸主出雲臣筆の戸口

男大初位下出雲臣安麻呂　年肆拾弐歳　正丁　眉黒子　北宮帳内

〈参考〉

無位出雲臣安麻呂 年廿九／山背国乙当郡 上日 日三百廿／夕百八十 五 「并五百五」	(城 25-28)	(262)•22•6	015

c 平城京跡左京三条二坊六坪特別史跡宮跡庭園出土木簡

・鴫郡［			
・北宮俵［		(86)•19•4	039
・阿須波里□［			
・北宮御物俵□［		(87)•23•4	039

d 長屋王家木簡

・足庭郡足［			
・一石北宮	(城 23-13)	(74)•19•3	039
・北宮交易美囊郡吉川里			
・□〔桝ヵ〕一俵	(城 23-14)	140•20•5	032
北宮御塩綾郡矢田部法志三斗	(城 23-14)	136•17•4	031
北宮御塩綾郡□□□□〔矢田部法ヵ〕志三斗	(城 27-21)	141•16•2	031
北宮御塩綾郡生王部□□〔三ヵ〕斗	(城 27-21)	144•21•5	031

北宮御塩□〔綾カ〕郡海部［　　］　（城27-21）　175・19・3　031

〈参考〉

・長屋皇子宮御□
・多土郡□伊西部□三□　（城23-14）　111・18・3　031

・長屋□〔皇カ〕子宮御□
・多土□〔郡〕□伊□〔西カ〕部□　（城25-22）　(102)・17・3　031

・□長屋皇子宮交易□□〔塩三カ〕斗
・［　　］　（城25-22）　(154)・21・6　039

］□〔屋カ〕皇子宮御交易□員十［　　］　（城25-22）　(230)・(21)・5　081

・北宮［　　］
・　阿知贄五斗　（城23-14）　163・27・3　031

北宮御物俵余戸里五保　（城23-14）　217・27・4　033
・余戸里俵一石漢人小爾

・北宮□〔之カ〕物七月廿三日	(城23-14)	189・23・3	033
北宮	(城25-21)	(31)・19・2	039
・北宮御物			
・[　　]	(城27-22)	(151)・21・3	033
・北宮			
・[　　]	(城27-22)	(55)・20・3	039
北宮	(城28-4)		091
北宮	(城28-4)		091
・守部連安麻呂春北宮			
・俵一石「上俵」	(城25-35)	155・27・3	032
「封」北宮進上　津税使	(城25-35)	300・27・3	031
北宮進上　「戈戈戈戈戈戈戈戈」(天地逆)	(城21-35)	305・43・2	032

研究史を繙くと、北宮については、それが具体的に指す内容と宮名の由来の点から、大別して二つの立場がある[59]。

A北宮＝吉備内親王説。当初、史料c特別史跡宮跡庭園出土木簡の出土に際して示された説である。史料aの写経は文武天皇追善のためのものであり、長屋王よりは、その妻で、文武の妹吉備が行ったとする方が相応しい、また史料bでは「左大臣資人」と「北宮帳内」が対置され、吉備内親王ならば、「帳内」と称しても構わない、の二点が論拠となる。その後、史料d長屋王家木簡出土により、次の諸説が呈された。(イ)左京三条二坊一・二・七・八坪の南に氷高内親王の「南宮」があり、この「南宮」に対する名称で、平城京に始まるとする立場。この説は、II系統の家政機関の本主を氷高内親王と見なし、長屋王家木簡を氷高・吉備姉妹の家政に関わるものとする視点が基調にある。(ロ)元来はこの姉妹の母阿閇皇女(草壁皇子の妃、のちの元明天皇)を指すものであったが、即位後、女の吉備に継承された。(ハ)醍醐天皇の皇女康子内親王が北宮と呼ばれた例から、「同腹の兄弟は東宮から天皇となり、母は中宮である特定の内親王の宮号」と理解し、吉備に充てる考え方。

B北宮を吉備内親王以外に比定しようとする立場。現在呈されているのは、いずれも高市皇子の香来(具)山之宮(『万葉集』巻二―一九九)を起点とする説で、(ニ)平城京左京三条二坊の地と平城宮の関係が、香具山の西北麓に存した香具山之宮と藤原宮との関係に相似するという指摘、(ホ)II系統の家政機関の本主を御名部皇女と見る説との関わりで、香具山之宮＝「南宮」に対して、その妻御名部皇女(長屋王の母)が平城京で営んだ宮とする意見、などが示されている。

以上の諸説を北宮の語義という点から分けると、漢語の「北宮」と同じく、皇妃の居住場所の尊称に由来すると見る立場(ロ・ハ)と、所在位置によるものと見る立場(イ・ニ・ホ)の二つになる。前者については、北宮がそのような一般名詞であるとすると、なぜもっと他に例がないのか、後者にはその起点をどこにとり、それを起点とする理由は何か、などの問題点があると思われる。また(ロ)阿閇皇女からの伝領という見方に関しては、彼女に置かれていた皇太妃宮職との関係は如何であったかという疑問も挙げられる。(60) ちなみに、正倉院文書などを中心に、奈良時代の宮名を整理すると、個人名＋宮(市原宮、安宿宮、水主親王宮など)、官職名＋宮(長官宮、玄蕃宮、備中宮など)、地名＋宮(佐保宮、嶋宮など)となり、奈良時代の宮名の類型から見ても、北宮は例外的存在である。神亀三年山背国愛宕郡計帳では、「太政大臣家位分資人」(『大日本古文書』一―三五九)、「従五位下大生部直美保万呂資人」(三六二)、「北宮帳内」

(三六四)、「左大臣資人」(三六七)、「阿部日臣筑紫資人」(三七四)といった表記がなされ、北宮は個人名に収束されない宮であり、固有名詞として用いられている。なお、長屋王の子安宿王の邸宅を安宿宮と称し、親王だけでなく、諸王の場合も「宮」と称する点は注目され、「長屋王（皇）子〈親王〉宮」と相通じる様相が浮かび上る。

以上の学説史などを考慮して、ここでは北宮の関係史料の性格・年代を整理して、北宮と長屋王家の関係を明らかにしたい。まず史料aは願文の末尾に「用紙十六張　北宮」とあり、写経が北宮で行われたことを推測させるもの、史料bは「左大臣（長屋王）資人」出雲臣忍人とともに「北宮帳内」出雲臣安麻呂が見えるものである。史料cは北の左京三条二坊一・二・七・八坪の邸宅から続く旧流路SD一五二五より出土したもので、共伴の木簡には長屋王家木簡と共通する米支給の伝票木簡などもあり、史料dとの相関を推定させる。内容は某国鴨郡、某国某郡阿須波里（越前国足羽郡の可能性が高い）から北宮に宛てた荷札木簡であり、この点でも史料dと相似する。史料dは北宮宛の荷札木簡や封緘木簡が主で、越前・播磨・讃岐などの諸国や（摂）津税使からのものである。中には讃岐国のように、同国内に北宮と長屋皇子宮の関係する土地があったことがわかり、大いに注目されるものもある。以上の四種類の史料はいずれも長屋王関係のものと見ることができ、北宮は長屋王またはその周辺と密接に関連すると言えよう。bの北宮帳内出雲臣安麻呂は史料d長屋王家木簡にも現れ（城25-28）、これらに見える北宮が同一の実態を持つものであることを示す。

以上の史料により、北宮の特色を整理する。①史料a・b・dによれば、北宮は「長屋殿下」、「左大臣資人」や「長屋皇子宮」とは区別された存在であるが、一方で長屋王の写経事業を執り行い、北宮帳内出雲臣安麻呂は長屋王家に勤務し、また北宮宛の荷札木簡が長屋王家木簡の中に存するなど、長屋王とは不可分の存在であった。②史料dには「交易」、「津税使」の語が見え、北宮は独自の経営・運営基盤を持っていたようであるが、その荷物は長屋王家に集積されている。讃岐国では阿野郡には北宮、多度郡には長屋皇子宮の関係する土地があったことが知られ、北宮と長屋王の関係の深さを所領の上からも示唆するものであり、財政的な相関関係を窺わせる。つまり北宮は長屋王と区別された存在でありながら、なお人・物や財政面などで長屋王と不可分の関係にあるという特色を持つものであるとまとめることができ、これは長屋王家木簡におけるI系統の家政機関＝長屋王の家政機関とII系統の家政機関との関係に相似している。なお、北宮は、和銅三年から神亀三年までの史料に確認でき、おそらく長屋王の変の神亀六年までは存続していたと考えられる。

ちなみに、A北宮＝吉備内親王説の論拠として指摘される史料aの「長屋殿下」と写経の理由に言及しておくと、「長屋殿下」の表現は北宮の機構が願主たる長屋王を尊称したものと考えられ、北宮にとって長屋王は主人クラスの存在であったことを示すだけである。文武天皇追善に関しては、和銅五年頃には朝廷にもその風潮は見られず、何故吉備内親王が追善を行わねばならないのか不明である。文面上追善の主体はあくまで長屋王であり、当時従三位式部卿であった長屋王が追善を行う状況はないかなど、さらに史料の増加を俟って検討を深める方向を考慮してもよいのではないかと思う。また史料bでは何故「吉備内親王帳内」と記されないのかという疑問もある。つまり北宮の史料が増加した現在では、北宮＝吉備内親王とするのは、やや早計と考える次第である。

2　高市皇子宮をめぐって

北宮は邸外にも通用する固有名詞の宮で、長屋王と不可分の関係にあった。また長屋王家木簡のII系統の家政機関と北宮には類似の性格が認められる。このII系統の家政機関については、第二節において、長屋王の父高市皇子にまで遡った役割を体現するという特色があることを言及した。では、北宮が高市皇子宮である可能性については如何であろうか。ここでは、高市皇子宮について検討し、北宮あるいはII系統の家政機関との関係を明らかにしてみたい。

高市皇子宮は、『万葉集』巻二―一九九に「香来山之宮」が見え、二〇一に「埴安の池の堤の隠り沼の行へを知らに舎人は惑ふ」と「埴安の池」が歌われており、香具山の西北麓付近に所在した。[61] 二〇一番の歌にあるように、この宮には多くのトネリが勤務したことが知られる。その姓名がわかる例はないが、壬申の乱の際に高市皇子に従った従者として、民直大火・赤染造徳足・大蔵直広隅・坂上直国麻呂・古市黒麻呂・竹田大徳・胆香瓦臣安倍などが登場し、I系統の家政機関の家令赤染豊嶋を赤染造徳足と近い人物と見て、父高市皇子の代から赤染氏が長屋王家と関係を持っていたとする指摘を考慮すると、[62] 彼らは乱後も高市皇子への奉仕を続けたのかもしれない。[63] 木簡中の削屑には「□位上行家令赤染豊嶋　年六十」（城28-18）とあり、赤染豊嶋は長屋王家木簡の年代に六十歳であったことが知られ、彼自身が高市皇子の代から長屋王家に仕えていた可能性もある。なお、長屋王家木簡の中にも「舎人」竹田臣□養（城21-8）や矢口司の管理者伊香三狩（城21-11、27-8・9）など、高市皇子の従者と同姓の者が見え、あるいは近親の人物として引き続き長屋王家に奉仕していた可能性も臆測される。[64]

こうしたトネリなどの奉仕者、また高市皇子の家族以外に、高市皇子宮には異母妹但馬皇女が居住していたらしい。『万葉集』巻二―一一四「但馬皇女在高市皇子宮時思穂積皇子御作歌」、一一五「勅穂積皇子遣近江志賀山寺時但馬皇女御作歌」、一一六「但馬皇女在高市皇子宮時窃接穂積皇子事既形而御作歌」などがあり、但馬皇女は高市皇子宮に居住しながら、穂積皇子と恋仲にあったことが知られる（二〇三番に「但馬皇女薨後穂積皇子冬日雪落遥望御墓悲傷流涕御作歌」があり、二人の親しい関係は死ぬまで続いたらしい）。この場合、但馬皇女と高市皇子の関係が不明（夫婦関係の有無など）で、確言できないが、天武系皇族の最年長者高市皇子が異母妹を庇護していたのであろうか。一五六〜一五八番「十市皇女薨時、高市皇子尊御作歌」でも高市皇子は異母妹の死を悲傷しており、庇護の念が強かったのかもしれない。但し、左注に十市皇女は「宮中」で薨じたとあるので、高市皇子宮には居住していなかった。なお、但馬皇女については、「多治麻内親王宮政人正八位下陽胡甥」が薬を請求ないし受領した際の木簡があり（『藤原宮』七五号）、高市皇子の死後、大宝令制下においては、彼女は独立した機構を営んだようである（『続紀』和銅元年六月丙戌条で三品で薨去）。長屋王家木簡にも、長屋王の兄弟姉妹への物品支給が見え、特に山形女王への支給は頻繁で、邸内あるいは近接地に居住した可能性が高いと考えられる。こうした関係は高市皇子宮の機能を引き継ぐものとして、その類似性が注目される。

ちなみに、高市皇子宮に対する公的給付を、その死去の際の太政大臣・浄広壱を、浄広壱を二品として、養老令の規定に仮に換算すると、表4のようになる。封戸については、『書紀』朱鳥元年八月辛巳条に封四百戸加増、太政大臣就任後の持統五年正月乙酉条で二千戸を加増し、計三千戸（禄令食封条の太政大臣の職封に等しい）としたとあり、さらに同六年正月庚午条で二千戸を増封し、計五千戸になったと記されている。その経営については不明であるが、前節で触れた『三代格』巻一元慶五年十月十六日官符、寛平五年十月二十九日官符によると、母尼子娘の実家である筑前国宗像郡の郡領氏族宗像氏とは密接な関係であったようで、寛平五年官符には筑前国宗像郡金埼に高市皇子家の「氏賤」が存したことが記されている。長屋王家木簡にも「宗形郡大領」からの荷札木簡が存し（城21-34・25-29、23-14、27-21）、長屋王の代になってもこうした関係が維持されていたこ

表4　高市皇子に対する公的給付

	高市皇子
地位	太政大臣・浄広壱（二品相当か）
家令	5人（家令、扶、従、大・少書吏）＋文学
帳内	帳内140人
資人	職分資人300人
封戸	*5000戸
位田	60町
職田	40町

＊封戸は『日本書紀』朱鳥元年8月辛巳条に封400戸増、太政大臣就任後の持統5年正月乙酉条で2000戸を加増し、計3000戸（禄令食封条の太政大臣の職封に等しい）としたとあり、さらに同6年正月庚午条で2000戸を増封し、計5000戸となる

とがわかる。(65)

次に高市皇子宮の占地である。藤原京における宅地班給基準は、『書紀』持統五年十二月乙巳条に「詔曰、賜二右大臣宅地四町一。直広弐以上二町、大参以下一町。勤以下至二無位一、随二其戸口一、其上戸一町、中戸半町、下戸四分之一。王等亦准レ此。」とあるが、親王クラスの占地は不明であり、また右大臣丹比真人嶋の上位にいた太政大臣（持統四年七月庚辰条任命）高市皇子の班給額も記されていない。あるいは親王クラスの者は既に宮を営んでいたため、それを追認したので、特に規定がないのであろうか。また右大臣が四町とすると、太政大臣高市皇子は少なくともそれと同等の占地をとっていたものと推定される。そして、以前から香具山之宮、すなわち香具山の西北麓に居を構えていたとすると、藤原宮との位置関係・四町という占地が平城京における左京三条二坊一・二・七・八坪の長屋王邸の位置と類似するのは、何らかの関係があるのではないかと想像されてくる訳である。(66)

以上、高市皇子宮＝香具山之宮について、その居住者、経営の規模、占地などに触れた。最後に高市皇子宮がその死後も存続していた可能性に言及しておきたい。『続紀』和銅六年五月甲戌条に次のような記事がある。

讃岐守正五位下大伴宿禰道足等言。部下寒川郡人物部乱等廿六人、庚午以来、並貫二良人一。但庚寅校籍之時、誤渉二飼丁之色一。自加二覆察一、就令二自理一、支証的然、已得二明雪一。自レ厥以来、未レ附二籍貫一。故皇子命宮検二括飼丁一之使、誤認乱等為二飼丁一焉。於レ理斟酌何足二憑拠一。請従二良色一。許レ之。

この「皇子命宮」については、草壁皇子を指すとする説と高市皇子を指すとする説とがある（新日本古典文学大系『続日本紀』一〔岩波書店、一九八九年〕二〇〇頁脚注）。両者は皇子尊、後皇子尊と称され、ともに「皇子命宮」に適合する。これらのうち、草壁皇子の嶋宮（『万葉集』巻二―一六七～一九三）については奈良時代には国家的管理の下にあったことが知られ（天平勝宝二年二月二十四日官奴司解〔『大日本古文書』三―三五九～三六六〕により「嶋宮奴婢」が官奴司の管理下にあったことが知られる。その他、『書紀』持統四年三月丙申条も参照)、また草壁皇子の子孫は天皇になっているので、独自の家産組織の存続は不要であったと考えられる。したがって私はここの「皇子命宮」は高市皇子宮を指すのがよいと思う。そして、飼丁の検括は和銅六年に近い頃に行われた点が重要であろう。つまりその頃まで高市皇子宮が存続していたことを窺わせるからである。ちなみに和銅七年が造籍年であるから、乱らはそれに先立って訴えを起こしたものと見なされる。

ところで、長屋王家木簡には讃岐国に関係する土地があったことが知られ、北宮宛の荷札木簡を出す阿野郡、長屋皇子宮宛の荷札木簡を出す多度郡、その他鵜足郡(城27-21)からの荷札などがある。また長屋王家には馬司(馬寮)と呼ばれる部署があり、馬曳・馬甘(城27-10)、つまり飼丁的存在の人々がいた。とすると、『続紀』に窺われる和銅六年頃における高市皇子宮の存続の可能性、讃岐国との関係や飼丁の徴発などは、長屋王家が讃岐国と関係を持ち、阿野郡の北宮関係の土地から物品納入に携わっていたこと、また馬司を有し、飼丁を必要としたことなどとよく符合しており、存続していた高市皇子宮とは、長屋王家木簡が描く長屋王家のことではなかったかと考える所以である。ちなみに、長屋王家木簡には「□戸口逃戊子年」(城28-38)という記述が見え、戊子年は持統二年であるから、あるいはこれも高市皇子以来の家政を継承していることを窺わせるものかもしれない。

3　北宮の名義

では、北宮という名称の由来は如何であろうか。最後にこの点に触れ、高市皇子宮が北宮と呼ばれていた可能性を指摘したい。

北宮は「北」という所在位置による命名と考えられ、先に整理した奈良時代の宮名にはずれる名称である。ただ、聖徳太子の「上宮」も『書紀』推古元年四月己卯条によると、「父天皇愛レ之令レ居二宮南上殿一、故称二其名一、謂二上宮廐戸豊聡耳太子一」とあり、居住位置による命名であった。また「上宮」の名称は、太子の死後も存続し、皇極元年是歳条「上宮大娘姫王」、同二年十月戊午条「上宮王等」と、太子の一族を「上宮」とする観念が存したようである。ちなみにこの上宮王家は、太子の死後も、山背大兄王が引き継いだ斑鳩宮を中核とし、中宮（太子の母穴穂部間人皇女や推古天皇の孫橘大郎女など、王族出身者が居住か）、岡本宮（山背大兄王の母蘇我刀自古郎女が居住か）、その他異母弟の泊瀬王（母は膳菩岐々美郎女）の飽波葦垣宮（泊瀬王宮）などの諸宮を融合し、経済基盤を共有する形態をとっていたことが指摘されており[67]、次世代への宮、経済基盤の継承の例に加えることができよう。なお、聖徳太子は摂政・皇太子として推古天皇を補佐しながらも、即位できなかった点、太政大臣・皇太子的地位（後皇子尊の称）にあった高市皇子の状況とよく似ており、上宮王家と長屋王家の政治的位置も類似している。

では、高市皇子宮が北宮であった可能性は如何であろうか。先に触れたように、「北」の起点をどこにとるかが問題であろう。仮に北宮の名称が藤原京以来のものとすると、藤原宮の東南の香具山の麓に存する香具山之宮は「北」とは称し難い。では、香具山之宮を藤原京以前から存したものとすると如何か。前項で藤原京の宅地班給の際に親王クラスへの基準がないのは、既に彼らが以前から宮を営んでいたためではないかと考えた。『書紀』朱鳥元年七月戊申条「雷光二南方一、而一大鳴。則天災二於民部省蔵庸舎屋一。或曰、忍壁皇子宮失火延、焼二民部省一。」とあり、忍壁皇子宮が見える。また大津皇子も『万葉集』巻二―一二九に「大津皇子宮」が見え、持統称制前紀朱鳥元年十月己巳条にはその帳内の存在が知られる。草壁皇子については先述のように島宮を居所としたようである。以上の三人はいずれも高市皇子より年少であり、高市皇子の香具山之宮も既に飛鳥浄御原宮の時代から存したと推定できよう[68]。とすると、香具山之宮の位置はどうであろうか。浄御原宮の位置は伝飛鳥板蓋宮跡の上層遺構をあてる説が有力である[69]。その位置関係から言うと、香具山之宮は浄御原宮の北約二キロメートルにあり、北宮と呼ばれてもおかしくない。他に根拠がある訳ではないが、私は高市皇子宮（香具山之宮）＝北宮説に立つ時、その起点は浄御原宮であり、浄御原宮時代の諸皇子の宮の名称の一つとして北宮という称が生まれたと考えてみたい。

本節では北宮について考え、それが長屋王と不可分の関係にあり、長屋王との関連を考えるべきこと、またその特色は長屋王家木簡に現れるII系統の家政機関と相似していることなどを指摘した。そして、高市皇子宮の内容とその存続の可能性を考慮して、北宮とは高市皇子宮＝香具山之宮に端を発する名称で、元来は浄御原宮時代に浄御原宮の北方に位置したところから付された名称ではないかと考えた。その後、藤原宮との位置関係が平城京にも踏襲され、左京三条二坊の地を北宮と呼称するようになったのではないだろう。

以上、四節にわたって、左京三条二坊一・二・七・八坪の邸宅の家政機関やその主人のあり方について考察し、長屋王の存在を強調する立場を示した。但し、そうすると、北宮はおそらく神亀六年の長屋王の変まで存続しており、その時点まで二重構造が続いていたのか否か、二重構造は平城遷都直後の長屋王家木簡の時代に限られるのか否か、二重構造が続いたとすると、それはいつ、どのように解消されるものであったか、あるは解消されないのか、北宮の名称のみが残っているのか、等々多くの問題点が残されている。これらはいずれも奈良時代の貴族の家政や相続、さらに遡って律令制成立以前以来の宮のあり方とも関わる問題であり、現存の史料では考察材料が不充分で、後考に俟ちたい。また先に触れたように、神亀六年の時点では明確に存在していた吉備内親王宮、その家政機関の存在は如何であったかという疑問も呈される。その他、左京三条二坊の地と長屋王の佐保宅との関係如何の問題もある。これらのうち、佐保との関係に関しては、本書第一部第三章で考察を加えることにするので、参照していただくことにし、ここでは吉備内親王の位置づけに触れておく。

五　吉備内親王の位置

吉備内親王は草壁皇子と天智天皇の女元明天皇（母は蘇我倉山田石川麻呂の女姪娘）の間に生まれた皇女で、兄弟には文武天皇、元正天皇（氷高内親王）がいた。彼女は、父草壁皇子の死後「後皇子尊」と称された高市皇子と伯母御名部皇女（元明天皇の姉）との間に生まれた長屋王と結婚し、第一等級の血筋を持つ家族関係を形成した（図1）。

ところで、第一節で紹介したように、神亀六年の長屋王の変の時点で、彼女の家政機関が存したのはまちがいなく、概報では吉備内親王の存在を考慮に入れた説を呈した。ところが、第二・四節の考察では、長屋王家木簡の中にその家政機関を抽出することができなかった。試みに木簡の時代の長屋王、吉備内親王に対する国家的給付を示せば、表5のようになり、当時三品であった吉備内親王は長屋王に匹敵する給付を受けており、その家政機関が存してもおかしくはない。『続紀』霊亀元年二月丁丑条には吉備内親王所生の男女を皇孫とするとあり、彼女の扱いは高く、長屋王の変はむしろ吉備内親王と皇位継承者の対象となるその所生子の排除を狙ったものだとする意見もある程である(70)。

1　吉備内親王の居所

そこで、木簡における吉備内親王の位置づけを検討し、この時期の彼女の動向を考える。まず表1の説明で触れたように、左京三条二坊の邸宅に吉備内親王が居住したのはまちがいない。長屋王関係で「内親王御所」が該当するのは彼女しか想起できない。その居住場所は西宮を推したい。先に触れたように、西宮は邸内の通称であり、相対的な位置を示すとともに、妻妾などの居住地域を指す用法があった。西宮に関しては次の木簡が注目される。

・内進米三升　受［　　］
西宮人給米［

表5　長屋王家に対する公的給付

和銅3年（710）～霊亀3年（717）

	長屋王	吉備内親王
地位	従三位（正三位）・式部卿	三品
家令	2人 （家令、書吏1人：従三位） 3人 （家令、書吏2人：正三位）	4人（家令、扶、従、書吏）
帳内資人	位分資人60人	帳内60人
封戸	位封200戸（従三位） 位封250戸（正三位） 別勅封100戸	200戸
位田	34町（従三位） 40町（正三位）	34町
職田	—	—

神亀年間（724～29）

	長屋王	吉備内親王
地位	正二位・左大臣	二品
家令	4人（家令、従、大少書吏）	5人（家令、扶、従、大少書吏）
帳内資人	位分資人80人 職分資人200人 帯刀資人10人	帳内70人
封戸	位封350戸 別勅封100戸 職封2000戸	300戸
位田	60町	40町
職田	30町	—

(註)
・地位の（　）は霊亀2年正月昇叙
・位封は禄令10食封条集解古記所引慶雲3年2月16日格により計算
・位禄・季禄は省略した

・正月十六日［　　　　］　　（城21-13）　(190)・27・2　019

表1のように内を内親王御所などの略称と考えると、吉備内親王の居所と西宮は別物ということになるが、この点はどうであろうか。西宮に仕えていた雑任者である西宮少子宛の米飯支給木簡の「受」の箇所に望万呂という人物が散見する（城21-17）。米飯支給木簡の中で、少子宛のものは「受」の人物が少子の一員であることがわかる例があり（城20-10、21-20、23-9）、宛先部署との一致が推定でき、望万呂も西宮少子であった可能性が高い（城23-9）。彼は養老元年に若翁帳内の一員として見える秦望万呂（城20-9）に比定できるから、西宮少子の実態は帳内（トネリ）であったと推定でき、それが長屋王の子女たる若翁に配備されていたということは、西宮には長屋王の子女、さらにその母たる長屋王の妻が居住したと考えられる。先掲の木簡は内と西宮を区別したものではなく、内＝吉備内親王と西宮人＝西宮の雑務に従事する人とを区別したものであるといえる。すなわち西宮とは内親王御所や長屋王の子女たちの居所をも含む広い概念で、あるいは表1c安倍大刀自御所、d石川夫人所なども包摂していたのではないかと考えられ、長屋王の妻妾とその所生子の居住地域で、邸内の西方に位置した一画と推定される。

2　長屋王による資養

この西宮に居住した吉備内親王の生活は如何であったか。木簡によると、内親王御所にも頻繁に米が支給されており、その生活は長屋王の家政機関によって支えられるものであった。次のような木簡に見える「吉備王子」も吉備内親王に対する物品支給を示すものであり、「大許」という敬語（城27-8では若翁に対しても「大許」を用いており、吉備内親王に限られるものではないが）が用いられているが、長屋王の家政機関が物品を支給する一対象であるという点では、他の人々や部署などと変わるところはない。

・□又進十［大書吏］　少□吉備王子進鯖六十呰末呂 大書吏　少□人給下□
・　家令　（城23-8）（301）・（19）・6　081

・□備王子大許進塩一□〔斗カ〕　受山村古 宿嶋
・　受越万呂［　　］大許進片盤三口［備少□〔捄カ〕］
□升　（城25-5）（157）・（13）・5　081

但し、吉備内親王は長屋王の配偶者として、家政機関にとっては主人クラスの人物であり、その命令は「吉備内親王大命以符」と取り次がれている。また先掲の縫幡の様（ためし）を吉備内親王のもとに送るようにとの長屋王の指示は、あるいは吉備内親王を中心とした妻妾やそれにつき従う女性も居住したであろう西宮で大量の縫幡が作製されることを期待したものであろうか。いわば後宮の統括者としての吉備内親王の姿が窺われる。ちなみに、唐僧鑑真の伝記『唐大和上東征伝』には、鑑真が日本行きを決心した理由の一つに、長屋王が崇仏の心篤く、千枚の袈裟を中国の僧侶に贈ったという故事が見えており、遣唐使に託して贈ったとすると、霊亀二年八月任命、養老元年渡海の遣唐使の時とするのが最も相応しく、木簡に現れる縫殿（第二章表6）が袈裟の縫製に関与したと考えられる。そこで働くのは縫殿女と呼ばれる女性が主であり、あるいはここにも吉備内親王の統括が及んでいたのかもしれない。

以上、吉備内親王は主人長屋王の配偶者として、長屋王家の家政機関から尊重される存在ではあったが、その生活を長屋王の家政機関によって支えられる者の一人として、西宮に居住したと考えた。その役割は長屋王の後宮ともいうべき西宮の統括を行った可能性が推測される。しかし、三品とはいえ、公務を持たない吉備内親王に独自の家政機関が必要であったか否か確証を持てない。あるいはやはり三品の身分に相応しい家政機関を持っていたが、実際には顕現せず、わずかばかりの従者（例えば婢宮人女は彼女のお気に入りの一人であったかもしれない）を除いては、長屋王家の家政機関の中に取り込まれていたとも考えられる。吉備内親王の位置づけは、近年重要になっている女性史の視点からも大いに注目されるところであるが、少なくとも以上の木簡の分析からは、吉備内親王の家政機関の存在やその形態は抽出できないと言わざるを得ない。ちなみに、橘三千代は「太政大臣藤原家（不比等）の県犬養命婦」（『万葉集』巻十九—四二三五）と認識されており、大納言大伴安麻呂の妻で、坂上郎女の母石川内命婦も、夫の死後、「大家」と称せられてはいたが、安麻呂以来の佐保宅に居住しており（『万葉集』巻三—四六〇・四六一）、夫の家政機構に庇護される存在であったのである。

むすび

本章では、長屋王家木簡の世界の解明の糸口として、II系統の家政機関の特色を検討し、二つの家政機関の存在と役割の違い、二つの家政機関の融合的存在形態、II系統の家政機関の飛鳥・藤原地域での存在の可能性を指摘し、またそのような事柄が他の奈良貴族の場合にもかいまみられるのではないかとした。そして、長屋王家木簡にも現れる北宮は、II系統の家政機関と極めて類似した性格を有し、元来高市皇子宮＝香具山之宮に由来するもので、平城京左京三条二坊の地に引き継がれており、高市皇子宮の機構は長屋王家木簡の年代に入る和銅六年頃も存続していたと考えた。各節の結論は各々の部分に整理しておいたので繰り返さないが、以上の点から、長屋王家木簡に見える家政機関や北宮をめぐる問題についての私見をまとめておきたい。

結論として、II系統の家政機関＝北宮の機構＝高市皇子宮の存続とするのが最も整合的である。II系統の家政機関は飛鳥・藤原地域に存したようであり、香具山之宮の機構が残存しているものと考えられる。その組織は長子長屋王に引き継がれながらも、長屋皇子宮、山形皇子宮、門部王宮など高市皇子の子孫が一体となって存続するためには、父高市皇子以来の北宮の機構が必要であり、上宮王家が聖徳太子の死後も存続したように、「北宮王家」とでも称すべき緩やかな関係が続いたのである。II系統の家政機関はその結節の中核となるものであったが、家政の大勢と北宮の称は平城京に移った左京三条二坊の地に引き継がれ、II系統の家令などがI系統の長屋王の家政機関で勤務することもあった。しかし、山背薗（あるいは後述の飛鳥・藤原地域に存した所領（第二章表7）もか）などの所有権、日風悔過などの行事執行、諸王子への物品支給の指示・差配等、II系統の家政機関に固有の任務も存した。すなわちII系統の家政機関の本主は高市皇子であり、現在は長屋王が主人になっているものと見る。長屋王はI系統の家政機関により長屋皇子宮の経営を行うとともに、II系統の家政機関の当主として「北宮王家」の統括も行うという二重構造の上に位置していたので、二つの家政機関の融合という現象が木簡に現れているのである。木簡に散見する「大命」は長屋王の命令と見ることができ（「□□〔長屋カ〕親王御命符」（城28-3）という表現もある）、長屋王こそ主人として仰がれる存在であった[71]。また長屋王が北宮を継承していたとすると、木簡にトネリを「帳内」と記すことの説明も可能である。なお、II系統の家政機関の発給する文書の日付に五月、七月が多い（表3）のは、その頃に主人たる長屋王が飛鳥・藤原の地に滞在していたためと考えられ、平城遷都後間もない時期の平城京と旧京との関係の調整、II系統の家政機関に固有の用務のチェックなど、二つの家政機関の主人として果すべき役割が存したのではないかと推定される。

　北宮はおそらく神亀六年の長屋王の変まで存続しており、その時点まで二重構造が続いていたのか否か、二重構造は平城遷都直後の長屋王家木簡の時代に限られるのか否か、二重構造が続いたとすると、それはいつ、どのように解消されるものであったか、あるは解消されないのか、等々多くの問題点が残されている。これらはいずれも奈良時代の貴族の家政や相続、さらに遡って律令国家成立以前からの宮のあり方とも関わる問題であり、後考に俟ちたい。今後長屋王家木簡が多くの視野から深く検討されることを期し、拙い稿を終えたい。

註

（1）　長屋王家木簡の概要は、奈良国立文化財研究所編『平城京長屋王邸宅と木簡』（吉川弘文館、一九九一年）、寺崎保広「長屋王家木簡」（『平城京左京二条二坊・三条二坊発掘調査報告』一九九五年）を参照。なお、城28-29には大宝三年、和銅三年と記された削屑も見えるが、性格不明なので、年紀の範囲を定める史料としては、一応除外しておく。

（2）　このような可能性については、拙稿「長屋王邸の発掘」（『歴史と地理』四〇六、一九八九年）でも指摘している。

（3）　竹野王子は系譜不明の人物である。奈良県高市郡明日香村稲淵龍福寺所在の竹野王塔銘には「天平勝宝三年歳次辛卯四月廿四日庚子従二位竹野王」とあり、この塔銘には「朝風南」との所在地名が見え、『万葉集』巻一一七五の長屋王の歌に見える「朝風」、後述の木簡に見える「旦風」（城21-7）と同様の地を指すものと考えられ、この竹野王子との関係を想定させる。『続紀』には天平十一年正月丙午条（正四位下→従三位）、天平勝宝元年四月丁未条（→正三位）、同三年正月己酉条（→従二位）に竹野女王への叙位記事があり、これらはいずれも同一人物と思われる。この竹野女王に関しては、『公卿補任』天平十六年条尻付に天智十年生とあるが、その比定について二つの説が呈されている。ひとつは位階の昇進が山形女王（木簡の山形王子）より若干遅れるので、『公卿補任』の生年を天武十年の誤りと見て、木簡に見える長屋王・山形女王の妹と見る立場（大山誠一「所謂「長屋王家木簡」の再検討」〔『長屋王家木簡と金石文』吉川弘文館、一九九八年〕、『長屋王家木簡と奈良朝政治史』吉川弘文館、一九九一年）、もうひとつは天智十年生という点から、草壁皇子の夫人の一人の可能性や、龍福寺は義淵が建立し、義淵は『元亨釈書』・『扶桑略記』に天智天皇により「同二皇子一勅二肯岡本宮一」とあることから、天智天皇との関係を考えるべしとする立場である（鬼頭清明「長屋王家木簡二題」（『古代木簡の基礎的研究』塙書房、一九九三年））。今、俄かに両説の当否を決めることはできないが、仮に天智十年生で、天平勝宝三年まで生存したとすると、八十歳近くまでの長命であったことになり、世代的にはやはり長屋王と同じかそれより上とするのがよいと思われる。木簡を残した家政機関との関係については今後の課題としたい。

(4) 『平城宮木簡』一〈解説〉(奈良国立文化財研究所、一九六九年)。

(5) 『平城宮発掘調査報告』一四(奈良国立文化財研究所、一九九三年)一五七頁。

(6) ①渡辺晃宏「長屋王家木簡と二つの家政機関」(『奈良古代史論集』二、一九九一年)、八木充「「長屋王家木簡」と皇親家令所」(『日本史研究』三五三、一九九二年)、平石充「「長屋王家木簡」にみえる家政機関」(『史学研究集録』一七、一九九二年)、拙稿「長屋王家木簡再考」(『弘前大学国史研究』九六、一九九四年)。②大山註(3)書、森田悌「北宮と長屋王」(『東アジアの古代文化』七三、一九九二年)、『長屋王の謎』(河出書房新社、一九九四年)。

(7) 研究史は八木註(6)、平石註(6)論文を参照。

(8) A…寺崎保広「長屋王家の文書木簡」(『日本歴史』五〇〇、一九九〇年)、渡辺註(6)論文、平石註(6)論文、拙稿「長屋王邸宅の住人と家政機関」(『平城京長屋王邸宅と木簡』吉川弘文館、一九九一年)。B…大山註(3)論文・書、永井路子「長屋王邸はほんとうに「長屋王邸」か」(『異議あり日本史』文春文庫、一九九二年)、森田悌「北宮木簡」(『東アジアの古代文化』六三、一九九〇年)、註(6)論文。C…八木充a「長屋王と万葉歌」(『上代文学』六九、一九九三年)、註(6)論文、b「再び長屋王家木簡と皇親家令について」(『木簡研究』二〇、一九九八年)。D…東野治之「古文書・古写経・木簡」(『水茎』七、一九八九年)、「古代人の日常文」(『週刊朝日百科日本の歴史』別冊四、一九九〇年)、福原栄太郎「長屋王家形成についての基礎的考察」(『続日本紀研究』二七七、一九九一年)、註(6)拙稿。なお、本章末尾の付記も参照されたい。

(9) 東野治之「長屋王家木簡の文書と家政機関」(『長屋王家木簡の研究』塙書房、一九九六年)、八木註(6)論文、大山註(3)書。

(10) 『平城京左京二条二坊・三条二坊発掘調査報告』(奈良国立文化財研究所、一九九五年)四四九〜四五〇頁。

(11) 庄司浩「天武十四年皇親冠位制について」(『立正史学』三四、一九七〇年)。なお、倉本一宏「皇親冠位の変遷について」(『続日本紀研究』二四九、一九八七年、「律令制成立期の政治体制」として、『日本古代国家成立期の政権構造』〔吉川弘文館、一九九七年〕に所収)、八木註(8)b論文は一品にあてる見解を呈しており、定説はないようである。また天武十四年冠位制は単純には大宝令官位制と対応できない要素もあったようであり(原理的な相違あり)、浄冠の上の明冠の扱い(倉本氏は空位であったと見る)も含めて、結論は保留しておきたい。しかし、大宝令制との対応を考えるに際しては、持統九年正月に浄広弐を授けられた舎人親王、文武四年正月に浄広弐を授けられた新田部親王は、大宝令施行後の慶雲元年正月にはそれぞれ二品、三品と見えており、舎人親王の官位上昇を想定して、浄広壱を二品相当とする見方・方法論を支持しておきたい。

(12) 寺崎註(8)論文、註(8)拙稿。

(13) 渡辺註(6)論文。但し、一点だけ「八月卅日／御飯米間用米三石六升」（城27-14）という木簡があるが、伝票木簡とはやや支出量が異なり、伝票木簡と同列に扱ってよいか検討を要し、例外的存在としておきたい。

(14) 東野治之「長屋王家木簡の文体と用語」（『長屋王家木簡の研究』塙書房、一九九六年）、註(9)論文、渡辺註(6)論文。

(15) 東野註(9)論文、渡辺註(6)論文。符と移の使い分けが曖昧な点は舘野和己「文書木簡の研究課題」（『考古学ジャーナル』三三九、一九九一年）でも指摘されている。

(16) 東野治之「長屋王家と大伴家」（『長屋王家木簡の研究』塙書房、一九九六年）で既にそのような視角が示されている。

(17) 渡辺註(6)論文。赤染豊嶋については、鬼頭註(3)論文参照。但し、森田註(6)論文はこれらを長屋王の家令が何らかの用務で臨時に左京三条二坊の邸宅にいた時のものとして、長屋王の家政機関は木簡からは抽出できないとするが、従い難い。

(18) 東野註(14)論文。

(19) 註(6)拙稿。

(20) この木簡の読み方については、東野註(14)論文四〇頁を参照。

(21) 大山註(3)論文・書、八木註(6)・(8)論文、寺崎保広「「若翁」木簡小考」（『奈良古代史論集』二、一九九一年）など。

(22) 角田文衛「不比等の娘たち」（『平安人物志』上、法蔵館、一九八四年）。

(23) 寺崎註(21)論文。

(24) 東野治之「『続日本紀』と木簡」（『新日本古典文学大系月報』三、一九八九年）。

(25) 森田悌「貴族家の考察」（『金沢大学教育学部教科教育研究』二八、一九九二年）。

(26) 八木註(6)論文。

(27) 註(8)拙稿。

(28) 澤田浩「『薬師寺縁起』所引天武系皇親系図について」（『国史学』一四二、一九九〇年）。

(29) 八木註(8)a論文。但し、田持王を『万葉集』巻三―四一七〜四一九「河内王葬二豊前国鏡山一之時、手持女王作歌三首」の手持女王に比定するのは、時代が相違し、支持し得ない。

(30) 註(8)拙稿。

(31) 大山註(3)書。

(32) 八木註(6)論文。

(33) 舘野註(15)論文。

(34) 八木註(6)論文。

(35) 渡辺註(6)論文。

(36) 舘野和己「長屋王家木簡の舞台」(『日本史における国家と社会』思文閣出版、一九九二年)は、龍福寺の西、飛鳥川の対岸の丘陵部の頂辺に大字平田小字浅カジ、大字栗原小字浅鍛冶の字名が存し、古来朝風千軒と伝えられ、殷賑をきわめたことが窺われること、また竹野王塔銘もかつてはこの付近にあったことなどから、この地を朝(旦)風に比定する。

(37) 川口常孝『大伴家持』(桜楓社、一九七六年)、関晃・青木和夫「平城京」(『日本歴史講座』一、東京大学出版会、一九五六年)、薗田香融「万葉貴族の生活圏」(『万葉』八、一九五三年)。

(38) 渡辺直彦「令制家令の研究」(『日本古代官位制度の基礎的研究』吉川弘文館、一九七二年)。

(39) 東野治之「北家と北宮」(『日本歴史』五一二、一九九一年)、註(16)論文、森田悌「北家牒にみえる家令」(『日本歴史』五〇五、一九九〇年)、「北家・北宮と家政機関」(『日本歴史』五二〇、一九九一年)、註(25)論文、「貴族死後の家政機関」(『日本歴史』五九九、一九九八年)、大山誠一「藤原房前没後の北家と長屋王家木簡」(『長屋王家木簡と金石文』吉川弘文館、一九九八年)など。

(40) 石井庄司「万葉集巻六の「西宅」について」(『文学』一の六、一九三三年)、東野註(16)論文。

(41) 川口註(37)書。

(42) 東野註(16)論文。

(43) 岩本次郎「右大臣大中臣清麻呂の第」(『日本歴史』三一九、一九七四年)。

(44) 註(39)に同じ。

(45) 東野治之「鳥毛立女屏風下貼文書の研究」(『正倉院文書と木簡の研究』塙書房、一九七七年)。

(46) 中西康裕「藤原北家と「左大臣家」」(『続日本紀研究』二八一、一九九二年)では、天平九年七月丁酉条で正一位・左大臣を贈られた右大臣藤原武智麻呂に注目し、これらの「左大臣家」を南家と見る。とすると、武智麻呂も、家政組織存続の例に加えることができる。
(47) 田辺征夫「水木家所蔵の古瓦」(『奈良国立文化財研究所年報』一九七二)。
(48) 舘野註(36)論文、大脇潔「忘れられた寺・青木廃寺と高市皇子」(『翔古論聚』一九九三年)、「「朝風廃寺」の再発見」(『明日香風』四八、一九九三年)。
(49) 岡田隆夫「栄山寺領の形成過程」(『古代史論叢』下巻、吉川弘文館、一九七八年)。
(50) 福山敏男「栄山寺八角堂の建立年代」(『日本建築史の研究』綜芸舎、一九八〇年)。
(51) 堀池春峰「藤原仲麻呂と前山寺」(『大和文化研究』四の三、一九五七年)。
(52) 福山敏男「壺坂寺(南法華寺)」(『奈良朝寺院の研究』綜芸舎、一九七八年)。
(53) その他、二条大路木簡に窺われる藤原麻呂と岡本宅については、西洋子「岡本宅小考」(『国史談話会雑誌』三八、一九九七年)を参照。また『日本霊異記』上巻第三十一話の従三位粟田朝臣(真人か)の「広瀬之家」、『続紀』延暦二年三月丙申条藤原田麻呂伝の「隠居蜷淵山中」、同年七月庚子条藤原魚名伝の大宰師左遷の時の摂津国の別業への留住、『続後紀』嘉祥二年二月辛卯条藤原長岡伝の「宇智郡山家」への隠居、『文徳実録』斉衡元年四月丙辰条橘百枝伝の隠居後に「家在大和国山辺郡」、同二年七月戊寅条百済王勝義伝の隠居後に「閑居河内国讃良郡山畔」、『三代実録』貞観十二年三月三十日条菅原峯嗣伝の摂津国豊嶋郡山庄への退居などの例も、本宅以外の邸宅の存在とその所在地を考える材料となろう。
(54) 勝浦令子「乳母と皇子女の経済的関係」(『史論』三四、一九八一年)。
(55) 福原栄太郎「長屋王家木簡にみえる乳母について」(『神戸山手女子短期大学紀要』三六、一九九三年)も同様の指摘を行っている。
(56) 渡辺直彦「藤原仲麻呂をめぐって」(『歴史教育』一五の四、一九六七年)。
(57) 渡辺晃宏「二条大路木簡の内容」(『平城京長屋王邸宅と木簡』吉川弘文館、一九九一年)。なお、『続紀』天平九年十二月丙寅条によると、「皇太夫人(宮子)、為沈幽憂久廃人事、自誕天皇(聖武＝大宝元年生)未曾相見」とあり、宮子は体調を崩しており、あるいは中宮職にいても任務がないので、麻呂邸で勤務していたとも推測される。
(58) 藤木邦彦「北政所について」(『東京大学教養学部人文科学科紀要歴史学研究報告』三、一九五五年)。
(59) Aは岸俊男「「嶋」雑考」(『日本古代文物の研究』塙書房、一九八八年)、『平城京左京三条二坊六坪発掘調査報告』(奈良国立文

化財研究所、一九八六年）によって、長屋王家木簡出土以前に定立された。（イ）大山註(3)論文・書。（ロ）鬼頭註(3)論文。（ハ）勝浦令子「木簡からみた北宮写経」（『史論』四四、一九九一年）。なお、同じ康子内親王の例によりながら、山崎正伸「「北宮」語義考」（『文学・語学』一二九、一九九一年）は、天皇の正室の一の皇女を指すとする見解を呈している。（ニ）福原註(8)論文。（ホ）八木註(6)論文。

(60) 春名宏昭「皇太妃阿閇皇女について」（『日本歴史』五一四、一九九一年）。

(61) 木下正史『飛鳥・藤原の都を掘る』（吉川弘文館、一九九三年）一〇〇頁。『万葉集』巻二―二〇一高市皇子死去の際の挽歌に「埴安の池の堤の隠り沼の行へを知らに舎人は惑ふ」と「埴安の池」が歌われており、香具山西北麓に比定される。なお、仁藤敦史「倭京から藤原京へ」（『古代王権と都城』吉川弘文館、一九九八年）は、橿原市戒外町の香具山東南麓の興善寺遺跡を香具山之宮の候補地に推す。

(62) 鬼頭註(3)論文。

(63) これらのうち、民直（忌寸）大火は『続紀』大宝三年七月壬子条に死去にあたって従五位下から正五位下を追贈された（「壬申年功」による）ことがわかるが、その他の人々のその後の動向は不明である。

(64) 縁故関係による下級官人の出身の例については、中村順昭「律令制下における農民の官人化」（『奈良平安時代史論集』上巻、吉川弘文館、一九八四年）。

(65) 拙稿「荷札木簡の研究課題」（『考古学ジャーナル』三三九、一九九一年、本書所収）。

(66) 福原註(8)論文。

(67) 仁藤敦史「「斑鳩宮」について」（『日本歴史』四五一、一九八五年）、「「斑鳩宮」の経済的基盤」（『ヒストリア』一一五、一九八七年）、「「斑鳩宮」の経営について」（『国史学』一四〇、一九九〇年）など（いずれも『古代王権と都城』吉川弘文館、一九九八年所収）。

(68) 荒木敏夫『日本古代の皇太子』（吉川弘文館、一九八五年）七七～八一頁。

(69) 小澤毅「伝承板蓋宮跡の発掘と飛鳥の諸宮」（『橿原考古学研究所論集』第九、吉川弘文館、一九八八年）。

(70) 永井註(8)論文。

(71) 東野註(9)論文。

（付記）　註（8）に関連する事柄として、E長屋王の父高市皇子宮と氷高内親王・長屋王の妻吉備内親王の父草壁皇子宮の二つの宮の継承説として井山温子「古代の「家」とその継承」（『政治経済史学』三三八、一九九四年）が呈されるなど、本章の元原稿執筆以後、研究史として付け加えるべき論考は多数発表されているが、それらについては拙稿「その後の長屋王家木簡」（奈良国立文化財研究所の長屋王家木簡検討会の報告書として近刊予定）の中で言及しているので、参照していただきたい。また長屋王家木簡の廃棄のあり方や伝票木簡のより詳細な分析方法を示したものとして、渡辺晃宏「削屑からみた長屋王家木簡」、勝浦令子「長屋王家の米支給関係木簡」（ともに『木簡研究』二一、一九九九年）が呈されているので、併読をお願いしたい。

第二章　家政運営の様相

はじめに

第一章「平城京左京三条二坊の邸宅と住人」では、長屋王家木簡を残した家政機関の本主の問題に言及した。その中で長屋王の妻吉備内親王やその他の妻妾および所生子が居住した西宮のあり方に触れ、縫殿などの家政機関の部署に対する吉備内親王の統括の様子を推定したが、ここでは木簡に見える家政機関の全体像やその役割、具体的な家政事務遂行の様相、また家政運営を支える経済基盤の問題などを検討する。こうした家政組織の運営形態、その淵源を考える中で、先に述べた家政機関の本主を元来高市皇子に由来すると見る立場を補強する材料が得られるのではないかと期待される。以下、まず左京三条二坊の邸宅内の部署のあり方、次に畿内近郊の御田・御薗と称される田地に置かれた部署、そして、荷札木簡に窺われる畿外の土地との関係という順序で、右記のような課題に接近することにしたい。

一　家政機関の部署

ここで長屋王家木簡に見える家政機関の部署とその執務の様子について述べる。木簡に見える家政機関の部署の名称や役職名などを整理すると、表6、7のようになる。この中では山背御田・御薗は元来II系統の家政機関の所有に属したものと考えられるが、その経営や収穫物の搬入先はI系統の家政機関＝左京三条二坊に存した長屋王の家政機関に委ねられており、二つの家政機関は主人長屋王の下に融合し、吉備内親王も含めて、むしろ長屋王家全体として資産を管理・運用する体制であって、各部署も全体のためのものと見るのがよい。

1　邸内の部署

まず邸内の部署を見ると（表6）、主殿・大炊・膳・酒・主水など、律令官司の中では内廷的といわれる宮内省被管官司と類似の名称を持つ部署の存在が目につき、衣食住など生活の基本に関わる部署が充実していたことがわかる。大蔵省被管にも似た手工業関係の部署や職人、その他の写経・絵画・宗教・医薬や動物の管理などの部署も、様々な生活の局面に対応した構成であった。いわゆる政務に携わるのは中枢機関とした政所くらいで、あくまで家政の運営・維持を基本とする個人の家政機関の特徴を示す構成であると言える。内廷的官司といわれるものがそもそも天皇の日常生活に関わるものであり、木簡に窺われる家政機関の構成は、律令国家成立以前からの王族の「宮」の形態や貴族の家政運営のあり方を如実に反映するものと見ることができる。断片的ではあるが、二条大路木簡に見える藤原麻呂の家政機関中の「膳所」（城24-11）、平城宮跡第二二二次調査で出土した考課木簡の削屑中の「□〔新ヵ〕田部親王宮蔵司主典」（城26-10）などの例があり、他の王・貴族の家政機関にも同様の部署が存したものと推定される。

長屋王家木簡程、具体的に家政機関の部署が判明する例は殆どないが、『宇津保物語』吹上巻上に描かれた紀伊国牟婁郡の長者神南備種松の家の様子は参照できる。家政の中心となる政所の他は、御厩・大炊殿・御厨子所・酒殿・贄殿・作物所・鋳物師所・鍛冶屋・織物所・染殿・擣所・張物所・縫物所・糸所など、いずれも日常生活の様々な局面に対応する部署で構成されており、長屋王家木簡と共通する様相を呈している。

種松の家の各部署には「所々の別当」が置かれていたが、長屋王家の各部署にも各々責任者がいた。邸外の機関であるが、片岡司の道守真人、木上司の秦廣嶋・忍海安麻呂・新田部形見らがその例であり（表7）、彼らは各々の司から邸内に搬入される物品の進上状の日下に署名を加えている。そして、彼らは勤務日数により勤務評定を受けていたらしく、次のような上日数を報告した木簡が存する。

・木上司等十一月日数進 新田部形見　日廿七夕廿一　秦廣嶋　日卅夕廿七
　　　　　　　　　　　忍海安万呂　日卅　夕廿六

・　十一月卅日　　　　　　　　　　　　（城25-28）　334・30・9　011

第一章で述べたように、II系統の家政機関の少書吏置始国足は、山背薗からの野菜進上状の日下署名にも現れており、もと山背薗の管理者であったと推定され、人事異動や昇格の可能性も存した。またそうでなくても、二つの家政機関の間を往来して雑務に従事する婢宮入女や物部麻蘇売、またII系統の家政機関の家令職員がI系統の家政機関で執務する例など、長屋王家全体の家政の中では、頻繁な交流があった。

表6　長屋王家の家政機関

機関名	役職・職人名	備考
長屋王家令所 奈良（楢）宮・奈良宮務処・奈良務所・務所・司所・政所	家令・書吏 御所人・侍従・政人・司人・帳内 少子（36人）／鎰取少子・司少子	中枢機関
帳内司	帳内／若翁・鋳物所・綿作所・□作処・鏤盤所・工司 沓敷藁刺・帙作・書法所・文校・画師・仏造・ 馬司、丹波杣・都祁遣 資人	帳内の管理
主殿寮・主殿司 机立司	仕丁、採松、油持 （司掃守、掃守・雇人）　《設営関係？》 《設営関係？》	衣食住関係
大炊寮・大炊司	女	
膳司	膳部、荷持	
菜司		
酒司・御酒醸所	仕丁	
主水司・水取司	仕丁・厮	
氷司		
縫殿	縫殿女（縫殿神祭）	
染司	染女	
綿作所*		
	牛乳持参人・煎人	
工司*	工、散位寮、仕丁	生産関係
御鞍所・御鞍作所・御鞍具作司	背替縫・褥縫・韉縫・御鞍具人	
鋳物所（処）*	鋳物師・長・雇人	
鏤盤所*	長・銅造・雇人	
銅造所	銅造手人	
？所*	須保弖・沓縫・薦縫・革油高家・沓敷藁刺帳内	
□作処*		
	轆轤（露）師・轆轤木切使雇人、気作、鍛冶、土塗・厮椅作工、木履作人、琴作工、金漆人、銀銅打、要帯師（造）、奈閉作、土師（作）女・雇人、物作人、御弓造兵舎人、矢作、大刀造、籠作衛士、（司皮作） 百枝亭萇造、白志丁造	
	御垣塞厮	修造関係

機関名	役職・職人名	備考
嶋造司		庭園関係
書法所*	経師、紙師、秩（帙）師・帙作帳内・造生・雇人 装潢、書法模人・書写人、文校帳内・校帳内 （司紙借用人）	写経・絵画関係
	画部・画師・画写人、障子作画師・障子作人	
仏造司* 斎会司	仏造帳内、厮 （旦風悔過文・斎会）、供養始人	宗教関係
	僧・舎弥・尼・乞者 宮内神祭、柱立所祭、縫殿神祭、大窪神、打蒔・打散 巫、伊豆国造・従（卜部）	
薬師処	医、女医	医薬関係
	博士	学問
馬司・馬寮*	馬作医、馬甘、馬曳（５人）（御馬屋犬） 馬甘仕丁、雇人、草運雇人（馬蒭）／馬	動物の管理
犬司	少子／犬（６頭）・子生犬（１頭）・越犬	
鶴司	少子／鶴	
	牛	
税司	津税使、伊勢税司、武蔵税司、下総税司、出雲国税使	財政関係？
	（衛士・仕丁など） 散位寮、御弓造兵舎人、衛士・厮、籠作衛士 仕丁・厮、立丁、輿籠持厮（８人） （雇人） 右京職雇民（持草）、河内絹持雇人、□司雇人 下総役人、土師（作）女雇人、須理作雇人、屏風持雇人 米運雇人・俵運雇人、贄持、薪取・薪運厮・薪取使雇人 柏取雇人、津縄持、楉取遣雇人、葛取雇人・葛取持丁 □張真編雇人・店□□雇工 （雑） 舎人、女竪、大宮殿守 司々充仕丁、車借人、草運人、□調持役丁、桁作 狛人、新羅人、百済人、隼人 奴（87人）・婢（111人）、隠伎奴婢	
西宮　内親王御所・吉備内親王宮 安倍大刀自御所 石川夫人御所	西宮少子 馬甘若翁御湯曳人、忍海部若翁乳母（２人）・女竪 紀若翁乳母、林若翁帳内、太若翁犬 若翁少子・帳内・博士・犬 桑乳母・中臣乳母	
門部王宮		
竹野王子宮（御所）	女医、奴婢、山寺（雇人を派遣）	
山形皇（王）子宮	帳内、女竪、御湯曳人	

＊は帳内が配備されていた部署　（　）の数字は木簡にみえる最大数

2　伝票木簡の作成

では、各部署の家政への関わり方はどうであっただろうか。ここでは長屋王家木簡の中で最も点数の多い米飯支給の伝票木簡の分析を中心に、中枢部での政務のあり方を考え、随時他の部署についても触れる。伝票木簡の基本型は次のようである。

宛先＋物品名・数量＋「受」（＝授）某＋月日＋人名（出納責任者か）

この種の木簡の宛先は様々であり、複数の宛先を記したものもあるから、これらは米飯支給などの際に、控えとして作成されたものであることがわかる。またこれらの木簡には文字を記した後に上または下、あるいは上下両方に孔が穿たれており、おそらく支給伝票としていくつかの木簡を束ねた上で、毎月朔日に前月の事務を報告する告朔[1]の際に、一ヶ月分など、一定期間のものを整理して報告したのであろう。先掲の木上司の上日数報告の木簡は、朔日に間に合うように前月の勤務日数を送ってきたものと理解でき、長屋王家における告朔の儀の存在を裏付けるとともに、各部署でも同様の事務処理が行われたことを推定させる。伝票木簡などは一ヶ月毎の支出状況を紙の文書にまとめて提出したものと思われる。なお、木簡の中には木目方向に長い材を横向きにして、木目に直角の方向に文字を記す横材木簡やその削屑があり（城23-16′28-39〜42）、個人別（宛先別）の支給帳簿ではないかと言われる[2]。先に指摘したように、伝票木簡には複数の宛先を持つものもあるから、日毎の支給額とともに宛先毎の支給額との帳尻合せも必要であり、正倉院文書の写経所関係の帳簿に見るような、複雑な帳簿作成と高度な事務処理が長屋王家でも行われていたのである。

伝票木簡が中枢部の政務のあり方と関わると見るのは、出納責任者として時に家令等の署名も見えるからである。

長屋王家の中枢部は対外的には「長屋王家令所」（城25-25）と称するが、その実態は政所（II系統の家政機関からは務所・司所とも称される）に他ならない。そして、家令等とともに日下に署名する人々は、少子、政人と称される者たちではなかったか。「受」や出納責任者として見える人物が少子であることを確認できる例はいくつかあり（城23-9、27-10）、彼らは家令職員の下で様々な事務を担っていた。また西宮少子望万呂に関する第一章第五節の推測が正しいとすると、この少子は帳内（資人）であった可能性が高い。少子は政所だけでなく、犬司、鶴司などにも見えており、各部署に配置されていた帳内の存在と合せて、彼らこそ各部署の実務を担う人々であったといえる。ちなみに、伝票木簡の日下に署名する出納責任者を整理すると、家令・書吏・石角の三人はほぼ通年的に散見するのに対して、甥万呂は七月下旬～八月中旬、十一月以降に集中し、大嶋は八月下旬～十一月、廣嶋は十月中旬など、少子クラスの雑任者は時期的に偏った登場の仕方をする点が指摘されている。これは交替で食料支給の事務管理などに従事するという仕事のローテーションの存在を窺わせるものとして注目される。[3]

3　政所の役割

以上のような日々の支給と月別の整理などにより円滑な家政運営が図られたのであるが、木上司からの上日数が報告されているように、中枢部の政務は伝票木簡の作成と整理のみに留まらない。第一章で触れた出雲臣安麻呂の木簡は考課木簡であり（城25-28）、上日数に基づく勤務評定も中枢部の重要な仕事である（城21-28・29、25-19、28-15～18の考課木簡も参照）。その他、銭の残高と使途を記した木簡も散見し（城21-29、23-13、25-18、27-14・15）、そうした計算も執務に含まれていた。また「縫殿神祭」、「柱立所祭」（城21-22、23-11）や毎月晦日の祓などが邸内で実施されていたことが窺われ[4]、王・貴族の家での祭礼や年中行事などの運営も中枢部の政務に関わってくる。『宇津保物語』の例では、政所では農業・養蚕の計画立案（木簡にも城28-38に散田に関わると推定されるものがある）、炭・薪や日次の贄の受領、北方のための料理の調理などが行われており、いわゆる政務全般を掌る部署として、家政の要となる様々な事柄が政所で執り行われたのである。

以上は政所を中心に、主に家政機関の下級役人のあり方に触れた。表6にはそれ以外にも多種多様な職人がいたことが知られる。鋳物師・轆轤師・要（腰）帯師など専門的な技術者も含まれており、注目される。当時の手工業者がどこに所属し、製品をどこに供給していたかという問題は、これまで不明の点が多かったが、木簡によって一貴族たる長屋王家と密接な関わりのあったことが判明したのは、新たな成果である[5]。縫殿と縫殿女については第一章で触れたが、経師、校正を行う文校、装丁に従事する装潢や経帙などを作製する帙師・帙作などの存在も興味深い。長屋王は和銅五年、神亀五年の二度にわたり写経を行ったことが知られており（『大日本古文書』二十四―二～六）、和銅経は長屋王家木簡の年代に含まれ、彼らこそ長屋王の写経事業を支えた人々であった[6]。

その他、仕丁は封戸から出仕した人々（賦役令封戸条集解は封戸仕丁は封主に支給すると述べる）であろうが、衛士なども役使されていることも興味深い。別稿で指摘したように、本来朝廷に奉仕する卜部が長屋王家で晦日の祓に携わっていたことが知られ[7]、衛士や兵舎人の役使も、王・貴族と朝廷の関係を窺わせる事例となる。但し、それが朝廷からの派遣なのか、あるいは長屋王家の権力を背景とする強役なのか、等々によってその評価は変わってくるが、具体的にどのような関係であったかは保留しておきたい。

以上のように、左京三条二坊の地には多くの人々が居住・勤務し、長屋王家の生活を支えていたのである。なお、付言しておけば、「～司」「～所」とあるからといって、それぞれに定まった区画があり、恒常的に稼働していたかというと、必ずしも自明の事柄ではなく、むしろ人を中心とした作業場のようなものであった場合もあるのではないかと思われる。木簡が出土した八坪に家令所が存した可能性は想定できると思うが、邸内の区画のうち、ここはこの部署というように、固定的な場所を定めることは困難であるとしておきたい。

二　御田・御薗

次に邸外の機関・部署として、御田・御薗など、長屋王家の畿内近郊の領地について触れておきたい。

1　所在地をめぐる特色

御田・御薗の名称、管理機構や木簡に見える関係者（管理者、労働力、奴婢など）、およびその比定地は表7に整理した通りである。これらのうち、従来の見解と異なる比定が呈されたものについて、その意見を紹介しておく。

まず大庭は、『行基年譜』天平十三年記の「大庭堀川」によって、河内国茨田郡大庭里に比定される。そして、山背については、山代忌寸真作墓誌や正倉院文書中の丹裏古文書（『大日本古文書』二十五―六四〜六五・一四五）により、河内国石川郡山代郷とする見解が呈されたのは興味深い[8]。木簡には渋川御田（城23-6、河内国渋川郡）、高安御田（城25-6、河内国高安郡）が見え、大庭、山背と合せて計四ヶ所の河内国関係の領地が存在したことがわかる。これは片岡・耳梨・矢口・佐保・木上などの大和国関係の所領と匹敵する規模と広がりである。「山背」を山背国という広大な地域名とせず、他の御田・御薗名から、狭小な地域を指すと見て、河内国石川郡山代郷を推したのは鋭い視点である。なお、大庭については、同じく『行基年譜』によりながら、和泉国大鳥郡上神郷大庭村所在の「大庭院」付近に比定する見方があり、「宇太御□」も和泉国和泉郡内に比定しようとする意見がある[9]。比定地に関しては様々な見解があ

表７　長屋王邸外の機関

機関名	木簡にみえる関係者・施設など	推定所在地
太御□	仕丁・厮	奈良県宇陀郡／ 大阪府泉南市兎田
岡司	道守真人・白田古人・倭万呂 御薗（将）作人、持人；都夫良女・宿奈女、持丁；木部足人・檜前連寸嶋・守部麻呂・稲万呂・大万呂・□万呂	奈良県北葛城郡王寺町・香芝市
上司 城上） 上御馬司	忍海安麻呂・新田部形見・秦廣嶋・甥万呂・豊嶋 持人？；各田部逆・稲末呂 石女・稲津女・曽女・都夫良女・把女・身豆女・□都女	奈良県北葛城郡広陵町 ／同橿原市
保	額田部児君	奈良県奈良市
祁司 祁宮 祁氷室	火三田次、帳内 進上？；安倍色麻呂・伊宜臣足嶋・他田臣万呂・借馬連万呂・狛多須万呂・□田主寸麻呂 雇人	奈良県天理市・山辺郡都祁村
瀬		奈良県北葛城郡広陵町
梨御田司 （无）	太津嶋 進上；婢間佐女	奈良県橿原市
口司	太津嶋・伊香三狩 進上；私部亥万呂 酒虫女・多々女・殿女 桑乳母・中臣乳母	奈良県橿原市（香久山南辺；天武元年７月癸巳条の八口）／同大和郡山市
庭御薗		大阪府守口市大庭町 ／同堺市大庭寺
川御田	奴末麻呂	大阪府八尾市渋川町
安御田司		大阪府八尾市高安
背御薗司	（置始）国足・軽部朝臣三狩・山辺大人 持人？；諸月・奴稲（否）万呂・奴布伎・少子部安末呂 婢女子米万呂 雇人、御田芸人（御田10町）	京都府／大阪府南河内郡河南町山城
御田司		京都府相楽郡山城町
口御田司	山口御田；作人	？
波杣	帳内	京都府中部・兵庫県北部 ／奈良県天理市丹波市町
処	塩殿、雇人	？
焼処		？

（註）　下線を付した人名は進上状の署名者

り、確説がないものもあるが、山背については従来の見解を訂正すべきであると考える。ヤマト王権の豪族が大和と河内（含分立前の和泉・摂津地域）双方に基盤を持つ例は珍しくなく（例、大伴氏・物部氏・蘇我氏など）、長屋王家についてもそうした豪族と同様な財産形成の系譜を引いていたものと考えられる。ここではこの点を特に強調しておきたい。

2　経営方式と由来

では、こうした御田・御薗などの経営は如何であったか。またその由来はどのようなものであろうか。これらの地からは毎日のように疏菜などの作物が搬入され、長屋王家の経済、日常生活を支える一つの柱であった。その経営方式を窺わせる事例を掲げると、次の通りである。

・○移　務所［山背御田芸人功卅六常□田苅人功］
・○扶［　　］従廣足　(城21-7)　224・(20)・3　011

・移　山背御薗造雇人卅人食米八斗塩四升可給　軽部朝臣三狩充　奴布伎　○
・山背□婢女子米万呂食米一斗五升　和銅五年七月廿日大書吏　充　○　(城21-7)　427・38・4　011

・片岡進上蓮葉卅枚　持人都夫良女　○
・御薗作人功事急々受給　六月二日真人　○　(城21-9)　230・25・2　011

・山背御田十町　可佃人功［

・今薗遣四百卅二　（城21-10）　(168)・(9)・5　011

・当月廿一日御田苅竟大御飯米倉古稲

・移依而不得収故卿等急下坐宜　（城21-10）　219・14・2　011

・薗作雇人米一升受手子　○

・　四月二日　石角　○　（城21-10）　249・(13)・2　081

・御薗将作人功速符□符□〔使カ〕六月四日真人

・□　□持人□　（城21-10）　280・34・4　011

・薗□〔遣カ〕雇人米二升寺遣雇人一米一

・升　受真山　廿日　□　家令　（城21-11）　201・37・3　011

・山口御田作人食米一斛塩□

・　和銅八年四月九日　（城21-11）　(223)・(13)・5　019

以上の木簡の事例によると、御田・御薗への雇人の派遣や功食の支給、また御田・御薗からの功食支給の要求や業務に関わる要請などが送られてくることもあることがわかり、その経営は左京三条二坊に存したI系統の家政機関＝長屋王の家政機関が運営全般を掌る直接経営であって、雇人に対する給与（功）・食料を支給する代わりに、収穫物は全て徴収する方式であったと理解できる。第一章で特色を整理したように、II系統の家政機関は経営についての指示・要求を行うだけである。

今、都祁氷室を例に、その経営の様子をさらに具体的に見る。『書紀』仁徳六十二年是歳条には朝廷の闘鶏氷室に関する起源説話があり、「額田大中彦皇子猟二于闘鶏一。時皇子自二山上一望レ之、瞻二野中有レ物、其形如レ廬。仍遣二使者一令レ視、還来之曰、窟也。因喚二闘鶏稲置大山主一、問レ之曰、有二其野中一者何窨矣。啓之曰、氷室也。皇子曰、其蔵如何、亦奚用焉。曰、掘レ土丈余、以レ草蓋二其上一、敦敷二茅荻一、取レ氷以置二其上一、既経二夏月一而不レ泮。其用レ之、即当二熱月一、漬二水酒一以用也。皇子則将二来其氷一、献二于御所一、天皇嘉レ之。自レ是以後、毎レ当二季冬一必蔵レ氷、至二于春分一始散レ氷也」と記されている。この史料では「掘レ土丈余、以レ草蓋二其上一、敦敷二茅荻一、取レ氷以置二其上一、既経二夏月一而不レ泮。其用レ之、即当二熱月一、漬二水酒一以用也」、「毎レ当二季冬一必蔵レ氷、至二于春分一始散レ氷也」と、氷室の設営、氷の進上時期と用途などが述べられていることが注目される。長屋王家木簡にも次のようなものがある。

・都祁氷室二処深各一丈 廻各六丈 取置氷一室三寸 一室二寸半 令被草千束 一室各五百束 苅廿人 一人各五十束 功応給布三常＝
＝［　　］米四斗塩一升戸加須加比二具応造鉄二斤
・　和銅五年二月一日火三田次　　(城21-12・25-6)　1250・105・5　011

・進上氷一駄丁　阿倍色麻呂○
・　九月十六日火三田次　○　　(城21-12)　314・27・5　011

・進上□〔柑カ〕廿四俵上［　　］　○
・　潤月十五日火三田次　○　　(城23-6)　286・25・6　011

・自都家米帳内一米半升　○

・十月三日大嶋家令　○　　（城21-20）　113・22・3　011

・○都祁遣雇人二口五升帳内一口一升受

・○智□〔善ヵ〕　九月廿六日　石角　書吏　　（城23-9）　148・21・2　011

都祁の地には、「都祁宮」（城28-9）、「都祁司」（城28-27）と呼ばれる長屋王家の部署があり、帳内も配備されている。都祁からの報告・進上状の日下に署名する火三田次がその管理者である。なお、管理者は、耳梨、矢口の管理者大津嶋のように、近接した複数の部署を兼任する場合もあった（城21-9）。[10]都祁には氷室が二箇所あり、功食支給による雇用によって仁徳紀と同様の氷室設営が行われている。また木簡によると、この氷室には扉があり、「かすがひ」（鎹）がつけられていた。そして、「都祁氷進始日…」という長大な木簡（城21-12・25-26）や九月十六日付の木簡に窺えるように、暑月には一定の間隔で平城京左京三条二坊の邸宅に氷の荷駄が搬入されている。その他、閏十一月十五日には柑を出荷しているように、氷以外の物資も取り扱っていた。このように直接経営によって氷を自家生産していたことは特筆すべきである。正倉院文書には氷を購入した事例もある（『大日本古文書』十四―三四八・二十五―一五四）が、仁徳紀の説話にあるように、氷室は元来朝廷の所有すべきものであった。[11]喪葬令暑月薨者給氷条には「親王及三位以上、暑月薨者、給ㇾ氷」とあり、親王クラスでさえも容易に入手できるものではなかったようである。このような氷室を所有していることは、長屋王家の権力を示すとともに、その由来も考慮しておかねばならない。

以上のような畿内近郊の所領の由来は如何であったか。山背御田は十町であったことがわかっており（城21-10）、これは『延喜式』巻二十二民部上の「凡位田者、各為二二分一、一分給二畿内一、一分給二外国一。其一処所レ置不レ得レ過二十町一。」という規定の限度内であるが、その他、散田に関わる木簡の削屑に見える田数には「□□□造御田五十六町八段」、「□〔司ヵ〕造六十五町」（城28-38）などとあり、長屋王と吉備内親王、さらに高市皇子の位田・職田等（第一章表4・5）を加えても、納まりきらない可能性があり、また御田・御薗に固有名詞を冠することなどと合せて、位田・職田などの可能性は薄いと考える。[12] また畿内には封戸はなかったとする意見があり、[13] 封戸の可能性も薄く、律令的給付の中で考えることは難しい。

その由来については、やはり長屋王の父高市皇子との関係が有力視される。[14] 耳梨・矢口は高市皇子の香具山之宮のすぐ近くである。木上も『万葉集』巻二―一九九の柿本人麻呂の高市皇子死去の際の挽歌に殯宮が木上で営まれたとあるので、やはり高市皇子と関連の深い土地であった。木簡の中には、

・○木上進　供養分米六斗

・○各田部逆　七月十四日秦廣嶋
甥万呂　　（城21-10）　152•21•3　011

というものがあり、高市皇子の死去した持統十年七月十日と近い日付であるので、その追善供養のため米を木上から進上してきたものとすれば、木上と高市皇子の関係も補強される。また片岡司の持丁木部足人（城21-9）、木部百嶋（城27-6）の木部を木上と見れば、[15] 木上と近接する片岡も、高市皇子以来の関係が推定され、大和の南部に存した所領はいずれも高市皇子以来、長屋王家と関連を持つものであったと考えることができる。その他、第一章でも触れた高市皇子の母の実家である筑前国宗像郡司家からの物品送付もあり（城21-34・25-29、23-14、27-21）、長屋王家の財産形成に高市皇子が大きな関わりを持っていたことはまちがいない。

なお、左京三条二坊の発掘で出土した瓦の中に、長屋王邸所用瓦といわれる「藤原宮式軒瓦」の範疇に入る軒丸瓦六二七二型式―軒平瓦六六四四型式という組合せの瓦がある。この瓦は今のところ特定の遺跡でしか出土しておらず、平城京右京九条一坊十二坪＝木簡にも見える観世音寺（城21-27・25-27）の所在地、奈良県香芝市尼寺の片岡廃寺跡＝同上の片岡司の所在地、桜井市橋本の山中に存し、「延喜六年造檀越高階茂生」の陽刻を持つ軒瓦が出土した地として著名な青木千坊（橋本廃寺）など、いずれも長屋王家と関係の深い土地である。[16]高階真人氏は長屋王の子孫であり、第一章で触れたように、青木千坊の北東方の桜井市外山には、『三代格』巻一元慶五年十月十六日官符、寛平五年十月二十九日官符に高市皇子が分社したという宗像神社が存し、高階真人氏が神主を出しているので、青木千坊にも奈良時代初期（以前）に遡る寺院があった可能性が考えられ、高市皇子との関連が推定される。[17]こうした考古遺物の面からも長屋王家の広がりと由来を考える補強材料を得ることができるのは貴重である。

以上、御田・御薗については、長屋王家の直接経営であり、各々に管理者や雑務に従事する人々、雇人や奴婢がいたこと、その由来は位田・職田、封戸などの律令的給付とは異なるものであった可能性が高く、父高市皇子以来の関連を有した土地ではないかと考えられることを強調しておく。奈良貴族の所領経営といえば、従来は『万葉集』に見える大伴氏の跡見庄・竹田庄が殆ど唯一の例であったが、木簡によって、より具体的にその経営形態や伝来を明らかにすることができたのは大きな前進であり、長屋王家木簡の史料価値を示すものといえる。[18]

三　畿外の土地との関係

長屋王家の家政運営として、最後に畿外の土地との関係を検討する。畿内の御田・御薗は日々の食料供給など、長屋王の日常生活と密接に関わるものであったことがわかったが、家政の財政基盤という観点からは、畿外の封戸などの方が大規模なものであり、その把握・経営はより重要な問題であったと考えられる。

1　荷札木簡の特徴

まず荷札木簡などによって長屋王家との関係が知られる国郡里は表8の通りである。長屋王の変後に『続紀』天平元年二月丙子条では「勅曰、左大臣正二位長屋王、忍戻昏㆑凶、触㆑途則著、尽慝㆓窮姧㆒、頓陥㆓疎網㆒、苅㆓夷姧党㆒、除㆓滅賊悪㆒、宜㆓国司莫㆑令㆑有㆑衆、仍以㆓二月十二日㆒依㆑常施行。」と、国司に対して賊徒の取り締まりを命じており、長屋王の与党が地方にもいたことが窺われる。これら畿外の土地との関係は如何なるものであったろうか。

長屋王家木簡の荷札木簡の特色は、次のようである[19]。貢進国は三十余国に及ぶが、中でも近江・越前・周防・讃岐の四国で過半数を占める。

a犬上郡甲良里子部伊知米六斗　(城21-30)　156•19•4　051

b周防国大嶋郡屋代里田部蓑御調塩三斗　(城21-32)　270•35•6　033

その書式は多くはaのように国名(あるいは郡名も)や税目、年月日を省略し、さらに貢進者名や物品名、数量を欠くものもあり、bのような場合でも、年月日がない例が多い。このような簡略な書式は、貢進国の偏りと合せて、貢進先が定まっているため、つまり長屋王家の封戸の存在と関わるのではないかといわれる所以である。但し、国名、税目、年月日、数量などを欠く書式は、藤原宮跡出土の評制下の木簡には多く見られ、荷札木簡の書式が整ってくるのは、租税制度の整備・確立が進む和銅〜養老初年以降かとの見解もあるので[20]、和銅三年〜霊亀三年という長屋王家木簡の年代も考慮に入れておかねばならない。

表8　荷札木簡にみえる国郡里名と税目・品目

国名	郡名	里名	税目・品目・数量など	国名	郡名	里名	税目・品目・数量など
大和	葛上	賀茂	米1石（6）、粟1斗	下総	印波		？
		大坂	米1石		相馬	古渠	？
		柞原	米1石	近江	蒲生	西	俵（8）
	山辺		糯米			佐々支部	俵
		桙津	俵1石			安支	3斗
山背	葛野	櫟原	白米1石			南原	米5斗
		？	俵1石			薩□	1俵（城20-13）
	紀伊	岡田	俵1石		依知	？	御贄
		大里	俵1斛		犬上	田何	6斗
		紀伊	俵1石			甲良	米6斗（5）
		鳥羽	俵1斛			瓦	米5斗（城20-12）、米
		石原	俵1石				6斗（3）
	相楽	狛	俵1斛		坂田	旦女	？
河内	古市	古市	？			上入	5斗
摂津	住吉	大羅	俵1石、?			穴	俵
			交易贄塩染阿遅、贄？				舂米50石；上入里18石
伊勢	桑名	桑名	俵				・下入里？・□□里4
	朝明	槫多	？				石5斗・□□里2石6
	河曲	安麻手	舂米1斛（2）				升5斗匚コ5斗2升
	安濃	建部	？				4合・匚コ里？・匚コ
志摩	志摩	答志	？（2）				5合・細江里？
		道後	海松20斤		浅井	川道	庸米6斗
		船越	調海松6斤、牟津荒腊		高島	水尾	俵石
尾張	愛知	中寸	？			高島	？（2）
		荒大	米6斗			桑原	稲俵（1）、？（1）
		余部	？6斗			足積	？
			油			川□	？
	知多	大御野	？			大処	？
		□	御調塩3斗				？1斗
参河	飽海	大壁	調？	美濃	厚見		宍1斗
遠江	石田		5斗（宮14号）		片県		干宍1斗
伊豆	賀茂	賀茂	調荒堅魚（城20-12）				煮塩年魚3斗・2斗・
相模	高座	美濃	？1升□夕、?				？（2）
武蔵	策覃	宅□駅	蔆子（城20-12）	若狭	遠敷	野	御調塩3斗（宮13号）
			庸布			安遠	御調塩3斗
上総	阿幡		？				調塩3斗
	武昌	高舎	荏油4升8合		三方	美々	塩2斗

国名	郡名	里名	税目・品目・数量など	国名	郡名	里名	税目・品目・数量など
若狭	三方	竹田郡	塩２斗	播磨	賀茂	修布	？
越前	敦賀	江祥	調３斗		美嚢	吉川	北宮交易榭１俵
	丹生	鴨	米１斗	美作	英多	大野	鉄１連
		岡本	１石（２）		大庭	河内	？
		従者	？		真島	栗原	？
		朝津	白米1石（2）、俵1石、				？
			呉桃子１斗	備前	津高	健部	米５斗
		大屋	米１石（２）	備中	小田		鰯５斗
		中津山	白米1石（3）赤米1石	備後	葦田	葦田	氷高親王宮春税５斗、
		？	栗１斗				俵１斗
	足羽	草原	１石	周防	大島	務理	御調塩３斗（６）
		井手	？			屋代	御調塩３斗（13）
		生江	俵１石		吉敷	神前	塩３斗
			北宮１石	紀伊	名草	大屋	？
	坂井	石木部	１石		安諦		調塩
	江沼	郡	１石（５斗＋５斗）		无漏		太海細螺８升、鯛贄１
		矢田	俵１石				籠〔員５〕
		潮津駅	１石	阿波	麻殖		酢年魚４斗
越中	礪波	大野	？		那賀	波羅	黒米５斗
越後			年魚9989隻			和社	黒米３斗、白米５斗
丹波	桑田	山国	６斗（２人で合成）			駅	
	氷上	氷上	俵、６斗				贄；切海藻、鹿□□、
	味田		曼椒油３斗				猪薦纏
	何鹿	高津	交易腊贄１斗５升	讃岐	山田		贄阿遅４斗
			胡麻油２斗		阿野	羽床	阿遅４斗
丹後			小堅魚			氏部	白米５斗（２）
但馬	阿相	刀我	大贄１斗５升			林田	白米５斗
	美含		海藻贄40斤				北宮塩３斗（４）
因幡	高草				鵜足		米１斛
出雲	大原	矢代	大贄腊１斗５升、？		多度		長屋皇子宮塩（２）、多
隠岐	海部	佐々	軍布６斤				比９烈７隻
	周吉	奄加	螺６斤	伊予	越智	□戸	大贄雑腊
		新野	御取４斤		和気	海部	調塩３斗、？（２）
		山部	調腊		温泉	味酒	俵、？（２）
	隠地	村	軍布６斤	筑前	宗像		郡司大領からの荷札；
播磨	賀茂	川合	？				鮒鮨・鯛醤・？

（註）　・「税目・品目・数量など」の項の（　）内は複数事例がある場合の事例数。
・（城20-12）などは、ＳＤ4750出土以外のものの出典。「宮」は平城京左京三条二坊宮跡庭園（六坪）出土木簡。

とすると、畿外の土地が封戸などの律令的給与によって長屋王家と関係を持った土地なのか、あるいは畿内近郊の所領のように、所領と称してもよいような由来を持つ土地なのかは、容易に定め難い点がある。北宮宛の荷札のある越前国足羽郡、播磨国美嚢郡、讃岐国阿野郡、長屋皇子宮宛の荷札の存する讃岐国多度郡でさえ、封戸か否かの決め手は充分でない。律令的給付から長屋王家が得る収入には第一章表4・5のようなものがあり、それらとの整合性の有無が封戸等かどうかの判断基準となる。まず封戸が封主に出す負担として、賦役令封戸条では調庸は全給、田租は半分を入官・半分を封主にとあるが、長屋王は『続紀』和銅七年正月壬戌条で長・舎人・新田部・志貴親王とともに封租全給を許されているので、封租も全給となる。また仕丁徴発も可能であり（封戸条集解）、事実邸内には仕丁が役使されていた。そして、上述の民部式によると、位田の半分は畿外に置かれた可能性があり、位田は輸租田である（田令田長条集解令釈所引民部例、位田条集解古記）が、輸租分を除いた穫稲からの収入があった筈である。したがって、封租、調庸、仕丁や位田からの穫稲などが畿外から長屋王家に齎される主な収入となる。これらのうち、田租については『延喜式』巻二十六主税上に「凡神寺諸家封租、交ニ易軽貨一幷春レ米送レ之。其春運功賃亦用ニ租内一。若家有ニ請受者一聴レ充。」とあり、軽貨交易か春米運京という形で封主に送られていたようである（弘仁主税式も同文）。賦役令封戸条集解古記にも「問。其租一分給レ主、若為ニ処分一。答。運ニ春米一国者米送、遠国者販ニ売軽貨一送給耳。」とあり、この方式は古くからのものであるようで、実際に天平七年相模国封戸租交易帳のような公文書が存する。ただ、すべてが京送された訳ではなく、国造豊足解（『大日本古文書』七―一二三）や播磨国正税帳の「中宮職美作国主稲」（二―一五〇）、天平九年度但馬国正税帳の「中宮職捉稲使」（二―六一〜六二）の活動に窺われるように、地方での出挙も重要な経済基盤であった。

では、これらの収入は荷札木簡の中にどのように反映されているだろうか。荷札木簡に現れる税目不明の米のうち、六斗、五斗八升と記される米は庸米と見てよく、また五斗のものも庸米である場合があると言われる。[21] とすると、表8の六斗米は封戸の庸米を出している可能性が高く、五斗米もその蓋然性が存する。米に関しては、一石俵の存在が最も問題である。一石俵は管見の限りでは長屋王家木簡及び八坪の井戸SE四七七〇から出土した「・長屋皇宮俵一石春人夫／・羽咋直嶋」（城20-10）と、いずれも長屋王関係のものしか事例がなく、貢進国は大和・山背・摂津・伊勢・越前で、畿内とその近国であって、伊勢・越前は『延喜式』巻二十三民部下では年料舂米を出す国となっている。その性格に関しては、位田・職田の地子稲を舂成したもの、あるいは封戸租を舂成したものなどの可能性があり、一つには特定し難いとされる。[22] 木簡の中には五斗＋五斗で一石とした例があり（21-31）、本来は五斗が基準で、それを合成したものであろうか。あるいは伊勢国川曲郡安麻手里からの「舂米一斛」（城21-30、27-18）の例からすると、舂米運京国の封戸租を舂運したものであろうか。位田・職田経営の実態はあまり明確ではなく、それらの地子稲とする説も魅力がある。一石米の性格は不明な点が多いが、律令的給付のいずれかに関わるものと考えておきたい。なお、『延喜式』巻二十二民部上には「凡諸家封戸、各為二三分一、一分充二輸レ絁国一、二分輸レ布国。但伊賀・伊勢・参河・近江・美濃・越中・石見・備前・周防・長門・紀伊・阿波等国不レ得レ充レ封。」とあり、封戸の禁国が見えているが、二条大路木簡に窺われる近江国坂田郡上坂郷における藤原麻呂の封戸の所在などから考えて、[23] 禁国は奈良時代末以降に定まったものと思われ、[24] これらの国にも長屋王家の封戸があった可能性はある。その他、塩二斗については、藤原宮木簡に調塩二斗の例がある（『藤原宮木簡』二―一四七号）ので、やはり調と見てよいであろう。

以上のように見てくると、荷札木簡の多くは封戸など律令的給付に関わるものと考えてよいと思われ、畿外の土地は封戸の所在と関係するものであるとして論を進める。これらを封戸とすると、まずその規模が問題となる。封戸からは田租、調庸、仕丁など、課役に関わる税収すべてが封主に納められるのであるから、里単位など、ある程度のまとまりを以て設定した方が都合がよい。天平七年相模国封戸租交易帳に見える実例によっても、一里五十戸とか、それに満たない場合でも同里内に四十戸、三十戸というふうに、里単位でまとまるように設定されている。表8に見える畿外の里名は約九十であり、里単位のまとまった数での支給を考えると、その総計は長屋王の封戸三百五十戸に吉備内親王の二百戸を加えても、到底納まらない数字であることが予測される。木簡の中の削屑には「下総国□□…□税一万四千四百六十四束」（城28-29）という記載があり、これを封戸租と見て、仮に『続紀』天平十九年五月戊寅条の封戸の均一化規定による田租一戸四十束で計算すると、約三百六十戸分となり、長屋王夫妻の封戸合計の過半数を越える。「税」の語から出挙関係と見るにしても、その数字が膨大なものであることに変わりない。下総国の調庸は布製品が主体なので、荷札木簡はあまりないが、下総国にも長屋王家の封戸があったと考えられる。木簡の中には下総税司が布五百常を進めたという記載もあり（城23-5）、『続紀』慶雲三年二月庚寅条で正丁の庸布二丈六尺が半減されているので、常布（一常＝一丈三尺）＝庸布と見れば[25]、布五百常は正丁五百人分、先の封戸均一化規定による一戸正丁五～六人で計算すると、封戸百戸分程になる。下総国だけでもこのような数字の封戸の存在が想定できるとすれば、全体では膨大な数字になることが予想され、畿内の御田・御薗などの領地が高市皇子に由来する可能性があることやII系統の家政機関＝高市皇子の家政機関継承説と合せて、ここでも高市皇子の封戸五千戸との関連が注目されてくる。長屋王家木簡が示唆する封戸の規模からは、この点の読み取りを強調したい。

2　封戸の経営と税司（使）

次にこれらの封戸等の経営方法は如何であろうか。封戸の経営については直接経営か、間接経営かの問題がある[26]。先に触れた但馬国正税帳に見える中宮職捉稲使は、中宮舎人が派遣されたもので、二月一日～六月二十九日が出挙、九月一日～十二月九日が収納と、計二四五日も官費で滞在して経営にあたっている。また天平十一年正月二十三日目代国造豊足解の国造豊足も、左大臣家の隷属官的存在として、現地で出挙や交易に従事していたとされる。[27]これらは間接経営論者も直接経営の事例として認めているものである。天平七年相模国封戸租交易帳の存在や天平十九年の封戸均一化規定などから見ると、間接経営が進んだとする意見もあろうが、天平十年頃にも封主が出挙・交易に直接関与していた事例があることを考慮すると、長屋王家木簡の時代にも同様の方式があってもおかしくはない。九世紀後半に問題化する王臣家の徴物使の存在なども参考にされる。そのような立場に立つ時、注目されるのが木簡に現れる税使（司）の存在である。

・税司少初位上伊我臣廣庭　寺史[　]
税司少初位上牛鹿首大麻呂　大宅
黄文連古麻呂　物部[　]嶋
・秦連真弓　日置造浜□[　]
（城23-7）　190・42・5　011

「封」北宮進上　津税使
（城21-35・25-30）　300・27・3　031

・「伊勢税司」進交易海藻十□〔四カ〕斤滑海藻三百村□

・□銭五十三文遺布六常　和銅七年六月廿□〔二カ〕□□□連大田
（『平城京木簡』二〇七号）　(277)・25・6　019

□〔呂カ〕武蔵税司
（城28-18）　091

・○□□□□〔余慶造始カ〕　人功給遣銭百十二文　別移務所下総税司田辺

・○史□□進布五百常之中　二百常馬司給　五十常門部王宮給　二百五十常処々田苅　人功充給　附茨田勝五百嶋　七月七日従　（城23-5）　435・36・5　011

出雲国税使神戸臣□　（城28-18）　091

□〔二カ〕国税使　（城28-18）　091

税司□□　（城28-18）　091

税使（司）については、『続紀』大宝二年二月乙丑条「諸国司等始給レ鎰而罷（先レ是、別有二税司一、主レ鎰。至レ是始給二国司一焉）。」[28]に見える「税司」の存在を考慮して、国司の属僚として大税の運用や封戸の経営に従事したものとする説[29]と、長屋王家から派遣され、封戸の税物＝封戸租を取り扱ったものとする立場とが呈されている[30]。今、税使（司）の特色を整理すると、次のようになる。国名を冠し、いずれも長屋王家と関係のある国におかれている。下総についでは先に触れた通りで、武蔵は「武蔵国庸布」（城28-29）、その他、摂津、伊勢、出雲にも関連を窺わせる荷札木簡がある（表8）。また「二国税使」という言い方からすると、「武蔵税司」などと「出雲国税使」とには差異はなさそうである。税使（司）への就任者に関しては、その氏姓から見て、出雲国の神戸（門）臣[31]のような在地豪族の例もあるが、下総国の田辺史のように中央系の姓を持つ者もおり、各国の事情によって様々であったと考えられる。そして、その役割については、交易や布（庸布か）の進上など、現地での活動に基づき、長屋王家に様々な物資を送ることであったとすることができる。「津税使」に関しては、難波津で諸国の封戸から運ばれてきた物資を取り扱ったとする意見もあるが[32]、税使（司）が各国におり、現地で各々活動していたとすると、やはり摂津国に限定される役割のものとする方がよく、むしろ国名を冠さず、有位者の見える税司を、邸内にあって各国の税使（司）の活動を統括する部署に比定するのも一案である。

税使（司）は物品を長屋王家に納めているとはいえ、彼らが長屋王家の専属なのか否か、つまり長屋王家が派遣・任命したものなのか、あるいは国司の下僚などで、他の王臣家にも物品を納めていたのかは確定できない。しかし、邸内の税司の存在の可能性を考慮すると、前者の蓋然性、すなわち中宮捉稲使や国造豊足の例があるように、長屋王家が派遣・任命した税使（司）であり、封戸物の交易・進上や現地での出挙経営などにも従事したと見るのがよいと考える。したがって長屋王家の封戸の経営はいわゆる直接経営であり、田庄・氷室などによる自給自足経済や各種の部署を有する家政組織などとともに、長屋王家の存立を維持する一つの柱であった。

むすび

以上、三節にわたって長屋王家の家政運営・経営について述べた。その結論として、様々な部署を持つ家政組織、畿内近郊の田庄の直接経営、律令的封戸などの畿外の土地に対しても税使（司）による直接経営を行うという自給自足、自立的な経営を行っていたことが看取され、それが長屋王家の権力・権威の源泉であったとまとめることができる。そして、第一章でII系統の家政機関が本来高市皇子の家政機関に由来するものであるとしたように、畿内近郊の田庄の由来、畿外の封戸等の規模などにも高市皇子の姿を窺うことができ、経済基盤、家産組織の面からも、長屋王家の家政が高市皇子宮のそれを継承するものであるとする推定を支持できると考える。

註

（1）　告朔については古瀬奈津子「告朔についての一試論」（『日本古代王権と儀式』吉川弘文館、一九九八年）参照。

（2）　渡辺晃宏「長屋王家木簡と二つの家政機関」（『奈良古代史論集』二、一九九一年）、拙稿「長屋王家木簡三題」（『木簡研究』一八、一九九六年、本書所収）。

（3）　渡辺註(2)論文。

（4）　拙稿「卜部寸考」（『日本歴史』五三九、一九九三年、本書所収）。

（5）　『飛鳥・藤原宮発掘調査概報』二二（一九九二年）で報告されている飛鳥池遺跡の官工房跡では、「石川宮」、「大伯皇子宮」と記した木簡が出土しており、製品の供給先あるいは素材の提供者などではないかと言われる。とすると、官工房からの供給というルートも存したことが窺われる。なお、国家との関係については、平石充「八世紀における貴族の家政機関と国家」（『国史学』一五四、一九九五年）を参照。

（6）　写経体制については、勝浦令子「木簡からみた北宮写経」（『史論』四四、一九九一年）参照。

（7）　註(4)拙稿。

（8）　舘野和己「長屋王家木簡の舞台」（『日本史における国家と社会』思文閣出版、一九九二年）。

（9）　大山誠一『長屋王家木簡と奈良朝政治史』（吉川弘文館、一九九三年）九三〜九四頁。

（10）　岩本次郎「木上と片岡」（『木簡研究』一四、一九九二年）。

（11）　氷については、関根真隆『奈良朝食生活の研究』（吉川弘文館、一九六九年）二七三〜二七四頁、高橋和広「古代日本の氷室制度について」（『山形大学史学論集』一二、一九九二年）などを参照。

（12）　寺崎保広「2万9千点長屋王家木簡の削り屑」（朝日新聞一九九四年三月五日夕刊）。

（13）　鬼頭清明「万葉人の生活」（『和歌文学講座』二、勉誠社、一九九二年）。但し、二条大路木簡には畿内の封戸の存在も窺うことができ（城 31–23）、この点は再検討が必要である。櫛木謙周「長屋王家の経済基盤と荷札木簡」（『木簡研究』二一、一九九九年）

を参照されたい。
(14) 福原栄太郎「長屋王家形成についての基礎的考察」(『続日本紀研究』二七七、一九九一年)、岩本註(10)論文。
(15) 岩本註(10)論文。
(16) 田辺征夫「水木家所蔵の古瓦」(『奈良国立文化財研究所年報』一九七二)。
(17) 舘野註(8)論文、大脇潔「忘れられた寺・青木廃寺と高市皇子」(『翔古論聚』一九九三年)、「「朝風廃寺」の再発見」(『明日香風』四八、一九九三年)。
(18) 長屋王の子安宿王は天平勝宝四年正月十四日に摂津国西生郡美努郷に存した庄地三町六段二四九歩を価銭百貫文で東大寺に売却しており、家地の他に、双甲倉、「未立倉」などが存したようである(『大日本古文書』四―四四八、四五一)。長屋王家木簡には摂津国住吉郡からの贄札や「津税使」の封緘木簡などがあり、あるいは父長屋王の代から関係を有した土地があったのかもしれない。とすれば、これも畿内近郊の所領の例に追加できる。
(19) 渡辺晃宏「長屋王家の経済基盤」(『平城京長屋王邸宅と木簡』吉川弘文館、一九九一年)。
(20) 拙稿「荷札木簡の研究課題」(『考古学ジャーナル』三三九、一九九一年、本書所収)。
(21) 狩野久「庸米付札について」(『日本古代の国家と都城』東京大学出版会、一九九〇年)。
(22) 鬼頭註(13)論文。
(23) 註(20)拙稿。
(24) 高橋崇『律令官人給与制の研究』(吉川弘文館、一九七〇年)四二一頁。
(25) 吉川真司「常布と調庸制」(『史林』六七の四、一九八四年)。
(26) 直木孝次郎「主稲考」(『奈良時代史の諸問題』塙書房、一九六八年)、利光三津夫「初期食封制の研究」(『律令及び令制の研究』明治書院、一九五九年)など。
(27) 加藤友康「律令制収奪と封戸」(『史学論叢』七、一九七七年)。
(28) 読み方は、笹川進二郎「律令国司制成立の史的前提」(『日本史研究』二二〇、一九八〇年)による。
(29) 角林文雄「長屋王家政経済関係木簡考証」(『続日本紀研究』二七七、一九九一年)、渡辺註(19)論文。
(30) 松原弘宣「「津税使」について」(『続日本紀研究』二六一、一九八九年)。

（31）『書紀』推古二十五年六月条「出雲国言、於二神戸郡一有レ瓜、大如レ缶」とあり、神戸郡＝神門郡であるから、この神戸臣も神門郡の郡領氏族神門臣の一員であると考える。

（32）松原註(30)論文。

第三章　長屋王家の興亡

はじめに

『万葉集』巻三―二六八には「長屋王の故郷の歌」として次の歌が収められている。

　わが背子が古家の里の明日香には千鳥鳴くなり島（妻）待ちかねて

左注によると、都が飛鳥から藤原京に遷った持統天皇八年（六九四）十二月以降の作であるという。長屋王の年齢については二説があり（表9）、『尊卑分脈』によると、藤原京遷都の時には十一歳、『懐風藻』に従えば十九歳となる。では、長屋王とはいかなる人物で、どのような経歴の持ち主だったのだろうか。

第一章「平城京左京三条二坊の邸宅と住人」、第二章「家政運営の様相」では、長屋王家木簡が呈する邸宅の主人・住人や家政運営についての問題点の検討を行ったが、ここでは従来の史料を中心としながら、長屋王家の動向、神亀六年の長屋王の変に至る過程を整理することにしたい。

一　長屋王家の動向

長屋王の家族関係は第一章図1に示した通りである。父は天武天皇の長子高市皇子。高市皇子は六七二年壬申の乱の際に父天武天皇を助けて活躍した（『書紀』天武元年条、『万葉集』巻二―一九九）が、母が筑前国宗像郡の郡司家という地方豪族の女であったためか、皇太子にはなれなかった。しかし、皇太子草壁皇子（母は持統天皇）の死後は、太政大臣として持統女帝の政治を輔け、「後皇子尊」と称せられ、皇太子に準じる地位にあった。高市皇子の政治的位置を物語るものとして、『懐風藻』の葛野王伝の一節は著名である。それによると、「高市皇子薨後、皇太后（持統天皇）引㆓王公卿士於禁中㆒、謀㆑立㆓日嗣㆒。時群臣各挟㆓私好㆒、衆議紛紜」とあり、葛野王の「我国家為㆑法也、神代以来子孫相承、以襲㆓天位㆒。若兄弟相及、則乱従㆑此興」という強引な論理（実際は兄弟相続が主流）によって、弓削皇子らの発言（同母兄の長皇子などを推挙しようとしたか）を封殺して、漸く文武の立太子・即位が実現したとある。『書紀』では、持統十年七月庚戌条に「後皇子尊」の薨去（『扶桑略記』によると、四十三歳であった）、同十一年八月乙丑朔条でに文武への皇位禅譲と、あまり問題

表9　長屋王略年譜

年　次	年齢 A	年齢 B	事　項
676（天武5）	—	1	（誕生）
684（天武13）	1	—	（誕生）
704（慶雲元）	21	29	無位→正四位上
？			正四位上→従三位
709（和銅2）	26	34	宮内卿
710（和銅3）	27	35	式部卿
712（和銅5）	29	37	（和銅経）
716（霊亀2）	33	41	従三位→正三位
718（養老2）	35	43	大納言
721（養老5）	38	46	正三位→従二位、右大臣
724（神亀元）	41	49	従二位→正二位、左大臣
728（神亀5）	45	53	（神亀経）
729（神亀6）	46	54	長屋王の変

＊年齢Aは『尊卑分脈』、年齢Bは『懐風藻』による。

なく、譲位が実現したように記されているが、『懐風藻』の記述を参考にすると、高市皇子が極めて皇位に近い位置にいたことが窺われ、文武即位は必ずしも既定路線ではなかったことが知られる。

長屋王の母は持統天皇・元明天皇の姉妹で、天智天皇の女御名部皇女である。(1) 第一章で述べたように、彼女の動向は殆ど不明であり、没年もわからないが、元明天皇即位の際には、「ますらをの、鞆の音すなり、もののふの、大臣、楯立らしも」という天皇の歌に対して、「我が大君、ものな思ほし、皇神の、継ぎて賜へる、我がなけなくに」と天皇を鼓舞しており（『万葉集』巻一―七五・七六）、同母姉妹（母は蘇我倉山田石川麻呂の女姪娘）として、精神的支柱ともなっていたことが窺われる。長屋王の妻には草壁皇子と元明天皇の間に生まれた吉備内親王（兄弟には文武天皇、元正天皇がいた）や藤原不比等の女、また阿倍氏や石川氏など有力豪族の女がおり、王はまず当代一流の出自・家族関係を有していた。父、母、妻吉備内親王や当代の実力者藤原不比等との関係と、長屋王家は皇位に極めて近い位置にあったといって過言ではない。

長屋王の生没年については二説が存する(2)（表9）。A『尊卑分脈』により、天武十三年（六八四）生・四十六歳で死去、B『懐風藻』により、天武五年（六七六）生・五十四歳で死去。Aは『続紀』慶雲元年正月癸巳条の無位から正四位上への叙位を蔭位制適用と見て、この時を二十一歳と見る立場に立っており、一方Bは大宝令による蔭叙が初めて行われたのがこの時であり、それ以前は特に年齢にはこだわらなかったので、初叙年齢が二十九歳とやや遅れることになったと解釈する。長屋王の年齢は政治的ライバルとなる藤原四子との年齢関係・政治的関係の理解とも関わる問題であると言われる。(3) 両説ともに決め手はないが、長屋王を高市皇子の長子とすると、皇子が三十一歳の時の子供とするよりは、二十三歳の時の子供とする方が整合的で、また史料の信頼度の点でも『懐風藻』の方が優っているように思われ、Bの方にやや分があるかと考えたい。とすると、長屋王は天武九年生の武智麻呂ら藤原四子よりはやや年長者となる。

長屋王の官位・官職の略歴は表9の通りであるが、その政治的動向などが注目されるのは、やはり養老四年の藤原不比等の死後、右大臣、左大臣として国務を担う時期になってからである。それ以前の動静としては、まず『続紀』和銅七年正月壬戌条で父高市皇子の兄弟たる天武系の有力な親王長・舎人・新田部、天智天皇の子志貴親王とともに封戸増封・封租全給に与っていることが注目される。皇親の中に占める長屋王の高い位置を窺わせるものである。また妻吉備内親王も、元正即位を控えた霊亀元年二月丁丑条にその所生の男女を皇孫とするとあり、高い処遇を受けている。木簡中に「忍海若翁　乳母二人」（城23-8）とあるのは、後宮職員令親王及乳母条の皇孫は乳母二人という規定に合致しており、本来は「内親王嫁₌諸王₋、所ㇾ生子者、不ㇾ在₌給限₋」（同条集解古記・令釈・義解）ので、この乳母が公的なものであったとすれば、皇孫待遇と関連した措置であった可能性がある。大臣就任以前の長屋王家の動向としては、この二つが主なものであり、皇親中で重要な位置を占め、高い待遇を受けていたことが注意される。その他、第一章第五節で触れた鑑真来日の契機となった中国の僧侶への千枚の袈裟贈呈や第二章第一節第三項で言及した和銅五年願経の存在は、木簡中の縫殿や写経関係者の活動として注目されるとともに、この時期の長屋王の崇仏家ぶりを示す事柄である。

長屋王の動向が史料を増すのは、大臣に就任した養老年間後半および神亀年間である。まず文化的な面では、佐保宅（作宝楼）での文人や来日した新羅使などを迎えての詩宴が掲げられる。佐保宅の所在地については、左京三条二坊の邸宅を佐保とする意見もある[4]が、木簡には、

・佐保解　進生薑弐拾根

・額田部児君　和銅八年八月十一日付川瀬造麻呂　（城21-10）　(348)・(28)・3　081

という佐保からの進上状があり、左京三条二坊の地と佐保とは明らかに別とすべきである。『懐風藻』では深山幽谷の風景が詠みこまれ、発掘された邸宅とはイメージが異なる。佐保の比定地としては、左京一条三坊十五・十六坪で発掘された庭園を伴う二町占地の邸宅などが候補地として挙げられており[5]、やはり聖武天皇や光明皇后の佐保山陵が存するこの地域に求めるのが相応しい。ただ、和銅八年（=霊亀元年）の段階で、既に長屋王家が佐保の地と関係を有していたのは注目される。おそらくその関係は平城遷都時には形成されていたものと思われ、先掲の木簡で生薑を付された川瀬造麻呂は、「観世音寺蔵唯那等申　給遣三種物…」という木簡でも「付帳内川瀬造」と見えており（城25-27）、長屋王家の帳内（トネリ）として様々な土地に遣されていた者のようであり、佐保の地と長屋王家の関係を裏付ける。

では、佐保に邸宅が築かれるのはいつか。先掲の和銅八年の木簡では、薗地などが存したことは知られるが、邸宅の有無は不明である。『懐風藻』によると、新年、初春、晩秋などの季節の折節や新羅使を迎えての宴が「（左僕射）長王宅」で催されたことが知られ、長屋王自身の詩文では「宝宅」「佐宝楼」での宴と表現されているので、これらが佐保宅で行われたものであることがわかる（表10）。それらのうち、年次が判明するのは、新羅使を迎えての宴であり、それは「秋日」と「初秋」により、養老七年と神亀三年の二回のものではないかといわれる[6]。とすると、養老七年頃には佐保宅が存在していたのは確実であり、あるいは養老四年の右大臣藤原不比等の死後、長屋王が右大臣となり、執政の上首となった養老七年、またはさらに遡って、大納言となり、政務の中枢に加わった養老二年頃から佐保宅の建造が行われたものと推定される[7]。外交権は天皇大権の一つであるが、蘇我蝦夷が百済の翹岐を畝傍家に喚んで対話した例（『書紀』皇極元年四月乙未条）、右大臣藤原不比等が弁官庁内で新羅使金信福と対話した例（『続紀』和銅二年五月壬午条）などがあり、長屋王以後でも、藤原仲麻呂が渤海使を宴し（天平宝字七年二月丁丑条）、右大臣大中臣清麻呂が

表10　長屋王のサロン

官職等	姓名	万	場所	備考
従四上治部卿	境部王	○	長王宅	新年
従五下大学頭	山田三方		長王宅	新羅客の宴（723年）
従五下大学助	背奈行文	○	長王宅	新羅客の宴（723年）
正六上	刀利宣令	○	長王宅	新羅客の宴（723年）
従五下大学助教	下毛野虫麻呂		長王宅	新羅客の宴（723年）
従三位中納言兼 催造宮長官	安倍広庭	○	長王宅	新羅客の宴（723年）
正六上但馬守	百済和麻呂		左僕射 長王宅 長王宅	初春 新羅客の宴（723年）
正五下図書頭	吉田宜	○	長王宅	新羅客の宴（723年）
贈正一位左大臣	藤原総前	○	長王宅	新羅客の宴（723年）
外従五下大学頭	箭集虫麻呂		左僕射 長王宅	新羅客の宴（723年）
正二位左大臣	長屋王	○	宝宅 作宝楼	新羅客の宴 初春
正六上皇太子学士	調古麻呂		長王宅	新羅客の宴（726年）
僧侶	道慈		長王宅	初春（辞退）
従五下陰陽頭兼 皇后宮亮	大津首		左僕射 長王宅	春の日
外従五下大学頭	塩屋古麻呂		左僕射 長王宅	春の日
正三位式部卿	藤原宇合	○	左僕射 長王宅	秋の日
従五下備前守	田中浄足		長王宅	晩秋（以上『懐風藻』）
	山上憶良	○	左大臣宅	七夕（724年）（『万葉集』）

＊「万」は『万葉集』にも歌を残す文人であることを示す

唐使を饗する（宝亀十年五月庚申条）などの事例が存しており、佐保宅での新羅使に対する宴会は執政の大臣としての長屋王の権威を示すものであった。その宴には当代一流の文人が集まり、多士済々の参加者であり、『家伝』下武智麻呂伝に描かれた藤原武智麻呂の習宜の別業での宴会や『万葉集』に見える橘諸兄宅での宴会など、その時々での権力者の宴会と匹敵する盛況を呈したと思われる。なお、『万葉集』巻八―一六三七・一六三八には「右聞レ之御ニ在左大臣長屋王佐保宅一肆宴御製」として、元正太上天皇・聖武天皇の歌が見える。

一六三七　はだすすき尾花逆葺き黒木もち造る室は万代までに

一六三八　あをによし奈良の山なる黒木もち造れる室は座せど飽かぬかも

内容は新室の寿ぎ的なものになっており、聖武即位の神亀元年以降、天皇の行幸に備えて新築を行ったのかもしれない。

ちなみに、神亀五年長屋王願経（『大日本古文書』二十四―五〜六）には「佐宝宮判官従六位上勲十二等次田赤染造石金」が見え、佐保宅には四等官制をとる管理機構が存したことがわかる。また佐保宅が長屋王の写経事業に協力していることも注意される。この次田赤染造石金は、長屋王家木簡に見える家令赤染豊嶋の一族と推定され、赤染氏が長屋王家の家政に深く関わっていたことが確認できる。従六位上は当時正二位であった長屋王の家令の相当位に相当する位階であり、第三等官の帯位としてはかなり高い。当時の左京三条二坊の地の様子が不明で、佐保宅との関係などはわからないが、佐保宅の管理機構の格式が高かったことが窺われる。

以上は佐保宅のあり方、文人との交流、写経といった長屋王の文化的側面に触れた。次に政治的な面では如何であろうか。長屋王の性格を示す逸話として、次の二つの史料には注目される。

a『続紀』神亀元年三月辛巳条

左大臣正二位長屋王等言。伏見二二月四日　勅一、藤原夫人天下皆称二大夫人一者。臣等謹検二公式令一、云二皇太夫人一。欲レ依二勅号一、応レ失二皇字一、欲レ須二令文一、恐作二違　勅一、不レ知レ所レ定。伏聴二進止一。　詔曰、宜下文則皇太夫人、語則大御祖、追二収先　勅一、頒中下後号上。

b『日本霊異記』中巻第一話「恃二己高徳一刑二賤形沙弥一、以現得二悪死一縁」

諾楽宮御宇大八嶋国勝宝応真聖武太上天皇、発二大誓願一、以二天平元年己巳春二月八日一、於二左京元興寺一備二大法会一、供二養三宝一。勅二太政大臣正二位長屋親王一而任下於供二衆僧一之司上。時有二一沙弥一、濫就下盛二供養一之処上、捧レ鉢受レ飯。親王見レ之、以二牙冊一以罰二沙弥之頭一、々破流レ血。（下略）

aは聖武天皇即位直後の出来事であり、天皇が母藤原宮子に大夫人の称号を与えようとしたところ、公式令の規定を楯に長屋王が異議を唱えたというもので[8]、bの法会の際に順序を守らず供養の飯を受けようとした僧の頭を打った話と合せて、原則や秩序を重んじる人物という長屋王の姿が窺われる。その長屋王の政策については、長屋王首班時代に係る養老六年の良田百万町歩開墾計画、同七年の三世一身の法などが著名であるが、いずれも太政官の発議によるものであって、長屋王固有の政策か否か判然としない。長屋王の固有名詞が出て来るのは、a以外では、『続紀』神亀四年二月甲子条の巡察使派遣の際の宣勅くらいしかなく、「天皇御二内安殿一、詔召二入文武百寮主典已上一。左大臣長屋王宣レ勅曰、比者咎徴荐臻、災気不レ止。如レ聞、時政違乖、民情愁怨、天地告レ譴、鬼神見レ異。朕施徳不明、仍有二懈欽一耶、将百寮官人不レ勤二奉公一耶。」と、そこでは天人相関の讖緯思想が一般的に表明されているにすぎない。同様の思想は天平期の詔勅にもしばしば見え、長屋王独自のものとは言えない。したがって長屋王の政治姿勢は材料不足で不明とするほかない。ただ、例えば元明太上天皇崩御の際には、右大臣長屋王、参議藤原房前が遺勅を奉じており（『続紀』養老五年十月丁亥条）、太政官の上首として、当時の政治を領導したであろうとは考えられる。

二　長屋王の変

このように栄耀栄華をきわめた長屋王であるが、突如として彼に悲劇が降りかかる。神亀六年二月の長屋王の変である。二月十日に左大臣長屋王が「私学二左道一、欲レ傾二国家一」との密告があり、その夜、衛府の兵士が「長屋王宅」を包囲した。翌十一日、使者が派遣され、尋問が行われ、十二日には長屋王は自尽し、妻吉備内親王、男膳夫王・桑田王・葛木王・鉤取王なども自経するという形で事件は終結する。この事件では、家内にいたその他の人々、家令職員や帳内などはその後放免され、長屋王の兄弟姉妹である鈴鹿王ら、あるいは長屋王の妻の一人である藤原不比等の女とその所生子は処罰を受けず、わずかに上毛野朝臣宿奈麻呂ら七人が連坐しているだけであり、執政の大臣の謀反、六衛府の兵士を大々的に動員した割には、関係者が極めて少ないのが特徴である（『続紀』天平元年二月条、天平宝字七年十月丙戌条）。この長屋王の変から十年後、一つの事件が起きる（天平十年七月丙子条）。左兵庫寮に勤務していた大伴宿禰子虫が囲碁の最中に話が長屋王に及んだ時、突然怒りはじめ、右兵庫寮の中臣宮処連東人を斬り殺した。子虫はもと長屋王に仕えた人で、東人は長屋王を「誣告」した人物であったという。

ここに『続紀』が「誣告」と記すように、長屋王の変は、王の存在を煙たく思った藤原氏の陰謀であるとするのが通説である[9]。神亀六年八月には天平改元が行われ、藤原光明子が聖武天皇の皇后になった。この前年の神亀五年九月には聖武天皇と光明子の間に生まれた皇太子某王が薨じ、一方、それと前後する時期に、他氏の夫人が安積親王を生んでいるので、藤原氏が権勢を保持するには、皇太子と比肩し得る執政権を有する皇后の地位に光明子をつける必要があり、それに異議を唱えるであろう長屋王を除いておかねばならなかったのである。長屋王の性格はa・bで見た通りであり、その彼が臣下出身の皇后（六〜七世紀の皇后は皇族出身が原則）を認めるべくもなかった。そうした空気は長屋王以外にも多分にあったものと見え、光明立后の詔では五世紀の磐之媛の事例（臣下である葛城氏出身で仁徳天皇の皇后になった）を持ち出して弁解がましく述べたものとなっている（天平元年八月壬午条）。

ところで、長屋王家木簡の中には、「長屋親王」と記した木簡がいくつかあり（城 21-35・25-30、27-22、28-3・4）、これを文字通り長屋王は親王であったととり、bの「長屋親王」の表記、長屋王の変を「将レ奪ニ国位一」、つまり皇位をめぐる争いとする見解などを加味して、長屋王が皇位を狙い得る位置にあり、その排除にこそ長屋王の変の目的があったとする意見が呈されている。[10]第一章で述べたように、木簡に記された「親王」という用語については、「ミコ」の文字表記のヴァリエーションの一つで、長屋王はあくまで「王」であったと見るが、長屋王が皇位と極めて近い位置におり、高い待遇を得ていたことは認めてよく、皇太子某王死後、有力な男子の皇太子候補者を持たない藤原氏としては、光明立后への異議が予想される（あくまでも予想である）というだけでなく、皇位継承資格という点やその背景をなす木簡に窺われる長屋王家の膨大な財力も考慮して、長屋王の排除に出た可能性は勘案しておかねばならない。『続紀』神亀四年十一月辛亥条「太政大臣第」での誕生後間もない皇太子某王との拝謁の際、百官を率いたのは大納言多治比池守であり、一連の皇太子誕生の慶賀に左大臣長屋王の姿は見えない。あるいは皇太子某王と距離をおいていたとも憶測され、これも長屋王の変の一因をなす態度ではなかったかと考える材料となる。

以上、長屋王の変をめぐる事情に触れた。ともかくも、この事件により長屋王家は滅亡に到るのである。その後、藤原不比等の女所生の安宿王は摂津国の庄所を有しており（『大日本古文書』四―四四八、四五一）、あるいは長屋王の財産の一部を受け継いだのかもしれない。しかし、天平宝字元年の橘奈良麻呂の乱の際には、山背王の密告によって兄安宿王・黄文王は処罰され、黄文王は杖死し、山背王は藤原弟貞と改名して藤原氏の一員となり（『続紀』天平宝字七年十月丙戌条）、男子としてはわずかに安宿王だけが佐渡配流を経た後も、『続紀』宝亀四年十月戊申条で高階真人賜姓に与っており、奈良時代を生き抜くことができたようである。この高階真人は高市皇子が大和国城上郡登美山に勧請した宗像神社を守り、「北宮王家」の血筋を伝えることができたのであった。[11]

ちなみに、『続紀』和銅四年七月甲戌朔条「張ニ設律令一、年月已久矣、然纔行ニ一二一、不レ能ニ悉行一」、同五年五月乙西条「制法以来年月淹久、未レ熟二律令一、多有二過失一」などと、長屋王家木簡の時代には律令の浸透の不充分さが当局には認識されていた。この後、税制面では和銅～養老初年に制度的整備が進み、天平年間には、班田図の全国的規模での完成、天平六年の郡稲の正税混合や同七年郡司の選任方法の変更、また発掘事例による国庁の確立などから地方支配が進展したことが知られ、中央においても品部・雑戸の解体による部民制的要素の消滅・官司組織における官僚的要素の強化や知太政官事の終焉による皇親勢力から独立した国家の公的機関としての太政官の確立などが見られ、律令国家の定着が図られるという。(12) こうした動向の中で、長屋王家のように自給自足的な家産組織を有し、国家から自立的に存在可能な形態を保持するのは時代の流れに合わず、このような点からも長屋王家の解体が必要と目されたのではないか。この意味でも長屋王家の権力・権威は前代の「宮」の形態を引き継ぐものであったと言える。

三　長屋王没後の様相

最後に長屋王没後の左京三条二坊一・二・七・八坪の様相に触れ、本章の考察を終える。長屋王没後から恭仁遷都までの様相については、二条大路木簡、特に旧長屋王邸北門の東から東方に延びる東西溝ＳＤ五一〇〇出土の木簡の理解とも関わってくるので、今後私なりにそちらの検討を行いたいと考えている。そこで、ここでは七・八坪の東側の東二坊坊間路西側溝ＳＤ四六九九出土の木簡・墨書土器から、長屋王の変直後の様相、一坪の井戸出土の木簡・墨書土器から、奈良時代後半の一坪の様相を描いてみたい。

まず長屋王の変に際しては、六衛府の軍隊が長屋王邸を包囲したとある（『続紀』天平元年二月辛未条）。それに符合するかのように、東二坊坊間路西側溝ＳＤ四六九九からは「左兵衛府」、「中衛府」などと記された墨書土器が出土して

おり、衛府の軍隊がこの地に駐屯していたことを窺わせる。木簡の中にも、

・謹牒　厨務所　□本清二升許

・右為薬分之　天平元年八月十八日将曹若麻呂大国　（城23-17）　207・29・3　011

と、「薬分」と称して酒（?）を請求した中衛将曹からの文書木簡があり、駐屯地での勤務の疲労や憂さをはらすために酒などを求めたのであろうか、衛府の軍隊の駐屯と勤務の様子が推測される。このSD四六九九出土の木簡は年紀は天平元・二年に限られており、左京三条二坊の地が長屋王の変の舞台となったことを裏付け、変直後の様相を窺わせる材料と見なしてよい。なお、二条大路木簡が出土したSD五一〇〇、五三〇〇・五三一〇からも「中衛府」、「中衛府／右兵衛」、「左衛府」、「右兵衛」などの衛府関係の墨書土器がいくつか出土している。あるいは長屋王の変後、長屋王邸は没官地となり、引き続いて衛府の警護が必要な天皇・皇后関係の施設が存したためではあるまいか。[13]

次に奈良時代後半に一坪には太政官の財政を担当した太政官厨家が存したと推定される。太政官厨家は、元来は太政官に付属する厨房であるが、太政官に送納される諸国公田の地子を掌握し、宮中の雑事その他の費用を弁備する機能を有する太政官の重要な機関となった。その職員については、『延喜式』には少納言・弁・外記・史から各一人が兼務する別当四人、太政官・左右弁官の史生各一人が兼務する預三人があり、後には公文勾勘のための案主も置かれた。施設としては、館舎の他、数字の倉庫、雑舎があったとされる。[14]太政官厨家の所在地は、平安京では左京一条二坊五町、長岡京では左京三条二坊八町（旧条坊呼称では左京二条二坊六町）であった。[15]平城京の太政官厨家は次の史料から左京三条二坊一坪と、長岡京とほぼ等しい位置に存したと考えられる。一坪の奈良時代後半の井戸SE四八五から「厚狭郡地子米五斗」（城22-7）という地子米の木簡、SE五一四〇からは「・阿波国阿波郡小麦／・宝亀七年」

（城22-7）という宝亀七年の紀年銘木簡とともに「官厨」の墨書土器が出土しており、その他包含層からも「官厨」、「官」の墨書土器が出土しているので、一坪には奈良時代後半に太政官厨家が存したと考える次第である。平安宮と同様、平城宮においても太政官厨家が宮外官衙として存在したことが知られ、また左京三条二坊一坪の性格の変遷を考える上でも貴重な考察材料と言える。[16]

以上、長屋王の変の直後と奈良時代後半の左京三条二坊一・二・七・八坪の様子を出土木簡を中心に述べた。平城還都後の奈良時代中頃の様相に関わる材料は、八坪の井戸ＳＥ四七六〇から出土した檜扇の「天平勝宝七年乙未十月□」という墨書（城22-7）くらいしかなく、不明であるが、衛府による守衛を必要とする施設、太政官厨家の存在など、長屋王没後、平城宮に近接する左京三条二坊の地は公的な色彩が濃い利用がなされたことが窺われる。太政官厨家などの宮外官衙の所在は平城宮のあり方とも密接に関わるものであり、平城宮の研究に資するところも大きい。

むすび

本章では、第一・二章での左京三条二坊一・二・七・八坪の邸宅の主人・住人や家政運営のあり方に関する、長屋王家木簡を中心とした考察のまとめとして、従来の文献史料に基づく長屋王の姿の検討を試みた。長屋王家木簡からは、平城遷都後、この地には高市皇子以来の勢威を有する長屋王家が居し、天皇に極めて近い位置にあって、朝廷でも高い扱いを受けていたことが窺われる。この長屋王家は高市皇子の北宮の機構をも受け継ぐもので、「北宮王家」と称すべき実態を有しており、四町の占地も北宮との関係で説明できる。長屋王家木簡はこのような「宮」の機構、家政運営を解明する上で大きな効力を持つ史料群であると評価できる。さらに他の貴族の家政機関や家政運営との比較により、貴族の家政を理解する史料としても一般化可能であり、家政の運営、家族のあり方、相続・家の継承といった事柄を考察する際の重要な材料が呈されたとまとめることができよう。本章では、そのような長屋王家木簡の理解に基づいて、長屋王の姿を再構成しようとしたが、なにぶんにも史料が少なく、今後の論究に期待される部分が多い。

また長屋王家滅亡後については、長屋王家木簡以降の時代に属するこの邸宅跡地から出土した木簡により検討を行い、平城宮に近接するこの地の利用法を断片的ながら言及することができた。詳しくは二条大路木簡に関する考察に譲らねばならないが、恭仁遷都までは衛府の警備が必要な公的施設が存したらしい。奈良時代後半には一坪に太政官厨家の存在が確認される。これらはいずれも平城宮のあり方に関わる問題であり、今後平城宮の研究の深化とともに考察されるべき資料となる。

註

（1）『尊卑分脈』、『本朝皇胤紹運録』は母を御名部皇女の女とするが、元明天皇との関係や世代関係から考えて、『公卿補任』に従っておく。なお、長屋王の伝記は寺崎保広『長屋王』（吉川弘文館、一九九九年）を参照されたい。
（2）研究史は木本好信「長屋王の年齢」（『史聚』二四、一九八九年）を参照。
（3）大山誠一「長屋王の生涯」（『駿台フォーラム』七・八・一〇、一九八九～九二年）。
（4）金子裕之「長屋王は左道を学んだか」（『歴史読本』一九八八年一二月臨時増刊号、一九八八年）。
（5）渡辺晃宏「長屋王家木簡と二つの家政機関」（『奈良古代史論集』二、一九九一年）。
（6）鈴木靖民「養老期の対新羅関係」（『古代対外関係史の研究』吉川弘文館、一九八五年）。
（7）奈良国立文化財研究所編『平城京長屋王家邸宅と木簡』（吉川弘文館、一九九一年）では長屋王家木簡廃棄の契機として、養老初年における左京三条二坊の邸宅の改作が想定されている。あるいはその頃に佐保宅も建造・整備された可能性もある。

(8) この事件に関する諸説は、大山誠一『長屋王家木簡と奈良朝政治史』(吉川弘文館、一九九三年)一四四〜一四八頁参照。

(9) 岸俊男「光明立后の史的意義」(『日本古代政治史研究』塙書房、一九六六年)。

(10) 金子註(4)論文、志田諄一「「長屋親王」の木簡をめぐって」(『常総の歴史』三、一九八九年)。永井路子「長屋王邸はほんとうに「長屋王邸」か」(『異議あり日本史』文春文庫、一九九二年)は吉備内親王とその所生子の排除を目的としたものとする。

(11) 高階氏のその後については、『日本古代氏族人名辞典』(吉川弘文館、一九九〇年)、『国史大辞典』九(吉川弘文館、一九八八年)などの当該項目を参照。なお、長屋王の変で死去した桑田王の子孫峯緒王などが改姓した高階真人姓者も存した(『本朝皇胤紹運録』、『続後紀』承和十年六月丙申条)。ちなみに、『三代実録』元慶三年十二月十五日条には佐渡国の浪人高階真人利風と高階真人有岑の紛争が見えており、安宿王の佐渡配流に関連した居住を示す例と解することもできる。とすると、大和国宗像神社の奉祀を行ったのは安宿王の子孫とは別系統の人々であったのかもしれない。

(12) 吉田孝「律令国家の諸段階」(『律令国家と古代の社会』岩波書店、一九八三年)。

(13) 渡辺晃宏「二条大路木簡の内容」(『平城京長屋王邸宅と木簡』吉川弘文館、一九九一年)、「二条大路木簡と皇后宮」(『平城京左京二条二坊・三条二坊発掘調査報告』奈良国立文化財研究所、一九九五年)、拙稿「平城宮跡の墨書土器」(『月刊文化財』三六二、一九九三年、本書所収)。なお、二条大路木簡に関する私の見方については、拙稿「二条大路木簡と門の警備」(『文化財論叢』II、同朋舎出版、一九九五年、本書所収)を参照。

(14) 橋本義彦「太政官厨家について」(『平安貴族社会の研究』吉川弘文館、一九七六年)。

(15) 長岡京の太政官厨家については、『長岡京木簡』一、二(向日市教育委員会、一九八三年、一九九三年)、渡辺晃宏「長岡京太政官厨家木簡考」(『古代文化』四九の一一、一九九七年)などを参照。条坊呼称に関しては、山中章「長岡京の条坊呼称」(『木簡研究』一四、一九九二年)が簡便な解説を行っている。

(16) 宮外官衙については、北村優季「平城宮の「外司」」(『山形大学史学論集』八、一九八八年)、渡辺晃宏「史料から見た平城京の宮外官衙」(『平城京左京三条一坊七坪発掘調査報告』奈良国立文化財研究所、一九九三年)を参照。

第二部　長屋王家木簡の諸相

第一章　橘家と恵美太家——奈良時代貴族の家政断章——

はじめに

私は先に「長屋王家木簡再考」（『弘前大学国史研究』九六、一九九四年。以下、前稿はこれを指す）なる論考において、平城京跡左京三条二坊で出土した長屋王家木簡による長屋王家の家政の復原は、奈良時代の王・貴族の家政に一般化し得る要素を持つものであることを指摘した。即ち、前代の家の形態・機能や家政機関・組織の維持・継承、飛鳥・藤原地域あるいは恭仁遷都時の平城京など旧京との関係、父子間などでの家政機関の融合等々である（本書第一部も参照）。

前稿でも長屋王家木簡以外の類例をいくつか集めたが、王・貴族の家政を理解する上では、長屋王家木簡は超絶した史料群であり、その一般化の可否をめぐっては、さらなる類例の集積が必要となろう。新出土の史料の中では、二条大路木簡中の藤原麻呂関係の木簡群に見える「膳所」（城 24-11）、平城宮第二二一次調査出土の「□〔新ヵ〕田部親王宮蔵司主典任□」という考課木簡の削屑（城 26-10）にも、「膳所」や「蔵司」等の家政機関の部署の名称やその役職「主典」の存在、「宮」と称される家政組織などが知られる。また平城京跡右京三条三坊三坪では、奈良時代前半の一町占地の邸宅が検出されており、井戸から出土した木簡には「御米一斗六升五合　見充殿人食米一斗四合一斗四升九合」という記載を持つものがあり、[1]長屋王家木簡中の米支給の伝票木簡と類似の内容、つまり同様の家政運営が行われていたことを窺わせよう。

但し、これらは断片的な史料であり、長屋王家木簡のように家政全般を見渡すことは難しい。ただ、断片的な史料とはいえ、家政のあり方を考える材料を集積する努力は続けられねばならない。旧来の文献史料の中には家政運営といった日常的な事柄に関するものは乏しいが、以下では比較的史料が豊富な橘家の場合を取り上げてみたい。『万葉集』には橘諸兄邸での宴会がいくつか記され、また橘奈良麻呂の乱については『続紀』に詳しい史料が存しており、こうした史料から橘家の政治的結合や家政運営の特色をかいまみることのできる材料を抽出することができないかと期待される。その他、前稿でも少し触れたが、橘家の政治的ライバル藤原仲麻呂の恵美太家に関しては、[2]正倉院文書や『続紀』に史料があり、こうした他家の家政との対比からも、奈良貴族の家政の諸相を描くことができるのではないかと考える。

一　橘奈良麻呂の乱とその族的結合

橘奈良麻呂の乱後程ない『続紀』宝字二年二月壬戌条に見える詔は、宴集・飲酒に対する厳しい制限を行ったものとして著名である。「頃者、民間宴集、動有二違愆一、或同悪相聚、濫非二聖化一、或酔乱無レ節、便致二闘争一」と非難され、「冀将淳二風俗一、能成二人善一、習二礼於未識一、防二乱於未然一也」として出されたのがこの法令であり、その発布時期および奈良麻呂の乱前の氏長による一族の宴集禁止命令（宝字元年六月乙酉条）を考慮すると、奈良麻呂の乱後の一つの政策とみなすことができる。奈良麻呂の父橘諸兄も「飲酒之庭、言辞無レ礼、稍有二反状一」と密告され、致仕を余儀なくされたといい（宝字元年六月甲辰条）、宴集には不穏な言辞が飛び交い、敵・味方の区別がつかない出席者もおり、しばしば政治的事件の引き金となることがあった。逆に「深顧二横禍時一、或縦レ酒晦レ迹、以レ故免レ害」れた白壁王のような例もある（光仁即位前紀）。

橘奈良麻呂の乱をめぐる記事は、先に触れた宝字元年六月甲辰条を嚆矢としており、勝宝七歳十一月に橘諸兄を密告したのは、祗承人佐味宮守であった。彼は奈良麻呂の乱後の宝字元年七月辛亥条で従八位上から従五位下昇叙に与っており、乱未然防止の功績が評価されている。翻って考えるに、祗承人は資人のように主人に近侍する存在であったと推定されるので、佐味宮守は橘家を裏切って[3]、自らの栄達を得たと言うこともできよう。ここに橘家の家政の脆弱さが予想される。本節では、まず奈良麻呂の乱の与党の分析を通じて、橘家の家政の特色を考える手がかりとしたい。

1　奈良麻呂与党の検討

橘奈良麻呂の乱に関しては、『続紀』宝字元年七月戊申・己酉・庚戌条に乱の計画・経過や加担者、また尋問の様子など非常に詳しい史料が存し、乱の詳細な考察もなされているが[4]、ここでは奈良麻呂与党のあり方を中心に私なりに整理を行う。

『続紀』によると、奈良麻呂は与党加入の誘いかけや与党結集の会合を何度か開いている。①天平十七年〈難波か〉、②勝宝元年、③勝宝七歳十一月、④勝宝八歳四月〈弁官曹司〉、⑤宝字元年六月某日〈奈良麻呂の家〉、⑥宝字元年六月某日〈図書寮の蔵付近の庭〉、⑦宝字元年六月二十九日〈太政官院の庭〉（出典は③以外は宝字元年七月庚戌条、③は六月甲辰条）。これらのうち、⑤〜⑦は蜂起への最終確認の会合であり、③は橘諸兄致仕の原因となった「飲酒之庭」で、奈良麻呂与党も参加していたのではないかと憶測され、ここに掲げた。①・②・④は佐伯全成を勧誘するためのものである。

今、奈良麻呂与党として処罰ないし嫌疑をかけられた者を整理すると、次のようになる（〔　〕は与党への参加は不明の者）。

黄文王・安宿王（長屋王の子）、塩焼王・道祖王（新田部親王の子）、多治比真人国人・犢養・鷹主・礼麻呂、佐伯宿禰大成・古比奈・〔全成〕、大伴宿禰古麻呂・古慈斐・兄人・池主・駿河麻呂、藤原朝臣乙縄・〔豊成〕、小野朝臣東人、賀茂（鴨）朝臣角足、山田御井宿禰比売島（孝謙天皇の乳母、故人）

奈良麻呂は既に天平十七年九月癸酉条の聖武天皇不予の頃から計画を練っており（①）、勝宝八歳四月丁酉条の聖武太上天皇不予の頃（④）と、聖武の不予の度毎に計画実行の機会を伺っていたようである。それは「陛下枕席不㆑安、殆至㆓大漸㆒、然猶無㆑立㆓皇嗣㆒、恐有㆑変乎」（①）、「聖体乖㆑宜、多経㆓歳序㆒、闚㆓看消息㆒、不㆑過㆓一日㆒。今天下乱、人心無㆑定。若有㆓他氏立㆑王者㆒、吾族徒将㆓滅亡㆒」（④）を慮ってのことであった。その政治史的意味は措くとして、①で佐伯全成を勧誘した際、既に多治比国人・犢養、小野東人は与党であり、黄文王を擁立する計画である旨を告げている。安宿王は⑦の会合で初めて加わった旨を陳弁しており、処罰も佐渡配流と死罪には至っておらず、また塩焼王・道祖王は宝字元年三月の道祖王廃太子以前の加盟は想定し難いので、当初黄文王を中心とし、奈良麻呂、多治比氏、小野東人などの結党が行われたものと考えられる。『万葉集』巻二十には「（勝宝六年三月）同月廿五日左大臣橘卿宴㆓于山田御母之宅㆒歌一首」（四三〇四）、「（勝宝七歳五月）同月十一日左大臣橘卿宴㆓右大弁丹比国人真人之宅㆒歌三首」（四四四六〜四八）などがあり、奈良麻呂与党の中には多治比国人のように橘諸兄と親しい者もおり、「飲酒之庭」で無礼な言辞を吐いたという諸兄も、奈良麻呂の計画を知っていたとするのが自然であって(5)、むしろ諸兄の人脈によって奈良麻呂に加担した者もあったと推定される。

さて、与党結党を行った奈良麻呂らの課題は、武力の不足ということであり、乱の段階では雇用した秦氏の存在も知られ（宝字元年八月庚辰条）、武力の確保が急務であったことがわかる。そのため、①・②・④の佐伯全成に対する執拗な誘いかけを行ったのである。その勧誘は、「大伴・佐伯之族随二於此挙一、前将レ無レ敵」（①）、「願率二大伴・佐伯宿禰一立二黄文一而為レ君、以先二他氏一為二万世基一」（④）と、大伴・佐伯氏の武力を背景に藤原仲麻呂に対抗しようとするものであった。大伴氏の方は古麻呂を始め、乱参加者が多かったが、佐伯氏は全成が最後まで承諾せず、参加者は限定されたものになっている。以上のように、奈良麻呂与党の特色として、武力を他氏に依存するという点が挙げられ、当初結党した人々に、新たな参加者が加わっていくという構図があった。

こうした特色から、与党間の連絡不充分という現象も生じることになる。武力不足という点も考慮してか、小野東人は乱発覚の前日七月二日に、前備前守という人脈を利用して、備前国出身の中衛舎人上道臣斐太都を与党に勧誘している。斐太都の密告によって、東人の逮捕・自白による与党の禁着・勘問＝奈良麻呂の乱の失敗へと帰結するのであって、極めて軽率な行為であったと言えよう。また東人に関しては、「先レ是、去六月、右大弁巨勢朝臣堺麻呂密奏。為レ問二薬方一、詣二答本忠節宅一。忠節因語云。大伴古麻呂告二小野東人一云、有レ人欲レ劫二内相一、汝従乎。東人答云、従レ命。忠節聞二斯語一、以告二右大臣一。大臣答云、大納言年少也、吾加二教誨一、宜レ莫レ殺レ之。」という不可思議な記述が存する（宝字元年七月戊申条）。これによると、大伴古麻呂は奈良麻呂与党の構成員を知らなかったようで、東人に参加を勧誘していると理解される。ここに与党の結束のあり方と東人・古麻呂の勝手な勧誘という統率の欠如を窺うことができ、これも奈良麻呂与党の特色としておきたい。

では、奈良麻呂は何故そのような与党構成をとらねばならなかったのか。そういえば、与党の中に他の橘氏の者や

図４　橘氏関係系図

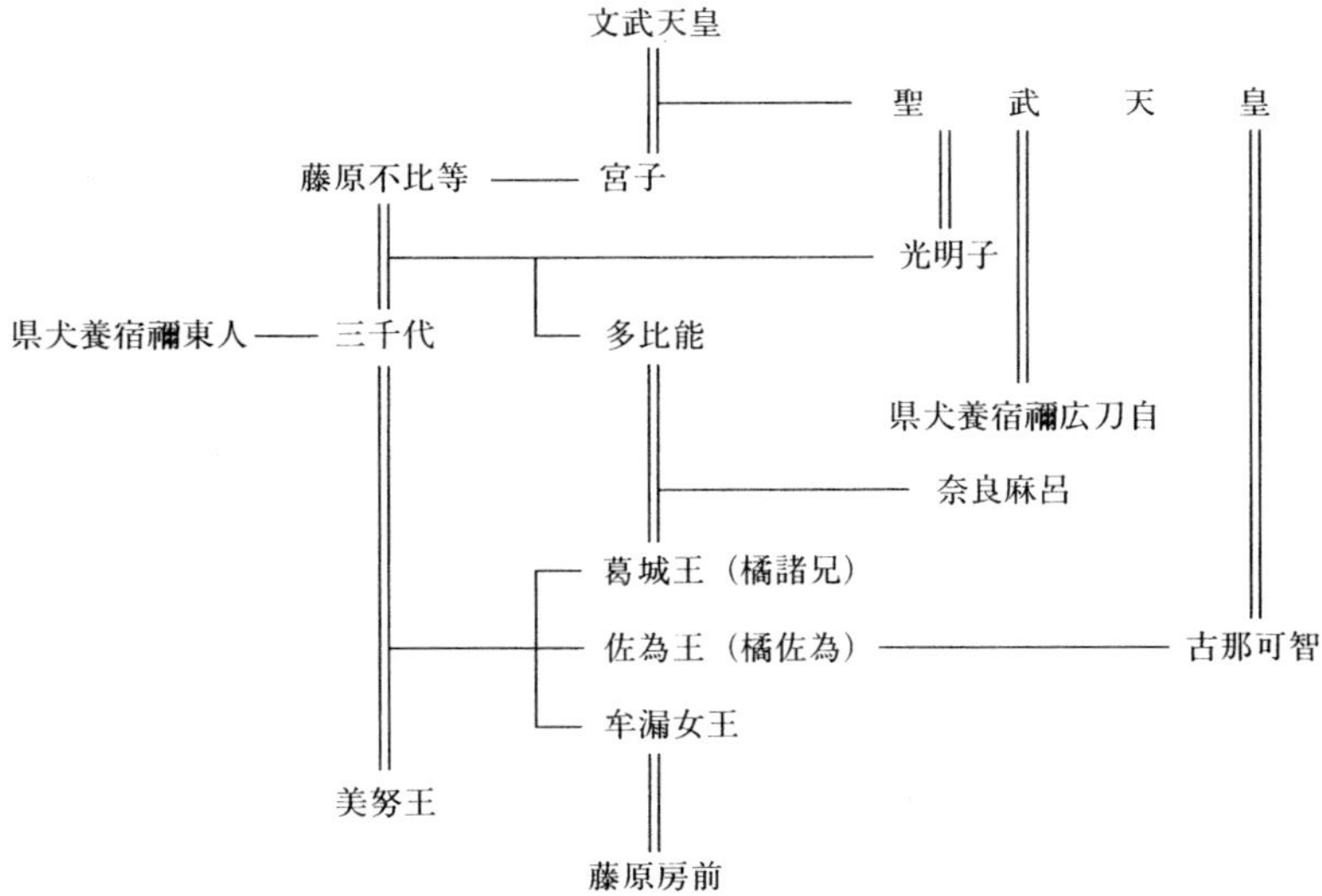

橘氏と関係の深いと考えられる県犬養氏の姿は全く見えない。このあたりにも、奈良麻呂与党構成の原因があるのではないかと推定される。そこで、次に同族、親族集団との関係という面に目を向けてみよう。

2　橘氏と県犬養氏

そもそも橘氏は、美努王の子葛城王・佐為王らが、和銅元年十一月二十五日の元明天皇の大嘗会の豊明節会の際に、母県犬養宿禰三千代が賜った橘宿禰（以後、三千代は県犬養橘宿禰と称す）を継承して成立した氏である（天平八年十一月丙戌・壬申条）。但し、周知のように、三千代は美努王の下を離れ、遅くとも文武朝には藤原不比等の下にあり、(6)葛城王らとの関係が如何なるものであったかは不明の部分が多い。橘宿禰は三千代個人に与えられたもののようで、葛城王＝橘諸兄らが賜姓を願い出たのは、「今無二緒嗣一者、恐失二明詔一」ためであって、彼らの母に対する敬愛が窺われる（三千代は天平五年正月庚戌条薨去）。

三千代は天武朝以来朝廷に仕え、後宮女官の上首尚侍の地位を得て[7]、大きな政治力を有し、夫藤原不比等を助けたといわれる。不比等が女宮子を文武天皇、三千代との間に生まれた女光明子を聖武天皇に配して、皇室との姻戚関係を作り、藤原氏発展の基礎を築き上げたのは著名であるが、既に指摘されているように、さらに三千代を軸に系図を作る（図4）と、その婚姻策は不比等を凌駕するものがある。即ち、聖武天皇には同族の県犬養宿禰広刀自をも配し、県犬養氏繁栄の芽が出ても充分対応できるようになっており[8]、神亀四年十二月丁丑条では県犬養連安麻呂らの宿禰賜姓を取り次ぐなど、県犬養氏への目配りもおろそかにしていない。また藤原房前には牟漏女王、橘諸兄には多比能を配し、前途有望な青年貴族・王族に対する配慮を行い、彼らが政権の中枢に就いた際のことまで見通していたのではないかと思われる[9]。

このように三千代はあるいは不比等以上の政治力を有したかもしれないが、「太政大臣藤原家（＝不比等）之県犬養命婦」（『万葉集』巻十九―四二三五）と認識されており[10]、橘諸兄・佐為に対する政治的援助の有無は不明の点が多い。諸兄と多比能の婚姻以外には、勝宝元年四月甲午条で三千代の朝廷に対する奉仕と不比等継室としての功績を賞賛した際に、「孫等一二治賜」として、藤原氏の他に、橘宿禰奈良麻呂・古那可智にも昇叙が行われており、少なくとも朝廷は橘氏を三千代後裔と見なしており、その余慶に与ることができたことがわかるくらいである。また三千代が支援した房前よりも、むしろ武智麻呂の子豊成の方が奈良麻呂与党の嫌疑をかけられており、橘家と親密であったらしいところに、歴史の皮肉を感じる。

次に県犬養氏と橘氏の関係に触れたい。県犬養氏は元来は屯倉の警備などに与った犬養氏の一員で、海犬養連・稚犬養連とともに門号氏族の一画を形成する氏であり[11]、平城宮にも「県犬甘門」（城19-18）の名称を残している[12]。他の二氏が乙巳の変の際の海犬養連勝麻呂・葛城稚犬養連網田の活躍例を有し、奈良時代に入ってからも門号氏族としての伝統を保持したのに対して、県犬養氏は壬申の乱の功臣大伴の頃から、律令官人としての道を歩み始めたようである。三千代の後宮出仕も、一族の官人としての勤務に陰陽となく助けになったものと想像される。ただ、官人としては、位階では五位、官職は八省の次官クラス以下までの者が殆どで、中下級官人クラスの氏であったと位置づけられる。但し、三千代以来の伝統か、後宮、特に県犬養氏と関係の深い人物の下に人材を送り込んでいるのには注目されよう。光明子には葛井広成の室県犬養宿禰八重が命婦として仕え、皇后宮少進として県犬養氏の者が見える。また広刀自所生の不破内親王には県犬養姉女が仕えていた（景雲三年五月丙申条）、という具合である。

橘氏との関係については、諸兄・佐為の地位と県犬養氏の人々の官職・位階とが懸隔しているためか、交流の様子はあまり窺えない。『万葉集』巻八―一五八一～九一天平十年頃の「橘朝臣奈良麻呂結集宴歌十一首」（左注「十月十七日集於右大臣橘卿之旧宅宴飲也」）に、内舎人県犬養宿禰吉男や県犬養宿禰持男が参加している。この宴は奈良麻呂主催の下に、内舎人大伴家持、その弟書持や大伴池主なども参集したものであるが、当時奈良麻呂は無位（天平十二年五月乙未条で従五位下賜与）で、参加者の顔ぶれ・年齢などから見て、青年貴族を中心とするものであったと推定される。聖武天皇は健在で、奈良麻呂も反乱計画など夢にも思わない頃のことである。大伴池主は奈良麻呂与党として現れるが、県犬養宿禰吉男は乱後も順調に官人として出仕を続けており、この宴と奈良麻呂の乱には脈絡はなさそうである。

奈良麻呂の乱との関係と言えば、県犬養宿禰佐美麻呂に注目したい。宝字元年七月辛亥条に「並是告密人也」として、山背王・巨勢朝臣堺麻呂・上道臣斐太都・佐味朝臣宮守とともにその名前が見える。つまり奈良麻呂の乱の密告者の中に県犬養氏の者が現れる訳であり、奈良麻呂与党に県犬養氏の者が見えない点と合せて、橘氏と県犬養氏との政治的結合は想定し難いということになろう。

ちなみに、奈良麻呂の乱には、父諸兄の弟佐為の一族は全く加担していない。佐為は早く天平九年八月に卒しているので、仕方がないが、宝字元年閏八月癸亥条によると、佐為の子古那可智・宮子・麻都賀・綿裳・真姪は広岡朝臣改姓を求めている。[13] 乱に加担するどころか、これはむしろ橘氏との係累を断ち切ろうとしたものであり、橘氏の結束のなさを感じる。長屋王の変の際にも、その弟鈴鹿王には罪は及んでおらず、こうした皇親系氏族に通有の事象なのであろうか、族的結合の弱さが窺われるのである。

以上、奈良麻呂の乱の与党のあり方を検討して、橘氏における族的結合の弱さ、そこから他氏への依存という事象が導き出されて来る旨を述べた。こうした橘家の脆弱さは、家政の面では如何であろうか。次に家政の側面の考察に進むことにしたい。

二　橘家の家政運営

橘家の家政については、長屋王家木簡のような豊富な考察材料が残っている訳ではなく、殆ど不明である。ただ、正倉院文書の中に家令職員の名前がわかるものが若干あるので、その動向を探求しながら、他家のあり方と合せて、所見を述べてみたい。

なお、家政の基礎となる国家的給付を、奈良麻呂の乱直前にあたる諸兄死去の時点で整理すると、表11のようになる。天平五年正月に死去した県犬養橘宿禰三千代は、同年十二月辛酉条「贈二従一位一、別勅、莫レ収二食封・資人一」とあり、この財産は諸兄らに継受されたとする説もあるので、[14] 参考までに掲げた。但し、食封等の相続形態は不明であり、「太政大臣藤原家之県犬養命婦」の称から考えると、藤原家との関係も考慮せねばならないと思われ、先述の三千代と橘氏との関係と合せると、食封等の橘家継承説は確説とすることはできない。また奈良麻呂の母多比能は勝宝

表11　橘家に対する国家的給付

	県犬養橘宿禰三千代	橘　諸　兄	藤原多比能	橘奈良麻呂
地位	正三位〔従一位〕 尚侍か	正一位 左大臣	従三位 尚侍または尚蔵？	正四位下 右大弁
家令	3人（家令、書吏2人） 〔6人（家令、扶、大・少従各1人、大・少書吏各1人）〕	6人（家令、扶、大・少従各1人、大・少書吏各1人）	2人（家令、書吏）	―― （宅司？）
資人	位分資人30人〔50人〕	位分100人 職分200人	位分30人	位分40人
封戸	位封65戸〔130戸〕	位封600戸 職封2000戸	位封50戸	位封100戸
位田	27町〔50町〕	80町	23町	24町
職田	――	30町	――	――
墾田	――	500町	300町	200町

＊位封の額は慶雲3年2月16日格による。墾田は天平15年5月乙丑条の限度額（三千代はこれ以前に死去しているので空欄にした）。三千代の〔　〕は従一位の給付を計算したもの。

元年頃死去したのではないかと言われているが[15]、やはり参考のために表示した。

表11のうち、墾田に関しては、宝字三年十一月十四日越中国礪波郡石粟村官施入地田図には「奈良麻呂地」との注記があり、越中国に橘家の墾田が存したことが知られる。その成立時期は、橘家と親交のあった大伴家持の越中守在任中、恐らく勝宝初年であろうと言われ[16]、『万葉集』巻十八―四〇三二～三五によると、天平二十年三月に「左大臣橘家之使者造酒司令史田辺福麻呂」が越中を訪れており、墾田点定との関係が推測される訳である。

その他、田庄的存在として、山城国相楽郡に存した諸兄の「相楽別業」（天平十二年五月乙未条）が挙げられる。諸兄は「井手左大臣」（『尊卑分脈』）と称され、現在の京都府綴喜郡井手町大字井手上井手の円提寺（井手寺）跡およびその東南の梅宮社跡は、橘氏の氏寺と氏神梅宮社の初期の鎮座地であったといわれ[17]、相楽別業の存した井手の地は橘家と深いつな

表12　橘諸兄の家政関係者

地位	官位	人名	年月日・出典	備考
家令	正六上	余義仁	天平16・10・乙未条	外従五位下昇叙
家令 大従 雑任者	正六上 勲十二等 従七下	海犬養宿禰五百依 平群首国方 楢　河内	勝宝3・11・11 左大臣家牒 （大日古3－527）	書写のため、南海伝借用を造東大寺司に請う牒を伝達
祇承者		佐味朝臣宮成	宝字元・6・甲辰条	勝宝7・11諸兄の飲酒の席での言辞を密告
使者	造酒令史	田辺史福麻呂	天平20・3 （万葉集巻18）	越中国に派遣 （墾田点定か）

がりがあった。後代になっても、橘嘉智子の父清友は『古今集』一一二五番「蛙なく井手の山ぶきちりにけり花のさかりに逢はましものを」と詠み、相楽郡加勢山（『延喜式』巻二十一諸陵寮）に葬られており、兄氏公は「後井手右大臣」（『尊卑分脈』）と称しているので、橘氏と井手の地との関係が続いていたことがわかる。その他、天喜四年七月二日山城国石垣荘住人等解案（『平安遺文』八〇五号）によると、石垣荘の庄司橘某や住人橘重永の名前が見え、依然この付近に橘氏の関係者が居住していた。したがってこの相楽郡の地には諸兄の相楽別業以来、橘氏の一拠点が存したものと考えられ、別業、田庄的な経営地もあった可能性が推定される。これは律令による国家的給付以外の橘家の財産であり、長屋王家木簡(18)や大伴氏の場合に窺われる私有地的経営が橘家にも存したことを示していよう。ただ、この相楽の地の他には、この種の土地の所在は不明で、私的基盤は少なかったと評価される。

以上のような財政基盤に基づく家政の運営は如何であったか。次に家令職員、いわば人的基盤について見ることにしたい。諸兄の家令および資人など家政に携わる者としては、表12の人々が知られる。奈良麻呂の乱の頃の家令の名前や動向が不明なのは残念であるが、所与の材料で考察を行う。

まず余義仁はその姓から白村江の敗戦後の亡命百済人の一族かと推定される。大伴旅人の資人余明軍、後述の藤原仲麻呂家の徳廉進など、百済系の人々が家令職員として見える例がいくつかあり、彼らの文筆能力に期待しての採用かといわれる[19]。余義仁は『続紀』勝宝三年正月己酉条に従五位下昇叙が知られるが、同年十一月には家令海犬養宿禰五百依が見えるので、これ以前に家令を辞しており、その後の動向はわからない。

その五百依は、天平十二年十一月戊子条に橘諸兄の政権を批判して乱を起こした藤原広嗣征討軍の軍曹として現れる。彼は犬養氏の一族で、橘家と犬養氏のつながりを示す唯一の例であるが、家令になったのは天平十六年以降の時点であり、やや時期を隔てているので、広嗣の乱平定による橘家との接近は一応想定し難い（もっとも余義仁の下の家令職員に採用され、昇格したとすれば、話は別であるが）。犬養氏の出自も偶然のものと思われ、縁故関係や政治的つながりはあまり考えない方がよいのではなかろうか。五百依は宝字五年三月摂津職少進、また右京少進と見え（『大日本古文書』四―四四九・四五二、十五―一三二）、奈良麻呂の乱後も通常の出仕を続けており、乱への関与は窺えない。

以上、動向のわかる二人の家令について見た。亡命百済人の一族、犬養氏ではあるが、縁故採用の可能性の薄い者と、橘家との必然的なつながりは不明である。二人とも一定の在任後は家令を辞しているようで、長期間に亘る奉仕関係の形成には至っていない。むしろ諸兄を密告した佐味宮成の存在に窺えるように、橘家との関係は極めてドライなものであったと見ることができるかもしれない。橘家は諸兄の代になって家を興しており、父美努王や母三千代との関係は明確でないが、そうした伝統の欠如が家政統制の脆弱さを生み出した原因ではないかと考える。奈良麻呂が自家の勢力に依存することができなかったのは、こうした橘家の家政のあり方が一つの要因をなしていたのであった。

なお、家令余義仁は動向不明と言ったが、次のような史料が存する。某年九月六日藤原豊成糸進状（『大日本古文書』二十五―二〇六、続々修十七帙三）は豊成が三郎（乙縄）宛に千手千眼菩薩造作のための糸を送ったものであり、その奥に「千手千眼像〈智識所造長一丈〉余義仁様」との記載が見える。この文言は千手千眼像の様（ためし）を余義仁が作成したか、将来したかを示し、いずれにしても余義仁が何らかの関与を行ったことを窺わせる。乙縄は奈良麻呂の乱与党の嫌疑をかけられており、乙縄―余義仁―橘家の関係の有無が注目されるところである。この文書は年次不明であるが、『大日本古文書』はその直前の氏名闕請軸状（『大日本古文書』二十五―二〇五、続々修三十五帙六裏）「紫筑監前奉写銀字本願薬師経□〔并ヵ〕千手経両軸子、在写経所、校生□〔等ヵ〕所共知、此附使欲奉請、筑紫監□　」を、筑紫監を藤原豊成に比定し、本文書同様千手経のことが見えるので、関連文書としている。豊成が筑紫監、即ち大宰府関係の職務に就いたのは、奈良麻呂の乱後の宝字元年七月戊午条での大宰員外帥左降しかなく、この時は病と称して難波別業に留まり、宝字八年藤原仲麻呂の乱まで蟄居していたという（神護元年十一月甲申条）。乙縄も同日日向員外掾に左遷され、任地に赴任させられたとあるので、これらの文書は奈良麻呂の乱後の騒然とした時期に比定されるのではあるまいか。勝宝三年十一月以前に橘家の家令を辞していた余義仁がここに登場する理由は不明であるが、乙縄―余義仁―橘家の関係を想定できるとすれば、家令辞任後も橘家との関係を保持していた可能性が推定される（豊成あるいは乙縄の家政機関との関係の有無も考慮する必要がある）。但し、余義仁のような新来の百済人に依存せざるを得ないところに、改めて橘家の家政の底のなさを看取するのは、読み込み過ぎであろうか。

三　恵美大家の場合

前節では、橘家の家政組織について、家令等の人的系譜の伝統のなさ、またそれに一因する家政統制の脆弱さなどを指摘した。では、奈良麻呂の乱で打倒の目標とされた藤原仲麻呂家の場合は如何であろうか。橘家の家政の特色を知る上でも、他家との比較は不可欠であり[20]、特に材料が豊富で研究も進んでいる仲麻呂家を取り上げる所以である。

まず藤原仲麻呂の家政に関わる人々を掲げる（表13）。これらの人々の動向については、既に詳しい検討がなされており、仲麻呂家の家政のあり方も、藤原仲麻呂の乱時の勢力基盤と合せて、解明が行われている[21]。ここではその驥尾について、私なりに整理し、若干の付加を行うに過ぎないことをお断りしておく。

表13および既往の研究により、藤原仲麻呂家の家令職員の特色をまとめると、次のようになろう。

①長期間に亘る奉仕者がいる。徳廉進のように、仲麻呂の地位上昇に伴って書吏→大書吏と奉仕を続ける者、猪名部造常人のように、資人から大従という家令職員の第三等官にまで昇格する者などがあり、長期に亘る奉仕関係が形成され、強固な家政組織の統制が窺われる。

②家政に関わる人々本人だけでなく、その一族も様々な面で仲麻呂家を支える例がある。家令田辺史（上毛野君）広浜は、勝宝五年頃には既に家令を辞任しているが、宝字元年五月丁卯条仲麻呂の紫微内相就任の日に従五位下昇叙に与っており、依然主家とのつながりが存したことを窺わせる。彼の同族田辺史（上毛野君）真人、上毛野君奥麻呂とその戸口田辺来女は、仲麻呂の北陸庄園開発とつながりを持っていた[22]。真人は景雲元年正月癸酉条で無位から本位外従五位下に復しており、仲麻呂の乱で処罰を受けたらしく、来女も墾田を没収されている。また仲麻呂の乱で当初与党に加わりながら、朝廷に帰服した美濃少掾村国連島主は「始仕二仲満一任二美濃少掾一」とあり（神護二年十一月壬戌条）、壬申の乱の功臣男依—志我麻呂—島主と続く村国連氏が乱に加担したのは、知家事村国連武志（虫）麻呂の存在が想起されよう。その他、宝亀二年十月己巳条では紀朝臣牛養・伊保が無位から本位に復されているが、彼らは仲麻呂の乱までは経歴がわかっており、あるいは乱に関与して除名されたのかもしれず、とすると、資人紀東人の存在も注意されることになる。

③仲麻呂とその子息の家政機関の職員を兼帯する者、また近江介上毛野君（田辺史）広浜（宝字八年正月己未条任、守

表13　恵美太家の家政関係者

地位	官　位	人　名	年月日・出典	備　　考
家令 書吏 資人	外従五下 従八上	田辺史(広浜ヵ) 徳廉進 猪名部造常人	勝宝元・8・8 大納言藤原家牒 (大日古3－273)	東大寺司務所に対して資人猪名部造常人を請経使として派遣する旨を伝達
大書吏 資人	従七下	徳廉進 紀東人	勝宝4・7・18 同上（3－584・5)	東大寺司務所に請経 紀東人に付して牒す
家令 家従 大書吏 資人	正六下 従六下 従七下	古頼比得萬侶 調使首難波万呂 徳〈暇〉 紀東人	勝宝5・8・10 同上（4－97・8)	東大寺司務所に請経
家令 大書吏	正六下 従七下	古頼比得萬侶 徳廉進	勝宝5・11・10 同上（3－643・4)	造東大寺司務所に請経
家従 大書吏	従六下 従七下	調使首難波万呂 徳〈故〉	勝宝5・12・12 同上（3－644・5)	造東大寺司務所に請経
知家事	外従五下 播磨介	村国連武志万呂	宝字7・4・16 太師家牒 (16－373～5)	東大寺三綱務所に請経
大従	正六上	猪名部造常人	宝字7・7・1 同上（16－400～5）	東大寺三綱務所に請経
知宅事	太師家 職分資人	高来造広人	宝字7・12・30 大宰師（藤原真光） 宅牒（5－464)	東大寺造司に銅工の上日を送る
大従	正六上	猪名部造常人	宝字8・8・17 恵美太家牒 (5－493)	東大寺務所に経を返却
別当		猪名部造(常人) 内蔵吉麻呂	宝字8・8・29 京職（藤原訓儒麻呂）宅写経所牒 (16－558)	東大寺務所に経を返却

は仲麻呂か）、越前介村国連虫麻呂（同日条任、守は同日任の仲麻呂の子辛加知）のように、国司として国守たる仲麻呂父子の任務を補佐する者もおり、父子間の家政融合、恵美家全体としての家政運営を支えたり、国政運営を家政の面から助けたりしている。[23] ちなみに先述の美濃少掾村国連島主は国守執棹（同日条任）に仕えており、仲麻呂子息たる国守を支える例とすることができる。家政に携わる者の国司就任は、国政面に対しても、家政の浸食が進んでいることを示し、国政をも取り込んだ仲麻呂家の家政運営を窺わせるものである。

④地方豪族出身者の登用。猪名部造常人は伊勢国員弁郡の郡領氏族（貞観十二年二月十九日条）出身ではないかと思われる。神護元年三月丙申条では三関国からの資人採用の禁止を確認しているが、仲麻呂父子は関国の国司を独占しており、常人のように、関国人にして資人となる者も黙認されていたのであろう（公式令牒式条集解跡記には「為レ請二資人一送二書於当国府一者、合レ用二自牒一、不レ預二家令等一也」とあり、資人採用には国司の協力が必要であった）。その他、近江国高島郡前少領角（角山君）家足（宝字八年九月壬子条）、武蔵国多磨郡小河郷人大真山継（『日本霊異記』下巻第七話、後に少領となる）など、仲麻呂の乱に加担した地方豪族の例がいくつかある。また奈良麻呂の乱の際は、宝字元年七月戊午条に「諸司幷京畿内百姓村長以上」を集めて詔したとあり、その与党は地方豪族には及んでいないようだが、仲麻呂の乱後の宝字八年十月己卯条には「以二軍興一、宜レ免二天下今年租一」と、広範囲への展開が窺われ、地方豪族の与党が存したことを裏付けるものと思われる（上述の大真山継が処罰されたのは「十二月」とある）。

以上のように、藤原仲麻呂家の家政は、家政だけでなく、国政にも根を伸ばし、地方豪族とも深い関係を有するもので、様々な情報源を持ち、色々な局面に対応可能なものであった。朝廷での地位だけをとれば、諸兄も仲麻呂も正一位と位人臣を極め、官職も大きな差がある訳ではない。その権力掌握の仕方が異なるのは、家政から国政、また地方の掌握という発想の有無も一因であって、仲麻呂家の家政統制の卓越を感じるのである。但し、仲麻呂の権力も、国家機構に依存したものであって、その支持を失うと、一朝にして瓦解してしまうものであった。事実、「皆任＝衛府・関国司、其余顕要之官、莫レ不＝姻戚＿」となるのは、宝字四年太師就任以降のことであり（宝字八年九月壬子条）、国家権力の中枢に位置することによって形成された基盤である点も考慮しておかねばならない。この点、自給自足的な長屋王家とは様相を異にするものと思われ[24]、長屋王家木簡分析の一視点を呈する。

さて、以上の仲麻呂家の家政の特色に若干付言すると、次のような事実にも注意されよう。田辺史については、家令としてだけでなく、一族にも仲麻呂と関係を有する者がいたとしたが、天平二十年十月二十一日造宮省輔藤原宅牒には、仲麻呂の弟乙麻呂の知宅事として田辺史立万里の存在が知られる（『大日本古文書』二十四―五二五）。仲麻呂の家系を遡ると、そもそも藤原不比等は田辺史大隅の家で養育されたといい、不比等の名前も「史」に由来する（『尊卑分脈』藤氏大祖伝中の不比等伝）。大宝律令撰定に与った者の中には田辺史首名・百枝の名が見え（文武四年六月甲午条）、不比等の周辺には田辺史氏の者が登用されている。とすると、田辺史と仲麻呂家の関係は、不比等―武智麻呂―豊成・仲麻呂・乙麻呂と続く藤氏嫡流に通有のものであった可能性もあり、伝統的に奉仕関係が維持されたのではあるまいか。なお、天平九年四月戊午条の陸奥持節大使藤原麻呂の東北経営には、田辺史難波が従っている。難波は既に神亀二年閏正月丁未条でも征夷の賞に与っており、この方面のベテラン官人として起用された可能性は高いが、今回も麻呂に適切な助言を行っており、あるいはこれも藤原氏と田辺史の関係の一例とすることができるかもしれない。

次に仲麻呂の父武智麻呂に関しては、大宝元年に内舎人として出仕したことについて、不比等の家令小治田志毘が嘆いたところ、不比等にたしなめられたとの話があり（『家伝』下・武智麻呂伝）、家令と主人の子供との関係が推察される例である。武智麻呂の子巨勢麻呂は「母勤大肆小治田功麿女阿禰姫」（『公卿補任』宝字四年条尻付）と見え、家令の一族と婚姻関係を持ったことが知られ、家政の統制、維持・展開に意を尽くした様子を窺うことができよう。

不比等以来、藤原氏に奉仕する者、家令一族との結合など、様々な形で家政の伝統を築き上げたのが、仲麻呂を代表とする藤原氏のあり方であって、中小豪族との関係、先に言及した家政と国政との融通や郡司など地方豪族への配慮と、広い視野に立った家政運営を行ったとまとめることができる。このような藤原氏、仲麻呂家のあり方を見る時、橘家の家政運営の脆弱さはより強調されることになり、奈良麻呂敗退の要因であったと考える次第である。

むすび

本章では、断片的ながら、橘家と恵美太家の家政運営の特色を、特に家令職員のあり方という人的側面から検討した。家令等自家の奉仕者として中小豪族を把握すること、家政と国政の融通、地方豪族との結合、そして、これらの関係を世代を越えて積み重ねること、これが家政の伝統を形成する要素であった。前稿で検討した長屋王家の場合、父高市皇子の従者以来の系譜を引く者が散見し、高市皇子の従者赤染造徳足、長屋王の家令赤染豊島、神亀五年願経の「佐宝宮判官従六位上勲十二等次田赤染造石金」と、赤染氏一族と伝統的な関係を有したことが知られる[25]。さらに長屋王家の財産形成においても、高市皇子以来の由来を強調する見解が呈されており[26]、人的・物的両面での伝統の存在が窺われるのである。

その他、家政と国政の融通、地方豪族との結合は、今後長屋王家木簡でも検証すべき視角である。木簡にも、「隠伎宰」(城 21-18)、「国司従五位下鍛冶造大隅」(城 21-29・25-28)などの国司関係の記載、「葛下郡司」(城 21-13)や「案麻郡司」(城 21-35、25-23)からの進上状に窺える郡司との関係、「出雲国税使神戸臣□」(城 28-18)の如き地方豪族との関係等[27]、考察の手がかりになりそうな材料があり、検討課題としたい。

論が思わず長屋王木簡に及んだが、橘家、恵美太家など奈良時代の貴族の家政にかいまみられる特色は、長屋王家木簡と共通する側面を有するものであり、長屋王家木簡による知見を奈良貴族の家政に一般化できるとの立場を強調して、稿を終えることにしたい。

註

（1）『木簡研究』一五号「奈良・平城京右京三条三坊三坪」、奈良市教育委員会『奈良市埋蔵文化財調査概要報告書 平成四年度』二三六次、二三六―二次調査。

（2）「恵美太家」の呼称は宝字八年八月十七日の東大寺務所宛の牒に現れる（『大日本古文書』五―四九三）。太師藤原恵美朝臣仲麻呂の恵美と太師を合せたものか、恵美家の宗家としての呼称ではないかと考えるが、前稿で触れたように、仲麻呂とその子供達の間には家政機関の融合が窺われ、本章では仲麻呂一族の家政全体というようなニュアンスで恵美太家の語を使用したい。

（3）名例律相隠条によると、家人・奴婢が主人の犯罪を隠しても罪にならないとある。但し、「若犯謀叛以上者、不用此律」とあり、相隠は許されない。

（4）北山茂夫「天平末葉における橘奈良麻呂の変」（『日本古代政治史の研究』岩波書店、一九五九年）、横田健一「橘諸兄と奈良麻呂」（『白鳳天平の世界』創元社、一九七三年）、木本好信「橘奈良麻呂の乱」（『別冊歴史読本』一九九〇年七月号）など。

（5）木本註(4)論文。

（6）岸俊男「県犬養橘宿禰三千代をめぐる臆説」（『宮都と木簡』吉川弘文館、一九七七年）。その他、近年の研究として、木本好信『奈良朝政治と皇位継承』（高科書店、一九九五年）、中川収「県犬養橘宿禰三千代」（『日本古代の社会と政治』吉川弘文館、一九九五年）を参照。

（7）野村忠夫『後宮と女官』（教育社、一九七八年）、『律令』（岩波書店、一九七六年）六一三頁補注、『続日本紀』一（岩波書店、一九八九年）二三三頁脚注など。

（8）広刀自は安積親王を生んでいる。安積親王の置かれた立場については、横田健一「安積親王の死とその前後」（『白鳳天平の世界』創元社、一九七三年）参照。

（9）房前に対する三千代の支援に関しては、瀧浪貞子「武智麻呂政権の成立」（『日本古代宮廷社会の研究』思文閣出版、一九九一年）参照。

（10）『万葉集』巻三―四六〇・四六一によると、大伴坂上郎女の母は石川内命婦であり、後宮に仕えた女性であった。彼女は天平七年頃、夫大伴安麻呂以来の佐保宅に居住し、「大家」と称されていた。とすると、三千代の例と合せて、有位の女性の家政機関がどのような形態をとったか、また彼女らの居住形態は如何なるものであったかを考える材料となると思われるが、今は事例紹介に留めておく。

（11）黛弘道「犬養氏および犬養部の研究」（『律令国家成立史の研究』吉川弘文館、一九八二年）、直木孝次郎『日本古代兵制史の研究』（吉川弘文館、一九六八年）など。

（12）渡辺晃宏「平城宮東面宮城門号考」（『律令国家の政務と儀礼』吉川弘文館、一九九五年）は、県犬養門を不比等邸（法華寺）の西面中門に対する平城宮の東面門に比定する。

（13）但し、広岡朝臣は宝字三年七月己巳条の古那可智の薨去記事に見えるだけで、『姓氏録』などには見えない。綿裳は宝字三年六月、麻都賀は同五年正月以降、橘宿禰を称しているので、あるいは古那可智の死の前後に旧姓に戻ったのであろうか。

（14）胡口靖夫a「橘氏の氏寺について」（『古代文化』二九の八、一九七七年）は、橘氏の氏寺井手寺創建の契機を母三千代の死に求め、その財政的基盤として三千代の食封・資人の死後の給付および葛城王らへの相続にあるとする。なお、橘氏の氏神梅宮社の創祀について、胡口靖夫b「橘氏の氏神梅宮神社の創祀者と遷座地」（『国学院雑誌』七八の八、一九七七年）は諸兄説、義江明子「橘氏の成立と氏神の形成」（『日本古代の氏の構造』吉川弘文館、一九八六年）は三千代・牟漏女王・光明子など女系重視の立場に立つ。

（15）角田文衛「不比等の娘たち」（『律令国家の展開』塙書房、一九六五年）は、多比能＝『続紀』の藤原吉日（きび）と見なし（吉日＝支比娘→多比娘→多比能）、多比能は天平十八年尚侍牟漏女王の死後、尚侍ないし尚蔵（当時、吉日は従四位下か上）として夫諸兄を助けたとする。しかし、勝宝元年四月に従三位に昇叙してから記事が見えなくなるので、この頃死去したのではないかとされる。

（16）米沢康「八世紀中葉における越中在地の政治的情勢」（『越中古代史の研究』越飛文化研究会、一九六五年）など。

(17) 胡口註(14)a論文など。
(18) 渡辺晃宏「長屋王家の経済基盤」(『平城京長屋王邸宅と木簡』吉川弘文館、一九九一年)。
(19) 渡辺直彦「令制家令の研究」(『日本古代官位制度の基礎的研究』吉川弘文館、一九七二年)。
(20) 長屋王家、大伴家については、東野治之「長屋王家と大伴家」(『長屋王家木簡の研究』塙書房、一九九六年)、拙稿「長屋王家木簡再考」(『弘前大学国史研究』九六、一九九四年)などを参照。
(21) 渡辺註(19)論文、岸俊男『藤原仲麻呂』(吉川弘文館、一九六九年)三四六〜五六頁など。
(22) 岸俊男「越前国東大寺領庄園をめぐる政治的動向」(『日本古代政治史研究』塙書房、一九六六年)。
(23) 渡辺直彦「藤原仲麻呂をめぐって」(『歴史教育』一五の四、一九六七年)。
(24) 渡辺註(18)論文。
(25) 鬼頭清明「長屋王家木簡二題」(『古代木簡の基礎的研究』塙書房、一九九三年)も参照。
(26) 福原栄太郎「長屋王家形成についての基礎的考察」(『続日本紀研究』二七七、一九九一年)、岩本次郎「木上と片岡」(『木簡研究』一五、一九九二年)など。
(27) 『書紀』推古二十五年六月条「出雲国言、於神戸郡有瓜、大如缶」とあり、神戸郡＝神門郡であるから、ここの神戸臣も神門郡の郡領氏族神門臣の一員であると考える。

(付記) 第二節末尾で言及した某年九月六日藤原豊成糸進状に関しては、須原祥二「藤原豊成書状をめぐって」、杉本一樹「口絵　藤原豊成書状(解説)」(『正倉院文書研究』六、一九九九年)では天平十年あるいは九年のものと比定され、「三郎」は武智麻呂の三男巨勢麻呂で、豊成の弟と解されている。本章の記述は『大日本古文書』の注記に全面的に依拠してさらに推測をめぐらしたものであり、右の正倉院文書研究の新たな成果を受けて再検討する必要を感じるが、今は新説を追記するに留めておきたい。

第二章　「故京職宅返抄」を含む天平宝字八年の造東大寺司牒の読み方

はじめに

『大日本古文書（正倉院文書）』五巻四九六頁〜四九七頁に次のような文書がある（続修別集三十八。文字配りは写真版によりできるだけ再現した。特に後述の傍書部分は「奉」と「請」の間の位置から始まる）。

造東大寺司牒　図書寮
合経律論二千九百卅五巻　　目録二巻
　大乗経一千九十八巻　律卅四巻　論二百卌一巻
　小乗経五百廿五巻　律三百廿二巻　論七百十五巻
　納漆辛櫃八合　別居白木机各着布綱二条　鏁子六具　備匙

以前今右大臣任太（マヽ）宰員外帥時以天平勝宝九歳八月四
日件経等献内裏乃中務省依従三位中納言藤原朝臣
此寺然依仲万呂天平宝字三年九月十八日宣以十九日奉
同月五日宣以同日令奉請於聖証尼所レ之也以同日得返抄云
故京職宅返抄其返抄署隠伎国目従六位下日下部乙
万呂今依寮今月十四日牒顕注如件故牒
天平宝字八年十月十四日主典志斐連
判官外従五位下美努連

私はかつて「長屋王家木簡再考」（『弘前大学国史研究』九六、一九九四年。以下、前稿と称する）において、この文書の「故京職宅」を藤原麻呂（京家）の家政機関を継受したものと理解し、本主死後の家政機関存続の事例とできるのではないかと考え、次のように述べた（二条大路木簡の日下部乙麻呂関係史料の所在や参考史料は一部追記）。

天平宝字八年十月十四日造東大寺司牒（『大日本古文書』五－四九六～四九七）によると、造東大寺司が有する経律論二千九百三十五巻は、「今右大臣（藤原豊成）任大宰員外帥時、以天平勝宝九歳八月四日、件経等献内裏、乃中務省依従三位中納言藤原朝臣（永手）同月五日宣、以同日令奉請於聖証尼所之也。以同日得返抄云、故京職宅返抄、其返抄署隠伎目従六位下日下部乙万呂」との由来を持つものであった。ここでは「故京職宅」に注目したい。尼聖証と故京職宅との関係は不明であるが、この故京職宅は京家の祖藤原麻呂の家政機関を継承したものと考える。それはこの返抄に署名している日下部乙万呂が、最近出土した二条大路木簡により、麻呂の資人であったと推定され（『平城宮発掘調査出土木簡概報』二十四―五・三十一―四四、二十四―一六、二十二―一三）、その奉仕の関係が麻呂の死後も続いているものと見るからである。

（参考）二条大路木簡に見える日下部乙万呂（城24-5・29-44）

「・中宮職移兵部卿宅政所（＊池辺波利・＊大鳥高国・＊八多徳足・＊史戸廣山／太宿奈万呂・＊川内馬飼夷万呂・＊村国虫万呂・＊大荒木事判／＊杖部廣国・＊日下部乙万呂・＊東代東人・＊大屋主／＊秦金積・太東人・＊山村大立・＊陽侯吉足）／・（狭井石楯／馬国人／他田神□〔護ヵ〕）右十九口舎人等考文銭人別三文成選六文又官仰給智／識銭人別一文件銭今早速進来勿怠緩／（大属／少属）天平八年八月二日付舎人刑部望麻呂」

（261・42・3　011、＊は合点を示す）。

藤原麻呂は『続紀』天平九年七月乙酉条で従三位で死去しており、贈位や食封・資人の維持の指示などの特別措置は見られない。日下部乙万呂が帯する従六位下は、正三位家の家令の従七位上、従三位家の家令の従七位下、正一位家の家令の従六位上などの中間的位置にあるが、本主の死後二十年も経過しており、それ程不自然な帯位ではない。また家令職員が他の官職を兼帯する例も決して稀れではない（天平十九年二月二十三日南藤原夫人家牒の「正七位下行主船佑兼書吏大友村主広名」〔『大日本古文書』二―六六二〕、天平勝宝四年正月十四日安宿王家牒の「奉事木工大属従六位下貴室虫万呂」〔三―五五九〕、天平宝字七年四月十六日大師家牒の「知家事播磨国介外従五位下村国連武志万呂」〔十六―三七三～三七四〕など）。この故京職宅の場合、その後継者浜成は天平勝宝三年に従五位下になっており、宅司を置くことはできた。また「故京職宅」という言い方からすると、「宅」クラス＝宅司の管理下にあったのかもしれない。しかし、あくまで「故京職」を冠することが重要で、やはり麻呂の家政機関の存続という視点も考慮されてよいと思う。聖証尼を例えば麻呂の夫人の一人で、夫の死後も天皇・皇后の近くに仕えていた人物と仮定すれば（ちなみに浜成の母は稲葉国造某とあり、もと采女などとして宮廷に仕えていたと見られる）、聖証尼の公的活動を支えたのが「故京職宅」であり、それ故に聖証尼に代わって返抄を発給したとも想定される。

以上、「故京職宅」に関する臆説を記し、本主死後もその家政機関・組織が存続した例とすることができるのではないかと考えた。ただ、麻呂は従三位で死去しているので、「〜家」というのが相応しいが、死後格が落ち「宅」となったのか、「宅」とあっても「家」と変わらないのかであろう。しかし、不比等や房前のように生前の格の維持が指示されなくても、本主死後も家政機関が存続するということは事実であり、特別措置の有無とは別問題であったと見なしたい。

しかし、この解釈に対しては、勝浦令子氏（東京女子大学）から私信で須田春子『律令制女性史研究』（千代田書房、一九七八年）四六八頁に「故京職宅」は藤原仲麻呂の息子久須麻呂を指すとする見解が示されているとの御指摘をいただき、また勝浦氏ご自身の論拠も丁寧にご教示いただいた。その後さらに森田悌氏の御論考「天平宝字八年「造東大寺司牒」の故京職宅」（『日本歴史』五六八、一九九五年）に接した。両氏の御指摘により、前稿の解釈には検討の余地があることに気づいたので、以下に再び考察を加えることとする。

一　「故京職宅返抄」と日下部乙万呂

前稿では鬼頭清明「長屋王家木簡二題」（『白山史学』二六、一九九〇年、『古代木簡の基礎的研究』塙書房、一九九三年所収）の指摘を受けて、本文書の「故京職宅返抄」に署名した日下部乙万呂を、近年出土した二条大路木簡中の藤原麻呂の資人として登場する日下部乙万呂（前掲史料参照）に比定できると考え、この「故京職宅」を京家麻呂の家政機関を継続させたものと理解したのであった。この見解は本主死後も従者がその後継者に仕える例として注目され、大伴旅人の資人で、旅人の息子家持とも親交のあった余明軍の存在など、従来から存した事例を補強する材料として魅力のあるものと考える。但し、前稿でも触れたように、従三位麻呂の家政機関の継承であるならば、何故「故京職家」ではなく、「故京職宅」なのかという疑問は残る。また本文書を改めて読んでみると、南家の豊成が献上した経論と京家麻呂の家政機関が何故関係するのかという大きな疑問も存する。文書の読み方は次節で言及したいと考えるが、『続日本紀』宝字八年九月乙巳（十一日）条で久須麻呂（訓儒麻呂）は射殺されており、この文書の日付の段階で宝字三年九月十九日の文書に「故」を冠したものと見れば、矛盾はない（勝浦氏の御教示による）し、また宝字八年八月二十九日付けの文書に久須麻呂の家政機関を「京職宅」と称した史料があり（『大日本古文書』十六―五五八）、彼は従四位下（宝字三年六月昇叙）で死去しているので、「宅」の表記が相応しいことなどから、ここに登場する「故京職宅」についてはやはり南家仲麻呂の男久須麻呂を指すと考えた方が自然であると訂正したい。ちなみに、久須麻呂の「京職宅」には写経所があり、東大寺から経典を借りて書写していたことは正倉院文書中に散見している。

日下部乙麻呂については、麻呂家から仲麻呂・久須麻呂家に移ったものか、あるいは二条大路木簡に登場する人物とは同名異人であったとも解釈できることは、森田氏の御指摘の通りであろう。

二　造東大寺司牒の読み方について

但し、森田氏が掲げられた造東大寺司牒に関しては、傍書の位置が『大日本古文書』とも写真版とも異なり、また経典の移動過程についての理解には従い難い点があるので、言及しておきたい。写真版に基づく文字配置は先掲の通りであり、傍書の位置から考えて、この文書の事実書の部分は次のように読むことができるのではあるまいか。

以前、今の右大臣（藤原豊成）太宰員外帥に任ぜらるる時、天平勝宝九歳八月四日を以て件の経等を内裏に献ず。乃ち中務省、従三位中納言藤原朝臣（仲麻呂）同月五日宣によりて、同日を以て此の寺（東大寺）に奉る。然れども仲万呂天平宝字三年九月十八日宣によりて十九日を以て聖証尼の所に奉請する也。同日を以て得る返抄に云く、故京職宅（藤原久須麻呂）の返抄、其返抄に署するは隠伎国目従六位下日下部乙万呂なり。今、寮（図書寮）の今月十四日牒によりて顕注すること件の如し。故に牒す。

この読み方によると、豊成旧蔵の経典は、橘奈良麻呂の乱による豊成失脚の際、まず内裏に献納され、次いで東大寺に納められたが、宝字三年仲麻呂の宣により、聖証尼の所に移されたことになる。その際に返抄が「故京職宅」から出されたとあるので、聖証尼は久須麻呂と関係の深い人物であったと考えられる。但し、久須麻呂の母は房前の女袁比良（宝字六年六月死去）であり、父仲麻呂の死亡時の年齢五十九や尚蔵兼尚侍という袁比良自身の活躍に鑑みて、聖証尼と「京職宅」の家政機関との関係は前稿のような憶測では説明し難い点があり、不明としておきたい（久須麻呂の妻としては三島王の女山縵女王が知られており、妻の係累なども考慮する必要があるか）。この文書は内裏から東大寺に納められた筈の経典について、図書寮の追跡調査（仲麻呂の乱による豊成の復権が契機か）に対して、東大寺がその後の推移を記して報告したものであったと考えられる。

以上が、本文書に対する私の解釈であり、聖証尼と「京職宅」の家政機関の関係などさらに検討すべき課題があるが、今のところ考察材料がないので、依然保留としておきたい。

むすびにかえて

最後に前稿で言及した本主死後の家政機関・組織の存続の問題に触れ、むすびとしたい。麻呂の例はなくなったが、藤原不比等、藤原房前については、没後もその家政機関が存続したのは確実であり、不比等については「食封・資人並如全生」（『尊卑分脈』所引藤氏大祖伝中の不比等伝）、橘三千代も「莫収食封・資人」（『続日本紀』天平五年十二月辛酉条）との詔勅が下されたと見えるのに対して、房前にはそのような措置は不明であるから、存続指示の記録の有無とは別に、本主死後も、家の形態・機能や家政機関・組織が維持されるとする視角は大いに考慮されてよいと考える。なお、以上の例では、不比等（養老四年没）の太政大臣家、藤原房前（天平九年没）の北家の家政組織は、各々神亀三・四年、天平勝宝八歳までは確実に存続している。このことは、本主死後、長期間に亘って家政機関が存続することを窺わせ、前稿で指摘したような、持統十年死去の高市皇子と長屋王家木簡との関係について、年代の懸隔を問題にする必要がないことを示すものであると評価できる。この点を付言しておきたい。

なお、最近、吉川敏子「律令貴族と功封」（『日本史研究』三八七号、一九九四年）、栄原永遠男「北大家写経所と藤原北夫人発願一切経」（『律令国家の政務と儀礼』吉川弘文館、一九九五年）など藤原氏の家政運営のあり方に関する重要な論考が呈されており、これらに示された視点は、長屋王家木簡の理解にも大いに参考となる。拙稿「橘家と恵美家」（『海南史学』三三、一九九五年、本書所収）でも、長屋王家木簡に窺われる家政運営の一般化の可否を求めて、表題の家政運営のあり方や奈良貴族の家政の断章に触れた。今後こうした方面での論考が数多く呈されることを期待したい。

以上、前稿の訂正と宝字八年造東大寺司牒の読み方についての私見を示した。勝浦、森田両氏の御教示に感謝しつつ、拙い稿を終えたい。

（付記）

（1）東野治之氏は、文書の読み方は本章と同じであるが、「故京職宅」は麻呂の家政機関を継受するものと解してよいとの見方を示されている（東野治之「天平宝字八年造東大寺司牒の「故京職宅返抄」」〔『日本歴史』五七九、一九九六年〕）。「故京職宅」について前稿で述べた解釈が成り立つとすれば心強い限りであるが、今のところ本文で触れたようないくつかの問題があり、本章のように訂正しておきたい。このような立場に基づき、拙稿「長屋王邸の住人と家政運営」（『平城京左京二条二坊・三条二坊発掘調査報告書』奈良国立文化財研究所、一九九五年）では、本文書の「故京職宅」を家政機関継承の事例からはずしている（本書第一部も参照）。但し、本主死後の家政機関存続という考え方を支持すべきことは本文中でも触れた通りである。

（2）勝浦令子氏は聖証尼について、藤原久須麻呂家付の家尼で、家政の執務にも関与した女性ではないかという考え方を呈されている（勝浦令子「古代の「家」と僧尼」〔『日本史研究』四一六、一九九七年〕）。今後、このような可能性も考慮して、さらに聖証尼の比定や家政運営のあり方を考える手がかりを探っていくことが期待される。

（3）付記（1）の東野氏の論考に対しては、森田悌「貴族死後の家政機関」（『日本歴史』五九九、一九九八年）が呈されているので、参照されたい。

第三章　長屋王家木簡三題

はじめに

一九八八年八月平城京跡左京三条二坊八坪の南北溝ＳＤ四七五〇から出土した長屋王家木簡は、約三万六千点という膨大な点数とともに、奈良時代初期の皇族・政治家として著名な長屋王とその家政運営を解明する上で重要な史料を呈し、また奈良時代初期の一大木簡群ということで、大宝律令に基づく律令体制の施行如何を考える際にも検討されなければならない史料である。一九九五年には出土木簡の正式報告書『平城京木簡』の刊行が開始され、発掘調査の正式報告書として『平城京左京二条二坊・三条二坊発掘調査報告』（発刊奥付は一九九五年三月三十日）も発刊されて、調査主体の奈良国立文化財研究所による長屋王家木簡、長屋王邸跡の整理・研究の一応の到達点が示されたといえよう。

但し、長屋王家木簡は、王・貴族の家政機関のあり方、邸宅の居住形態、家の相続の問題といった家政に関わる論点、そこから律令制の運用実態の問題や中央と地方との関係、また時代を遡って律令制成立以前の王宮のあり方を考える等々、日本古代史に関わる様々な重要な論点の考究に展開する大きな可能性を持った史料群であり、今後多種多様な視点から検討を加えて行く必要があると思われる。その意味ではあくまでも一応の到達点であって、その到達点の可否も含めて、さらに広深な究明が期待されるのである[1]。

長屋王家木簡についての拙見は、一応奈良国立文化財研究所の発掘調査報告書に「長屋王邸の住人と家政運営」として呈している（以下、別稿と称す、本書第一部も参照）ので、そちらを参照していただくことにして、本章では報告書執筆や木簡整理に際して気付いた点を三つばかり述べてみたい。相互に脈絡がなく、また既に多くの方が当然の作業として検討・確認を行われている事柄ではなかろうかと思われるが、私見を整理する意味で、敢えて一文を草する次第である。

一　「受」某と所属（宛先）部署との関係

長屋王家木簡のうち、最も点数の多いのは、米飯など物品支給の際にいわば控え伝票として作成された伝票木簡である。伝票木簡は、

宛先＋物品名・数量＋「受」（授）某＋月日＋人名（出納責任者か）

という基本型をとり、様々な宛先部署名は長屋王家の家政組織のあり方を復原する上で貴重な材料を呈している。また日下の人名は物品支給の際の出納責任者と推定され、そこに家令職員や少子と称される帳内・資人クラスの雑任者が登場することは、伝票木簡が長屋王家の家政の中枢部の執務の様相を解明するのに有効であることを示していると言えよう。

ところで、宛先への物品を授与され受納した「受」某について、別稿ではこの某が宛先部署の人間であることもあ

る旨、即ち所属部署宛の物品を受納している場合が存することを指摘した。別稿では西宮少子秦望万呂の例やその他の少子の事例を掲げて説明したが、「受」某と宛先部署の関係を整理すると、表14のようになる。表14によると、少子、帳内、政人宛のものには確かに「受」某として少子が登場する場合が多く、別稿で触れたように、これは家政機関の中枢部の運営に少子クラスの人々（帳内・資人）が深く参画していることを窺わせる。また少子は各部署の実務を担う役割も果し、少子や帳内は各部署に配置されていたから、例えば犬司の益人・乙万呂なども「受」某が宛先部署の人間として、所属部署に支給された物品を受納している例と見なすことができよう。その他、西宮少子宛の木簡に見える、

a ○西宮少子二口米二升受即 十一月廿二日廣嶋　（城21-16）　(203)・21・4　051

の「即」は、この米を宛先の西宮少子自らが即刻（あるいは直接に）受納したことを示す表現と考えられる。この「即」・「即自」・「自」・「己」は個人宛や雇人への給付に多く見られ、やはり宛先と「受」某の所属が一致する場合があることを物語っている。

但し、古万呂のように、様々な宛先の受納に関わっている例、また少子クラスの人物が必ずしも所属部署とは考えられない宛先の受納に登場する場合もあり、これらは中枢部の実務に与る少子が、便宜上、宛先の受納者として現れているのであって、あるいは実際に彼らが宛先部署まで物品を届けたという想定もできると思う。別稿で述べたように、中枢部の実務運営には仕事のローテーションが存したようであるが、中枢部の執務に関わる人々の中には、同一月で「受」某として記される場合と日下に署名する出納責任者の役割を果している場合が見られるので、このように考える所以である。

表14　宛先部署と「受」某との関係

部署名	「受」某
(御所関係)	
御所	文牛甘、物部立人、県□、牛甘（2）、金、黒万呂、白手、女奴勝万呂、楓女、越女、狛刀自女、奈良女
御所人	石末呂、勇万呂、兄上、黒末呂、小国女、止々女
大行米	即
大御飯米	越女（2）
大許進米	嶋女
王等御粥米	小槍女
(西宮)	
内御所	多々女
内親王御許	畠田子首、宮入女
内親王御所	小長谷吉備、木古、高志女・越女、嶋女
内	木真人、久努朝臣、君万呂、刀自女、□家
自内飯	若女
吉備王子	山村古
安倍大刀自御所	神田古
石川夫人所	池女、乙女、酒女、年女、□刀自、□女
馬甘若翁	小国女、□虫
忍海若翁	廣万呂、家虫

部署名	「受」某
小治田若翁	桜井佐為万呂
膳若翁	国末呂
太若翁	秦益人、□足
円方若翁	志祁多、美都久
□翁大許	皆女
若翁博士	人足
若翁帳内	大伴廣万呂（*）
若翁少子	小自、望万呂
若翁犬	小自（2）
若翁大御弓	越万呂
若翁御弓直米	□足
西宮少子	即（2）、老良、古末呂、万呂（2）、望万呂（*4）、□□万呂
西宮人	越仕丁
(個人宛)	
粟田王子	古波佐目、小槍女、日出女
石川王	日下部古
坂合部王帳内	子末呂
竹野王子御所	私部老、大津（2）、老、古万呂（山寺遣雇人）、余女、尾張女、古奈良女、真木女、益女
田持王	小□女

部署名	「受」某
矢釣王	宿奈・宿奈女、当女、益女
山方王子	粟田刀自女、阿古女、余女（2）
高市乳母	禰女、廣女
春日宮	大嶋
□宮雇人	古万呂
石辺田君	即
伊豆国造	呰万呂
大春日朝臣	古万呂
大伴宿禰	大床
隠伎宰	古万呂
置始佐官	麻呂
春日旦臣	宿奈女
上野君菟万呂	即
川瀬万呂	大嶋、古万呂（2）
氷大麻呂	古万呂
丹比部廣麻呂	嚢万呂
田辺史	即
二田□	大鹿女
布勢大夫	古末呂
山口造麻呂	即
書吏人	赤人
小依女	大嶋
古万呂	古万呂（＊4）
手古	即
真山	即自
⊔女	奄知女
□太女	牟志末呂
（中枢機関）	
帳内司	古末呂（2）、古万呂
帳内	古万呂（2）、嶋廣、真山
侍少子	石見（＊）
少子	尾張物万呂、牛甘、兄上（＊）、瘡（創）男（3）、金、黒麻呂、縄麻呂、道
侍従	衣末呂、葛末呂、奈波□、奈妹末呂
政人	毛人、忍人、古万呂（11）、子万呂、龍末呂、友背、万呂、麻呂、三狩、□万呂（2）
（衣食住関係）	
膳司荷物	比奈万呂
主水仕丁廝	己
水取司	石万呂
司掃守・雇人	黒□、万呂
縫殿	古奈万呂、加毛女、少嶋女
染司	多々女
牛乳持参人	丙万呂

部署名	「受」某
牛乳煎人	稲万呂
大御洗薬	縄女
炭焼処打蒔分米	壬生安万呂
（生産関係）	
工司	物部牛麻呂、道嶋
鋳物所	龍麻呂、彌万呂、□万呂
鏤盤所	龍万呂
銅造手人・雇廝	小逆
鍛冶	田公
須保弖・沓縫・	綾万呂・阿□万呂・古万呂（4）
革油高家	
沓敷薬刺帳内	万呂
轆露師	超□万呂、古万呂、龍万呂
金漆人	阿治末呂
椅子作	古万呂
司皮作	古万呂
矢作・大刀造	別□
木履作人	君冂
要帯師	卜部万呂、小治田御立
奈閉作	小治田御立、曽女
土師女・雇人	曽女（2）、□逆
瓮造女・雇人	曽女

部署名	「受」某
（修造関係）	
御垣塞廝	乎子
（写経・絵画関係）	
経師	□万呂
秩師	宇万呂、黒麻呂、酒万呂、少比須良女、麻須良 女、婢□古女
書法所	□末呂
書法模人	当真麻呂、阿手良、当良
文校帳内	大徳・大床
画師	尾張福賀、石嶋、得末呂、大徳
障子作人	福末呂
（宗教関係）	
仏造帳内・廝	粳麻呂
明縁沙弥	六人部古万呂
僧	知努建麻呂（城26-6頁…帳内珍濃多祁万呂）
尼	物部古万呂、麻蘇女、廣女
乞者	牛甘
大窪神	廣女
打散米	嶋女

部署名	「受」某
（医薬関係・学問）	
医	田倍万呂、古万呂、安万呂
女医	韓女
博士	創□
（動物の管理）	
馬司	板部黒万呂、赤人、伊□、大嶋、勝麻呂、二田
馬作医	高椅
御馬屋犬	乙末呂
犬司少子	益人
犬	赤人、乙万呂、瘡男（2）・加佐乎、虎
御犬	請太
子生犬	長麻呂
鶴司少子	得万呂
鶴	子羊、□万呂
（雑）	
散位寮	嶋万呂
仕丁	即（2）、牛麻呂
廝	自・即、木末呂
薪運廝	酒主
車借人	小牒
都祁遣雇人・帳内	智善
下総役人	倭文龍
宇太借子	即
草運人	鯨
米運雇人	馬手
楉取遣雇人	即
薗作雇人	石足
薪取使雇人	手子
津縄持	自
俵持雇人	即
屏風持雇人	即
轆轤木切使雇人	□万呂
□司雇人・帳内	龍万呂
薪直	即
狛人	田人
新羅人	持万呂、田□
辛女	影女、□女
隠伎奴婢	廣国
大宮殿守奴	妹万呂
婢	三狩
糯粉米	小嶋女
麦粉米	橘女、上々女、宿奈女、□刀自、□□自
小麦粉米	酒虫女、酒□女
生粉米	小首

部署名	「受」某	部署名	「受」某
粉米	酒津女	人給飯	大公
白米	文忌寸		
粥米	木□□	（矢口司）	
糯分粥米	<u>古万呂</u>	桑乳母・中臣乳母	小佐万呂
衣粥米	□奈□	多々女	自
幸行用米	三狩	□□女	自

（註）＊はその部署の一員、数字は複数ある場合の件数。傍線は少子クラスの者、点線はその可能性のある者を示す。

以上のように、「受」某の某が宛先部署の人間であり、所属部署宛の物品を受納している場合が考えられるとすると、表14の中で某が女性である例も散見することが注意される。長屋王家木簡中の女性労働者については西野悠紀子氏の研究があり[2]、労働の具体例（田庄での労務、左京三条二坊の邸宅〔およびその周辺に存した邸宅〕での女医・乳母・女竪、手工業労働、大炊司女、尼などの役割）、出身と身分（婢、畿内とその周辺の中小豪族、品部、雇用労働者等）などが検討されている。但し、女性労働者の所属に関しては、一部には推定が記されているが、都夫良女・曽女などは田庄と左京三条二坊の邸宅の両方で勤務している例があり、労働の場を移動していたこと、所属関係とは別に長屋王家全体の労働の必要に応じて、家政機関による移動や配分が行われていたことを指摘されるに留まる。

別稿において、私は、邸内の西宮と呼ばれる一画に居住した吉備内親王は、いわば長屋王の後宮の統括者であり、

b・○以大命符　□〔吉〕備内親王　縫幡様進上

・○使文老末呂　二月廿二日　巳時　稲粟　（城21-5）　200・26・3　011

から窺われるように、縫幡の作製、『唐大和上東征伝』に見える長屋王が中国の僧侶に送ったという千枚の袈裟の縫製、また縫殿やそこに勤務する縫殿女に対する指揮を行うなど、後宮の任務遂行に尽力したのではないかと考えた。表14のうち、多々女は吉備内親王に所属していたことを窺わせるとともに、染女宛の米を受納しており（城21-23）、染司も吉備内親王の統括下にあったのではないかと見なされる。多々女はこの他に、

c・矢口司移多々女一斗五升　受自　○

・九月下番分伊香三狩　○　（城27-8）　157・22・2　011

と、矢口司にも配備されていたことが知られ、労働の場の移動については西野氏の御指摘の通りであるが、吉備内親王のお気に入りの婢宮人女の例（城21-5）に看取されるように、その移動にはやはり本来の所属先の主人の意向が作用したのではあるまいか。

以上のような視点で、女性労働者と所属先の関係を整理すると、安倍大刀自は材料が殆どなく不明であるが、吉備内親王と石川夫人については重複する例がないので、長屋王の後宮を形成するこの二人は各々に専属の女性（多くは婢）がついていたこと、吉備内親王付きと推定される人々は、例えば越女・嶋女が御所宛の米飯の受納に与っているように、吉備内親王の指示で長屋王の御所の世話をするために派遣される等、他の部署・宛先の仕事に従事する場合もあったことなどが知られる(3)。また余女・益女・宿奈女のように、邸外居住者や来訪者と考えられる複数の宛先への

米飯の「受」に登場する事例は、それらの人々への支給の際の仮の受納であったと見なされ、そこには彼女達の本来の所属先である後宮の統括者たる吉備内親王の意志、即ち竹野女王・山形女王など長屋王と親族関係を有する人々やその他長屋王と関係のある諸王に対する物品支給の取り次ぎを行うという役割が存したと考えることができるのではあるまいか。(4)

なお、麦粉米・粉米などの「受」に多く女性が登場しているのは、これらがノリ状の物質であることを考えると、洗濯用のノリあるいは文房具としてのノリであるとも見なされ、女性の労働内容と関わるところがあったためではないかと推定したい。秩(帙)師など写経関係の部署にも女性が配備されていたようであり、こうした事柄との関連性もあるのではないかと思われる。

以上、本節では「受」某の某が女性である場合から、別稿で触れた後宮統括者としての吉備内親王の役割、その統括の様子に若干の付加ができるのではないかと考え、所見を述べてみた。少子の各部署での活動を始めとして、各人の長屋王家における仕事ぶりの解明の一助になればと思う次第である。

二　帳簿作成の技法

次に伝票木簡には宛先、「受」、出納責任者など様々なデータが丁寧に記載されており、上端または下端、あるいは上下両方に孔が穿れている点と合せて、これらは一定期間の収支決算のための帳簿作成など、より複雑な書類作成の資料となるものであると考えられる。では、長屋王家ではどのような帳簿が作成されたのであろうか。またそのための基礎作業としてはどのような仕事が存したのであろうか。本節ではいわばこの帳簿作成の技法について言及してみたい。

d・
□月二日□
□月□進三斗
□□
□進米□
□馬黒麻呂
ヽ□日進米三□
安万呂┐七日
□万呂　石角
ヽ□日進五斗
忍海安万呂
□升半　曽女　黒万呂
ヽ十三日進二□
ヽ十四日進三□
身豆女　志□
ヽ十五日進二斗
ヽ十六日進三斗
ヽ十七日進三□
忍海安万呂
ヽ十八日進三□
十九日進三□
黒麻呂　□
ヽ廿日進六斛
四斗曽女□
麻呂
ヽ廿三日進三斗
綱万呂書吏
ヽ廿四日進三斗□
ヽ廿五日進三斗□
ヽ□六日進三斗
ヽ廿七日三斗
廿八日進三斗

・
十二日下□
飯□米一
斗□
十九日下一斛
依進二斗□
二升

（城23-16）　（514）・（54）・5　011

e・○進大御飯米三斗　把女　閏月十三日忍海安麻呂

・○　「甥万呂」

（城27-6）　287・32・4　011

dは木目方向に長い材を横向きにして木目に直角の方向に文字を記すもので、横材木簡とでも称すべき筆記形態をとっている。この種の木簡は平城宮木簡等にも散見しており、帳簿風の内容のものが多いと言われる（『平城宮木簡』一（解説）二二六号木簡など。但し、以下の長屋王家木簡のように、他の木簡との関係や帳簿の内容を解明できるものはないので、検討は省略する）。では、dについては如何であろうか。

dに関しては次のような見解が呈されている。まず渡辺晃宏氏は、(5)（イ）一回あたりの数量が二斗、三斗などと単位が大きく、通常の伝票木簡の十倍以上に相当するので、日々の米飯支給に関わる伝票木簡とは性格が異なるものと推定され、また殆ど毎日のように進上しているので、半月分ないし一ヶ月分をまとめて支給したものとも考えられないが、eのように、支給量の多い伝票木簡も存するから、dに見える支出も決して特殊なものではなく、他の伝票木簡と同じ性格のものと考えてよいこと、（ロ）dに見える黒万呂、忍海安麻呂、万呂、綱万呂、石角、書吏らはいずれも伝票木簡に出納責任者として登場する人物である（忍海安麻呂はeが根拠）こと、（ハ）eなど斗単位の大量の米飯支給を受けた（城21-13・14、23-8、25-7〜9、27-6）のは、「大御飯米」、「内」の語から、長屋王および吉備内親王（含彼らに仕える人々への支給の可能性）であると推測されること、などによって、dはeなどと日付は重ならないが、伝票木簡のうち、長屋王と吉備内親王を被支給者とするものを日毎に整理したものであると述べられた。なお、（ニ）dには合点が付されているので、これ自体がまた何か別の帳簿作成の資料となっており、複数の被支給者（宛先）が一枚の伝票木簡に記される例の存在と合せて、帳簿整理の順序としては、紐で束ねた一定期間分の伝票木簡をもとに、正倉院文書の写経所関係帳簿でいえば、食口帳のような帳簿が次に作成されたものと考えられるとし、伝票木簡→個人別の支給帳簿（横材木簡）、伝票木簡→日毎の支給帳簿（食口帳）という二つの帳簿作成の流れが想定できるという。

しかし、その後eのタイプの木簡は類例が増加し、これを伝票木簡と見なすことはできないという理解に達している。奈良国立文化財研究所『平城宮発掘調査出土木簡概報』二十五以降では、この種の木簡は木上司からの進上状の中に配置されており、邸内での米飯支給の伝票木簡に記された数量が通常一人半升〜二升程度であるのに比して、極めて大量であること、量が三斗と常に一定していること、伝票木簡には米の受納者の上には「受」の文字が記されているのに、それは見えないこと、木上からの進上状には持参人の名を記したものがあり、eの把女も持参人と考えられること、忍海安麻呂署名の木簡で所在の明記されているのは全て木上司のものであることなどが論拠となろう。(6)

そこで、eを木上司からの進上状と見る立場から、dについて、福原栄太郎氏は、（あ）表面は月・日、「進」十量目、人名、裏面は日子、「下」十量目で、人名がないという表裏の記載形式の基本形の微妙な書き方の相違があることを指摘した上で、（い）表面に関しては、ほぼ連日米が進上されており、量目は三斗である場合が多く、人名には木上司に勤務した者が見えることから、「毎日長屋王邸宅へ進上されてくる木上などからの大御食米など米の量目を、進上責任者や運搬人、あるいは受領者の名前とともに記した受け取りの帳簿」であり、（う）三斗という量については、伝票木簡に多く見える支給量のうち、一人一日二升なら十五人分、一升なら三十人分となり、邸内居住の王族は二十名前後と推計されるので、毎日三斗は長屋王一家が毎日消費する米の総量に近似する数値であって、木上司から「大御飯米」を毎日進上させるということは、木上司の特別な位置づけを考えることができること、（え）裏面は連日の記録とは言えず、量目も統一性がなく、「下」・「飯口米」という文字が見えるので、時に応じて支出された大御飯米などの記録かと推測されること、などを述べられている。(7)

dについては、綱万呂・石角・書吏やeの別筆の甥万呂などが邸内の受領責任者である点も含めて、この福原氏の見解を支持したいと思う。邸外の部署からの進上状にも穿孔があり、束ねて整理していたことが窺われる点も、集計様帳簿の存在との関係を推測させる。とすると、新たに進上状を集計する帳簿の存在が浮かび上がってくることになるが、このような類例は他にも見出せるのであろうか。また渡辺氏が想定した伝票木簡の個人別や日毎支給別の帳簿は存在しないのであろうか。以下、帳簿作成の技法に関連して、こうした集計等の機能を果す帳簿とその種類について考えてみたい。

まず畿内近郊の田庄や畿外からの荷札木簡などの形で邸外から物資が搬入される場合の集計様の帳簿に関しては、次の木簡が候補になろう。

f ・坂田郡春米　〻上入里十八石　〻下入里□□石　〻□里□□五合　□□里四石五斗　□□五斗二升五合　□□里二石六斗五升

・右五十□〔石ヵ〕□□　□□　細江里□□　下入里佐□□

(城25-7)　426・45・5　011

g ・津□合

和銅七年□　犬上郡　九合六夕　一尺田郡　足六十三　和銅七年　犬上郡　九合六

・事人□

(城27-14)　(46)・254・6　081

h ・□日出周防塩一籠三□□〔斗入ヵ〕宍人□

・□人書吏□□廿三日□□

(城25-17)　(153)・(16)・4　081

別稿で整理したように、長屋王家木簡中の荷札木簡には近江・越前・周防・讃岐のものが多く、これらを始めとして、荷札木簡は長屋王家の封戸からの進上物に関わるものと考えられる。近江国ではf・gに登場する犬上郡・坂(尺)田郡の荷札木簡も多く見られ、gは横材木簡とはいえ、習書風の内容で、両郡からの進上物の集計を暗示するようにも思えるが、内容不明なので措くとして、fについては坂田郡の各里から進上された舂米を集計した木簡と理解できよう。近江国の米進上の荷札木簡は概ね長さが一五〇ミリメートル前後であるのに比して、fは長大であり、また型式が荷札木簡とは異なるのも、fをこのように位置づける所以である。ちなみに、平城宮木簡に関しては、一つの発掘区から同一国の木簡や同種類の品目のものがまとまって出土する例があることから、大分類―品目別整理、小分類―貢進順に国別に整理による貢進物の収納・保管が行われたのではないかという点が指摘されており[8]、長屋王家木簡の場合でも、hのように、「周防塩」＝周防国から貢進された調塩（調塩は三斗で、hに記されているように、三斗で一籠とされていたのであろう）を支給した例のあることは、同様の収納・保管形態がとられたことを推定させる。とすると、荷札木簡についても、貢進国郡別や品目別の集計が必要であって、dによって窺われる邸外からの進上物の集計の機能を果す帳簿作成の類例を想定することが可能ではないかと考えられる。

次にhは塩の日毎の支出を記したものとも理解できる。そこで、個人（宛先）別や日毎支給別の帳簿の存在の考察対象として、以下のような事例に着目してみたい。

i　□家令⌈ ⌋十二日高市大乳母□塩四升忌部□□
　大豆春分塩一升 受廣女 黒万呂　　家令少田倭諸
　□女麻呂家令十七日搗海藻分八嶋　受宇治友足麻呂家令

（城25-17）　(307)・51・4　081

j・⌈ ⌋ □二升
　逆万呂 甥末呂⌈ ⌋御□□〔食分カ〕
　徳女

・大書吏　卅三日衛士火□□〔大書吏〕
　三日大許〻四升阿牟知女
　　⎡　　⎦

（城25-17）　(150)・(32)・5　019

k
　□□内親王
・⎡　⎦　□人進六□□

・□四月二日⎡　⎦　進□□〔塩カ〕□二升
　□□石川夫人御所塩　八□□女□□

（城25-7）　(213)・38・5　019

l・四月十二日二□五右海藻運仕丁廝五人功五文石角/少書吏　十三日□□
　□□□
　⎡　⎦甥万呂/大書吏⎡　⎦五文□□
　□□津守　石角⎡　⎦

・⎡　⎦　□日丹⎡　⎦廝四人四文⎡⎡⎦⎦
　遺□四文⎡　⎦
　五月六日⎡　⎦六人⎡　⎦

（城25-18）　262・36・3　011

まず塩に関しては、i〜kのように日毎の支出を記した木簡が存在する。同様に銭の支出についても、lの如き、日毎の支出を記録したものが存しており、塩・銭などは支給先が米飯支給の場合程複雑ではなかったので、通常の型式の一枚の木簡に日毎の支出を書き継ぐことができたものと思われる。では、米飯支給の伝票木簡の場合は如何であろうか。

m－1　□〻日一□　進米　□□　□□　□□

2　□　□　宮女　□〻司　進二　人二□米一□〔升カ〕　□□〔屋カ〕　□

3　□　五　□□　□〻　婢〻□　政〻人四　受□　鍛〻一□　馬

4　万呂　五〻十□　高〻椅□〔朝カ〕　人〻米五　□四口米　□〻一升□受　〻人□

5　□口　三口　半　床　□〔受カ〕　□〔書カ〕吏　石角　斗

6　＼馬＼　馬＼司　□〔蓑カ〕万呂　司＼　川＼□

7　□□　□〔麻カ〕呂□　□□□□　石＼川夫人

8　造司人十□　□□　□□

9　嶋　工司　廣　廿二

10　作＼　人＼四□　〔紀カ〕□＼伊　□＼〔湯カ〕□　九＼日　□斗　□〔升カ〕□

11　□＼□　□＼盤師　□〔米〕二□〔斗カ〕　大嶋

m―1～11は『平城宮発掘調査出土木簡概報』二十八―三九頁～四二頁所載の横材木簡の削屑の一部である（型式番号はいずれも091、出典は1～4が四〇頁、5～8が四一頁、9～11が四二頁）。その特色は次のように整理できよう。

①政人・高椅朝臣・馬司・石川夫人・造司・工司・轆轤師・少子など、伝票木簡に宛先（支給先）として登場する部署名・役職名・人名など（表14参照）が見える。

②品目は米で、単位は殆どが升であって、「〇口〇升」の如き記載も見えており、伝票木簡の記載方式と同様のものが存する。

③「受」の文字も散見し、「受乙末（呂）」のように、伝票木簡の受納者の記載形式と共通するものがある。

④石角・大嶋など、伝票木簡に日下に記された支給・出納責任者の名前も見られる。但し、「〇日石角」のように、日付の下に出納責任者名が記されるという記載形式にはなっていない。

⑤日付が見える例は少ないが、日付が記され、その左に①～④のような記載内容が記されているという書式ではなかったかと推定される。

⑥合点が付けられたものも見られ、これらが何らかのチェックの材料として用いられ、その後不要となって削り取られ、削屑として廃棄されたものと考えられる。

以上の点から、これらの削屑の原型を推定すると、伝票木簡による米支給を日毎に整理した横材木簡の存在が推定できるのではあるまいか。伝票木簡には孔が穿れ、おそらく一ヶ月分などが束ねられたと思われるので、各々の伝票木簡を集計すれば、日毎の支出量の計算は容易であったかもしれない。但し、その方式では宛先・支給量・受納者・出納責任者を一覧するには不便であるから、このような日毎支給の様子をまとめた横材木簡が作成されたものと考えられる。この一覧表の中から、宛先部署を抜き出せば、宛先別の一ヶ月間の支給を計算するのにも便利であったと思われる。合点はあるいはそうした作業とも関連して付されたものとも想像される。

以上を要するに、長屋王家で行われた事務処理の方式としては、少なくとも次のようないくつかの書類が必要であったことがわかる。

A各支給時の伝票木簡

B日毎の支出を整理した木簡…横材木簡

C宛先別の支出を整理した木簡…横材木簡カ

D邸外の各部署や荷札木簡による進上物の把握のための集計様の木簡

E邸外の各部署別、国別の貢進物の進上を集計した木簡…横材木簡または通常の形

これら複数の帳簿によって長屋王家の事務執行の様子や帳簿作成の技法の一端が知られるものと考えられる。(9)

三　木簡の転用・再利用のあり方

最後に木簡の転用・再利用のあり方を窺わせる事例として、荷札木簡の形状を有する文書木簡の存在に言及しておきたい。この種の木簡に関しては、既に『平城宮木簡』二―二二三七号

n・十一月十六日水汲　針果安
田部咋末呂(マヽ)　高宮五百嶋
長□足嶋〔車カ〕

・ 民酒人　丈部〔奈カ〕□足末呂
　 桑原知嶋　日置造金□　　256・26・4　033

で、「下端左が欠損するが文書木簡としては珍しい型式である」（同上解説）と注意が喚起されている。この木簡については写真版で見る限りまちがいなく荷札木簡の形状を留めており（図5も参照）、文書木簡の内容を持つものでありながら、荷札木簡の形状を有するものとして注目される。但し、平城宮木簡の範囲では、型式番号が〇三一・〇五などの荷札木簡に特徴的なものであっても、写真等で見ると、二次的加工や腐蝕などによる現状の型式である場合が多く、nのように明白な事例は見出し難い。

しかし、nの如き事例は、本来は短冊型の木片で充分な文書木簡に、荷札木簡では必要な切り込みや尖らせをわざわざ施したものとは考え難いので、むしろ荷札木簡を文書木簡に転用・再利用したと推定できるのではあるまいか。都城には全国各地から膨大な量の貢進物が搬入され、各々に荷札が付せられており、平城宮跡からも多くの荷札木簡が出土しているが、それらが搬入された荷札木簡のすべてではない[10]。出土木簡の中には焼損しているものも見られ、使用済みの木簡を火種に用いたり、焼却したりして廃棄する場合が考えられる。但し、大量の削屑の出土は木簡の再利用を窺わせる事象として説明され、紙とは異なる木簡の書写材料としての特質の所在を示すと言われる[11]。例えば〇一五型式の考課木簡には、かなり厚手のものが書写と削除をくり返し、使用に耐えなくなって廃棄される例があるので、木簡の再利用も存したことはまちがいない[12]。とすると、大量に搬入される荷札木簡を文書木簡に転用・再利用する場合も充分に想定できよう。もっとも荷札木簡にはかなり大型のものもあり、切り込み・尖りを整形して短冊型の木簡として使用すれば、その痕跡は残らない訳であるから、荷札木簡の形状を有する文書木簡はそうした作業の「手抜き」の所産とも考えられる。しかし、荷札木簡を文書木簡に転用・再利用する事例を推測する上では、大きな手がかりとなるのである。

そのような視点から、長屋王家木簡や二条大路木簡を見ていくと、前述のように、二次的加工等による現状の型式を有するものも多いが、nの如き明確な事例がいくつか存する。まず二条大路木簡について事例を掲げ、本題である長屋王家木簡を検討する際の参考例としたい。

o・謹解　下番食司等借筥六口［　　］八月一日
・返上必々　天平八年七月十六日間人兄万呂　他万呂
(城 24-5)　226・22・5　032

p・□〔請カ〕米一升粟四升　右件米粟官
・天平八年十月廿九日又大豆五合紀僧万呂
(城 29-12)　(177)・18・3　039

q　桑原　秦　大屋　三合　大
(城 29-18)　154・16・4　031[13]

r・隠伎国部郡〔マヽ〕作佐郷大井里阿曇部意比
調三取鰒四斤　天平七年
・［　　］
(城 22-36)　143・24・4　031

s・隠伎国役道郡武良郷〔大カ〕□□里
大伴部国立三耳鰒四斤

・「□駅□□」　（城22-37）　182・23・3　031

t・隠伎国智夫郡由良郷阿曇部赤人調海藻六斤　天平六年

・隠　□里□　□日□　（城24-29）　166・25・5　031

o～qが荷札木簡の形状を持つ文書木簡の事例である（図5も参照）。r～tは通常表面のみ使用である隠岐国の荷札木簡に裏面記入が見られるもので[14]、sは本来の記載かもしれないが、tは別の荷札木簡、あるいは記入失敗を削り取ったものの削り残しと考えられ、現地での作業であろうが、荷札木簡が削り取られる例として掲げておく。なお、二条大路木簡に関しては、荷札木簡の削屑と確実に判断できるものが存する（城30-32～33）ことが指摘されており[15]、都城における荷札木簡の転用・再利用を窺わせる行為と言えよう。

では、長屋王家木簡については如何であろうか。長屋王家木簡は長屋王家の家政運営に関わるものであるから、家政の場において木簡がどのように作製・調達されるのかを考える上でも興味深い事例となろう。長屋王家木簡では伝票木簡の中に荷札木簡の形状をとる文書木簡が散見している[16]。

u・若翁大御弓直三文

・□直□文　受越万呂　（城21-16）　157・16・6　032

v　○西宮少子二口米二升十一月廿八日廣嶋　受即　（城21-16）　(203)・21・4　051

w・○西宮少子二口二升受望万呂　○

・○　十一月十三日廣嶋　○　（城21-17）　141・27・2　032

x　・□宮雇人一口米二升□宮□□

　　・米半升受□〔古ヵ〕万呂　正月七日［　］　友瀬　　(城21-23)　179・(21)・2　033

y　・員方王子米六升［　］

　　・薪直三升受即　十二月十二日［　］　　(城25-10)　139・22・5　033

z　○乞若米一升受牛甘　十二月廿八日稲虫　　(城27-13)　137・18・4　032

長屋王家木簡の主要な部分を占める伝票木簡の特色については先に述べた通りであるが、基本的には控え伝票であり、殆どは〇一一型式の短冊型の形状を呈している。そうした中で、u～zのように、本来文書木簡の範疇に入る伝票木簡の内容を持つものでありながら、〇三一・〇五一型式、即ち荷札木簡に特徴的な形状を呈するものが存在することには注目される（図5も参照）。別稿で触れたように、伝票木簡が作成された長屋王家の政所では、考課、銭の計算、また散田等の農業経営に関わる事柄、邸外の部署や国郡からの進上物の取り扱いなど様々な仕事が行われていた。とすると、例えば不要になった荷札木簡の文字を削り取って、伝票木簡など文書木簡に転用することもあったのではないかという想定が生まれて来る[17]。

このような憶測に関わる材料として、文字の削り取りの途中で廃棄されたと考えられる荷札木簡の存在と荷札木簡の削屑（城28-28～29）の出土を掲げることができる。

α　周防国大［　　(城27-21)　(144)・29・6　033

図5

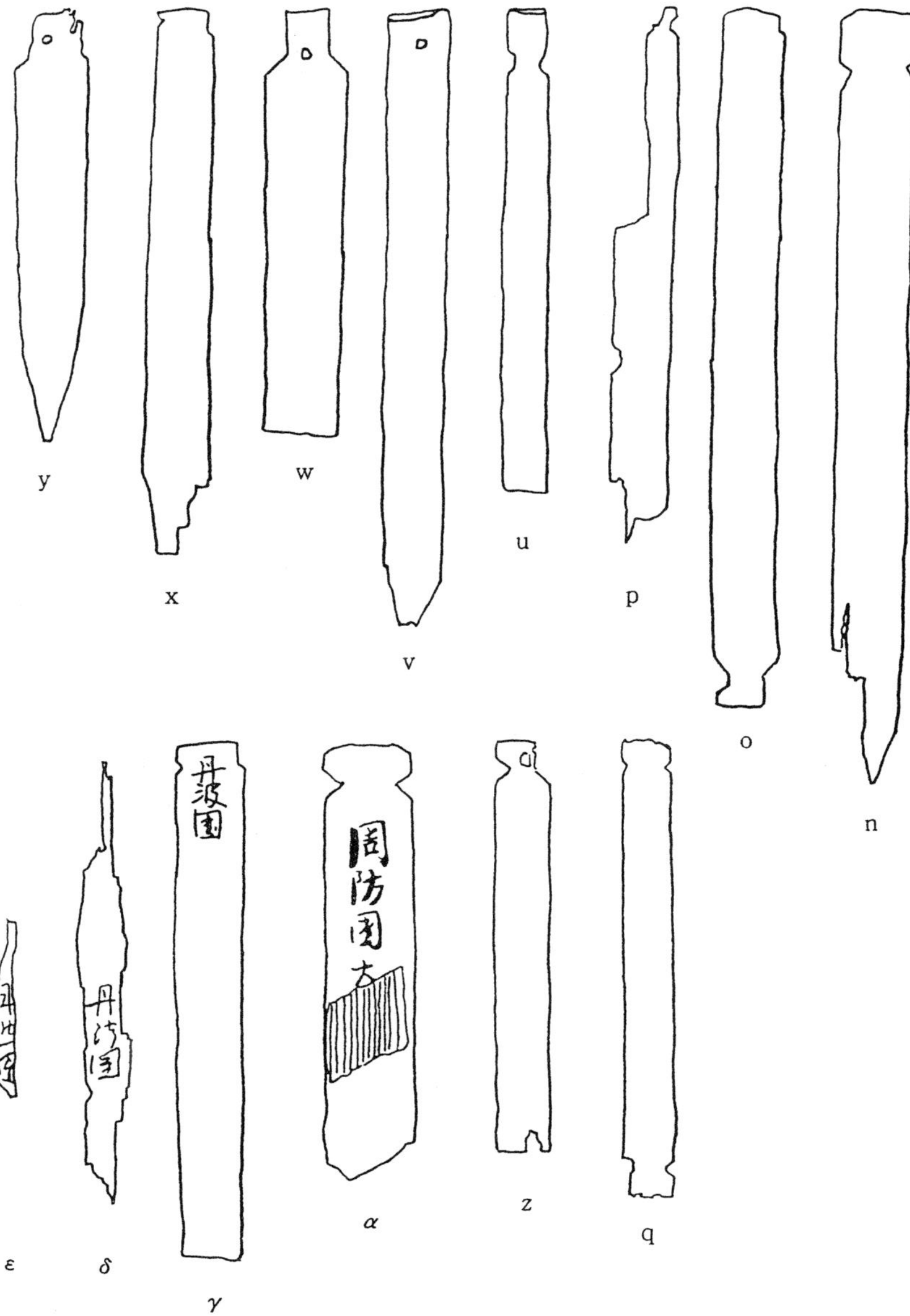

β・隠伎国周吉郡新野里日下部真名比御取四斤　和銅七年
　・隠伎国周吉郡新　（削り残り）　　（城27-20）　177・30・3　031

γ　丹波国味田郡曼椒油三斗　　（城25-21）　171・22・3　032

δ　丹波国胡麻油二斗　　（城28-29）　091

ε　丹波国　　（城28-29）　091

βは二条大路木簡にも例が存した記入失敗あるいは別の荷札木簡を削り取ろうとしたものの削り残りで、現地で行われたものであろうが、そのような例が長屋王家木簡にも存することを示すために、参考として掲げた。長屋王家木簡中の荷札木簡の削屑と目されるものは『平城宮発掘調査出土木簡概報』二十八—二八～二九頁に掲載されており、例えばδ・εはγの荷札木簡と文字の書き方が類似し（図5参照）、荷札木簡の削屑と見なしてよいと考える。したがって長屋王家木簡の中にも荷札木簡の削屑と確実に判断できるものが存したことはまちがいない。そして、αの如き、文字削り取り途中（図5参照）の荷札木簡が存在することは注目される。管見の限りではこのような例は一例のみしか見出せなかったし、また残念ながらαから削り取られた「嶋郡…」の削屑は見あたらないが、αは荷札木簡の削り取りと再利用を示唆する貴重な事例であると評価したい。

以上、僅かな事例に基づいて憶測のみをめぐらせたが、長屋王家に大量の貢進物とともに齎された荷札木簡は、削り取りによって邸内の事務執行の際の文書木簡に転用・再利用されたものがあったのではないかと考えた。このようなあり方も長屋王家、さらには平城宮内における木簡作製・調達の一端をなすと見なすことができ、転用・再利用という視点で木簡の「一生」を検討する見方があってもよいのではと思う次第である。

なお、転用されたと見られる木簡の厚さについては、w・xは二ミリメートルと比較的薄いが、u・v・y・zは四〜六ミリメートルで、二〜三ミリメートルのものが多い伝票木簡の中では厚手の方である。但し、αは厚さが六ミリメートルであるから、もとになる荷札木簡（勿論、伝票木簡自体が何度か削り直されて再利用される可能性も考慮する必要がある）の厚さによっては、削り取りによる転用の場合でも、特に厚みの薄い伝票木簡となる訳ではないと考えられる。荷札木簡の方は三〜四ミリメートルのものが多く見られるので、文書木簡よりはやや厚手であったとすると、削り取りによる欠損部分を除いても、文書木簡として転用に耐えるだけの厚さが残ったのではあるまいか。

むすびにかえて

本章では「長屋王家木簡三題」と題して、長屋王家木簡の文書史料としての側面や木簡作製のあり方にも言及した。相互に脈絡のない論なので、全体的な結論を整理することはできないが、既に提唱されている木簡の古代古文書学的分析の上においても、[18]今後さらに留意しなければならない論点に触れることができたのではないかと考える。

「はじめに」でも述べたように、長屋王家木簡は質・量ともに様々な分野・視点からの分析が可能な一大史料群であり、木簡一点一点の観察も含めて、多岐に亘る情報を引き出し、古代史研究に役立てることができると思われる。そのような長屋王家木簡の可能性を強調して、拙い稿を終えることにしたい。

註

（1）　研究論文の整理としては、拙稿「長屋王家木簡・長屋王邸関連論文目録（稿）」（『続日本紀研究』三〇四、一九九六年、本書所収補訂版も参照）参照。

（2）　西野悠紀子「「長屋王家木簡」と女性労働」（『日本古代国家の展開』下、思文閣出版、一九九五年）。

（3）　「受」某が女性である場合から、御所＝吉備内親王の御所の例も存した可能性が想定できないではないが、御所と内御所の書き分け、御所宛の米飯の受納は男性の場合が多いことなどから、御所はやはり長屋王の御所を指すと解しておきたい。

（4）　余女・宿奈女などの所属先は正確にはわからないが、このような可能性を考えておきたい。益女については「竹野王宮」との注記がある木簡が存し（城28-26）、竹野女王付きであった可能性もあるが、矢釣王宛の支給の「受」にも登場しており、吉備内親王の統括下にあった蓋然性も想定してみたい。なお、西野註(2)論文一六七頁～一六八頁では、越女・狛刀自女・益女などが仕事の場所や種類を仕事の需要に応じて移動しているとし、また余女が竹野女王・山形女王の二人の「受」に登場するのは、この二人が姉妹関係にあったので、共有の形で女性労働者を使役したのではないかと見ている。

（5）　渡辺晃宏「長屋王家木簡と二つの家政機関」（『奈良古代史論集』二、一九九一年）六〇頁～六一頁。なお、寺崎保広「木簡論の展望」（『新版古代の日本』一〇、角川書店、一九九三年）三八一頁～三八三頁でも同様の見方が示されている。また寺崎氏は、dは日によって墨の濃淡があり、一時に書いたものではなく、日ごとに書き継いだものであることを指摘している。

（6）　西野註(2)論文一五六頁、福原栄太郎「長屋王家木簡にみえる木上について」（『日本歴史』五六二、一九九五年）など。

（7）　福原註(6)論文一二頁～一五頁。

（8）　舘野和己「荷札木簡の一考察」（『奈良古代史論集』一、一九八五年）。

（9）　「・上総国鰒十連三列　伊豆駿河堅魚遣十節／・［　　］信」（(298)・34・2　019、城21-30）も荷札木簡による貢進物進上の集計に関わるものと考えられる。

（10）　一つの貢進物に複数の荷札木簡が付けられていたことについては、東野治之「古代税制と荷札木簡」（『日本古代木簡の研究』塙書房、一九八三年）参照。

（11）　鬼頭清明「木・紙・書風」（『日本の古代』一四、中央公論社、一九八八年）など参照。

（12）　『平城宮木簡』四（解説）〔一九八六年〕を参照。

（13）　人名から見て、この木簡は拙稿「二条大路木簡と門の警備」（『文化財論叢』II、同朋舎出版、一九九五年、本書所収）で検討した門の警備に関わる木簡（〇一一型式が基本）であると考えられる。

(14) 隠岐国の木簡の特色については、今泉隆雄「貢進物付札の諸問題」(『古代木簡の研究』吉川弘文館、一九九八年)、佐藤信「隠伎国木簡とその特徴」(『隠岐の文化財』一、一九八三年)、狩野久「古代隠岐とヤマト政権」(『しまねの古代文化』二、一九九五年)などを参照。

(15) 渡辺晃宏「二条大路木簡」(『平城京左京二条二坊・三条二坊発掘調査報告書』奈良国立文化財研究所、一九九五年)一五一頁。

(16) 『平城宮発掘調査出土木簡概報』二十一―二六頁「書法模人二口米四升…」(188・20・2 051)は、下端は二次的加工の可能性もあり、判断し難いので、除いておいた。

(17) その他、先に憶説を述べたように、大型・幅広等の荷札木簡を調整して短冊型に仕立て直す場合も想定される。この場合は調整により原型は失われるので、転用の判断はできなくなる。

(18) 早川庄八「公式様文書と文書木簡」(『木簡研究』七、一九八五年)、舘野和己「文書木簡の研究課題」(『考古学ジャーナル』三三九、一九九一年)など参照。

第四章　卜部寸考——長屋王家木簡の中の一点から——

はじめに

一九八八年八月、平城京跡左京三条二坊八坪の地から出土した長屋王家木簡の中に、次のようなものがあった。

・伊豆国造米一升従半升受呰万呂　○
・　十一月卅日「広嶋」　○　　（城21-18）　188・21・2　011

長屋王家木簡の中では最も点数の多い米支給に関する木簡のうちの一点である。時期は和銅三年～霊亀三年ということになる。[1]

私は以前に律令制下の国造について考察を試みたことがあり、「伊豆国造」の文字には興味深いものがある。[2]結論から言えば、これは官員令別記に見える卜部に関わる史料ではないかと考える。卜部については部民制研究の一環として、あるいは亀卜の起源・展開を考える論考の中で検討が加えられてきた。[3]しかし、官員令別記の解釈を始め、律令制下の卜部の制度にはなお考察の余地があると思われる。またなぜ長屋王家木簡に卜部が出てくるのかも検討課題であろう。本章は本木簡の寸釈として、背景となる卜部に関する法制を整理しようとする試みである。

一　官員令別記と延喜式制

卜部の出自、組織などに関わるものとして、次の史料がある。

A職員令神祇官条集解古記（「　」は衍文か、（　）は意補）

古記云。別記云。（中略…御巫・戸座）津島上県国造一口、京卜部八口、（京？）厮三口。下県国造一口、京卜部九口、京厮三口。伊岐国造一口、京卜部七口、（京？）厮三口。伊豆国嶋直一口、（京？）卜部二口、（京？）厮三口。斎宮卜部四口、厮二口。伊岐二口・津島二口・伊豆二口国造直丁等、各給ニ厮一口一。「亦常食給。」卜部等及厮・直（丁？）、身免ニ課役一、亦常食給。京戸所レ給人之厮、自レ彼点上事ニ京戸一厮、莫レ給。免ニ課役一。又祝部免ニ調役一。戸口丁調者、取而依ニ神調一。但戸内有ニ他姓人一者、其調者、依ニ公調一也。問、卜部数多云々。〈在レ上＊〉

＊古記云。問、卜部数多、令文数若為。答、不レ知、可レ問ニ神祇官一也。

B『延喜式』巻三臨時祭

凡宮主取ニ卜部堪レ事者一任レ之。其卜部取ニ三国卜術優長者一。〈伊豆五人、壱岐五人、対馬十人。〉若取ニ在レ都之人一者、自レ非ニ卜術絶レ群、不レ得ニ輙充一。其食人別レ日黒米二升、塩二勺。妻別レ日米一升五合、塩一勺五撮。

Aには難解な部分があり、定釈はないが、「卜部」が出て来ること、Bとの対比などから、卜部に関するものとされている。伊豆、壱岐、対馬三国からの卜部徴発、在地出身者（国造）と在京者（京卜部）の存在、食料支給規定など、BにはAと対応する部分が多く、大宝令に付された官員令別記の規定を継承したのが『延喜式』の制度と見なされる

表15　卜部の貢上

国造卜部		国造直丁	廝	京卜部		廝
津島上県国造	1	2	1	京卜部	8	3
下県国造	1	2	1	京卜部	9	3
伊岐国造	1	2	1	京卜部	7	3
伊豆国嶋直	1	2	1	卜部	2	3
				斎宮卜部	4	2

所以である。

そこで、Aを見ると、Aではまず国造—京卜部—京廝の組み合せが基本であることがわかる。そして、それとは別系統として国造直丁—廝の系列が述べられている。つまり

国造—京卜部—京廝
　└国造直丁—廝

の如くであったことが推定され、「国造」こそ卜部結集の核となるものであった。国造には国造直丁—廝の系列が付いており、京卜部よりも優待されていると言えよう。Aは卜部廝・廝・直丁は課役を免除し、食料を給付するとするが、京卜部に与えられた廝、地方から上京しても、「京戸」＝京卜部に仕える廝の場合は、課役免除だけで、食料給付はないとする点も、この一例とすることができる[4]（国造は故郷を離れて廝等の資養能力がないという面はあるにしても）。

以上の理解により私なりにAを整理すると、表15のようになる[5]。平野博之氏は、国造卜部—国造の同族から貢上された卜部、国造直丁—国造族の卜部に付属奉仕する直丁、京卜部—各々の国造の支配下の在京卜部で、いずれも国造の責任で貢上されたと述べられている[6]。私もこの見解を支持したいと考えており、前稿では防人の編成に窺われる国造軍の残映などと同様、律令制下においても国造が何らかの形で地方政治に関わっていたことの証左の一つと見た。

では、Bで「卜術優長」とされる国造卜部や在京者であっても「卜術絶群」と評される京卜部の実際の活動は如何であったろうか。次に諸史料に見える卜部の職務や動向などを検討し、律令制下における卜部の活躍ぶりを描いてみたい。

二　律令制下の卜部

先掲Bでは、卜部は伊豆・壱岐・対馬三国の出身者からとることになっていたが、実際は如何であろうか。卜部姓者の分布とも合せて、まず卜部の出自を確認しておきたい。

卜部であることの知られる人名とその出身地がわかる例は多くはないが、いくつかの例を掲げることができる。

（イ）卜部宿禰平麿（『三代実録』元慶五年十二月五日条卒伝）

（上略）平麿者伊豆国人也。幼而習二亀卜之道一。為二神祇官之卜部一、揚レ火作レ亀、決二義疑一多レ効。（中略、遣唐使卜部・神祇大史・少祐を歴任）天安二年拝二権大祐一兼為二宮主一。（下略）

（ロ）『政事要略』巻二十四所引官曹事類養老五年九月十一日条

（上略）即以二皇太子女井上王一為二斎王一。（中略）其斎宮任二中臣従八位下中臣朝臣大庭、忌部従八位上忌部宿禰虫名、宮主少初位下伊吉卜部年麻呂、神部四人、卜部一人、戸坐一人、御炬二人一。（注略）

（ハ）卜部是雄

〈『三代実録』貞観五年九月七日条〉

壱伎島石田郡人宮主外従五位下卜部是雄、神祇権少史正七位上卜部業孝等賜二姓伊伎宿禰一。其先出レ自二雷大臣一也。

〈同上貞観十四年四月二十四日条卒伝〉

宮主従五位下兼行丹波権掾伊伎宿禰是雄卒。是雄者、壱伎島人也。本姓卜部、改為二伊伎一。始祖忍見足尼命、始レ自二神代一、供二亀卜事一。厥後子孫伝二習祖業一、備二於卜部一。是雄、卜数之道、尤究二其要一、日者之中、可レ謂二独歩一。

嘉祥三年為二東宮々主一、皇太子即位之後、転為二宮主一、貞観五年授二外従五位下一、十一年叙二従五位下一、拝二丹波権掾一、宮主如レ故。卒時年五十四。

（三）『三代格』巻一天安三年三月十三日官符[7]

「応下減二筑紫防人十二人一便充中在京及府卜部廝丁上事」とあり、対馬島出身の卜部の廝に対する制度の変遷が述べられる。

以上が、卜部就任者で、その出身地が知られる例である。伊豆・壱岐・対馬以外の出身者の例は見えず、卜部就任者の出身地がこの三国に限定されていたことが確認される。なお、時代がやや下るが、『類聚符宣抄』第一に見える十世紀後半の卜部就任者の例の場合でも、その氏姓などから判断して、やはり出身地は三国に限られていたと見なすことができる[8]。

次に卜部姓者の分布を整理しておく[9]（表16）。卜部の分布について若干問題点を記すと、伊豆・壱岐・対馬に卜部姓者がいるのは不思議ではないとして、その他の国に分布する点を如何に考えるかである。常陸の場合は香取・鹿島社が存し、中央の祭官中臣氏（もと卜部を名乗る[10]）との関係で説明されることが多いが、ではなぜ彼らが宮中の卜部として採用されず、上記の三国のみの卜部から採用されるのかは依然不明のままで残るのではあるまいか[11]。ただ、卜部姓者が東国と壱岐・対馬に偏在し、その中間には分布しないという点は大きな特色であり、ここではこの点を確認するに留めておきたい。

ちなみに各国の国造の出自は『国造本紀』によると次の如くである。

伊豆国造「神功皇后御代、物部連祖天䕺桙命八世孫若建命定二賜国造一。」

伊吉嶋造「磐余玉穂朝、伐二石井従者新羅海辺人一天津水凝後上毛布直造」

表16　卜部姓の分布

国名	郡名	氏　名	年　月	出　典	備　考
伊豆	賀茂	占部□志・石麻呂	天平７・10	城22-28	調を輸す
		占部薬・匚		城22-28	
		占部久須理・広庭	天平18・10	平342	
	?	卜部宿禰平麿	元慶５・12	三代実録	卒伝
武蔵	豊島	占部乙万呂 占部大麻呂		国分寺瓦銘	豊島郡に占方郷あり
安房	朝夷	卜部神	天平５・10	城22-32	調を輸す
	安房	卜部黒麻呂	天平７・10	城24-26	
上総	須恵	卜部国忍・真麻呂	天平17	大25-129	優婆塞貢進文
下総	埴生	占部国万呂・小足	宝字６	大15-170•206•216	仕丁
	相馬	占部宮麻呂	養老５	大1-292	
	千葉	占部虫麻呂	勝宝７・２	万4388	防人
常陸	鹿島	占部	天平18・３	続紀	占部５烟に中臣鹿島連賜姓
		占部手子・鳥麻呂	勝宝４	正裂銘56	調を輸す
	茨城	占部小龍	勝宝７・２	万4367	防人
	那賀	占部広方	勝宝７・２	万4371	防人（助丁）
		占部小足	宝亀元・７	続紀	祥瑞
	久慈	占部御蔭女	霊亀元・12	続紀	多産
	?	占部大敷	宝字３・６	大14-284	仕丁
		占部（15人）		大1-309～313	
陸奥	?	卜部（６人）		大1-305	
因幡	巨濃	占部田主	貞観８・10	三代実録	伴中庸を「私主」とする
備後	高宮	占部連千足		郡山城下町遺跡木簡	
筑前	志麻	卜部	大宝２	大１	筑前国嶋郡川辺里戸籍に散見
壱岐	石田	卜部是雄、業孝	貞観５・９	三代実録	宮主、神祇権少史
	?	伊吉卜部年麻呂	養老５・９	政事要略	斎宮宮主
		卜部道作	宝亀４・正	石清水文書	
対馬	上県	卜部川知麿	天安元・６	文徳実録	擬主帳、国司を襲撃
	下県	卜部乙屎麿	貞観12・２	三代実録	鸊鵜鳥を捕えるために新羅境に行く
	?	卜部酒人	宝亀４・正	石清水文書	

（出典の略称）城＝平城宮発掘調査出土木簡概報の冊数・頁数、平＝『平城宮木簡』の木簡番号、大＝大日本古文書（正倉院文書）の巻数・頁数、万＝万葉集の歌番号

津嶋県直「橿原朝、高魂尊五世孫建弥已々命改為レ直」（『古事記』は天菩比命之子建比良鳥命の子孫とする）

これらの出自からは特に卜部貢上との関係は見出し難く、この三国のみが卜部を貢上する理由はやはり不詳とせねばならない。

では、この三国から貢上された卜部はどのような形で朝廷に供奉したのか。次に卜部の供奉形態について考えたい。卜部の中には職階があり、先掲『延喜式』にも見える宮主、卜部、さらに卜長上というものがあった。これらの関係については、養老令の卜部二十人の中に宮主・卜長上・卜部が存したとみる立場がよいであろう。[12]『類聚符宣抄』第一の卜部任命例を見ると、卜部→卜長上→宮主と昇進している例があり、先の卜部任命者の実例からもこうした職階が窺える。

ここに奈良時代の卜部の供奉形態を窺わせる史料が存する。天平十七年大粮申請文書の一つ、年次未詳神祇官移（『大日本古文書』二―四八〇）である。この文書の末尾は「右卜部等来十一月卅箇日公粮、所レ請如レ件、故移」とあり、天平十七年十月のものと考えられる。[13]その内容は神祇官に属する宮主三人、卜部十人、直丁二人、正女十四人、小子四十六人、直丁廝二人の大粮を申請したものである。大粮申請文書の直丁数は職員令とほぼ合致し、大粮を支給する民部省は支給すべき人数とその変化をきちんと把握していたとされており、[14]申請数はその月々の各官司に所属した正確な人数を記しているものと見なされる。

まず宮主である。三人というのは、天皇・皇后・東宮に各一人供奉していたのではあるまいか。『三代格』巻十五寛平三年八月三日官符に「中宮職宮主」が見え、『類聚符宣抄』第一応和三年十一月十日官符には内御宮主・中宮宮主・春宮宮主の任命例が存する。このように天皇・皇后・東宮に供奉するというのは、戸座の奉仕形態とも共通しており、[15]寛平三年官符では「応下以二官田一給中中宮職宮主幷戸座等月料上事」と、宮主と戸座が併記されているのも注目される。

次に卜部十人に関しては、先述のように、天平十七年大粮申請文書が月々の各官司に所属した正確な人数を記しているとすると、卜部は十人しかいなかったと見るべきであろう。養老令では卜部は二十人となっていたが、A＊古記によると、大宝令では定数はなく、また定数があっても、天平十七年大粮申請文書の中には、雅楽寮の歌女のように、定数に達しない場合もあった（『大日本古文書』二―三八九、四七一～四七二）。卜部は職員令神祇官条義解に「謂。案二考課令一、占候医卜、効験多者、為二方術之最一。而於二此令一長上番上、色制不レ分。即知、卜部二十人、長上約二其中一、其員数者、依二式処分一」とあり、一般の卜部は番上官であった。宮主は天皇・皇后・東宮に各一人と必ず必要であったが、卜部については必要に応じて上番することになっていたと見ておきたい。

なお、天平十七年大粮申請文書には卜長上は出て来ないが、番上官の卜部とは別に長上官の卜部がおり、それが卜長上であったと考えられる。「卜部長上」の名称は既に考課令集解古記に見えており、大宝令当初から存したようで、『三代格』巻六宝亀六年五月十九日勅で二人という定員が定められている。

以上により、卜部の奉仕形態を整理すると、大宝令では卜部の定員は不明で、官員令別記では国造卜部四人、京卜部二十六人の計三十人、養老令では卜部二十人の定員があった。卜部は宮主、卜長上、一般の卜部に分かれる。宮主は天皇・中宮・東宮に各一人の三人、卜長上は宝亀六年官符で二人と定められ、養老令・『延喜式』の卜部二十人の内分けは、宮主三人、卜長上二人、卜部十五人となるものと思われる。このうち宮主・卜長上は長上官で、一般の卜部は番上官であり、天平十七年大粮申請文書によると、必要に応じて上番人数の調節が行われたようである。

では、以上のような卜部の職務は何であったか。律令、『延喜式』、『儀式』などを参照して整理すると、亀卜、大祓等の解除、諸祭祀への供奉となろう。まず亀卜については、律令本文に卜部の職掌として規定した条文はないが、考課令最条に「占候医卜効験多者、（注略）為二方術之最一。」とあり、集解諸説は卜部にも関連するものと見る。また神祇令常祀条「凡常祀之外、須下向二諸社一、供中幣帛上者、皆取二五位以上卜食者一充。唯伊勢神宮、常祀亦同。」の卜食をその職務とする説もある（讃記）。ただ、例えば、『日本後紀』大同元年三月丁亥条に陰陽寮の卜筮に従い、卜部の亀卜の結果を採用しなかったので、災難をもたらしたとあるように、神祇官の亀卜と陰陽寮の卜筮とは併用された。但し、亀卜優先の原則があったようで（『中右記』天永三年十一月一日条）、大同元年条もこの原則をはずしたゆえの災厄であった。なお、『書紀』敏達四年是歳条には「命二卜者一、占二海部王家地与二糸井王家地一、卜便襲レ吉、遂営二宮於訳語田一、是謂二幸玉宮一。」とあり、『松尾社家系図』はこの卜者を卜部氏の祖十握宿禰とする。十握宿禰云々の信憑性は措くとして、卜食が行われた一例とすることができよう。

次に大祓等の解除である。神祇令大祓条には「凡六月十二月晦日大祓者、中臣上二御祓麻一、東西文部上二祓刀一、読二祓詞一。訖、百官男女聚二集祓所一、中臣宣二祓詞一、卜部為二解除一。」とあり、律令条文に明確に卜部の職掌として見えるのはこの解除だけであろう。『延喜式』においても、大祓の祝詞末尾に「四国卜部等、大川道尓持退出氐祓却止宣。」と見え、卜部が解除の主体であったことがわかる。ちなみに神祇令諸国条では諸国大祓において国造が解除の中心になることが知られ、前節で触れた卜部貢上と国造との関係を考慮すると興味深い。なお、祓は六月・十二月の大祓だけでなく、『延喜式』には毎月晦日に天皇・中宮・東宮の御麻・御贖が行われたことが記され、[16] 定期的に卜部の解除が必要とされたものと考えられる。

諸祭祀への供奉については、『延喜式』、『儀式』に神部などとともに、各祭祀への供奉が記されており、その具体的内容は不明であるが、卜部が祭祀の雑務に関わっていたことがわかる。ちなみに『書紀』神功摂政前紀に神功皇后が神主、武内宿禰が撫琴、卜部の祖先とされる中臣烏賊津使主が審神者となり、神意を尋ねたとの記事が見え、八十嶋祭にも神主・琴弾・卜部の組み合せが登場することから、卜部の諸祭祀への供奉の実態もこのようなものではなかったかとする意見も呈されている。[17] とすると、卜部には神意を問う審神者としての役割があったことになり、先掲の卜食と祓も、身を清めて神意を尋ねるという一連の行為の中で捉えることもできるのではないかと思われ、卜部の中では一体の行動として統一的に把握されていたのである。

以上、律令制下の卜部について、その出自、奉仕形態・定員や職掌について概観した。では、冒頭の木簡については如何であろうか。論を木簡に戻し、その内容・意味などを検討してみたい。

三　木簡寸釈 ——長屋王家と卜部——

長屋王家木簡の中で卜部に関するものと考えられるのは冒頭に掲げた一点だけである。先にも述べたように、これは長屋王家木簡の中では最も点数の多い米の支給伝票の一つである。ところで、米の支給伝票にも大別して二つのタイプが存すると思われる。一つは御所、内親王御所、安倍大刀自、石川夫人、西宮（人）、若翁や帳内・少子、各種の職人など、邸内に日常的に居住あるいは供奉していたと考えられる人々に対する支給である。このタイプのものは伝票木簡に頻出し、日時を限らないという特色がある。一方、一回だけしか出てこない人・ものに対する支給例が存する。例えば、

・縫殿神祭米二升 受少嶋女 四日　○

・首万呂　書吏　○　　(城21-22)　233・20・1　011

・○柱立所祭米半□〔升ヵ〕

・○　八月九日嶋　　(城23-11)　(114)・15・2　019

のような、儀式、祭事に関わる支出などである。

さて、卜部の木簡の内容に言及すれば、これは国造卜部と従（国造直丁か）に米を支給したものである。そして、十一月三十日という日付に注目したい。晦日といえば、朝廷では六月・十二月の大祓の他に、毎月晦日にも祓が行われた。では、臣下の場合も同様なことが行われたのであろうか。

まず六月の大祓に関して次の史料がある。[18]

（あ）『執政所抄』下、六月「晦日、御祓事」

（い）『蜻蛉日記』　中之上

六月になりぬ。（中略）かくながら廿よ日になりぬる。（中略）心ものべがてら、はまづらのかたにはらへもせんとおもひて、からさきへとてものす。

（う）『水左記』承暦五年六月三十日条

今日祓事依㆓軽服間㆒可㆑行否之由、遣㆓問有行・道言等許㆒之処、各答云、何憚候哉者。仍如㆑例修之了。故殿（源師房）、延久六年六月晦日依㆓服間㆒不㆑被㆑修㆑祓之由、所㆑被㆑注也、是依㆓道平朝臣申㆒云々。然而今日依㆓陰陽師等申㆒予修㆑之。

（え）『山槐記』治承二年六月二十九日条

天陰、午後大雨、無㆓節折㆒、諸家又無㆓六月祓㆒、閏月可㆑行也。在㆑家或今夜祓云々、先例不㆑同云々。閏有㆓六月㆒

年之例、大同元年〈閏在六月〉、貞観元年〈同〉、延喜元年〈同〉、廿年〈同〉、長和四年〈同〉、長元七年〈同〉、永保三年〈同〉、久安四年〈同〉、大同元年以後迄二于久安四年一、閏在二六月一之歳、大略如レ此歟。延喜元・長和四・長元七・永保三・久安四等之年、皆以二閏月一被レ行レ之云々、然則八ケ度之中已於二五ケ度一者、以二閏月一被レ行レ之歟。

（お）『玉葉』承安三年六月三十日条

今日、六月祓如恒。（下略）

※その他、『玉葉』には安元二年六月三十日条、治承三年六月二十九日条、寿永元年六月二十九日条、元暦元年六月二十九日条、同二年六月三十日条などと六月晦日大祓の実施例が散見する。

以上は平安中・後期の例であるが、この他に『明月記』、『三長記』、『園太暦』、『言継卿記』など中世の記録にも六月祓のことは記されており、また『執政所抄』上、三月「巳日、御祓事」、『長秋記』大治五年三月三日条などには三月に上巳祓が行われたことも見える。これらは摂関家に限らず、各貴族の家でも祓が行われたことがわかる点で注目されよう。また（え）によると延喜元年の挙行例の存在も知られ、こうした慣行が少なくとも十世紀初まで遡ることがわかる。

では、六月晦日や三月上巳などに限定されない祓の施行は如何であろうか。また八、九世紀に遡る事例はあるのだろうか。『日本霊異記』中巻第五話「依二漢神祟一殺レ牛而祭又修二放生善一以現得二善悪報一縁」は、重病になった家長が「卜者」を集めて祓や祈禱をした旨を記す。日本古典文学大系本は「卜者」に「かみなぎ」の訓をふり、頭注は「占いや祈禱をする巫」と述べている[19]（一八五頁）。その他、中巻第十六話「依下不二布施一与中放生上而現得二善悪報一縁」には死者が「託卜者」して死体を焼かないで七日間留めておくべきことを告げた旨、下巻第三十一話「女人産二生石一以レ之為レ神而斎縁」では伊奈婆大神が「託卜者」して処女が生んだ石は自分の子であることを告げた話などが掲げられ、

「卜者〈可三那支〉《加美奈岐》」の訓も記されている。「卜者」が「かみなぎ」と訓まれたのは確かであるが、その行為は前節で整理した卜部と相通じるところがある。神託を受ける審神者、祓や様々な祭における祈禱など、似た点が多い。ちなみに卜部は日者＝遁甲・孤虚の方術など陰陽道の呪術に通達した方士であったとの説もある。[20]中巻第五話に登場する卜者は朝廷に仕える卜部そのものではないが、ともかくも民間において奈良時代に祓が行われていたことは知られる。

以上、平安中期以降、遡って十世紀初には貴族の家でも六月祓や三月上巳祓など、一定の時期に祓が行われた例があること、また奈良時代に民間に「卜者」による祓が行われたことなどを指摘した。貴族の家の行事は朝廷行事のミニチュア版ともいえ、朝廷行事は時代が下ると、選別・縮小・付加など様々な変化が見られるので[21]、あるいは時代を遡ると、貴族の家でも毎月晦日の祓が行われていたのかもしれない。例えば、新嘗祭は元来各人の家でも行われていた。『万葉集』巻十四―三四六〇には「誰そこの屋の戸おそぶるにふなみに我が背を遣りて斎ふこの戸を」と新嘗の歌が知られる。また神祇令季夏条の月次祭には「謂。於神祇官祭。与祈年祭同。即如庶人宅神祭也。釈及古記無別。」との集解諸説があり、古記に「庶人宅神祭」と月次祭を同一視する見方が存した。儀制令春時祭田条集解古記では郷飲酒礼を「若放祈年祭賎也」とし、祈年祭に比定しようとしている。なお、請暇解の中にも「私祭礼」（宝亀元年十一月二十五日三島子公解、『大日本古文書』十七―六〇六）、「祠祀」（宝亀二年四月十八日八木宮主解、六―一六九）、「私神祀」（宝亀二年四月十一日氏部小勝解、十七―五七二）、「私神祭祀」（宝亀二年四月十五日安宿広成解、六―一七一）、「鴨大神又氏神祭」（宝亀二（？）年四月十三日某解、六―一七一）、「私氏神」（宝亀三年十月二十八日美努石成解、六―四〇七）など、私的なまたは氏神の祭祀による休暇願が見えており、下級官人クラスの祭礼挙行の様子が知られる。こうした例を参照すると、長屋王家においても朝廷の毎月晦日の祓に倣い、晦日の祓が行われていたとしても不自然ではなく[22]、私は長屋王家木簡に見える「伊豆国造」の木簡を卜部に関するものと考え、十一月晦日に長屋王家でも晦日の祓が行われていたことを如実に物語るものと見なしたい。

むすび

本章では長屋王家木簡の一点を取り上げ、それが卜部に関するものであることを述べ、合せて律令制下の卜部の制度について整理した。この木簡は国造卜部の活動を示す数少ない例のひとつで、木簡に見える生産関係の職人の活動とともに、品部・雑戸（的存在）の存在形態を解明するにも有益であろう。また十一月三十日という日付は朝廷＝天皇・皇后・東宮と同じく長屋王家でも毎月晦日の祓が行われたことを示し、貴族の家での祭祀の様相を明らかにする貴重な史料となる。ちなみに長屋王邸からは人形の出土が報告されており、その量は『続紀』に記された「左道」を裏付けるほどではないといわれるが[23]、通常の祓が行われたと見るには充分であろう。

この場合、卜部はどのような形で長屋王家と関係を持ったのか。朝廷の卜部を派遣してもらったのだろうか。あるいは下番中の卜部を雇用したとも考えられる。今、明確な解答を出すことはできないが、卜部の利用ひとつにしても、長屋王家と朝廷との関係、長屋王家の権力などをかいまみることができる。一点一点の木簡についてこうした考証を進め、長屋王家木簡の全容が解明されることを期待し、拙い論考を終えたい。

註

（1）　長屋王家木簡の概要は奈良国立文化財研究所編『平城京長屋王邸宅と木簡』（吉川弘文館、一九九一年）、『平城京左京二条二坊・三条二坊発掘調査報告』（一九九五年）を参照。

（2）　拙稿「律令制下の国造に関する初歩的考察」（『ヒストリア』一一四、一九八七年、『古代郡司制度の研究』吉川弘文館、二〇〇〇年所収）。なお、仁藤敦史「スルガ国造とスルガ国」（『裾野市史研究』四、一九九二年）は「伊豆国造とその従者は、何かの目的で上京し、十一月末に長屋王邸内に滞在したことが想定できる」とし、国造そのものと考えるが、支持し難い。

（3）　平野邦雄『大化前代社会組織の研究』（吉川弘文館、一九六九年）、井上辰雄「卜部の研究」（『古代王権と宗教的部民』柏書房、一九八〇年）、岩橋小弥太「卜部考」（『神道学』四二、一九六四年）、川端守幸「『新撰亀相記』と四国の卜部」（『神道史研究』三六の二、一九八八年）、永留久恵「卜部の成立について」（『神道史論叢』国書刊行会、一九八四年）、平野博之「対馬・壱岐卜部について」（『古代文化』一七の三、一九六六年）。

（4）　『延喜式』隼人式には「凡遠従駕行者、官人二人・史生二人率₂大衣二人・番上隼人四人及今来隼人十人₁供奉。（注略）其駕経国界及山川道路之曲、今来隼人為レ吠。」と、今来隼人の「吠」＝呪術力を高く買っており、番上隼人（畿内在住者）には時服・粮を給付しなかったのに対して、今来隼人には時服・粮を給付するなど、その扱いが優遇されていたことがわかる。卜部に見られる在地出身者の優遇も、同様に京卜部よりも呪術力を持つものと期待が大きかったためではあるまいか。

（5）　卜部の人数は大宝令では規定がなかった（＊古記参照）。官員令別記は国造卜部四人、京卜部二十六人の計三十人であり、養老令の二十人（内分けは『延喜式』を参照すると、伊豆五人、壱岐五人、対馬十人）と比較すると、壱岐・対馬が減員されていることになる。

（6）　平野博之註（3）論文。

（7）　この官符については虎尾達哉「天安三年三月十三日太政官符の定立」（『日本歴史』四一六、一九八三年）を参照。

（8）　卜部姓以外に直宿禰が見えるが、直姓は対馬の郡領氏姓として知られ、郡領・国造級の豪族であった。先掲の例には対馬出身者の個人名を呈示することができなかったが、直姓者は本来対馬出身の卜部であった可能性が高い。

（9）　卜部の分布については、平野博之・井上註（3）論文参照。

（10）　横田健一「中臣氏と卜部」（『日本書紀研究』第五冊、塙書房、一九七一年）。

(11) なお、『新撰亀相記』には「凡壱岐嶋卜部上祖天比豆都柱命・対馬嶋直之上祖押瞻命陪二於天児屋命一仕二奉亀卜・御体吉凶一、三年為レ期、申二天之児屋一執奏」、「帯中日子天皇御代、児屋命十二世孫雷大臣執二掌神事一曰、在二東国一卜部者、皆我之後也。以二伊豆之卜部一令レ供二卜事一。」と伊豆・壱岐・対馬卜部の出仕の起源を説く。これによると、東国卜部は「我之後也」と中臣氏とより深い関係にあったことが知られる。

(12) 岩橋註(3)論文。『律令』(岩波書店、一九七六年)五一一頁補注は「奈良後期からは卜部の中で技術の優れた者二人を選んで卜長上とし(三代格、宝亀六年五月十九日勅)、後にこれを宮主とよんで卜部を指揮する長上官とした」と述べるが、宮主は『続紀』慶雲元年二月癸亥条に見えており、卜部長上の名称が既に考課令集解古記に見えるので、この見解には従えない。

(13) 『正倉院文書目録』一(東京大学出版会、一九八七年)は天平十七年十月のものとし、『正倉院古文書影印集成』一(八木書店、一九八八年)によると、日付の行が僅存し、天平十七年十月と読めそうである。

(14) 櫛木謙周「天平十七年大粮申請文書についての覚書」(『古代文化』三二の一、一九八〇年)。

(15) 戸座については中村英重「戸座をめぐる諸問題」(『日本古代史論輯』桜楓社、一九八八年)を参照。

(16) 御贖物については野口剛「御贖物について」(『延喜式研究』五、一九九一年)を参照。

(17) 滝川政次郎「八十嶋祭と陰陽道」(『国学院雑誌』六七の一・二・三、一九六六年)。

(18) 六月祓が臣下の第・一般でも行われたことは、山中裕『平安朝の年中行事』(塙書房、一九七二年)二一〇~二一二頁でも触れられている。

(19) 西宮秀紀「日本古代「巫覡」論」(『古代史論集』下、塙書房、一九八九年)は、『日本霊異記』の「卜者」を巫覡としてとらえ、その社会的機能は病気治療、口寄せ(霊媒)、厭勝、透視・予言の四つであるとする。

(20) 滝川註(17)論文。

(21) 山中註(18)書。

(22) 金子裕之「歴史時代の人形」(『神道考古学講座』雄山閣出版、一九八一年)は、平城京内で細部にバラエティーに富んだ人形が発見されるのは、官による製作・使用とは別に官人個人や京内の住民個々の手で私的に使われたものであろうとし、個人の祓の挙行を推定する。

(23) 奈良国立文化財研究所編『平城京長屋王邸宅と木簡』(吉川弘文館、一九九一年)九六頁。

（付記）

（1）　本章で取り上げた木簡の「伊豆国造」を卜部とする解釈については、その後、仁藤敦史「伊豆国造と伊豆国の成立」（『古代国家と東国社会』高科書店、一九九四年）、原秀三郎「伊豆卜部と卜部平麻呂」（『静岡県史』通史編一原始・古代、一九九四年）、佐藤雅明「古代伊豆国の豪族と部民の分布について」（『地方史静岡』二五、一九九七年）、羽床正明「伊豆国造と卜部について」（『地方史静岡』二五、一九九七年）、篠川賢「伊豆国造小考」（『日本古代中世の政治と文化』吉川弘文館、一九九七年）、「伊豆国造再論」（『日本常民文化紀要』二〇、一九九九年）などで賛否両論が示されているので、参照していただきたい。

（2）　表16の卜部の分布に関連して、佐竹昭「「郡山城下町遺跡」出土木簡をめぐる二つの問題」（『芸備地方史研究』一九七、一九九五年）で備後国高宮郡に占部連氏が存在することが指摘されている。東国と壱岐・対馬以外の卜部の分布であり、表16には事例として補訂しておいたが、その解釈・問題点については佐竹氏の論考を参照されたい。

第五章　王臣家と馬――長屋王家木簡の馬司の考察から――

はじめに

一九八八年八月、平城京跡左京三条二坊八坪の地から出土した長屋王家木簡は、古代貴族の日常生活や家政運営を知る上で、比類のない史料群である。ただ、その比類のなさ故に、木簡から解明される家政のあり方が、奈良貴族の家政に一般化可能か否かを検討することは、長屋王家木簡の価値を見極める上で不可欠の作業と言えよう。また長屋王家木簡の研究は、木簡群を残した家政機関の主人は誰かという点に関心が集まり、家政運営のあり方や家政機関の部署の分析など、具体的な家政の検討には、不充分なところもある[1]。

そうした中で、本章では、木簡に比較的点数の多い馬司を取り上げ、検討を加える。別稿で触れたように[2]、この馬司は『続紀』和銅六年五月甲戌条の讃岐国寒川郡での「皇子命宮」の餇丁検括との関係、即ち長屋王が引き継いでいた父高市皇子宮以来のものであった可能性があり、長屋王家の由来、権力基盤や地方との関係を考える上でも重要となろう。

一　長屋王家の馬司

まず木簡に見える馬司関係の史料を掲げる。

あ・○馬司草持雇人四口米四升受［　　］
・○　三月十五日綱万呂　（城27-10）　(192)・20・1　019

い・御馬司帳内□□　伊□□足　得麻足呂　［　］［　］　古［相］
・　四月廿八日　□人　乙末呂　稲虫　□□　（城27-10）　409・28・3　011

う・○馬寮帳内上□野造朝臣　伊□〔佐カ〕□知□　□床甘羽　□

・○十二口米［　　］四月□□〔日カ〕［　　］　（城21-21・28-44）　(212)・26・3　019

え・御馬司信濃一口甲斐一口上野二口右　○
・四米四升五月二日「受板部黒万呂」　○　（城21-21）　243・33・4　011

お・○馬司帳内一口米七合五夕　川瀬末呂　○
・○二升受大嶋　七月十三日　綱万呂　○　（城21-20）　172・28・3　011

か・馬司大末呂米二升　○
・受　八月十二日　甥万呂　○　（城21-20）　195・35・4　011

き・馬司雇人一口米一升受二田　○
・　九月八日道末呂　○　（城21-20）　168・23・3　011

く・○馬司甲斐二人上野四人　六人
・○〔米〕□一斗三升十月十二日「大嶋」　（城21-21）　257・(28)・3　081

け・馬司帳内甲斐四口米四升　○
・受勝麻呂十月廿四日石嶋 書吏　○　（城25-12）　225・32・3　019

こ・馬司上野二口 甲斐四口右六口米六少受
・十一月六日君万呂 書吏　（表裏とも重ね書きあり）　（城21-21・23-10）　205・30・3　011

さ・馬司帳内甲斐常石　廣末呂右四人米　○
・[　　]受赤人　十一月九日　「稲虫　書吏」　○　（城21-21）　225・(22)・4　081

し・馬司帳内一[　　]　○

・十一月十八日［　　］○　(城21-21)　160・27・2　011

す・○馬司大伴鳥九日分米一斗三升
・○　十一月廿二日廣嶋　(城25-12)　217・22・2　019

せ・馬芻□拾斤
・　十二月六日書吏　(城25-12)　(156)・(9)・4　081

そ・○馬司一人米一升受伊［　　］
・○　］月三日大嶋　(城27-10)　139・26・3　011

た　○馬□〔作カ〕医米七合五勺受高椅　十四日万呂　○　(城25-12)　224・19・3　011

ち　○御馬屋犬二口米一升受乙末呂・古万呂　(城21-20)　(163)・22・3　019

つ　馬司帳内　(城23-10)　(70)・(18)・2　081

て・□〔馬カ〕寮帳内田辺［　］上野［　］乙□□佐　［　］受□　［　］
・米八升半［　］稲虫　(城25-12)　295・25・4　011

と・馬寮上野朝臣伊□　□
・□村□万呂　高椅鳥　右十米□　(城27-10)　(123)・24・2　019

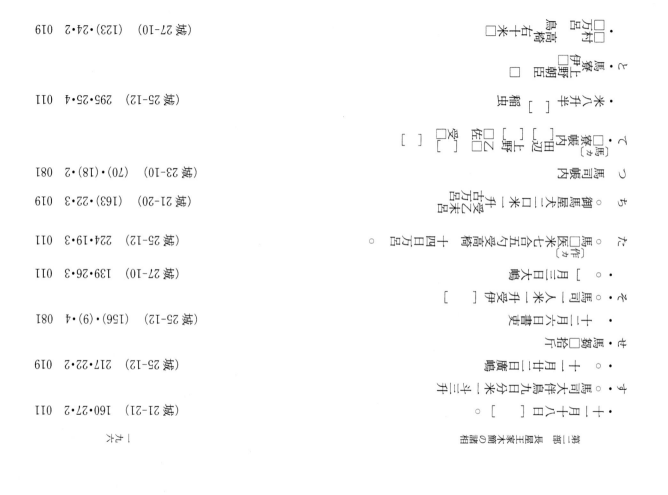

な　馬司東人□〔給カ〕　（城27-10）　(64)・20・3　019

に　○御馬甘二人右十三人米六升半　（城27-10）　(152)・20・3　019

ぬ・御馬曳五人米五升　□

・五升受小□　（城27-10）　(118)・(6)・2　081

ね　□□馬甘仕丁三寸　（城28-9）　091

の　御馬司

は　馬司□

ひ　馬司

ふ　［　］馬司□

へ　馬司　（以上、城28-18）　091

馬司は「馬寮」（う・て・と）とも記されるが、いずれも「ウマノツカサ」の漢字表記であり[3]、以下、用字例の多い馬司を用いる。この馬司の構成については、まず帳内を挙げねばならない（か・す・て・と・な等も帳内か）。帳内は十二人以上（う）は存した。長屋王家では帳内を家政機関の各部署に配し、その管理・運営に充てていたことを考慮すると[4]、馬司でもこの帳内が責任者として管理・運営を担当したのであろう。次に馬作医（た）は馬医と推定される。職員令左馬寮条によると、朝廷の馬寮には馬医二人が配されており、『三代格』巻十八天長三年二月十一日官符「定[下]諸国貢[二]上御馬[一]騎士等数[上]事」、貞観十三年六月十三日官符「応[レ]禁[下]止諸国貢[二]上御馬[一]使雑色人等輙用[中]公乗[上]事」にも貢馬に馬医が随行しており、馬医は馬の飼養に不可欠の存在であった。そして、実際の馬の飼養にあたるのは、馬甘

（に・ね）、馬曳（ぬ）と呼ばれる人々であり、彼らは職員令左馬寮条の馬部や飼丁に相当するものと考えられる。つまり朝廷の馬寮と同様の管理組織が長屋王家にも存したのである。というよりは、むしろ律令国家成立以前からの家産的組織を整備したのが朝廷の馬寮であり、王・貴族の家政機関の一部署馬司との共通性を有するとも言える。その他、木簡には草持雇人（あ）が見え、馬芻（せ）などの飼料を納入する雇人もいた。また馬は馬屋（ち）に繋留されたようで、この馬屋には犬も飼われていた。

以上が、馬司の基本的な構成であるが、その他に、信濃・甲斐・上野といった国名＋何口と記される例が散見することが注目される（え・く・け・こ・さ）。上野は（て）にも見えるが、これは帳内の一人上野朝臣某であり（う・と）、ここで言う「上野○口」などとは異なる。結論から言えば、これらは各々の国から長屋王家に上番していた人々ではなかったかと考える。木簡中の荷札からはこれらの国と長屋王家の関係は窺えず、封戸などの畿外の土地が存した地域とは思えないが、信濃・甲斐・上野は『延喜式』巻四十八左馬寮によると、武蔵と合せて、御牧が置かれた国で、古来馬の産地として著名であった。御牧が置かれる以前の八世紀前半の段階でも、天平十年度駿河国正税帳には「従二甲斐国一進上御馬部領使山梨郡散事小長谷部麻佐」（『大日本古文書』二―一〇八）が見え、貢馬が行われていたことが知られる。[5] 先掲の天長三年、貞観十三年官符には馬長・馬医・足工・騎士・人夫などが貢馬とともに入京するとあり、各国の馬を扱う熟練者が入京・上番したのではないかと推測され、同様の事情が長屋王家でも存したと見ることができよう。畿内にも倭・河内の馬飼集団が存したが、[6] 各々の馬の産地での飼育以来、馬に慣れ親しんだ人々による飼養を重んじたのであろうか、信濃・甲斐・上野の人々を採用しているのである。あるいは倭・河内馬飼の伝統を引く人々は、馬甘・馬曳などとして、伴造的な存在として、これら各国出身の人々を指揮したという関係も想定される。

なお、『書紀』応神十五年八月丁卯条では百済よりの貢馬に従って来日した阿直岐がそのまま馬の飼育を担当した例が見える。また『続紀』神護元年五月庚戌条には播磨国賀古郡の人馬養造人上の先祖牟射志は、「以能養馬仕上宮太子被任馬司」とあり、地方にも飼馬に秀でた者がおり、中央に上番した例のあることが知られる。

信濃・甲斐・上野などをこのように理解できるとすれば、長屋王家にはこれら良馬の産地から馬が齎され、熟練の飼丁が上番していたことになる。「はじめに」で触れた讃岐国寒川郡での飼丁検括と合せて、長屋王家と地方との関係を考える手がかりとなろう。ところで、御牧の管理者（牧監）には当初郡司が任命されたらしい。『三代格』巻十八弘仁三年十二月八日官符所引景雲二年正月二十八日格には「信濃国牧主当伊那郡大領外従五位下勲六等金刺舎人八麿」が見えており、また御牧設定以前の令制牧の段階においても、在地豪族たる郡司が牧経営に関与したことが推定できる。[7] また国司の職掌にも「城牧」、「公私馬牛」があり（職員令大国条）、馬の貢上には国司の協力が不可欠である。即ち、馬司の運営や地方からの貢馬は自ずから国郡司と長屋王家の関係にも帰結するものであり、王臣家と国郡司との関係を考える材料となる。

そこで、以下、王臣家と馬、あるいは王臣家と国郡司の関係を検討し、長屋王家の馬司の運営の一般化を試みたいと思う。その前に、王臣家が馬を保有する一つの端緒となった政策に触れてみたい。

二　天武朝の畿内武装化政策

王臣家、即ち王族や貴・豪族が、律令国家成立以前から豪族軍とでも称すべき武力を持っていたことはまちがいない。[8] また『書紀』推古十九年、二十二年条の五月五日の薬猟など、[9] 朝廷の儀式にも馬の保有が必要であった。こうした一般的な趨勢に加えて、長屋王の父高市皇子が生存した天武・持統朝には、畿内武装化あるいは官人武装化と呼ばれる政策がとられたことが注目される。

a 『書紀』天武四年十月庚寅条

詔曰。諸王以下、初位以上、毎レ人備レ兵。

b 『書紀』天武五年九月乙亥条

王卿遣二京及畿内一、校二人別兵一。

c 『書紀』天武八年二月乙卯条

詔曰。及二于辛巳年一（天武十年）、検二校親王・諸王及百寮人之兵及馬一。故予貯焉。

d 『書紀』天武八年八月己未条

幸二泊瀬一以宴二迹驚淵上一。先レ是詔二王卿一曰、乗馬之外更設二細馬一随レ召出レ之。即自二泊瀬一還レ宮之日、看二群卿儲細馬於迹見駅家道頭一、皆令二馳走一。

e 『書紀』天武八年十月己酉条

詔曰。朕聞之、近日暴悪者多在二巷里一。是則王卿等之過也。或聞二暴悪者一也、煩レ之忍而不レ治、或見二悪人一也、倦レ之匿以不レ正。其随二見聞一以糺弾者、豈有二暴悪一乎。是以、自レ今以後、無二煩倦一、而上責二下過一、下諫二上暴一、乃国家治焉。

f 『書紀』天武九年九月辛巳条

幸二于朝嬬一。因以看二大山位以下之馬於長柄杜一、乃俾二馬的射一之。

g 『書紀』天武十年十月是月条

天皇将レ蒐二於広瀬野一、而行宮構訖、装束既備。然車駕遂不レ幸矣。唯親王以下及群卿、皆居二于軽市一而検二校装束鞍馬一。小錦以上大夫皆列二坐於樹下一、大山位以下者皆親乗レ之、共随二大路一自レ南行レ北。

h『書紀』天武十三年閏四月丙戌条

詔曰。来年九月必閲レ之、因以教二百寮之進止威儀一。又詔曰。凡政要者軍事也。是以文武官諸人務習二用レ兵及乗レ馬。則馬兵幷当身装束之物、務具儲足。其有レ馬者為二騎士一、無レ馬者為二歩卒一、並当二試練一、以勿レ障二於聚会一。若忤二詔旨一、有レ不レ便二馬兵一、亦装束有レ闕者、親王以下逮二于諸臣一、並罰レ之。大山位以下者可レ罰々レ之、可レ杖々レ之。其務習以能得レ業者、若雖二死罪一、則減二二等一。唯恃二己才一以故犯者、不レ在二赦例一。

i『書紀』天武十四年九月甲寅条

遣二宮処王・広瀬王・難波王・竹田王・弥努王於京及畿内一、各令レ校二人夫之兵一。

j『書紀』持統三年十一月丙戌条

於二中市一褒二美追広弐高田首石成之閑二於三兵一、賜レ物。

k『書紀』持統四年二月壬子条

天皇二幸于腋上陂一、観二公卿大夫之馬一。

l『書紀』持統五年三月丙子条

天皇観二公私馬於御苑一。

m『書紀』持統七年十月戊午条

詔。自二今年始二於親王一下至二進位一、観二所レ儲兵一。浄冠至二直冠一、人甲一領・大刀一口・弓一張・矢一具・鞆一枚・鞍馬。勤冠至二進冠一、人大刀一口・弓一張・矢一具・鞆一枚。如レ此預備。

n『続紀』文武三年九月辛未条

詔。令ニ正大弐已下無位已上者、人別備ニ弓・矢・甲・桙及兵馬一各有レ差。又　勅ニ京畿一、同亦儲レ之。

o『続紀』文武四年二月丁未条

累　勅ニ王臣・京畿一、令レ備ニ戎具一。

畿内武装化政策は天武～文武朝に見られ、その間一貫して京畿、親王以下の中央官人の武装化が命じられており、戦闘訓練の奨励（h）、さらには軍防令（私家鼓鉦条）では禁兵器とされる桙の所持さえ認めるものであった（n）。この方策は大宝以後は見えず、大宝令施行に伴って廃止されたものと思われる。つまりこれは律令兵制の整備とは方向を異にし、畿内の貴・豪族に中央兵力、警察力（e）を依存したものと見るのが妥当であろう。[10]

この畿内武装化政策の中では、武器とともに、親王以下の官人に馬の保有を命じていることが注目される（c、d、f、g、h、k、l、m、n）。大宝令施行以後でも、外国使節の入京に際して、威儀を整えるために、畿内を中心として騎兵を徴発する例がある（『続紀』慶雲二年十一月己丑条、和銅七年十一月乙未条、宝亀九年十二月丁亥条など）が、こうした要請に応じ得る背景には、天武朝以来の畿内武装化により、馬の保有＝騎兵の発動が可能であったことが想起されよう。[11]『続紀』神亀元年五月癸亥条に「天皇御ニ重閣中門一、観ニ猟騎一。一品已下至ニ無位一、豪富家及左右京・五畿内・近江等国郡司并子弟・兵士、庶民勇健堪ニ装飾一者、悉令レ奉ニ猟騎事一。兵士已上普賜レ禄有レ差。」とあり、中央官人、畿内には騎兵を出す素地、即ち馬の保有の伝統が残っていたことが窺われる。

このような状況の中で、天武の長子高市皇子以下の各親王の皇子宮、中央の貴族家では、馬の保有と飼育、それに必要な家政機関の部署も整備されていったものと思われ、その一例が長屋王家木簡の馬司であると見なしたい。畿内武装化政策の施行中に、王臣家が如何にして馬を獲得・保有したかは不明であるが、甲斐は壬申の乱の際の「甲斐勇者」の活躍（『書紀』天武元年七月壬子条）や「甲斐黒駒」（雄略十三年九月条）が著名で、[12]上野についても大化二年三月辛巳条の東国国司の功過の際、「使㆓人於朝倉君・井上君二人之所㆒、而為㆑牽㆓来其馬㆒」と上野の豪族と推定される者からの馬徴収が非難されるなどしており、従来から良馬の産地として名高いこれらの国々に馬を求めたことが想定されよう。

ところで、『延喜式』巻四十一弾正台には「凡王臣馬数、依㆑格有㆑限。過㆑此以外、不㆑聴㆑蓄㆑馬。」、「凡随身之兵、各有㆓儲法㆒。過㆑此以外、不㆑聴㆓貯蓄㆒。」とあり、王臣家の馬・武器の保有は制限を被っている。先に畿内武装化政策は大宝令で廃止されたのではないかと述べたが、長屋王家の馬司の存在の意味を考える上では、大宝以降の王臣家と馬の関係に言及しておかねばならない。

三　王臣家対策と馬

『三代格』巻十九には延暦六年正月二十一日官符「応㆘陸奥按察使禁㆗断王臣・百姓与㆓夷俘㆒交関㆖事」、弘仁六年三月二十日官符「禁㆓断出㆑馬事」、貞観三年三月二十五日官符「応㆑禁㆓断出㆑馬事」など、王臣家が陸奥の馬を求める様子とそれに対する禁制が現れている。ここではそれ以前の奈良時代の史料の中に王臣家と馬の関係を窺わせる例を探ることにしたい。

弾正台式の規定の淵源となる馬の保有数に制限が加えられるのは、『続紀』養老五年三月乙卯条においてであった。これは天武朝以来の畿内武装化政策への制限の初見でもある。

A 『続紀』養老五年三月乙卯条

詔曰。制㆑節謹㆑度、禁㆓防奢淫㆒、為㆑政所㆑先、百王不易之道也。王公卿士及豪富之民、多畜㆓健馬㆒、競求亡㆑限。

非三唯損二失家財一、遂致二相争闘乱一。其為二条例一、令二限禁一焉。有司条奏、依二官品之次一定二畜馬之限一。親王及大臣不レ得レ過二廿疋一、諸王諸臣三位已上十二匹、四位六疋、五位四疋、六位已下至二庶人一三疋。一定以後、随レ闕充補。若不レ能二騎用一者、録レ状申二所司一、即校二馬帳一、然後除補。如有レ犯者、以二違　勅一論、其過二品限一、皆没入レ官。

以後、奈良時代には次のような法令が出されている。

B『続紀』神亀五年四月辛卯条

勅曰。如レ聞、諸国郡司等、部下有二騎射・相撲及膂力者一、輙給二王公卿相之宅一、有　レ詔捜索無二人可一レ進。自レ今以後、不レ得二更然一。若有レ違者、国司追二奪位記一、仍解二見任一、郡司先加二決罰一、准　レ勅解却。其誂求者、以二違勅罪一罪レ之。但先充二帳内・資人一者、不レ在二此限一。凡如レ此色人等、国郡預知、存レ意簡点、臨二　勅至日一、即時貢進。宜下告二内外一咸使中知聞上。

C『続紀』天平十八年四月己酉条

勅、一位以下、初位以上馬従、多レ数甚無二制度一。其一位十二人、二位十人、三位八人、四位六人、五位四人、六位以下二人。自レ今已後、永為二恒式一。但職事一位・二位、不レ在二此例一。

D『続紀』宝字元年六月乙酉条

制二　勅五条一。諸氏長等、或不レ顧二公事一、恣集二己族一。自レ今以後、不レ得二更然一。〈其一〉王臣馬数、依レ格有レ限、過レ此以外、不レ得レ蓄レ馬。〈其二〉依レ令、随身之兵、各有二儲法一。過レ此以外、亦不レ得レ蓄。〈其三〉除二武官一以外、不レ得二京裏持一レ兵。前已禁断、然猶不レ止。宜下告二所司一固厳加中禁断上。〈其四〉京裏二十騎已上、不レ得二集行一。〈其五〉宜下告二所司一厳加中禁断上。若有二違犯一者、科二違勅罪一。

E『続紀』神護元年三月丙申条

又　詔、王臣之中執心貞浄者、私家之内不レ可レ貯二兵器一。其所レ有者、皆以進レ官。又伊勢・美濃・越前者、是守関之国也。宜三其関国百姓及余国有力之人、不レ可三以充二王臣資人一。如有二違犯一、国司・資人同科二違　勅之罪一。

これらのうち、Dは橘奈良麻呂の乱の直前、Eは藤原仲麻呂の乱の後に発せられたものである。仲麻呂は関国に勢力を有し、資人を採用していたと推定されているので[13]、D・Eは反乱に関わって出された措置と言えよう。とすると、A〜Cについても、そうした政治情勢との相関はないであろうか。

まずAに関しては、前年八月には右大臣藤原不比等が死去し、この年正月に右大臣長屋王、中納言藤原武智麻呂らの首班体制が始動した直後であることが注意される。Aでは大臣は親王と並んで別格と位置づけられており、あるいはそこに長屋王の意志が存したとも臆測される。Bはその長屋王の変の十ヶ月程前となるが、長屋王の変が藤原氏の陰謀によって引き起こされたものであることを考慮すると[14]、果して変に関わって緊迫した情勢が生じつつあり、Bが出されたのかは不明である。Cの天平十八年は左大臣従一位橘諸兄の政権下であるが、Cの直前に藤原仲麻呂が従三位に昇叙している。仲麻呂は天平十六年の安積親王の死去に関与していたのではないかともいわれ[15]、また橘奈良麻呂が与党の結成に努めるのが天平十七年頃である（宝字元年七月庚戌条）ことを考慮すると、この頃から仲麻呂の勢力が台頭しつつあったと思われる。ここでも職事一位・二位、即ちこれに該当する唯一の存在諸兄は別格とされており、あるいは仲麻呂の台頭に対抗する意図が存したのかもしれない。以上、いずれも臆測であるが、D・Eに鑑みて、A〜Cについても、当該期の政治情勢との関連があった可能性を考慮しておきたい。

さて、以上の中では、王臣家の武力供給源を知る上で、Bが注目される。Bによると、国郡司が騎射・相撲・膂力などの能力を持つ者を王臣家に貢上しているとあり、王臣家と地方や国郡司との関係を窺うことができる。そもそも帳内・資人については、公式令牒式条集解跡記に「仮令、為レ請二資人一、送二書於国府一者、合レ用二自牒一、不レ預二家令等一也」とあり、帳内・資人の獲得にも国郡司の協力が必要であったと考えられる。『続紀』養老元年五月丙辰条には「詔曰。率土百姓、浮二浪四方一、規二避課役一、遂仕二王臣一、或望二資人一、或求二得度一。王臣不レ経二本属一、私自駈使、嘱二請国郡一、遂成二其志一。」とあり、王臣家が国郡司と交渉して、浮浪人を自家に編入することも行われている。一方、霊亀二年六月乙丑条「制。王臣五位已上、以二散位六位已下一、欲レ充二資家一者、人別六人已下聴レ之。」と、五位以上の王臣家に散位従者を認め[16]、養老三年十二月庚寅条「始以二外六（八ヵ）位・内外初位及勲七等子年廿以上一、為二位分資人一、八年一替。又五位已上家、補二事業・防閤・仗身一、自レ是始矣。」と、地方有位者の資人への出仕や宅司の任命による家政機関への従事者の増大を認める方策も呈されており[17]、帳内・資人の獲得や家政機関の充実を図るためには、国郡司の役割が益々期待され、王臣家と国郡司との結合も進んだのではないかと考えられる。

ちなみに、長屋王家木簡中の考課木簡により、長屋王家に仕えた人々の出身地を検討すると、左のようになる。

左京…上田造美知（城 21-28）・中臣部千稲（28-16）、右京…井戸臣百嶋（21-28）・小治田朝臣五百足・王難波麻呂（21-29）・□連人（28-17）。大倭国葛下郡…？（28-17）。山背国乙当郡…出雲臣安麻呂（21-28）、久勢郡…？（27-16）、相楽郡…？（28-17）。河内国…　］連阿手（28-17）。摂津国…大宅勝道師（28-16）。紀伊国一東郡…上毛野君大山（21-28）。

事例数は少ないが、殆どは京・畿内の出身者となり、畿外の例は紀伊国一東（伊都）郡の上毛野君大山だけに留まる。これを以て全体的な傾向を推定するにはデータ不足であり、結論は控えたいが、荷札木簡に窺われる長屋王家と畿外諸国との関係から考えて、畿外出身者の例がもっと見つかることを期待したい。

以上は主に人の面から王臣家と地方、国郡司との関係に触れたが、王臣家の武力制限の一環に現れる馬の保有についても、同様の状況が推測されよう。先掲『三代格』の諸官符では、王臣家が陸奥国の馬を得ようとして活動していたことが知られ、A・Dに見える蓄馬も良馬を獲得したものとするならば、既に奈良時代から良馬の産地に王臣家の活動が及んでいたことは充分に推定できよう[18]。長屋王家木簡中の荷札木簡で、馬の貢上と関係しそうな国名を整理すると、『延喜式』巻四十八左馬寮の御牧の中では武蔵国、諸国所貢繋飼馬牛の中では遠江・相模・上総・下総・周防・讃岐・伊予がある。先述のように、信濃・甲斐・上野には荷札木簡がないので、長屋王家との関係は不明であるが、先掲の駿河国正税帳の記載により、甲斐から、また同正税帳には「従₂陸奥国₁進上御馬部領使国画工大初位下奈気私造石嶋」が見え（『大日本古文書』二―一〇八）、陸奥国からも貢馬が行われていたことが知られる。とすると、同様に王臣家もこれらの地との関係を形成しようとしたことは充分に想定されてくるのである。したがってそうした行為は既に奈良時代から禁令の対象であったと考えられる。

むすび

以上、とりとめもない叙述に終始したが、長屋王家木簡に見える馬司の構成と由来、また奈良時代の法令類から、王臣家の馬保有の状況とそれに対する国家の制限の様子をかいまみた。長屋王家の馬司は父高市皇子の生きた天武・持統朝の畿内武装化政策という国家の要請上からも必要であったが、王臣家の武力保持という一般的傾向からも、長屋王家の権力を支えるものとして不可欠の存在であったと思われる。勿論、馬は武力や儀仗としてだけでなく、出勤や遠出などにも利用される。しかし、一朝事があれば、帳内・資人などの存在とともに、容易に騎馬隊を編成することが可能であり、やはり王臣家の潜在的な武力を支える存在としての位置づけも重要である。長屋王家の馬司の帳内十二人（以上）は、家政機関の部署の責任者にしては人数が多く（政所を除けば、他は一、二人）、あるい日頃からの訓練のために、責任者以外にも帳内を配備したものかとも憶測される。そして、地方からの貢馬や飼丁の進上が想定できるとすれば、そこに王臣家と地方との結合、国郡司との関係形成の契機を窺うことができ、地方への勢力扶植の一端を理解する手がかりとなろう。長屋王の変の際、『続紀』天平元年二月丙子条では「勅曰。左大臣正二位長屋王、忍戻昏レ凶、触レ途則著、尽二慝窮奸一、頓陥二疎網一、苅二夷奸党一、除二滅賊悪一。宜二国司莫レ令レ有レ衆。仍以二二月十二日一依レ常施行。」と、長屋王と地方の与党との結合を警戒している。木簡の馬司は、こうした地方との関係を推測する一材料となり、長屋王家の勢力基盤、さらに王臣家と地方との関係を考える上で有益であると思われる。王臣家の具体的な活動は平安時代の諸法令に散見しているが、そうした平安時代の王臣家の活動の前提として、奈良時代、さらに時代を遡る王臣家の諸相が存することを強調して、蕪雑な稿を終えたい。

註

（1）　家政機関の運営に触れたものとして、勝浦令子「木簡から見た北宮写経」（『史論』四四、一九九一年）、拙稿a「長屋王邸宅の住人と家政機関」（『平城京長屋王邸宅と木簡』吉川弘文館、一九九一年）、b「卜部寸考」（『日本歴史』五三九、一九九三年、本書所収）、渡辺晃宏「長屋王家の経済基盤」（『平城京長屋王邸宅と木簡』吉川弘文館、一九九一年）、「長屋王家木簡と二つの家政機関」（『奈良古代史論集』二、一九九一年）などがある。

（2）　拙稿「長屋王家木簡再考」（『弘前大学国史研究』九六、一九九四年）。以下、別稿と称する（本書第一部も参照）。

（3）　長屋王家木簡中の用語・用字については、東野治之「長屋王家木簡の文体と用語」（『長屋王家木簡の研究』、塙書房、一九九六年）参照。

（4）　註(1)拙稿a。

（5）　朝廷への貢馬については、大日方克己「八月駒牽」（『古代国家と年中行事』吉川弘文館、一九九三年）参照。但し、八世紀には後世の駒牽の後の王臣への馬の頒賜のような事柄が行われたか否かは不明で、長屋王家が如何にしてこれらの馬を獲得し、各国出身の人々を馬の飼育に役使することができたかは検討課題である。

(6) 佐伯有清「馬の伝承と馬飼の成立」(『古代史への道』吉川弘文館、一九七五年)。

(7) 山口英男「八・九世紀の牧について」(『史学雑誌』九五の一、一九八六年)。

(8) 拙稿「朝鮮半島をめぐる唐と倭」(『古代日本の対外認識と通交』吉川弘文館、一九九八年)。

(9) 和田萃「薬猟と『本草集注』」(『史林』六一の三、一九七八年)。

(10) 関晃「天武・持統朝の畿内武装政策について」(『川内古代史論集』二、一九八二年)、拙稿「評制下の国造に関する一考察」(『日本歴史』四六〇、一九八六年、『古代郡司制度の研究』吉川弘文館、二〇〇〇年所収)など。

(11) 下向井龍彦「日本律令軍制の形成過程」(『史学雑誌』一〇〇の六、一九九一年)は、畿内武装化政策を朝賀、蕃国使迎接など国家儀礼の際の儀仗制の整備に主目的があるとし、同時に畿内官人層を戦時編成の将校団とその直衛軍の供給母体とする意図を含んだとする。

(12) 関晃「甲斐の勇者」(『甲斐史学』一、一九五七年)。

(13) 岸俊男『藤原仲麻呂』(吉川弘文館、一九六九年)など参照。なお、『三代格』巻二十天平神護元年正月二十日勅で、衛府官人の随身や弓馬の制限を行っているのも、仲麻呂の乱後の措置の一つと考えられる。

(14) 岸俊男「光明立后の史的意義」(『日本古代政治史研究』塙書房、一九六六年)。

(15) 横田健一「安積親王の死とその前後」(『白鳳天平の世界』創元社、一九七三年)。

(16) 春名宏昭「官人家の家政機関」(『日本律令制論集』上、吉川弘文館、一九九三年)。

(17) 拙稿「外散位に関する諸問題」(『古代国家の歴史と伝承』吉川弘文館、一九九二年)。

(18) 川尻秋生「院と東国」(『古代国家と東国社会』高科書店、一九九四年)は、十世紀において、王臣家が私有の牧に家人を派遣して牧司に任じて管理を行わせていた事例を明らかにしている。

第六章　長屋王家木簡と田庄の経営

はじめに

一九八八年八月平城京跡左京三条二坊八坪の南北溝SD四七五〇から出土した長屋王家木簡は、奈良時代の貴族の日常生活、家政運営の様相を解明する上で稀有の史料を呈するものである。長屋王家木簡をめぐる諸問題については、拙稿「長屋王邸の住人と家政運営」(『平城京左京二条二坊・三条二坊発掘調査報告』奈良国立文化財研究所、一九九五年、本書第一部も参照)で概括的な整理を行っている(以下、別稿はこれを指す)が、そこでも触れたように、本木簡群は奈良時代初期の一大史料群であって、その中には律令国家の成立以前のあり方を知る手がかりも数多く残されていると考えられる。即ち、時代を遡って、律令制確立以前の王宮の様子やその経営を窺うという点でも有益な史料であると評価できる。

そこで、本章では長屋王家の経済的基盤の一つである御田・御薗の運営の様相を整理し、長屋王家木簡についての検討を行うとともに、律令制成立以前のあり方を理解するという上記の課題に接近したいと思う[1]。以下では、長屋王家木簡の中の御田・御薗の経営方式を具体的に分析することと、『万葉集』に見える大伴氏の田庄の運営の様子との比較を行い、考察材料としての一般化の可否を確定する作業を試み、長屋王家の家政運営全体の中での位置づけ、国郡司など国家機構の関係のあり方などにも留意して、検討を加えることにしたい。[2]

一　長屋王家における御田・御薗の運営

長屋王家の御田・御薗の所在地とその由来・特色については別稿で述べたので、そちらを参照していただきたいと思うが、父高市皇子の代からの所領を引き継いでいること、大和・河内両地域に分布するのは、ヤマト王権の豪族の経済基盤と類似の傾向にあり、そうした豪族の財産形成と同様の方法で築かれたものであること、この二点には留意しておきたい。このような長屋王家の御田・御薗のうち、都祁氷室の経営に関しては別稿で整理した。また比較的史料の多い木上司については、既に詳細な検討が行われており、[3] 付加し得るものはない。そこで、本節ではやはり関係史料の多い山背司を取り上げて、御田・御薗の経営の様相を私なりに整理したいと考える。

まず山背司の関連史料を掲げると、次の通りである。

a・移　山背御薗造雇人卌人食米八斗塩四升可給 奴布伎 軽部朝臣三狩　○
・充山背使婢飯女子米万呂食米一斗五升 和銅五年七月廿日大書吏扶　○　（城 21-7・25-23）　427・38・4　011

b・山背薗司解　進上［大根四束］　知佐五束 古自一束　右四種持人　○

・　奴稲万呂　和銅五年十一月八日国足　○　(城21-10・25-25)　350・38・3　011

c・山背薗司解進上□□〔□□布比三束　竹子十把〕□一□　□□□□一束　右十種持人小万呂　○

・□□□　□　和銅六年五月四日　国足　○　(城21-10)　626・47・5　011

d・山背薗司　進上大根四束 交菜二斗　遣諸月

・和銅七年十二月四日　大人　(城21-10)　255・30・4　011

e・□□□〔解カ〕進上舂米三斛五斗持人　○

・□□〔万呂カ〕　霊亀元年九月□九日□□〔国足カ〕　○　(城25-6)　(202)・26・5　019

f・進上布々支八束　阿佐美四束

・六月二日　丁少子部安末呂　山背御薗　(城21-10)　372・30・4　011

g・山背御薗司進上大根一束 菁二把 知佐四把

・古自二把 右七種物奴否万呂十月廿六日　(城25-6)　(132)・31・3　019

h　山背薗司進上菁□束 茄子一斗二升 □□一斗　右三種持人〔　　〕□□□三日国足　(城25-6)　(348)・(23)・5　081

i・山背薗進「　」蕗六束　知佐四束　□□□□□〔比八束ヵ〕
・「　」志伊一斗　椒一升　右九種　(城27-5)　190・(14)・3　081

j・山背御田十町　可佃人功［
・今薗遣四百卅三　(城21-10)　(168)・(9)・5　019

k・○移　務所「山背御田芸人功卅六常□田苅人功」
・○「　」扶　従廣足　(城21-7)　224・(20)・3　011

l　山背御薗司　(城23-6)　379・19・6　011

m・符　山辺大人　□
・進上　今日大急　付　(城23-6)　(165)・(16)・4　081

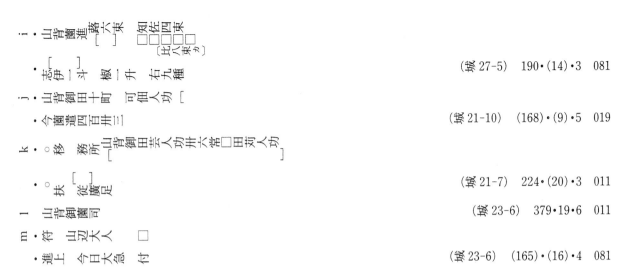

山背御田・御薗の所属については、a・bにII系統の家政機関からその経営に関する指示が出されていることがわかる点、c・e・hの国足は筆跡から見てII系統の家政機関の少書吏置始国足に比定でき、山背関係の木簡に登場する中で最も年紀の下るeの霊亀元年九月以降に山背司から少書吏に昇格したと考えられることにより、本来はII系統の家政機関＝高市皇子の北宮の機構を継承したものに属するという関係であったことがわかる。(4) 但し、kによると、その指示は平城京左京三条二坊に存したI系統の家政機関＝長屋王の家政機関の中枢部（務所・司所＝政所）に齎されており、また山背司からの進上物も左京三条二坊の地に集積されているようであるから、実際の経営に関してはI系

統の家政機関が携わるというものであったと理解される。即ち、本来の所属関係とは別に、長屋王家木簡の時点では、こうした御田・御薗はすべて長屋王家全体のための機関であって、長屋王家全体としての運営が行われていたのであった。以下、その運営の様相を検討することにしたい。

1　管理形態

まず山背司の管理形態について考える。別稿でも触れたように、御田・御薗からの進上状の日下に署名する人物は各部署の運営に携わる人物と推定され、先述のように、c・e・hの置始国足は山背司の管理責任者の一人であった。その他、dの大人はmの山辺大人に比定され、国足と同時期に山辺大人も山背司の管理に関与していたことがわかり、またaの軽部朝臣三狩も責任者の一人であった可能性が高い。このように一つの部署に複数の管理責任者が存する例としては、片岡司の道守真人・白田古人・某倭万呂、木上司の忍海安麻呂・秦広島・新田部形見が掲げられ、長屋王家における御田・御薗の管理形態としては珍しいことではないようである。別稿で触れたように、太津嶋は耳梨・矢口という近接する二つの部署の管理者を兼ねるという例も存した。

こうした各部署の管理責任者は、長屋王家では少子と称される帳内・資人クラスの人々であり[(5)]、上記の人々も同様であったと考えられる。時代はやや下るが、藤原仲麻呂家では資人猪名部造常人が後に家令職員の大従や仲麻呂の子訓儒麻呂の京職宅写経所別当となっている例があり（『大日本古文書』三―二七三、十六―四〇〇～四〇五、五―四九三、十六―五五八）、II系統の家政機関の少書吏になった置始国足も同様の事例と推定されるので、彼らが帳内・資人クラスの人々であって、家政の実務運営に寄与したものと位置づけることができる。

では、こうした人々はどのようにして長屋王家に仕えるに至ったのであろうか。帳内・資人の採用については次のような方式が存した。

（イ）公式令牒式条集解跡記

仮令、為レ請二資人一、送二書於国府一者、合レ用二自牒一、不レ預二家令等一也。

（ロ）『続紀』養老元年五月丙辰条

詔曰、率土百姓、浮二浪四方一、規二避課役一、遂仕二王臣一、或望二資人一、或求二得度一。王臣不レ経二本属一、私自駈使、嘱二請国郡一、遂成二其志一。

（ハ）『続紀』神亀五年四月辛卯条

勅曰、如レ聞、諸国郡司等、部下有二騎射・相撲及膂力者一、輙給二王公卿相之宅一、有レ詔捜索無二人可一レ進。自レ今以後、不レ得二更然一。若有二違者一、国司追二奪位記一、仍解二見任一、郡司先加二決罰一、准レ勅解却。其誂求者、以二違勅罪一罪レ之。但先充二帳内・資人一者、不レ在二此限一。凡如レ此色人等、国郡預知、存レ意簡点、臨二勅至日一、即時貢進。宜下告二内外一咸使中知聞上。

（イ）〜（ハ）によると、帳内・資人の採用には主人の意志が大きく介在したこと、そして、帳内・資人に相応しい人物を得るには国郡司の協力が不可欠であったことがわかる。事実、養老二年から藤原麻呂の位分資人として出仕した海上国造他田日奉部直神護は下総国海上郡の譜第郡領家の出身であった（『大日本古文書』三―一五〇）し、『続紀』宝字五年三月丙戌朔条「乾政官奏曰、外六位已下、不レ在二蔭親之限一、由レ此諸国郡司承レ家者、已無二官路一、潜抱二憂嗟一。朝議平章、別許二少領已上嫡子出身一、遂使二堂構無一レ墜、永世継レ宗。但貢二兵衛一者、更不レ得レ重。奏可。」の同元年正月甲寅条の有位者の郡領任用への補完策は、郡司子弟を藤原仲麻呂の武力として編成するのに役立ったのではないかと言われている。(6)

表17　平城宮跡第32次調査出土考課木簡にみる官人の出身地

左京	10（5%）	愛宕	10	摂津	17（8%）	常陸	3
右京	22（10%）	宇治	1	住吉	1	近江	11
大和	30（14%）	相楽	1	百済	2	美濃	3
添上	1	郡未詳	7	西成	4	信濃	2
添下	1	河内	36（17%）	豊島	2	陸奥	2
平群	2	錦部	1	河辺	1	若狭	2
広瀬	2	古市	4	兎原	1	能登	1
葛上	2	安宿	2	郡未詳	6	越中	1
忍海	1	大県	3	（畿外）		丹波	2
吉野	2	高安	6	伊賀	2	丹後	1
城上	3	茨田	1	伊勢	2	但馬	3
城下	1	交野	1	尾張	2	播磨	4
高市	1	若江	2	三河	5	備前	3
十市	1	志紀	3	遠江	5	備後	1
山辺	1	丹比	2	駿河	1	安芸	1
郡未詳	12	郡未詳	11	伊豆	1	周防	1
山城	22（10%）	和泉	5（2%）	相模	1	紀伊	2
乙訓	1	和泉	3	武蔵	1	讃岐	1
葛野	2	郡未詳	2	上総	3	伊予	2
				下総	3	肥前	1

ちなみに律令官人の出身地については、平城宮跡第三二次調査出土の考課木簡（景雲年間のもの）の分析により、表17のような統計が示されている。[7] 京・畿内出身者が約七〇%、畿外が三〇%の比率であり、この点は近年検出された平城宮跡第二二二次調査の井戸ＳＥ一四六九〇出土木簡について統計を作成しても、[8] 同様の結果となる（表18）。ＳＥ一四六九〇出土木簡の年代は天平元年前後、第三二次調査のものは奈良時代後半であるから、以上のような傾向は奈良時代を通じて存したものと考えることができよう。長屋王家に仕えた人々の出身地に関しては別に検討したことがあるが、[9] 出身地のわかる例は殆どが京・畿内であることが知られるものの、事例数が少なく、全体的な傾向を推定するには材料不足の感が強く、結論は保留しておかねばならない。

ところで、下級官人等の出仕契機については、縁故採用の要因も大きかったことが指摘されている。[10] こうした事例と符合するか否かはわからないが、別稿で指摘したように、長屋王家の帳内・資人や家令職員の中には、父高市皇子の代から長屋王家と関係を持っていたと思われる者が存する。即ち長屋王の家令赤染豊島は壬申の乱の際に高市皇子に従った従者赤染造徳足（『書紀』天武元年六月甲申条）の一族と推定され、長屋王家木簡の時代に六〇歳であったことがわかる（城28-18）ので、彼自身が高市皇子の代から仕えていた可能性も考えられる。その他、木簡の中の「舎人」竹田臣□養、矢口司の管理者伊香三狩

表18　平城宮跡第222次調査
井戸ＳＥ14690出土木簡にみる官人の出身地

国名	郡名	件数	備考
左京		3	（５％）
右京		6	(10%)
？京		1	(1.7%)
大和	添上	1	（大和：18.3%）
	平群	1	
	広瀬	1	
	城上	1	
	城下	1	
	山辺	2	
	？	4	
山城	愛宕	1	（山城：10%）
	綴喜	2	
	？	3	
河内	石川	1	（河内：15%）
	古市	1	
	志紀	2	
	丹比	3	
	？	2	
和泉	和泉	1	（和泉：3.3%）
	？	1	
摂津	住吉	1	（摂津：6.7%）
	兎原	1	
	？	2	
伊賀	伊賀	1	（伊賀：3.3%）
	？	1	
尾張	葉栗	1	（尾張：3.3%）
	？	1	
遠江	？	2	「□寮使部　物部真□」（遠江：3.3%）
近江	甲賀	1	（近江：8.3%）
	伊香	1	
	高嶋	1	
	？	2	「殿部車持君百足」
美濃	不破	1	(1.7%)
信濃	水内	1	(1.7%)
越前	丹生	1	(1.7%)
出雲	？	1	(1.7%)
播磨	？	1	(1.7%)
備中	浅口	1	(1.7%)
筑後	水沼	1	(1.7%)

と上述の高市皇子の従者竹田大徳、胆香瓦臣安倍の関係も想定され、また置始国足、山辺大人に関しては、壬申の乱で活躍した置始連菟（『書紀』天武元年七月辛卯条など）、山辺君安摩呂（天武元年六月丙戌条・大津皇子の従者）との関係を推定しておきたい。

以上、本項では御田・御薗の管理形態に関連して、管理者の出自、出身の契機などに憶測をめぐらした。長屋王家全体としての御田・御薗の経営のあり方については後述することにして、次に御田・御薗の労役の様子を整理してみたい。

2　労役形態

御田・御薗の労役のあり方として、まず耕作に関しては、a御薗造雇人、j佃人、k御田芸人・□〔御ヵ〕田苅人が見えている（芸人については、『延喜式』内膳式の九条家本の訓に「芸クサキル」とある）。aでは食料・塩の支給、j・kにはこれらの人々への「功」の支払いが記されており、kによると、常布で「功」を支給したことがわかるので[11]、雇用労働による耕営が行われていたと考えてよいであろう。こうした労役形態は、片岡司の「御薗（将）作人」とその「功」（城21-9・10）、某薗の「薗作雇人」・「薗造雇人」（城21-10・11）、山口御田の「作人」と食料・塩の支給（城21-11）、また別稿で触れた都祁氷室設営のあり方（城21-12）などにも窺うことができる。したがって御田・御薗の耕作は雇用人を主としたものであったと見てよいと思う。

aによると、山背御田・御薗の場合は四十人以上の雇人がいたと推定され、他の御田・御薗でも多くの雇人を耕作従事者として雇用していたと考えられる[12]。そして、その「功」支給が「急々受給」・「速」（片岡司の例、城21-9・10）と催促されるのは、雇人による耕営が重要であり、彼らのつなぎとめに「功」支給が必要であったためではあるまいか。

この片岡司の二例は六月二日・四日といずれも六月初旬に「功」支給の催促が行われている。山背の例では「功」支給の催促日は不明で、aの食料支給は七月二十日であるが、山口御田の食料支給は四月九日と、食料支給はその都度実施されるので、日付に法則性は見られないと思われる。とすると、六月初に「功」支給を行う必然性が認められるか否かで評価が分かれるが、ここでは魚酒支給による耕作人の確保との関係の有無に注意してみたい[13]。

「魚酒」労働に言及した法令は、『書紀』大化二年三月甲申条、『三代格』巻十九延暦九年四月十六日官符、『後紀』弘仁二年五月甲寅条と、いずれも六月よりは早い時期に出されている。しかし、それ故に六月頃の労働に関する先取り的措置と見ることも可能であり、地域によって差があるものの、四〜九月が農業の要月で、特に四〜六月は田植えの時期であった[14]。仮寧令給休仮条集解古記によると、大和国の場合、添下・平群郡は四月種—七月収、葛上・葛下・内郡は五・六月種—八・九月収であると記されており、片岡司の所在する葛下郡は正しく六月頃が田植えで多忙を極めた時期であったようである。したがって「功」や食料を準備して耕作人を獲得することが、長屋王家の御田・御薗の経営にとって重要であり、緊急性を要する事柄であったと解される訳である。

以上、御田・御薗の運営に占める雇用労働力の重要性を強調して、次に奴婢労働のあり方に言及する。御田・御薗には奴婢も存していた（a・b・g）のであるが、彼らはどのような役割を担っていたのであろうか[15]。まずb・gによると、奴が御田・御薗から作物を左京三条二坊に運ぶ「持人」としての役割を果していることがわかる。この「持人」は山背司だけではなく、片岡・木上・耳梨・矢口などにも見え、「持丁」・「進上人」・「奉上人」等も同意の表現と考えられる。今、この「持人」を整理すると、次の通りである（／より後ろは奴婢（推定を含む））。

片岡司…木部百嶋・木部足人・檜前連寸嶋・守部麻呂／□万呂、都夫良女・宿奈女

木上司…額田部逆／稲末呂、曽女・□都女・身豆女・稲津女・把女・石女・都夫良女

佐保…額田児君
都祁氷室…阿倍色麻呂・借馬連万呂・狛多須万呂・少書吏・田主寸麻呂・火三田次・伊宜臣足嶋・他田臣万呂
耳梨御田司…／婢間佐女
矢口司…私部亥万呂・多治比連県（日下に太津嶋の署名があり、あるいは耳梨司かもしれない）
山背司…少子部安末呂／小万呂・諸月・万呂／奴稲万呂・否万呂

「持人」には姓名を有する例もかなりあるが、都祁氷室からの氷進上のうち、狛多須万呂には氷駄銭が支給されている（城21-12）ので、雇用人による運搬の場合も存したと考えられる。勿論、火三田次のように、都祁の管理者であったと推定される人物も含まれているので、姓名を有する人々が各々の司に所属する者である場合が多かったと見ることができる。前掲の人名のうち、名のみの人々については奴婢であった可能性が高いが、「持人」全体の中で奴婢が圧倒的多数を占める訳ではない。とすると、長屋王家の奴婢に関しては、「奴婢は、農耕においても、また、技術労働の分野においても、おそらく補助的労働力として駆使されることはあっても、生産活動の中心にはいなかったものと思われる。しかしながら、山背御薗専属奴婢と見られる稲万呂・飯女・米万呂・布伎（ふき）がいずれも御田・御薗の生産物に関係する名を付けられていることからも、農耕の現場からまったく疎外されていたのではなく、補助的とはいえ、農業生産に不可欠の細々とした日常的な雑用労働においては、彼ら奴婢の労働力が必要とされたものと考えられる」という評価が相応しいと思われるのである。[16]

最後に姓名を有する雑仕者についても触れておきたい。山背司に関しては、管理者クラスの者を除くと、姓名を有するのは少子部安末呂だけである。片岡司の木部百嶋・足人の「木部」は木上と同意と考えられ、木上司と片岡司が近接した場所に存したことを窺わせるとともに、木上付近に根拠地を有していた木部氏が片岡司で勤務していたことを示している[17]。また木上司の額田部逆は大和国平群郡額田郷を本拠とする額田部連（平群郡の譜第郡領氏族の一つと推定される）と関係のある一族と位置づけられ、やや距離があるが、やはり近郊の者が勤務していた事例と見ることができよう。山背の少子部安末呂の少子部は小子部連と関連する氏姓であるようだが、小子部連の本拠地は大和国十市郡飫富郷の子部神社の地と見られ、仁和三年七月七日、寛平三年四月十九日の城上郡の郡判（『平安遺文』一七六号、一七八号）に擬主帳子部連田作、擬大領子部などが知られる。河内国に所在した山背司の場合は該当しないが、片岡・木上の例によると、姓名を有する雑仕者には大和の中小豪族出身と目される者がおり、御田・御薗の雇用労働と合せて、彼らの協力が必要であったことを物語るのではあるまいか。この点は田庄経営の要諦とも関わる事柄なので、さらに後述することにしたい。

以上を要するに、御田・御薗の管理・経営については、左京三条二坊の地から派遣されてきた帳内・資人が管理者として臨み、その下に近郊から採用した氏姓を持つ人々＝雑仕者や奴婢が作物の運搬などの雑務を行い、実際の耕作は雇用労働者に依存するところが大きかったと考えられる。では、こうした御田・御薗経営の長屋王家における位置づけは如何であったろうか。本節の最後にこの点に言及しておきたい。

3　長屋王家における位置

本節冒頭で長屋王家の御田・御薗はすべて長屋王家全体のための機関であって、長屋王家全体として運営が行われている旨を述べたが、ここではこの点を具体的に整理してみたい。まず御田・御薗の耕営のための雇用労働力確保のための「功」は、「功」支給の催促は平城京左京三条二坊に存したI系統の家政機関に齎されており、また食料・塩の支給は伝票木簡の中に見えている（城21-11）ので、やはり左京三条二坊のI系統の家政機関が中心になって執行したことが知られ、長屋王家全体の家政のあり方の一端を窺わせる材料となる。

次に木上司についてはしばしば「御飯米」三斗を左京三条二坊に進上しており、長屋王とその家族の日々の米飯消費を支えたのではないかと言われている。[18]では、山背やその他の御田・御薗に関しては如何であろうか。各御田・御薗からの進上品目を整理すると、次の通りである。

片岡…菁・交菜・桃

木上…米・阿支比・棗・交菜・竹・薊・蘇良自

耳梨…処里・芹・智佐・古自・河（阿）夫毘

矢口…意比

広瀬…御紵

大庭…菁

都祁…氷・柑

山背…知佐・大根・古自・□布比・竹子・交菜・米・阿佐美・菁・茄子・蕗・志伊・椒

山背司に関しては木簡の点数も多いことがあるが、まず進上品目が多いことに注意される。山背司の御田は十町であり（j）、かなりまとまった面積を有している。また様々な作物を栽培するのに適した環境にあったのであろう。とすると、山背司は規模の点、長屋王家の食卓へのバラエティーのある食材の提供などの点で、大いに重視されるべき存在であったと評価できる。[19]これも左京三条二坊の邸宅に奉仕する御田・御薗の位置づけを物語るものとなろう。

n・当月廿一日御田苅竟大御飯米倉古稲

・移依而不得収故卿等急下坐宜　　　（城 21-10）　219・14・2　011

そして、御田・御薗の運営そのものに関しても、左京三条二坊のI系統の家政機関の関与は重要であった。n「当月廿一日、御田苅竟れり。大御飯の米倉は、古稲を移すに依り而、収むること得ず。故、卿等急ぎ下り坐す宜し」は[20]、御田の収穫作業の終了報告と米倉への収納に際しての「卿等」の下行を求めたものである。「卿等」はこの木簡が左京三条二坊で出土していることを念頭に置くと、やはり長屋王家の中枢部の役人を指すものと思われ、収穫期には中枢部の人間が現地に赴き、収穫作業・収納等の指示・監督を行うことがわかる。即ち、功食の支給、作物の納入、そして耕営作業そのもののチェックと、すべての点において左京三条二坊の家政機関の管理が及んでいたのである。

御田・御薗に対する左京三条二坊の家政機関の管理という点では、次の散田様の木簡の存在にも注目したい。

o（いずれも091、出典は城28-38、*は合点を示す）

□
*木部石川十五束　尾張王
□

□□□造御田五十六町八段

〔司カ〕
□造六十五町□

〔司カ〕
□造□六町

□□　田辺黒麻呂一町　司造二段

〔御カ〕
一人□□

〔賜カ〕
□王□三町

□王給三町

□□〔粮カ〕□□

屋乳母二町　□□

□〔乳カ〕母一町

田　＊久努売斐二町

□分四町　＊葛木□

大網十四町［　］

□〔皆カ〕米□

川辺十町

＊石川三町

狛十町

「厨厨」

矢口八町

古京拾町

□墾一町四段

□田二町造人

□町造人千〔十カ〕

右□

十四町

十五町

一町□□

□□百人

□一町二段

六十人功　［　　］

毎司役

別稿でも言及したように、『宇津保物語』吹上・上の紀伊国牟婁郡の長者神奈備種松の家政機関の様子を描いた場面には、「これハ、政所。家司ドも三十ばかり有リ。家どもノ預、百人ばかり集りて、今年の生業、養蚕すべきこと定む。炭焼、木樵などいふものども、集りてたいまつれり。調じ量り納ム。男ども五十人ばかり並み居て、台盤立てて物食ふ。サて、政所、鵜飼、鷹飼、網結など、日次の贄たいまつれり。男ども集りて、俎たてて、魚・鳥つくる。かねの皿に北方の御料とて盛る。」とあり、農業や養蚕の計画立案、炭・薪や日次の贄の受領、北の方のための料理の調理など、家政全般を掌る部署として、政所で家政の要となる様々な事柄が執り行われたことが窺われる。長屋王家の政所に関しても、長屋王家木簡として左京三条二坊で廃棄された木簡群の内容から考えて、同様の役割を果していたものと推定されるのである。

　oの木簡の中には、狛・矢口など長屋王家の御田・御薗の名前が登場し、また「御田」の表記も存する。こうした御田・御薗以外では、「司造」といった耕営主体、田辺黒万呂・久努売斐など政所職員と考えられる人々、長屋乳母や某王など伝票木簡に米飯支給先として現れる人々が登場しており、合点が付せられたものがあることは、何らかの帳簿の一部であったと推定されてくる。某王に「給（賜）」、「粮」や「□〔皆ヵ〕米□」といった表記があることは、これらの田が各々の人物や部署に充当されたものであり、その用途や収穫物の内容なども定められていたことを窺わせる。とすると、狛・矢口などの御田・御薗への充当数も記されていることと合せて、この木簡は政所の御田・御薗の耕営計画や割り当て計画に関わるものと理解することができるのではあるまいか。したがって長屋王家の御田・御薗の管理・運営は、各々の部署での耕営実施とともに、政所における全体的な把握・統括下にあったものと思われ、あるいは日々の作物進上の調整なども政所で行われていたのではないかと考えられる。各御田・御薗での作物の作り分けなどは必ずしも抽出できないが、大まかな耕営計画やどこから何を、どれだけ搬入するか等の全体的管理は政所で執り行われた可能性があり、中枢機関としての政所の役割の重要性に留意しておきたい。

二　大伴氏の田庄

『万葉集』には大伴氏関係の田庄として、家持の某庄や跡見庄・竹田庄が見え、従来は奈良時代の貴族の田地経営の様子が知られる稀有な例とされてきた。(21) ここでは前節での木簡による知見を合せて、より具体的に比較・検討を行い、長屋王家木簡の内容の普遍化や補足を図りたい。

p 『万葉集』巻二十―四三〇二・四三〇三

（勝宝六年）三月十九日家持之庄門槻樹下宴飲歌二首

四三〇二山吹は、撫でつつ生ほさむ、ありつつも、君来ましつつ、かざしたりけり

右一首置始連長谷

四三〇三我が背子が、やどの山吹、咲きてあらば、止まず通はむ、いや毎年に

右一首長谷攀レ花提レ壺到来、因レ是大伴宿禰家持作二此歌一、和之。

q 『万葉集』巻八―一五四九

典鋳正紀朝臣鹿人至二衛門大尉大伴宿禰稲公跡見庄一作歌一首

一五四九射目立てて、跡見の岡辺の、なでしこが花、ふさ手折り、我は持ちて行く、奈良人のため

r 『万葉集』巻四―七二三・七二四、巻八―一五六〇・一五六一

大伴坂上郎女従二跡見庄一、賜二留宅女子大嬢一歌一首并短歌

七二三　常世にと、我が行かなくに、小金門に、もの悲しらに、思へりし、我が子の刀自を、むばたまの、夜昼といはず、思ふにし、我が身は痩せぬ、嘆くにし、袖さへ濡れぬ、かくばかり、もとなし恋ひば、故郷に、この月ごろも、ありかつましじ

反歌

七二四　朝髪の、思ひ乱れて、かくばかり、なねが恋ふれそ、夢に見えける

右歌報二賜大嬢進歌一也

大伴坂上郎女跡見田庄作歌二首

一五六〇妹が目を、跡見の崎の、秋萩は、この月ごろは、散りこすなゆめ
一五六一吉隠の、猪養の山に、伏す鹿の、妻呼ぶ声を、聞くがともしさ

S『万葉集』巻四―七六〇・七六一、巻八―一五九二・一五九三・一六一九・一六二〇・一六二四〜一六二六

大伴坂上郎女従二竹田庄一贈二女子大嬢一歌二首
七六〇　うち渡す、竹田の原に、鳴く鶴の、間なく時なし、我が恋ふらくは
七六一　速川の、瀬に居る鳥の、よしをなみ、思ひてありし、我が子はもあれ

大伴坂上郎女竹田庄作歌二首
一五九二然とあらぬ、五百代小田を、刈り乱り、田廬に居れば、都し思ほゆ
一五九三こもりくの、泊瀬の山は、色付きぬ、しぐれの雨は、降りにけらしも
右天平十一年己卯秋九月作

大伴家持至二姑坂上郎女竹田庄一作歌一首
一六一九玉桙の、道は遠けど、はしきやし、妹を相見に、出でてそ我が来し

大伴坂上郎女和歌一首
一六二〇あらたまの、月立つまでに、来まさねば、夢にし見つつ、思ひそ我がせし
右二首天平十一年己卯秋八月作

坂上大娘秋稲蘰贈二大伴宿禰家持一歌一首
一六二四我が蒔ける、早稲田の穂立、作りたる、蘰そ見つつ、偲はせ我が背

大伴宿禰家持報贈歌一首

一六二五我妹子が、業と作れる、秋の田の、早稲穂の蘰、見れど飽かぬかも

又報脱ニ著レ身衣一贈ニ家持一歌一首

一六二六秋風の、寒きこのころ、下に着む、妹が形見と、かつも偲はむ

右三首天平十一年己卯秋九月往来

1　管理形態

まずp～sの歌を見ると、植物の種類、動物の繁殖時期、紅葉の様子など自然の情景や「刈」・「穂立」等の語から、秋の歌が多いことに気づく（q一五四九、r一五六〇・一五六一、s一五九二・一五九三・一六二四～一六二六）。作歌の年月が記されているものによっても、やはり秋が多い（s一六一九・一六二〇・一六二四～一六二六）。即ち、収穫期の秋の時期における田庄での歌というのが大きな特色である。

次に作歌の人物は大伴家持、稲公、坂上郎女など、大伴家の人々が主である。彼らは本来は平城京内の各々の邸宅に居住していたのであり、都を詠んだ歌や都に残る親族に充てた歌が見られること（r・s）からわかるように、彼らが田庄に出向いた際の出来事であったと考えられよう。特に坂上郎女は秋には跡見・竹田の田庄に一定期間滞在していたようである。q一五四九で典鋳正紀鹿人が稲公の跡見庄を訪れたのも、稲公がここに滞在していたので、何らかの用務で到来したものと思われる。

とすると、大伴氏の場合は、稲公や坂上郎女などが自ら田庄に赴き、収穫作業等の指揮を行っていたことになる。前節で述べた長屋王家の場合は、各司に管理責任者を配置し、彼らと平城京内の政所との間のやりとりによって経営を進めており、nのように、「卿」と称される政所中枢部の人々が現地に下向することもあったが、主人である長屋

王本人が田庄の経営に関与することはなかったようである。大伴氏の家政機構のあり方は不明であるが、高市皇子宮を引き継ぐ長屋王家と大納言大伴安麻呂―旅人の家政を継承する大伴家との規模の差を措くとしても、大伴氏の場合、天平三年に旅人が死去して以来、sの天平十一年頃にはまだ家持も出仕前であり、一族に五位以上の有力官人を出し得ていない。

但し、旅人の資人余明軍と家持の交流（『万葉集』巻四―五七九・五八〇）などを見ると、旅人の家政組織が残っていた可能性は認めてよいと考える[22]。田庄管理の方法が長屋王家と異なるのは、元来両家の家政規模に相違があり、大伴家では主人が直接田庄に出向いて収穫等の作業を行ったと見るか、あるいは有力官人の当主がいない時期で、家政の縮小等が存したためなのか、本主死後の家政組織の運営のあり方の問題として一つの論点ともなると思われるが、今のところ考察材料がなく、保留しておきたい。ここでは大伴氏の場合、主人が田庄に下向して経営そのものに関与する場合があったことを確認するに留める。

2　田庄の施設

大伴氏の場合、田庄の管理機構、どのような人々が経営を行ったかという点は不明であるが、長屋王家木簡ではわからなかった田庄の施設が知られる材料が存するので、次にその検討を行いたい。大伴氏の田庄に関係する施設としては、pの「庄門槻樹」、s一五九二「田廬」が知られる。「田廬（たぶせ）」は、『日本国語大辞典』（小学館）には「田の中の伏せ屋。田畑にこしらえた番をするための仮小屋」、新編日本古典文学全集『萬葉集』二（小学館、一九九五年）三五二頁頭注では「田の中の番小屋。（中略）稲刈りの前後、雀や猪・鹿の害を防ぐために寝泊りする出造り小屋をいう」と説明されているが、平城京の本宅に対して、田庄での生活を自嘲したものであって、東野治之氏が推定されたように、坂上郎女が下向して庄務を執る、貴族の家に相応しい建物や付属施設が存していたと考えたい。[23] 即ち、別稿で述べた、長屋王家におけるII系統の家政機関のように、奈良貴族が「故郷」と称する飛鳥・藤原地域にも、かなりの規模の家政組織が置かれていたと見るのである。[24]

次にpの家持の「庄門」はどの田庄のものであるかが不明であるが、s一六一九では家持は竹田庄を訪れており、これらの田庄は大伴氏共有のものであったと推定されるので、pの「庄門」も竹田ないし跡見と考えることができるのではあるまいか。[25] pによると、他氏の者が田庄を訪れた際にそれなりの応接をし得る施設があったと想像され、「庄門」などを伴うかなりの規模の施設が存したとしてもおかしくはないと思われる。

以上の如く、田庄の施設についての材料は乏しいが、ここでは「庄門槻樹」に着目したい。飛鳥寺の西の広場の槻木を始めとして、古代において祭祀を行うための神の依代となる斎槻が神社・寺院だけでなく、宮室・地方官衙・邸宅・池の堤などに存したことは周知の通りである。[26] 邸宅ではp以外に蘇我氏の槻曲家（『書紀』用明二年四月丙午条）が知られている。但し、その具合的な景観がわかるのは、図6の「額田寺伽藍並条里図」の場合だけであろう。[27]

寺の南門の前に「槻本田」の記載があり、そこに描かれたひときわ大きな木が槻木である。この額田寺の北方の丘陵部には「船墓〈額田部宿禰先祖〉」を始めとする古墳が点在し、五世紀以来額田部宿禰氏の本拠地であり、額田寺は氏寺としての性格も色濃く持っている。そして、額田寺は八世紀以降も平群郡の郡領氏族額田部宿禰氏の経営を支える重要な拠点であったことは別に述べた通りである。[28] とすると、この槻木も斎槻であり、額田部宿禰氏の祭祀や経営の繁栄を祈るためのものとして存したと推定することができよう。なお、南門から東に延びる道を辿ると、三十五坪と二十六坪の境界に冠木門が描かれている。この門はあるいは額田部宿禰氏の拠点たる額田寺周辺への入口であった可能性があり、[29] pの「庄門」の性格を考える上でも参考になるのではあるまいか。

図6　額田寺伽藍並条里図要図

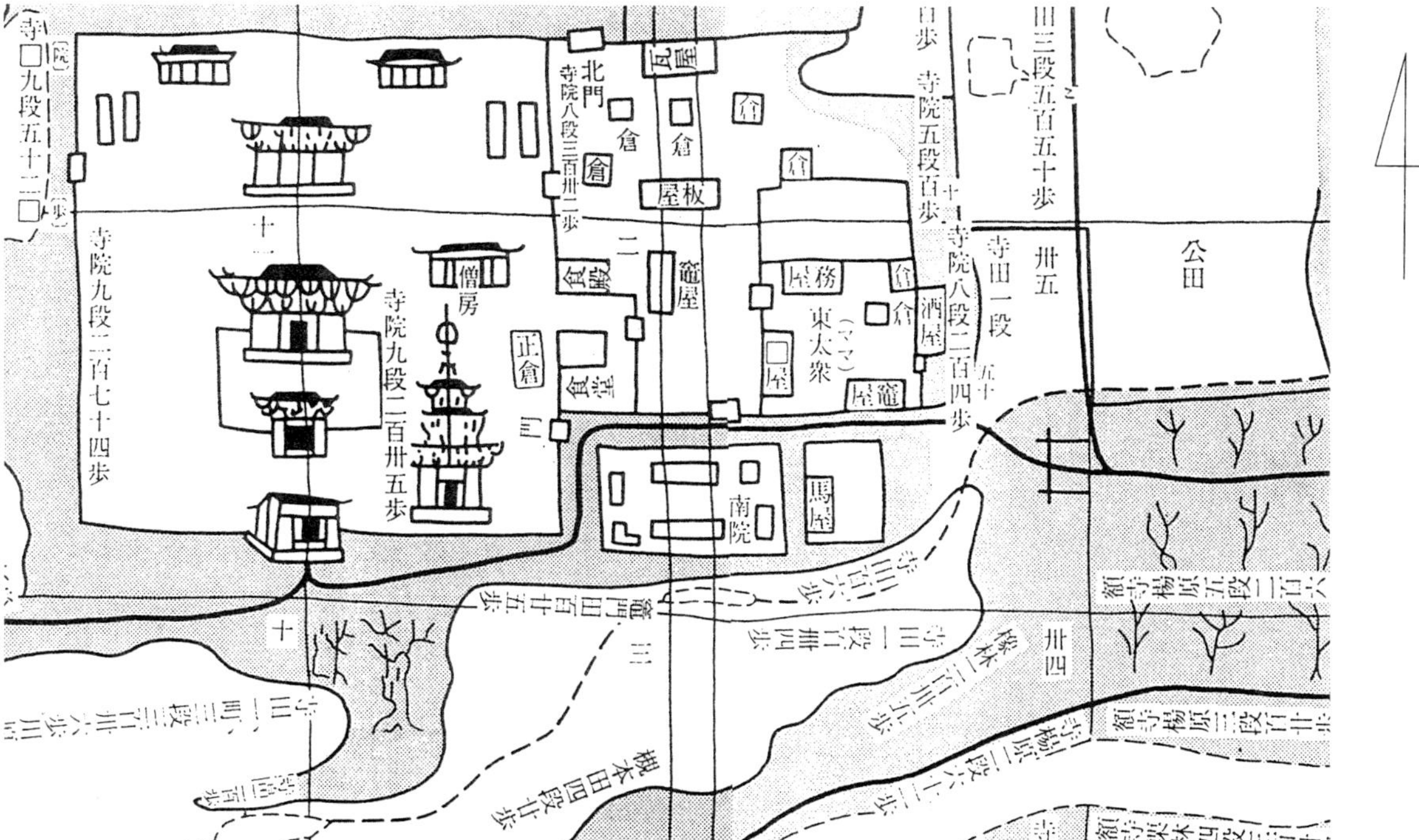

以上が田庄の施設に関する知見であるが、pによると、「庄門槻樹」の下で宴会を行っていることには注目したい。先述の斎槻の性格と合せて、この宴会は田庄経営に関わる祭祀の一端を窺わせるものではないかと思われる。そこで、次にその祭祀の様子を推定してみたい。[30]

3　祭　　田

大伴氏の田庄では斎槻たる「槻樹」の下で宴会が行われており、これは長屋王家木簡では窺うことができなかった田庄経営のさらに具体的な祭祀の執行を示すものと考えられる。pによると、その日時は（勝宝六年）三月十九日とあり、季春の季節である。また参加者としては、大伴家持以外に、置始連長谷という人物が知られ、長谷は花を擎じ、壺を提げてやって来たという。

まず三月という時期については、『書紀』大化二年三月甲申条に「凡始二畿内一及二四方国一、当二農作月一早務二営田一。不レ合レ使レ喫二美物与レ酒。宜下差二清廉使者一告中於畿内上。其四方諸国国造等、宜下択二善使一依レ詔催勤上。」、持統六年二月丁未条では三月三日の伊勢行幸を決めた天皇に対して、「中納言直大弐三輪朝臣高市麿上レ表、敢直言、諫下争天皇欲レ幸二伊勢一、妨中於農時上。」とあって、三月は「農作月」・「農時」と認識されていたことがわかる。その他の文献史料からも、二月中旬～三月中旬の出挙、荒田打ちを経て、播種を行うという農作業暦が復原されており、[31]本格的な農業の始まりがこの月であった。春時祭田や朝廷の祈年祭は二月の行事であるが、前掲大化二年条には営田にあたって「不レ合レ使レ喫二美物与レ酒」とあり、三月の営田に際しても何らかの宴会が行われたことが窺われる。とすると、pの三月十九日の「庄門槻樹」の下での宴は、営田を迎えての行事の一つであり、田庄の経営にとって不可欠の事柄であったと考えることができるのではあるまいか。

次にこの宴会の参加者として見える置始連長谷とはどのような人物なのであろうか。置始連長谷の名は、『万葉集』巻八―一五九四仏前唱歌の左注に「右（天平十一年か）冬十月皇后宮之維摩講終日供二養大唐・高麗等種種音楽一、爾乃唱二此歌詞一。弾琴者市原王・忍坂王〈後賜二姓大原真人赤麻呂一也〉、歌子者田口朝臣家守・河辺朝臣東人・置始連長谷等十数人也」とあり、大伴家持が内舎人として出仕し始めた頃からの旧知の人物であったようである。彼の経歴はこれ以外には不明なので、置始連という氏族についても少し見ておきたい。置始連の氏人としては、白雉五年に遣唐使の判官となった大伯、壬申の乱の際の菟などの活躍を経て、八世紀に入ってからは、『続紀』養老五年正月甲戌条に武芸に秀れているとある首麻呂、唱歌師とある志祁志女などが知られ、その他、小鯛王が臣籍降下後に名乗った置始多久美（『家伝』下に神亀頃の「風流侍従」とある置始工か）もいる。また『万葉集』巻二―二〇四〜二〇六弓削皇子薨去（文武三年七月）時の置始東人の歌（東人は『万葉集』巻一―六六によると、文武三年正月持統太上天皇の難波行幸に従駕したようである）から知られる弓削皇子との関係、某家の事業置始連五百足（『大日本古文書』二十五―四八・勝宝四年六月十七日の買物解）、中納言殿使置始連小室（村主）万呂（同六―一六二〜一六三・宝亀二年閏三月九日中室浄人過状）、そして、長屋王家のII系統の家政機関の少書吏置始国足などのように、王臣家に仕える者も存した。

この中では唱歌師として登場する置始連志祁志女に注目したい。長谷は前掲史料に「歌子」とあり、唱歌師として著名であった志祁志女の技能を継承していたのではないかと考えられるからである。とすると、長谷は大伴家の家政組織の一員というよりは、むしろ宮廷内で「唱歌」の技能を評価されていた人物と位置づけておくのが穏当であろう。また置始連氏の本拠地は不詳であるが、天暦十一年八月十五日置始乙連家地売券（『平安遺文』二七〇号）によると、大和国葛下郡に田地を有する者が知られ、葛下郡の郡判には「大目惣行事置始房平」と見えるので、あるいは葛下郡に拠点が存したのかもしれない。とすると、大伴氏の田庄の所在地との地縁関係などでは説明できないことになる。以上を要するに、置始連長谷が家持の「庄門槻樹」の下での宴会に出席したのは、地縁や大伴家への奉仕関係等からは理解できず、あるいは唱歌師として宴に興を添えるために呼ばれたという想定もできるのではないかと考えるのである。

このように見てくると、「庄門槻樹」の下での宴会は、大伴氏の田庄経営にとって重要な行事であり、斎槻の下で宴を行うことによって、農業の順行を祈るなどの意味があったものと想像される。そして、その宴には置始連長谷のような唱歌の才を持つ者が招かれて、宴を盛大にするための演出が行われたのではないかと思われる。長屋王家の田庄に関しては、このような宴会が挙行されたか否かは不明であるが、前節第二項で述べたように、田植の始まる六月頃に雇人への功食支払いが催促されているところを見ると、農時暦に従って様々な行事が実施されていた可能性は高い。また平城京の邸宅では縫殿神祭、柱立所祭、大窪神や晦日の祓（城21-22、23-11、25-14、21-18）などの宗教行事が行われていたことがわかっているので[32]、田庄経営に必要な農耕儀礼も各々に挙行されていたことが想定できよう。したがって大伴氏の田庄での祭田は、長屋王家木簡に窺われる田庄の経営方法を補完する材料として、大いに注目すべきであると評価したい。

三　田庄経営の特色

前二節では山背御田・御薗を中心とした長屋王家の御田・御薗経営のあり方、大伴氏の田庄経営の様子を整理した。ここでは別稿での知見と合せて、これら田庄経営の特色をまとめ、その一般化の可否や田庄経営の由来を律令制成立以前に遡って考える手がかりとしたい。また「はじめに」で述べたような、国郡司等の国家機構との関係についても、さらに具体的に解明することにしたい。

まず長屋王家木簡や大伴氏の例から知られる田庄経営の特色を整理すると、次のようになろう。

（1）田庄の所在地は大和・山背・河内（含摂津・和泉）の地域、畿内の近郊であり、律令制成立以前から保有していた私的な領地である。

（2）各田庄には管理責任者がおり（大伴氏の場合ははっきりしないが、坂上郎女等は通常は佐保宅に居住していたとすれば、日常的な管理・運営に携わる者が当然存在していた筈である）、平城京内で生活する主人（または家政の中枢部）と連絡をとりながら、運営を担当した。なお、こうした管理者は帳内・資人クラスの人々であったと考えられる。

（3）長屋王家の場合は主人が田庄に下向した様子は看取できないが、京内の邸宅から現地管理者よりも上級の役人が出向いたことは窺われ、大伴氏の場合には、坂上郎女＝大伴家の家刀自的存在の下向例が知られる。したがって主人あるいは京内の邸宅の役人が収穫期などの節目には田庄に下向して経営の管理・指揮にあたることがあったものと思われる。また彼らは家政の経済基盤たる田庄全体の耕営計画立案も行い、田庄経営の進捗具合にも通暁しており、それゆえに自らが関与する体制をとり得たものと推定される。

（4）田庄の労働力については、運搬責任者や若干の奴婢などの直属労働者も存したが、むしろ功食支給による雇用労働に基づく耕営が中心であったと見なされる。功食以外はすべての収穫を得る所謂直接経営の方式がとられたのである。

（5）雇用労働においては、春の祈年祭や田植時などに労働量を確保するために饗宴を催したり、功食支給を催促したりする必要があり、農時暦に従った様々な行事も執り行われた可能性が高い。

では、こうした特色を持つ経営方式は、長屋王家や大伴家のみに限られるのであろうか。既に指摘されているように、以上のような田庄の経営は律令制以前の屯田の系譜を引く畿内の屯田（官田）の耕営方式を模したものであって[33]、奈良時代の貴族家一般に行われていた形態であると思われる。そこで、以下ではまずこの屯田の経営のあり方との比較を行いたい。

1　屯田との比較

t 田令置官田条

凡畿内置二官田一、大和・摂津各卅町、河内・山背各廿町。毎二二町一配二牛一頭一。其牛令下二一戸一養中一頭上。（謂中々以上戸。）

u 田令役丁条

凡官田応レ役レ丁之処、毎年宮内省、預准二来年所レ種色目及町段多少一、依レ式料レ功、申レ官支配。其上役之日、国司仍准二役月閑要一、量レ事配遣。其田司、年別相替＊、年終省校二量収穫多少一、附レ考褒貶。

＊集解

謂、宮内省、差二管内雑任一、令レ掌二其事一。是為二田司一也。釈云、宮内省差二管内雑任一、令レ掌二其事一、名云二田司一。神護景雲二年二月廿八日官符云、営二造官田一、令下二当時長官一人一、主当為上佃、町別定二稲五百束一也。古記云、其屯司、謂宮内省所管諸司判（伴）部・使部等、省判差遣也。穴云、田司、謂使部。此従二古説一習為二師説一。跡云、其田司年別相替、謂宮内省内所管雑色人耳。

v 延喜宮内省式

凡営二官田一者、当国長官専当行事。若有二遭損一者、省遣二丞已下一人・史生一人一巡検。其収穫多少及用残数、並省奏聞。其詞曰、宮内省申久、内国今年供奉三宅田合若干町、穫稲若干束、其年以往古稲若干束、惣若干束供奉礼流事乎申給波久登申。

w『書紀』安閑元年閏十二月壬午条

（上略）於レ是、大河内直味張恐畏求悔、伏レ地汗流、啓二大連一曰、愚蒙百姓、罪当二万死一、伏願、毎レ郡以二钁丁一、春時五百丁、秋時五百丁、奉二献天皇一、子孫不レ絶、藉レ此祈レ生、永為二鑑戒一。別以二狭井田六町一賂二大伴大連一。蓋三嶋竹村屯倉者、以二河内県部曲一、為二田部一之元、於レ此乎起。

x 天平二年度大倭国正税帳

（十市郡）添上郡租穎陸仟参佰弐拾捌束伍把替、依二屯田稲一穀陸佰参拾弐斛捌斗肆升陸合。（城下郡）以稲弐仟壱佰玖拾参束壱把半替、依二屯田稲一穀弐佰拾玖斛参斗壱升陸合。（添上郡）以陸仟参佰弐拾捌束伍把替、依二十市郡屯田稲一穀定納穎壱仟玖佰捌拾束漆把。

y『三代格』巻十貞観二年四月十九日官符

応三長官身自検二察御稲一事。右式云、凡供御幷中宮・東宮季料稲粟糯等、並用二省営田一。又云、官田者国別長官主二当其事一者。然則既定二其田一、専委二長官一、何致二未進一更有二追責一。今検二案内一、件御稲定二年料数一、期内可レ進之状、天安二年十月廿五日下レ符已了、然猶多置二未進一、常闕二供御一。仍頻召二長官一、勘二責闕怠一、而今或聞、長官帰レ国、即勘二当郡司一、決二罰百姓一、責二取私稲一、動致二愁吟一、推二之物情一、已渉二汚黷一。夫御膳之物、尤欲二清潔一、如レ此供進、豈言二人臣一。右大臣宣、闕二誤供御一法禁不レ軽、将レ考二実其事一、恐陥レ罪者多、仍暫従二寛宥一欲レ視二来効一。今須下随二御稲数一択二取其田一、始レ自二耕種一至二于収獲一、長官自親勤加中検察上。其所レ獲稲者、収二於別庫一、期内弁進、専令二潔清一、莫レ触二汚穢一、運進之夫亦宜二慎択一。

令制官田（屯田）の運営に関しては、uによると、宮内省が耕営計画・必要経費を計算し、太政官に申請して配分を受けるとある。但し、実際の労働力の調達を行うのは国司であり、uの「其上役之日、国司仍准二役月閑要一、量レ事配遣」の部分に付された集解諸説では雑徭によって役丁を徴発すると記されている。そして、宮内省の雑任から任命された田司（屯司）が派遣されて経営の維持にあたったようであり（u集解）、田司は毎年交替、収穫の多少によって考課を受けたという。

以上のような令制官田のあり方、そして記紀その他に見える畿内の屯倉・屯田の史料やv・xなどを併考して、令制官田あるいは律令制成立以前の畿内の屯田の管理・運営の特色として、次の点が指摘されている[34]。

（1）官田は宮内省から派遣された田司が、その経営・管理にあたった。

（2）田司には宮内省に勤務する伴部・使部が選任された。田司は一年毎に交替するのを原則としたようであるが、実情は不明である。この管理方式は律令制成立以前の屯田司に大王の側近として仕える中小豪族の子弟が任命される例（『書紀』天武元年六月壬午条）と合致しており、また仁徳即位前紀に見える、倭屯田の由来を屯田司が知らなかったという話は、一年交替という原則が令制以前から存していたことを推測させ、こうした直接管理方式が畿内の屯倉・屯田で行われていたことを窺わせる。

（3）経営のための労働力は宮内省が算定し、官田所在国の国司が所要の役丁を雑徭の中から充当した。vに見えるように、経営の実際には国司も大いに関与した。

（4）xによると、イ官田（屯田）の経営は直接には宮内省派遣の田司によって行われたのであろうが、穫稲は各郡の官田（屯田）から国の倉に送られ、国司によって管理された、ロ官田（屯田）の穫稲は稲穀として調整されたが、郡の正税中の穎稲と振替えて保管された、ハ宮内省とその被管官司は必要に応じて大和国より官田（屯田）の穎稲を献上させ、舂いて用いており（延喜民部上式の新嘗会の黒白二酒料米、大炊寮式の供御料稲粟）、穫稲は穎稲として集積、朝廷の必要に応じて舂成・輸納される方式であった、と考えられる。(35)

以上のうち、（４）の官田穫稲の使用については、ｙでは本来官田穫稲でないものを供御稲として献上するという便法を生み出すに至っていることがわかる。そして、国司が郡司・百姓を勘当・決罰して私稲を責取したのは、本来彼らが官田の経営を担うべき存在でありながら、闕怠し、そのために闕貢したからこそ勘責を受けたとすれば、国司の行動は整合的であるから、そのように考えてみたい。とすると、国司の下に郡司・百姓が存して、官田の耕営を負担していたという構図を窺うことができよう。ｙでは官田穫稲そのものを貢上せず、耕作担当者の私稲＝「汚穢」を献上したことが問題となったのであり、官田穫稲は別庫に納めて管理させることにしている。このように官田の経営に郡司が関与しているという推定は、ｘの大和国の場合、城下郡・十市郡など郡毎に官田が散在していたようであり、(36)その管理者としては郡司が加わるのが相応しいこと、ｗに凡河内国造大河内直氏が「郡司」として描かれ、屯倉耕営の田部を提供しているとあり、郡司クラスの在地豪族の関与が窺われることなどによって、傍証を得ることができると思う。

さて、以上の畿内の令制官田のあり方を念頭において、長屋王家の御田・御薗の耕営の問題に戻ることにしたい。令制官田の経営方式は、宮内省―伴部より任命された屯司（田司）によって担われるのが建前であるが、労働力徴発の面では国司―郡司に依存するところが大きかった。そして、屯司は毎年交替し、収穫の多少によって考課を受ける存在であったが、景雲二年二月二十八日官符「営二造官田一、令下当時長官一人、主当上為レ佃、町別定二稲五百束一也」により、国司の長官が専当行事し、穫稲数も定められるに至り、宮内省の実質的な関与はなくなっていくことになる。但し、ｖによると、「若有二遭損一者、省遣二丞已下一人・史生一人一巡検」とあるので、管理・指揮権はあくまでも宮内省に残ったと考えられる。

一方、長屋王家の御田・御薗の場合は、左京三条二坊の長屋王邸に存した政所が中枢機関となり、そこから各御田・御薗に帳内・資人から任用した管理責任者が派遣され、彼らは上日数による考課を受けているが、御田・御薗の順調な運営、即ち収穫物等の安定供給も考課の際に考慮されたと推定される（考課令による官人の考課は、上日数とともに、善・最の基準も存した）。この政所―各御田・御薗の責任者の関係は、令制官田の宮内省―屯司と相似していると言えよう。ところで、長屋王家の御田・御薗についても、若干の奴婢などの直属者はいたが、耕営の主な労働力は周辺の人々を雇用したものと考えられる。とすると、当然郡司や国司との関係が重要になる筈であるが、この国司―郡司の系統は御田・御薗の経営にどのような形で現れるのであろうか。次に項を改めて、その検討を行うことにしたい。

2　国郡司との関係

まず木簡の中に国郡司との関係を探る手がかりを得ることにする。

α宗形郡大□□〔領鮒カ〕鮨	（城 21-34・25-29）	116・27・4	032
β宗形郡大領鯛醬	（城 23-14）	103・28・3	032
γ宗形郡大領	（城 27-21）	(77)・24・2	039
δ封　案麻郡司進上　印	（城 21-35）	(260)・31・(2)	031
ε(1)案麻郡司進上	（城 21-35）	(171)・28・(4)	031
(2)封	（城 21-35）	(171)・28・(3)	031
ζ葛下郡司　進［　　］	（城 21-13）	(271)・(24)・8	031

これらのうち、α〜γの筑前国宗像郡の郡司宗像朝臣氏と長屋王家の関係については、別稿で述べたように、高市皇子の母胸形君徳善の女尼子娘以来のものであり、高市皇子が勧請した大和国城上郡登美山の宗像神社や筑前国宗像郡金埼に存した「氏賤」など（『三代格』巻一元慶五年十月十六日官符、寛平五年十月二十九日官符）の存在から考えて、長屋王の代になっても宗像郡司家との関係は維持されていたものと思われる。次にδ・εは国名不明であるが、案麻郡司から物実進上があったことを示すものである[37]。こうした畿外の地方豪族との関係としては、別稿で触れた、出雲国税使の神戸（門）臣の例などに窺うことができ[38]、長屋王家の運営のためには、有力な在地豪族との関係形成が不可欠の条件であった[39]。

以上は畿外の郡司との関係であり、御田・御薗の経営との関係では畿内の郡司との関係を検討せねばならない。その材料となるのは、今のところζの大和国葛下郡司の例のみである。御田・御薗所在地という観点からは、片岡司が現奈良県北葛城郡王寺町・香芝市付近であり、葛下郡域に入り、木上司は現北葛城郡広陵町付近で、広瀬郡城戸郷域に比定される。これら大和盆地西部に存した御田・御薗と葛下郡司との関係ということになると、葛下郡域に入る片岡司との関係如何が問題とされねばならない。

まず葛下郡の郡司氏族について見ておくと、十世紀以降の史料ではあるが、次のような豪族が知られる。

天暦十一年八月十五日置始乙連家地売券（『平安遺文』二七〇号）

大目惣行事置始房平

惣行事　　葛木

　　　　　坂合部

国目代　　厨

応徳二年十月九日橘某家地等立券文案（『平安遺文』一二四四号）
惣行事　置始連

『平安遺文』一二四四号の方は郡名不明とされているが、在地刀禰の中に当麻姓の者が多く見え、葛下郡当麻郷と関連すると考えられること、郡司の置始連は『平安遺文』二七〇号にも見えていることなどから、葛下郡司であった可能性は高いと思われる。郡司の中に見える葛木は、葛城氏の系譜を引く者で、譜第郡領であった可能性もあるが、他に材料がなく、不詳としておかねばならない。その他の氏については、坂合部は境部連との関連が想定できるが、当地との関係は不明で、厨は全く手がかりがない。以上の中では、置始連が十世紀中葉と十一世紀末の二回の史料に登場し、また置始氏が当地に根拠地を有していたことは、『平安遺文』二七〇号の家地売人の置始乙連の存在によっても支持されるという点には注目される（第二節第三項の記述も参照）。そして、置始氏を葛下郡の郡領氏族に想定できれば、長屋王家との関係では、別稿や第二節第三項でも触れたように、壬申の乱の置始連莵以来、II系統の家政機関の少書吏置始国足に至るまで、代々継続していたものであった。

次にξの木簡の性格を考えてみたい。長屋王家木簡の中には畿内諸国からの荷札木簡も存しているが、摂津国住吉郡からの贄札を除くと、山城国、大和国葛上郡・山辺郡、摂津国からは一石俵の形で米が進上されている。別稿で述べたように、一石俵は今のところ長屋王家木簡に特有のものであり、封戸からの米の進上、あるいは位田からの米の進上に関わるものと考えることができる。このように畿内各地から米等の進上があったことはまちがいないが、その書式はηのように、「（郡）里名＋米一石」の如きものが殆どである。

η　葛木上郡賀茂里米一石　（城21-29）　160・30・3　032

θ・進上葛濃郡米□〔十ヵ〕二石　十月十五日［　　］　○

・和銅□〔七ヵ〕年十月□九日辰時　○　（城 25-7）　215・(18)・8　081

ι　山辺郡進上糯米　（城 25-20）　(132)・(24)・6　019

中にはθ・ιのように「進上」の文字が入るものもあるが、θは荷札木簡とは異なるもののようである。また米の荷札木簡は概ね長さが一二〇〜一七〇ミリメートルくらいであるのに対して、ιは二七〇ミリメートル以上と長大であることにも注意したい。即ち、ιは書式や形状の点から荷札木簡に含めて理解することは難しいということであり、郡司の進上という点からも別の内容を考えるべきではあるまいか。形状に関しては、写真で見る限り（図7も参照）、切り込みや尖りのある〇三一、〇五一型式とはならないと思われる。したがって封緘木簡とも異なるようである。

今、写真によってιの文字を観察すると、「葛下郡司　進」の下は、墨痕をたどるだけでも十文字以上は確実に存し（図7）、切損している下端まで文字が続いている。その内容については判読できる文字がないので不明であるが、

図7　葛下郡司木簡見取図

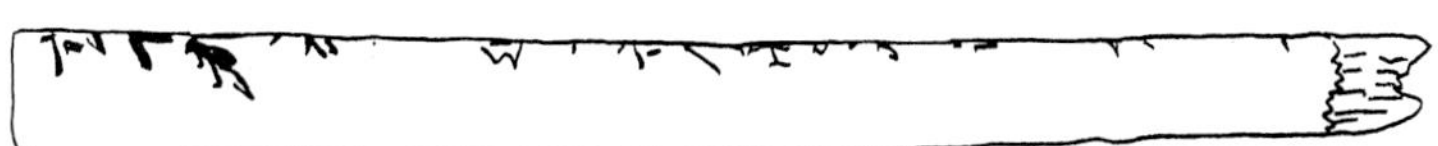

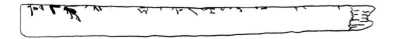

「進」の次に墨痕をはさんで、その次が「六人」などと読めるということになれば、人間の進上に関わるものということになる。この点はあくまで仮定の域を出ないが、とにかくらは荷札木簡ではなく、葛下郡司が直接長屋王家に対して何か（人？）を進上した際のものであると理解できる。仮に「六人」が判読できるとすれば、例えば片岡司への佃人の派遣など、御田・御薗の労働力提供に関わる事柄ではなかったかと想像されるということである。そして、葛下郡の郡司として、先述の置始連氏を見出すことができるとすれば、置始連氏は郡司としての地位を保つとともに、中央下級官人や長屋王家などの王臣家に一族を送り込んでいたことになろう。このようなあり方は畿内の郡司氏族には通有の事象と考えられ、彼らは地方豪族と中央官人との二面性を保ちながら存続したのである。[40] 以上、仮定に仮定を重ねているが、郡司が王臣家の田庄経営に関与していた可能性が憶測できるのではないかということを述べた。

次に国司との関係では、長屋王の変頃までの大倭国司を瞥見すると、次の通りである[41]（山城・河内などに御田・御薗が存しているが、関連のありそうな事例を指摘することができないので、省略する）。

大宝三年六月五日任（続紀）	守・従五位下	大伴男人
慶雲三年七月二十七日任（続紀）	守・従五位下	阿倍真君
和銅元年三月十三日任（続紀）	守・従五位下	佐伯男（→和銅二年九月二日・従五位上）
養老元年四月二十六日任（続紀）	守・従五位上	上毛野広人
神亀三年六月三日見（長谷寺霊験記）	大掾	伴安道
天平二年十二月二十日見（大日本古文書一—四一三）		
	守・従四位下	大宅大国
	介・正六位上	許曾倍津島

大掾・正六位上　城上真立
少掾・正七位上　都濃光弁
大目・従七位上　中臣酒人古麻呂

まず阿倍真君やその他畿内の国司に見える阿倍氏、石川氏の人々（河内国守として、和銅元年三月十三日任石川石足、養老六年三月七日任（知国事）阿倍広庭が知られる）は、長屋王の妻安倍大刀自、石川夫人とのつながりが考えられるが[42]、それ以上の関係については不詳とせねばならない。次に城上真立に関しては、木簡に登場する医許母＝太羊許母（胛巨茂）と同一人物ではないかという有力な見解が呈されており[43]、これを支持するならば、長屋王家に関係の深い人物が大倭国司になっていることがわかる。但し、彼は「大掾兼侍医」とあり、侍医としての活躍が主であったと位置づけられ、地方行政に直接関与する場面は少なかったと思われる。したがって医業の方では長屋王家と深いつながりを持っていたかもしれないが、彼はあくまでも医師であって、田庄の経営云々との関係は薄そうである。

田庄の経営との関係では、上毛野朝臣広人が注意される。広人の経歴は、和銅元年正月に従六位上→従五位下、同七年三月に→従五位上、十一月に迎新羅使右副将軍、養老元年三月石上麻呂に対する太政官の誄（時に右少弁）、同四年正月に→正五位下、九月陸奥按察使の任中に蝦夷の反乱があり、殺害される、となっている。この上毛野氏と長屋王家の関係として、次の記事に留意したい。

『続紀』天平元年二月戊寅条
外従五位下上毛野朝臣宿奈麻呂等七人、坐㆘与㆓長屋王㆒交通㆖、並処㆑流。自余九十人悉従㆓原免㆒。

これは長屋王の変後の処罰を示すものである。宿奈麻呂は『続紀』神亀五年五月丙辰条（内外階コースの設定）で従六位上→外従五位下、天平十四年六月丁丑条で本位に復すとなっており、処罰者が少なかった長屋王の変で、流罪の筆頭に掲げられているので、長屋王家と密接な関係を有した人物であったと推定される。木簡の中にも紀伊国伊都郡を本貫とする上毛野君大山が長屋王家に仕えていたことが知られ（城21-28）、上毛野氏と長屋王家の関係を窺う材料となろう。

今、以上のように長屋王家と上毛野氏との関係を想定すれば、田庄の存在は父高市皇子以来のものであったとしても、耕作者の確保には国郡司の協力が不可欠であったから、自家に親しい者が国司・郡司あるいはその一族であれば、事が有利に運ぶことも期待できる。つまり人を結節点として、家政と国政が連関している構造を描くことができ、これは別の論稿で指摘した藤原氏のあり方と相似していると言えよう(44)。否、むしろ新興の藤原氏が長屋王家などのあり方を手本として、そうした構造を作り上げたと見ることもでき、さらに遡って律令国家成立以前の「宮」のあり方を想定するのは深読みしすぎであろうか。ともかくも、田庄の経営に国司の果す役割があったと考えるのは決して無理ではないことを強調して、田庄と国郡司の関係の考察を終えることにしたい。

む す び

本章では長屋王家木簡に登場する御田・御薗の経営方法とそれに関わる人間のあり方を検討した。そして、大伴氏の田庄の事例による補訂や律令制成立以前の屯田の系譜を引く令制官田の運営方式などから、その一般化の可能性を探った。また木簡や大伴氏の事例ではあまり明確ではない、国郡司との関係も指摘することができたと思う。

長屋王家木簡の研究は漸く途についたところであり、今後この豊富な内容を持つ一大史料群が様々な視点から考究され、八世紀前後、あるいはそれ以前の様相の解明に資する新たな考察材料としてますます評価されることを期待して、拙い稿を終えることにしたい。

註

（1）舘野和己「畿内のミヤケ・ミタ」（『新版古代の日本』五、角川書店、一九九二年）でもこのような方法の有効性に触れられており、若干ではあるが、長屋王家木簡への言及がなされている。

（2）仁藤敦史「「斑鳩宮」について」（『日本歴史』四五一、一九八五年）、「「斑鳩宮」の経済的基盤」（『ヒストリア』一一五、一九八七年）、「「斑鳩宮」の経営について」（『国史学』一四〇、一九九〇年）が分析を行っている斑鳩宮は、律令制成立以前の王宮のあり方を考える上で参考になる。

（3）福原栄太郎「長屋王家木簡にみえる木上について」（『日本歴史』五六二、一九九五年）。

（4）拙稿「長屋王家木簡再考」（『弘前大学国史研究』九六、一九九四年）八頁。

（5）拙稿「長屋王邸宅の住人と家政機関」（『平城京長屋王邸宅と木簡』吉川弘文館、一九九一年）。

（6）野村忠夫「奈良時代の政治過程」（『岩波講座日本歴史』三、岩波書店、一九七六年）一〇〇頁。

（7）東野治之『木簡が語る日本の古代』（岩波書店、一九八三年）三三頁。

（8）奈良国立文化財研究所『平城宮発掘調査出土木簡概報』二六（一九九二年）。

（9）拙稿「王臣家と馬」（『奈良平安時代史の諸相』高科書店、一九九七年、本書所収）。

（10）中村順昭「律令制下における農民の官人化」（『奈良平安時代史論集』上、吉川弘文館、一九八四年）。

（11）吉川真司「常布と調庸制」（『史林』六七の四、一九八四年）参照。

（12）『延喜式』巻三九内膳司の「耕種園圃」の箇所に作物別の一段あたりの種子、耕営方法・労働力のあり方が記されており、御田・御薗の耕作方法を知る上で参考になる。

（13）最近の研究として、義江明子「殺牛祭神と魚酒」（『日本古代の祭祀と仏教』吉川弘文館、一九九五年）を参照。

（14）舘野和己「村落の歳時記」（『日本村落史講座』六、雄山閣出版、一九九一年）。

（15）神野清一「「長屋王家木簡」および「二条大路木簡」の奴婢」（『日本古代奴婢の研究』名古屋大学出版会、一九九三年）、西野悠紀子「「長屋王家」木簡と女性労働」（『日本古代国家の展開』下、思文閣出版、一九九五年）などでも奴婢労働のあり方が考究されている。

(16) 神野註(15)書一九四頁～一九五頁。

(17) 岩本次郎「木上と片岡」（『木簡研究』一四、一九九二年）。

(18) 福原註(3)論文。

(19) 但し、前稿で言及したように、御田・御薗は全体で百町以上存したと考えられるので、山背御田十町が山背司のすべての土地であったとすると、全体の比率から言えば、それ程広大なものではないことになる。

(20) 東野治之「長屋王家木簡の文体と用語」（『長屋王家木簡の研究』塙書房、一九九六年）二一～二二頁の訓みによる。

(21) 薗田香融「万葉貴族の生活圏」（『万葉』八、一九五三年）。

(22) 東野治之「長屋王家と大伴家」（註(20)書所収）、註(4)拙稿など。

(23) 東野註(22)論文七三頁。なお、ヤケの景観については、吉田孝「イヘとヤケ」（『律令国家と古代の社会』岩波書店、一九八三年）を参照。

(24) 註(4)拙稿。

(25) 新編日本古典文学全集『萬葉集』四（小学館、一九九六年）三七八頁頭注は、この庄について「所在未詳。一説に飛鳥の辺かとする」と述べている。

(26) 今泉隆雄「飛鳥の須弥山と斎槻」（『古代宮都の研究』吉川弘文館、一九九三年）。

(27) 本図の概要については、山口英男「額田寺伽藍並条里図」（『日本古代荘園図』東京大学出版会、一九九六年）を参照。なお、図6は「荘園絵図調査報告7額田寺伽藍並条里図」（『東京大学史料編纂所研究紀要』五、一九九五年）収載図版の一部を使用させていただいた。

(28) 拙稿「額田部氏の研究」（『国立歴史民族博物館研究報告』掲載予定、二〇〇〇年）。

(29) 一九九四年～一九九六年度国立歴史民族博物館の共同研究「古代荘園絵図と在地社会についての史的研究」の研究会における黒田日出男氏の発言による。

(30) なお、山本幸男「八世紀における王臣家発給文書の検討」（『ヒストリア』八九、一九八〇年）三九頁～四一頁でも、大伴氏の氏神祭（『万葉集』巻三―三七九・三八〇）を十一月の収穫祭（新嘗祭）、『万葉集』巻七―一一一〇、十五―三六〇三を春の予祝祭的儀礼（祈年祭）を経過した種籾＝斎種の各田庄への分配と解し、田庄の経営に伴う農業儀礼の一端に言及されている。

(31) 舘野註(14)論文。

(32) 拙稿「卜部寸考」（『日本歴史』五三九、一九九三年、本書所収）。

(33) 舘野註(1)論文、直木孝次郎「畿内ミヤケの一考察」（『飛鳥奈良時代の考察』高科書店、一九九六年）など。

(34) 直木註(33)論文。

(35) ｘによると、城下郡で管理される穎稲のうちから屯田の穎稲が差し引かれているが、差し引かれた屯田の穎稲と同量の穎稲が城下郡の正税の稲穀に加えられているのであるから、城下郡には相当の面積の屯田が実際に存在し、城下郡はそこから収穫された稲穀を正税の穎稲と振替えただけにすぎないと理解される。同様に、十市郡の場合は屯田の稲穀を添上郡の租穀と振替えており、これは十市郡で保有する穎稲が少なかったので、添上郡から移入しているのではないかと解釈できる。

(36) 岸俊男「「額田部臣」と倭屯田」（『日本古代文物の研究』塙書房、一九八八年）。

(37) 封緘木簡については、佐藤信「封緘木簡考」（『日本古代の宮都と木簡』吉川弘文館、一九九七年）を参照。

(38) 税使の評価については、平石充「税司に関する一考察」（『日本古代の国家と祭儀』雄山閣出版、一九九六年）が拙見とは異なる見方を呈しており、それも参照されたい。また畿外郡司と長屋王家の封戸の運営との関係については、亀谷弘明「古代の封戸と交通」（『古代交通研究』六、一九九七年）を参照。

(39) 王臣家と地方豪族との関係については、拙稿「橘家と恵美太家」（『海南史学』三三、一九九五年、本書所収）、註(9)拙稿などを参照。

(40) 註(28)拙稿参照。

(41) 宮崎康充編『国司補任』第一（続群書類従完成会、一九八九年）。

(42) 大山誠一『長屋王家木簡と奈良朝政治史』（吉川弘文館、一九九三年）八二頁～八四頁は、阿倍広庭を長屋王派の官人と位置づけている。

(43) 福原栄太郎「長屋王家形成についての基礎的考察」（『続日本紀研究』二七七、一九九一年）。

(44) 註(39)拙稿参照。

第七章　奈良時代の王族とその生活断章

——長屋王の子女と兄弟姉妹を例として——

はじめに

『日本霊異記』中巻第十四話「窮女王帰二敬吉祥天女像一得二現報一縁」に、次のような話が見えている。

聖武天皇御世、王宗廿三人結二同心一、次第為レ食設二備宴楽一。有二一窮女王一、入二宴衆列一。廿二王以二次第一設二宴楽一已訖、但此女王独未レ設レ食。備レ食無レ便、大恥二貧報一、至二于諸楽左京服部堂一、対二面吉祥天女像一、而哭之曰、我先世殖二貧窮之因一、今受二窮報一。我身為レ食入二於宴会一、徒噉二人物一、設レ食無レ便。願我賜レ財。于レ時、其女王之児忩々走来、白レ母曰、快従二故京一備レ食而来。母王聞レ之、走到見レ之、養レ王乳母。々談之曰、我聞レ得レ客故、具レ食来。其飲食蘭、美味芬馥、無レ比無レ等、無下不二具足一物上。設器皆鋺、使レ荷之人卅人也。王衆皆来、受レ饗以喜。其食倍二先王衆一、讃称二富王一。不レ然何貧、敢能余溢飽盈、佐二我先設一。儛歌奇異、如二鈞天楽一、或脱レ衣以与、或脱レ裳以与、或送二銭・絹・布・綿等一。不レ勝二悦望一、捧二得衣裳一、著二之乳母一。然後参レ堂、将レ拝二尊像一、著二之乳母一衣裳、被二之其天女像一。疑之而往問之、乳母答之、不レ知。定知、菩薩感応所レ賜。因大富レ財、免二貧窮愁一。是奇異之事矣。

この史料には、王族の互助的な宴会のあり方、また貧窮生活を余儀なくされ、乳母の支援を期待しなければならない経済状況などが窺われ、奈良時代の王族の生活の一端を知る手がかりが存する。私は先に長屋王家木簡の家政機関の本主について検討した別稿において、この史料を飛鳥・藤原京地域（「故京」）と奈良貴族との密接なつながりを示すものとして指摘し、経済・経営面で彼らを支える施設が存在したことを推定して、長屋王家の家政運営の様相が決して特例ではない点を強調した(1)。長屋王家と「窮女王」には経済的懸隔があるが、王族という点では共通し、その生活には相通じる要素も存したと考えられる。

ところで、別稿で一般化し得ると述べた、長屋王家木簡に窺われる本主死後の家政機関のあり方に関しては、反対意見・疑義も呈されており、長屋王家木簡という史料群の根本的理解に関わる本主の比定をめぐる問題には、さらに考究の余地が残されているようである(2)。そこで、本章では、奈良時代の王族の存在形態という視点から、長屋王没後の子女、兄弟姉妹の動向に着目して、別の側面から長屋王家木簡の世界に接近することにしたい。

藤原不比等の女所生子である長屋王の子安宿王・黄文王は橘奈良麻呂の乱の際に皇位を狙う位置にあると考えられていたようであり、また長屋王の弟鈴鹿王は孫王の中で唯一知太政官事に任用され、知太政官事は彼によって幕を閉じている。こうした長屋王に関わる人々の政治的位置づけがどこに由来するのかを探るとともに、『続紀』天平元年二月己卯条「長屋王昆弟姉妹子孫及妾等合二縁坐一者、不レ問二男女一咸皆赦除」とある彼らが、長屋王の変後どのような生活をしていたのかも検討してみたい。長屋王家の場合は、長屋王の変という異常事態を経ているが、本主死後の家政組織の維持の問題、代替りの際の親族関係のあり方など、長屋王家木簡の理解に資する論点を考究する手がかりが得られるのではないかと期待されるからである。

こうした長屋王家の問題を中心としながらも、冒頭に掲げた史料に窺われる王族間の交流など、奈良時代の王族のくらしぶりも視野に入れ、以下、長屋王の子女と兄弟姉妹の中から、比較的史料が存する安宿王、河内女王、鈴鹿王の三人を取り上げ、王族の存在形態に考察を加えることにしたい。

一　安宿王のくらし

安宿王は次の史料によって、長屋王と藤原不比等女との間の所生子であったことが知られる。

a『続紀』宝字七年十月丙戌条

参議礼部卿従三位藤原朝臣弟貞薨。弟貞者平城朝左大臣正二位長屋王子也。天平元年、長屋王有レ罪自尽、其男従四位下膳夫王、無位桑田王・葛木王・鈎取王亦皆自経。時安宿王・黄文王・山背王幷女教勝復合二従坐一、以二藤原太政大臣之女所一レ生、特賜二不死一。勝宝八歳、安宿・黄文謀反、山背王陰上二其変一。高野天皇嘉レ之、賜二姓藤原一、名曰二弟貞一。

安宿王らは不比等女所生子の故を以て、長屋王の変の際に縁坐を免れたが、その後正史に登場するのは、天平九年を嚆矢としている。

b『続紀』天平九年九月己亥条

以二従三位鈴鹿王一為二知太政官事一、従三位橘宿禰諸兄為二大納言一。（中略）無位倉橋王・明石王・宇治王・神前王・久勢王・河内王・尾張王・古市王・大井王・安宿王、並従五位下。（下略）

c『続紀』天平九年十月庚申条

天皇御二南苑一、授二従五位下安宿王従四位下、無位黄文王、従五位下円方女王・紀女王・忍海部女王並従四位下一。

では、長屋王の変からb・cで官界に復帰するまでの間、安宿王らはどのような生活を送っていたのだろうか[3]。この点に関して、『大日本古文書』七の冒頭所収の「写経目録」に「安宿家（宅・殿）沙弥等所」「沙弥御所」「王御（沙弥）御進」（三頁〜二七頁）という表現が散見することに注目される。その年次は天平七年七月十四日〜九年正月であり、この「安宿」は安宿王に関連するものであると解されている[4]。とすれば、この史料はb・c以前の安宿王のくらしぶりを知る貴重な材料と言えよう。

この「写経目録」は「安宿佐弥等所」その他に写経の際の本経を貸し出した出納帳簿と考えられ、しばしば「大属大蔵」や「赤万呂」の名前が登場する。大属大蔵は天平十年十一月二十四日皇后宮職牒（『大日本古文書』二—一〇一）などに見える皇后宮職大属大蔵忌寸家主、赤万呂は天平十一年三月六日写経司啓（二—一五九〜一六〇）などに散見する史生高屋赤万呂に比定され、ともに皇后宮職関係の官人である[5]。とすると、安宿王はこの時期光明皇后と深いつながりを有していたことが推定されてくる。

また「佐弥等」とあることに着目すれば、安宿王は出家しており、しかも「等」は複数を示すので、安宿王の兄弟である黄文王・山背王などもここに含まれていた可能性があると指摘される所以である[6]。安宿王はその後も写経事業に関与しており、写経のための経典の借り出しや所蔵経典の貸し出しに応じている様子が窺われ（『大日本古文書』七—二二八、十一—三三二、二十四—一七六、六〇六〜六〇七、一六八、一八三）、仏教に対する信仰が篤かったものと考えられ、その背景として、出家生活の存在を一因にあげることができよう。

したがって天平九年九月以前にあって、藤原氏所生の安宿王らは光明皇后の庇護の下で、出家・謹慎生活を送っていたと考えられる。長屋王の変後、左京三条二坊の邸宅は皇后宮になったとする説が呈されており[7]、佐保宅についても、光明皇后の管理下に置かれた可能性を想定すると、光明皇后が彼らを庇護する理由は充分に存したと思われる。

aに見えるように、山背王が後に藤原姓となり、完全に藤原氏の一員になったのも、彼らと藤原氏の緊密な関係によるものであったと理解できるのである。

次に官界復帰後の安宿王の動向を検討する前に、彼の家政のあり方に触れておきたい。まず勝宝四年正月十四日安宿王家牒（『大日本古文書』三—五五九）は摂津国西生郡美努郷に存した家地を東大寺に売却したことに関連する文書であるが、その日下に「奉事木工大属従六位下貴室虫万呂」の署名が見える。貴室虫万呂の名は上述の写経の際の経典奉請の文書にも、勝宝元年十一月三日付で日下や「知」に登場しており（二十四—六〇六〜六〇七、一六八、一八三）、安宿王家の家司的存在であったと考えられよう。貴室虫万呂はその氏姓から見て、百済系の鬼室氏の一員であり、八世紀の家令職員にはその文筆能力を評価して亡命百済人の子孫を登用する例が存することが指摘されているので[8]、安宿王家でも百済系の貴室虫万呂を採用したものと思われる。その他、経典奉請の際に「使」として見える粟田種万呂は、他の家政機関の例（恵美太家など）を参照すると、資人クラスの人物かと推定され、これも安宿王の家政機関の構成を知る材料となろう。

d 『万葉集』巻二〇—四四七二〜四四七四（勝宝八歳十一月八日）

八日讃岐守安宿王等集二於出雲掾安宿奈杼麻呂之家一宴歌二首

大君の、命恐み、大の浦を、そがひに見つつ、都へ上る

右、掾安宿奈杼麻呂

うちひさす、都の人に、告げまくは、見し日のごとく、ありと告げこそ

右一首、守山背王歌也。主人安宿奈杼麻呂語云、奈杼麻呂被レ差二朝集使一擬レ入二京師一、因レ此餞之日各作レ歌聊陳二所心一也。

　群鳥の、朝立ちいにし、君が上は、さやかに聞きつ、思ひしごとく

　　右一首、兵部少輔大伴宿禰家持後日追二和出雲守山背王歌一作レ之。

次にdにより、安宿王の交遊関係を検討してみたい。dは安宿王の弟山背王が出雲守として赴任中の出来事で、出雲掾安宿奈杼麻呂が朝集使として上京した際に、安宿王が奈杼麻呂の家に赴いて宴会を行った時のものである。dについては、「安宿王が安宿奈杼麻呂を訪ねたのは、王の弟で奈杼麻呂の上司である出雲守山背王の消息を知るためか、あるいは、奈杼麻呂の家は安宿王の乳母を出した家系か。」という指摘がなされており[9]、後者とすれば、「はじめに」で掲げた『日本霊異記』と同様、乳母の家が主家と何らかの関係を維持していた例に加えることができる。おそらくはdは両方の要素を有するものと思われるが、国守が主人の家の人物で、その下に家政とつながりのある者を配する例は、別に検討した藤原仲麻呂家の場合が顕著であり[10]、ここにも家政が国政に浸透しているとすれば、不比等女所生子の長としての安宿王が、山背王の国務運営を助けるために、自分と関係の深い安宿奈杼麻呂を送り込んだという事情も想定してみたい。

なお、上述の摂津国の土地は別稿Bで指摘したように、父長屋王の財産を継承したものである可能性があり、以上の家政組織に関しても、そうした要素がないかどうかを検討するという視点が必要であるが、特段の手がかりはないので、今は注意を喚起するに留めておきたい。

以上の点を安宿王の家政における留意点として指摘し、次に安宿王の政治的地位・動向に考察を加える。まず安宿王の官歴などを年表風にまとめると、次の通りである（出典を注記したもの以外は、『続紀』当該条が出典）。

天平九・九・二八　　…無位→従五位下（史料b）

　一〇・二〇　…従五位下→従四位下（史料c）

天平一〇・閏七・七　…玄蕃頭任
天平一二・一一・二一…従四位下→従四位上
天平一八・四・一一　…治部卿任
勝宝元・八・一〇　…中務大輔任（卿は従三位三原王）
勝宝三・正・二五　…従四位上→正四位下
勝宝五・四・二二　…播磨守任
勝宝六・正・七　…東常宮南大殿での肆宴に参加、時に播磨守（『万葉集』四三〇一）
二・四　…鑑真入京時に「於二羅城門外一迎拝慰労」（唐大和上東征伝）
七・二〇　…太皇太后藤原宮子死去により、御装束司に
八・四　…誄人を率いて誄を奉る
九・四　…兼内匠頭
勝宝七・八・一三　…内南安殿の肆宴に参加、時に内匠頭兼播磨守（『万葉集』四四五二）
勝宝八・五・三　…聖武太上天皇死去により、御装束司に（黄文王も）
一一・八　…時に讃岐守で、出雲掾安宿奈杼麻呂の家で宴会（史料d）
一二・三〇　…時に讃岐守で、山階寺に派遣され、聖武太上天皇の冥福を祈るために、梵網経を講じさせる（山背王も大安寺に派遣）
宝字元・四・四　…東宮に入る大炊王を建部門に参向して迎える（『大日本古文書』十二―三九二）
七・四　…橘奈良麻呂の乱で奈良麻呂の与党として尋問を受ける→妻子とともに佐渡配流

宝亀四・一〇・六　　…「安宿王賜二姓高階真人一」

天平九年官界復帰後の安宿王は、玄蕃頭、治部卿、中務大輔など、いずれも諸王の就任例が多く、儀礼面での役割や仏教への理解が重視される官職[11]に就いており、天平九年以前の彼の生活ぶりを考慮すると、相応しい任官先と言えよう。鑑真入京時の郊労に起用されているのも、玄蕃頭・治部卿など外交関係の官司での経歴とともに、彼の儀礼面での能力に期待されたものと考えておきたい。その後、安宿王は播磨守や讃岐守になっているが、その動向を見ると、任国には下向せず、都に留まったものと思われ、遙任の形をとったと解される。その間、先述の鑑真入京時の儀礼の他、朝廷の諸行事に参加し、また藤原宮子や聖武太上天皇の葬儀においても重要な役割を果しているのである。

以上の安宿王の官歴の特色として、継続して官職に登用されており、叙位も順調に行われていたこと、藤原氏や聖武天皇との関係も良好であったと考えられることなどが指摘できよう。特に宝字元年四月四日、藤原仲麻呂に擁立された大炊王が東宮に入居した際に、安宿王は仲麻呂らとともに建部門で出迎えており[12]、ここに安宿王の政治的位置が象徴されていると言えよう。

ところで、周知のように、彼は橘奈良麻呂の乱に加担して処罰されている。では、官位や朝廷での役割において、それなりに満足にいく生活を送っていたと思われる安宿王は、何故この乱に参加したのであろうか。『続紀』宝字元年七月庚戌条には、次のような事情が記されている。

（上略・小野東人への尋問）於レ是、追二被告人等一、随レ来悉禁著、各置二別処一、一一勘問。始問二安宿一、欵云、去六月二十九日黄昏、黄文来云、奈良麻呂欲レ得二語言一云レ爾。安宿即従往、至二太政官院内一。先有二二十許人一、一人迎来礼揖。近着看レ顔、是奈良麻呂也。又素服者一人、熟看レ此、小野東人也。登時衆人共云、時既応レ過、宜レ須二立拜一。安宿問云、未レ知、何拝耶。答云、拝二天地一而已云レ爾。安宿雖レ不レ知レ情、随レ人立拝。被レ欺往耳。（下略）

この証言によると、安宿王は乱の直前になって与党に引き込まれたようである。黄文王が「多夫礼」、道祖王が「麻度比」と改名させられ、杖死したのとは異なり、安宿王や塩焼王（『続紀』宝字元年七月癸酉条で免罪）に対する処罰は緩やかであったことからも、彼らの関与の度合いは少ないと判断されたのであろう。

別稿Cで述べたように、この日の他の人々の証言によると、橘奈良麻呂の与党は天平十七年頃から奈良麻呂、多治比氏の人々や小野東人などで結成されており、その中心は黄文王擁立にあったようである。黄文王は天平九年十月に無位→従四位下、同十二年十一月→従四位上となるが、以後位階の上昇はなく、また安宿王のように、継続して官職に就くことはなかったので、朝廷における処遇・地位に不満を残していたのではないかと思われる。しかし、天平九年の叙位は親王の子扱いの授位であり（選叙令蔭皇親条）、安宿王の同母弟として、高市皇子―長屋王の血筋を引く者としての高い血統を誇っており、舎人親王の子大炊王に匹敵する権威として、新田部親王の子塩焼王や道祖王とともに、政争に利用される条件を有していたものと考えられるのである。したがって安宿王はやはり乱の最終段階で、長屋王所生子の生存者の中での年長者として、さらなる権威・信望を集めるために、与党に組み込まれたのであり、安宿王はうかつにも与党に参加したが、史料aに見えるように、山背王は当時の藤原氏の実力者仲麻呂や光明皇太后との関係を重視し、兄二人を密告する側になったのだと理解しておきたい。

以上、安宿王のくらしを概観したが、藤原不比等女所生による藤原氏との親密さ、聖武天皇・光明皇后との良好な関係を強調するとともに、やはり長屋王の遺児、高市皇子―長屋王の血筋を引く者としての尊貴性が利用価値のある人物として注目されていた点にも留意してみたい。ちなみに、安宿王は奈良麻呂の乱による佐渡配流で、奈良時代後半の政争をくぐり抜け、宝亀四年には高階真人賜姓に与り、高市皇子―長屋王の血統を伝えることができたのであった。

二　河内女王と後宮出仕

河内女王は『続紀』宝亀十年十二月己未条「正三位河内女王薨。浄広壱高市皇子之女也。」とあり、長屋王の姉妹であったことが知られる人物である。但し、長屋王家木簡には全く登場せず、別稿A・Bで推定したように、長屋王とは異母姉妹であったという事情が存したのかもしれない。木簡に散見する山形女王や竹野女王は具体的な動向がわからないのに対して、この河内女王は『続紀』にも散見しており、その政治的立場などを些かなりとも窺うことができる。そこで、ここでは河内女王を中心に、長屋王の周辺の女性王族のあり方を検討することにしたいと思う。

まず河内女王の経歴を整理すると、次の通りである（出典を注記したもの以外は、『続紀』当該条が出典）。

天武一〇（八か）年生（『公卿補任』宝字四年条尻付）
天平一一・正・一三　…従四位下→従四位上
天平二〇・三・二二　…従四位上→正四位下
宝字二・八・一　　　…正四位上→従三位（淳仁即位）
宝字四・五・三　　　…従三位→正三位
〈不破内親王事件により無位に〉
宝亀四・正・一　　　…無位→本位正三位
宝亀一〇・一二・一三…薨、時に正三位

この中ではやはり不破内親王事件への関与が注目され、河内女王が県犬養広刀自所生の聖武天皇の女不破内親王と密接な関係にあったことが推定される[13]。この事件については後述することにし、まず河内女王が宮廷内においてどのような位置づけにあったかという視点から、女性王族の生活を知る手がかりとしての考察を始めたいと思う。

『万葉集』巻十八―四〇五六〜四〇六四には「太上皇御ニ在於難波宮一之時歌」として、元正太上天皇の難波滞在時（天平十六年頃）の様子を窺わせる歌が存する。四〇五八〜四〇六〇は「右件歌者在ニ於左大臣橘卿之宅一肆宴御歌幷奏歌也」という左注によって、難波の左大臣橘諸兄の邸宅での宴会の際のものであることがわかる。

e『万葉集』巻十八―四〇五八〜四〇六〇

御製歌一首

橘の、とをの橘、八つ代にも、我は忘れじ、この橘を

河内女王歌一首

橘の、下照る庭に、殿建てて、酒みづきいます、我が大君かも

粟田女王歌一首

月待ちて、家には行かむ、我が挿せる、赤ら橘、影に見えつつ

そこには元正太上天皇とともに、河内女王・粟田女王の歌が掲載されており、この時彼女達は元正太上天皇に近侍していたと推定され、これは女性王族のくらしぶりを窺わせる事例となるのではあるまいか。

河内女王とともに見える粟田女王の経歴は次の通りであり（出典はすべて『続紀』）、河内女王とともに叙位に与る場合もあった（＊印）。

養老七・正・一〇　　　…？（無位か）→従四位下

天平一一・正・一三（＊）…従四位下→従四位上

天平二〇・三・二二（＊）…正四位下→正四位上
宝字五・六・二六　　　…従三位→正三位
　一〇・一一　　　　…保良宮遷都により稲四万束を賜る
宝字八・五・四　　　…薨、時に正三位

この粟田女王は長屋王家木簡に「粟田王子」（城二十三―八、二十五―九、二十七―八）と見える人物に比定され、長屋王家とも何らかの関係が存したことが窺われる。また養老七年に無位から従四位下になっていることから、某親王の女と推定され（選叙令蔭皇親条）、この点でも高市皇子の女である河内女王と類似する位置にあったものと見ることができる。

粟田女王についてさらに検討を加えると、彼女が叙位に与った宝字五年六月条は「以レ供ニ奉皇太后周忌御斎一也」、即ち光明皇太后の周忌斎会に奉仕した人々に対するものであり、その顔ぶれは次のようであった（男性官人は除く）。

粟田女王、小長谷女王、紀女王
粟田朝臣深見、飯高公笠目、蔵毘登於須美、熊野直広浜、多気宿禰弟女、多可連浄目、錦部連河内、忍海連致、尾張宿禰若刀自、大鹿臣子虫

これらのうち、各豪族出身の人々は女孺として後宮官人であったことがわかる者が多く、中には『続紀』宝亀三年正月甲申条「復二無位粟田朝臣深見本位従四位下一」と見える粟田朝臣深見のように、後に何らかの政治的事件に巻き込まれる人物も含まれている。[14] また小長谷女王は『続紀』景雲元年正月己未条に、

尚膳従三位小長谷女王薨。三品忍壁親王之女也。

とあって、後宮官人であったことが知られる。この小長谷女王は天平十一年条で河内女王・粟田女王とともに叙位に

与っており（無位→従四位下）、粟田女王は系譜不明なので措くとして、河内女王とは同じ天武系の王族として同様の位置にあったと思われる。なお、紀女王は別稿A・Bで述べた推定が正しいとすると、長屋王家木簡の紀若翁に比定され、長屋王の女であった可能性を指摘することができる。(15)

このように女性王族が天皇・皇后などに近侍する姿としては、『書紀』舒明即位前紀に描かれた推古死去の場面を掲げることができる。(16)

（上略）次詔二大兄王一曰、汝肝稚而勿二諠言一、必宜レ従二群言一。是乃近侍諸女王及采女等悉知之。（中略）吾聞二天皇臥病一而馳上之侍二于門下一。時中臣連弥気自二禁省一出之曰、天皇命以喚之。則参進向二于閤門一、亦栗隈采女黒女迎二於庭中一引二入大殿一。於レ是近習者栗下女王為レ首、女孺鮪女等八人、并数十人侍二於天皇之側一。且田村皇子在焉。時天皇沈レ病不レ能レ覩レ我、乃栗下女王奏曰、所レ喚山背大兄王参赴。即天皇起臨之、詔曰、（下略）

宝字五年六月条の粟田女王の場合、位階は最も高く、また十月条の保良宮遷都に伴う賜稲では、

（上略）又賜二大師稲一百万束一、三品船親王・池田親王各十万束、正三位石川朝臣年足・文室真人浄三各四万束、二品井上内親王十万束、四品飛鳥田内親王（淳仁天皇の姉妹）・正三位県犬養夫人（広刀自）・粟田女王・陽侯王各四万束。以レ遷二都保良一也。

とあって、王族の中でも高い位置にあったことが窺われ、これらは光明皇太后や孝謙太上天皇への近侍という理由であった可能性を考えてみたい。

論を河内女王に戻すと、河内女王も光明皇太后に近侍していた蓋然性が高い。

f 『続紀』宝字四年五月壬辰条

授二従三位河内王正三位、従五位下岡田王従五位上、従五位上気太公十千代正五位上、従五位下石上朝臣国守従

五位上一。

fの「河内王」は先掲の河内女王の経歴との整合性から見て、河内女王を指すものであり、この年の閏四月丁亥条には光明皇太后の寝膳乖和が記されているので、fは光明皇太后と関係の深い女性等への叙位を示すものであると理解される(17)。とすると、河内女王は先述の元正太上天皇への近侍以来、後宮に勤務し、この時点では光明皇太后に近侍していたことが推定されるのである。そこで、この河内女王と後宮との関係をさらに窺わせるものとして、先に保留した不破内親王事件の検討に進むことにしたい。

g『続紀』景雲三年五月壬辰条

詔曰、不破内親王者先朝有レ勅、削二親王名一。而積悪不レ止、重為二不敬一、論二其所レ犯、罪合二八虐一。但縁レ有レ所レ思、特宥二其罪一、仍賜二厨真人厨女姓名一、莫レ令レ在二京中一。又氷上志計志麻呂者棄二其父塩焼一之日、倶応二相従一、而依レ母不レ坐。今亦其母悪行弥彰。是以処二遠流一、配二土左国一。

h『続紀』景雲三年五月丙申条

県犬養姉女等坐二巫蠱一配流。詔曰、（中略）犬部姉女乎波内都奴止為弖冠位挙給比根可婆爾改給比治給伎。然流物乎反天逆心乎抱蔵弖己為首弖忍坂女王・石田女王等乎率弖挂畏先朝乃依過弖棄給弖之厨真人厨女許尓窃往乍岐多奈久悪奴止母止相結弖謀家良久、傾奉朝庭乱国家弖、岐良比給弖之氷上塩焼我児志計志麻呂乎天日嗣止為牟止謀弖、挂畏天皇大御髪乎盗給波利弖岐多奈伎佐保川乃髑髏尓入弖大宮内尓持参入来弖厭魅為流己止三度世利。（下略）

i『続紀』宝亀二年八月辛酉条

毀二外従五位下丹比宿禰乙女位記一。初乙女誣三告忍坂女王・県犬養姉女等厭二魅乗輿一。至レ是、姉女罪雪。故毀二乙女位記一。

j『続紀』宝亀四年正月丁丑朔条

授無位不破内親王本位四品、無位河内女王本位正三位。

不破内親王事件の事情は今ひとつ明確でないが、氷上真人塩焼（塩焼王＝新田部親王の子）と不破内親王（厨真人厨女）の間の子志計志麻呂を天皇に擁立しようとしたと弾劾されており（h）、称徳朝末期の皇位継承をめぐる様々な陰謀・暗闘の一つに位置づけることができる。但し、iによると、この事件は誣告であったことが知られ、hに見える県犬養姉女や忍坂女王などは、この時点で赦免されていたようである(18)。しかし、不破内親王はjで漸く宥免されており、ともに見える河内女王は、h・iに名前が登場しないが、やはり不破内親王事件に関係したものと推定され、不破内親王との同日復位は、それだけ関係が強固であったことを窺わせる。

以上の不破内親王事件では、処罰されたのが河内女王・忍坂女王・石田女王、そして県犬養姉女と、いずれも女性であり、誣告したのも丹比宿禰乙女という者で、厭魅の情景を知り得る立場にあると考えられていたと推定されるので、後宮官人であったと思われる(19)。各豪族出身の女性は後宮官人であると判断し易いが、女性王族の場合は、王族ゆえの叙位なのか、後宮官人としての功績をも考慮した叙位なのか判別が難しく、後宮官人の認定が困難である。上述の光明皇太后の周忌斎会以外では、『続紀』宝字八年九月甲寅条・十月庚午条（「加賜親王・大臣之胤及預討逆徒諸氏人等位階」とある）、神護元年正月己亥条（神霊の加護により乱が鎮定されたことに伴う改元）などに見える、藤原仲麻呂の乱の際に孝謙太上天皇に近侍していたと思われる人物（池上女王（系譜不明）、広瀬女王（長親王の女）、円方女王（長屋王の女）、神社女王（某親王の女か）、桜井女王・浄原女王・高向女王・小垂水女王・高岡女王（以上、系譜不明））や前出の小長谷女王のように、尚膳などの肩書が明確な例（延暦八年七月丁未条で死去した尚掃美作女王は、宝亀七年正月丙申条の叙位から考えて、某親王の女）が候補になると思う。八世紀末では美作女王の例だけが確実で、女性王族の近侍は減少していくという感触があるが、八世紀後半までは女性王族が後宮に近侍する例は決して少なくないと言えよう。

したがって河内女王のような存在形態は例外的なものではなく、王族女性の一つのあり方として、後宮に近侍して生活の維持、時には政治力の発揮を図るという道があったのである。河内女王は元正太上天皇、光明皇后に近侍し、その後同じ道を歩んでいた粟田女王は孝謙太上天皇、河内女王は不破内親王へと分岐しており、命運が分かれている。これらの天皇・皇后・内親王の周辺は、長屋王関係あるいは天武系の王族女性など、当時の政治の中枢からはずれた人々を保護する場として大きな役割を果したと見ることができ、またそうした形で権力中枢に近づくことによって、再び政治の場に名を現すことも可能になったと評される。このような視点で後宮の様相を考えることも必要かと思い、河内女王を取り上げた次第である。

三　鈴鹿王の位置

鈴鹿王は高市皇子の子で、長屋王の弟である。長屋王の変に際して、鈴鹿王らに対しては次のような措置がとられており、鈴鹿王に関しては、長屋王と別の場所に居住していたものと考えられる（k）。

k『続紀』天平元年二月己卯条

遣二左大弁正四位上石川朝臣石足等一、就二長屋王弟従四位上鈴鹿王宅一、宣レ勅曰、長屋王昆弟・姉妹・子・孫及妾等、合二縁坐一者、不レ問二男女一、咸皆赦除。

l『続紀』天平元年二月丁亥条

長屋王弟・姉妹并男女等見存者、預二給レ禄之例一。

m『続紀』天平十七年九月戊午条

知太政官事兼式部卿従二位鈴鹿王薨。高市皇子之子也。

kによると、長屋王の死後は鈴鹿王が一族の中心になったようであり、k・lに様々な配慮が見えるのは、朝廷も鈴鹿王の動向に留意したことを示し、その政治的位置づけの高さが窺われる。「はじめに」で触れたように、鈴鹿王はその後知太政官事になっており（m参照）、知太政官事は彼が最後の任用者となった。知太政官事には刑部親王、穂積親王、舎人親王といずれも天武の皇子が就任し、鈴鹿王だけが孫王の世代である。とすると、孫王の中で、何故彼だけが知太政官事になり得たのか、また彼以後に知太政官事が任用されなかった理由は何かという視点で検討を試みることも必要であろう[20]。

そこで、以下ではこの鈴鹿王の動向に考察を加え、長屋王没後の高市皇子の子孫のあり方を知る一例としたい。その作業によって、長屋王が体現していた高市皇子宮継承の側面を、鈴鹿王の中にも見出すことができないかと期待される。

まず鈴鹿王の経歴を整理すると、次のようになる（出典を記したもの以外は、『続紀』当該条が出典）。

和銅三・正・一三　…無位→従四位下
神亀三・正・二一　…従四位下→従四位上
神亀五頃　…時に大蔵卿（『家伝』下）
〈長屋王の変…史料k・l〉
天平元・三・四　…従四位上→正四位上
天平三・八・一一　…時に大蔵卿正四位上で、諸司挙により参議になる

天平四・正・二〇　…正四位上→従三位
天平五・一二・二八　…県犬養橘宿禰第に派遣され、贈位・別勅を伝える
天平七・一一・一四　…舎人親王の葬事監護
天平九・九・二八　…知太政官事就任
　　一〇・二四　…百官人の薪一〇〇〇荷貢上の筆頭として見える
天平一〇・正・一三　…従三位→正三位（阿倍内親王の立太子）
天平一二・二・七　…難波宮行幸時の恭仁京留守官
　　一〇・二九…伊勢国行幸時の恭仁京留守官
天平一四・五・一三　…越智山陵崩壊の修造
　　八・二七　…紫香楽宮行幸時の恭仁京留守官
　　一二・二九…紫香楽宮行幸時の恭仁京留守官
天平一五・五・五　…正三位→従二位（皇太子の五節舞の日）
　　七・二六　…紫香楽宮行幸時の恭仁京留守官
天平一六・閏正・一一…難波宮行幸時の恭仁京留守官
　　二・二　…留守官に給う鈴印を難波宮に集める。時に恭仁京留守官
　　九・二七　…令旨により金光明経疏一部の書写を宣す（『大日本古文書』八―三七一）
天平一七・九・四　…薨、時に知太政官事兼式部卿従二位〈史料m〉

上述のように、長屋王の変の際、鈴鹿王は別に居宅を構えており（k）、長屋王与党とは見なされず、縁坐を免れ

ることができたようである。その鈴鹿王の居宅については、次の史料が存する。

n 『続紀』宝亀元年八月戊戌条

授二正五位下豊野真人出雲従四位下、従五位上豊野真人奄智正五位下、従五位下豊野真人五十戸従五位上一。以二其父故式部卿従二位鈴鹿王旧宅一、為二山陵一故也。

nは称徳天皇崩御に際して、その山陵の地として鈴鹿王旧宅が含まれたことによる授位であり、豊野真人出雲らは父鈴鹿王の邸宅を伝領していたと見てよい(21)。称徳天皇は『続紀』宝亀元年八月丙午条によると「大和国添下郡佐貴郷高野山陵」に葬られたとあり、延喜諸陵寮式には「高野陵〈平城宮御宇天皇。在二大和国添下郡一。兆域東西五町、南北三町、守戸五烟〉」と記されてる。その所在地は右京の北部にかかり、鈴鹿王旧宅の位置は西隆寺の北東にあたる右京北一条二坊一坪に比定されよう。

但し、この邸宅については、鈴鹿王が父高市皇子から伝領したものか否か（別稿A・Bで推測したような、飛鳥・藤原京時代の宅地の所在位置が平城京でも踏襲されたという見方が成り立つか否か）は不明であり、あるいは長屋王の変以前に律令官人として自立していた鈴鹿王が、平城京内で新たに取得したものと考える方がよいのかもしれない。また鈴鹿王の婚姻関係は不詳とせねばならず、この方面からの手がかりはないので、邸宅の由来に関しては、これ以上の検討は不可能である。

しかし、nでその子の複数者に授位が行われたという点は、父親の遺財に対する継承のあり方を窺わせる事例として注目される。長屋王家木簡では、長屋王は高市皇子の子である兄弟姉妹に対しても米飯支給などを行っていることが看取され、高市皇子の家政機関の継承と自己の家政機関の並存、二重構造の上に立った長屋王の存在形態は、あるいはそのような遺財に対する権利や管理のあり方とも関わるのではないかと考えてみたい。ここではこの憶説を記すに留め、次に知太政官事としての鈴鹿王の動向を検討する。

知太政官事については数多くの論考が呈されているが、その位置づけはなお不確定であると言わざるを得ない。[22] 知太政官事就任者は、大宝三年正月〜慶雲二年五月刑部親王、同二年九月〜霊亀元年七月穂積親王、養老四年八月〜天平七年十一月舎人親王（以上、天武の皇子）、同九年九月〜十七年九月鈴鹿王の四名であり、最初の二人は持統太上天皇死去から藤原不比等政権成立までの間、舎人親王は不比等死去から武智麻呂政権の成立までの間、そして藤原四子死後の鈴鹿王と、いずれも藤原氏の有力者の欠如、政権掌握未確立時に置かれるのが特色である。その地位・職務は大臣よりも下で、朝政に参議することを基本としたらしく、太政官の首班ないしは掣肘説は成立し難いとされているが、何故この四人が朝政に参議したのかに関しては、天皇家の藩屏と見る立場、藤原氏が連続して大臣を出し、皇位継承権のない安全なミウチとして天皇の輔政にあたる体制が確立するまでの間、やむをえざる過渡的措置とする見解などが示されている。

藩屏説、過渡的措置説いずれをとるにしても、知太政官事には天武の皇子の生存者を主とする皇族の有力者が起用されたことはまちがいない。その中で鈴鹿王だけは高市皇子の子で、孫王の世代に属する。後に淳仁天皇として即位する大炊王（舎人親王の子）を始め、この世代の人々が奈良時代後半の政争に次々と関わっていくのは周知の通りであるが、何故鈴鹿王だけは逸早く知太政官事に登場し、また彼より後には知太政官事が消滅しているのであろうか。知太政官事としての鈴鹿王は、聖武天皇の首都彷徨の間、多くは旧都の留守官を勤めており、特筆すべき活動は見られない。知太政官事を論じた研究の中で、鈴鹿王に言及したものは殆どないが、彼が知太政官事に就任した背景として、やはり高市皇子の勢威を継ぐ者としての位置が存したことを想定すべきではあるまいか。

○『続紀』和銅七年正月壬戌条

二品長親王・舎人親王・新田部親王、三品志貴親王益₌封各二百戸₋、従三位長屋王一百戸。封租全給。其食封田租全給₌封主₋、自レ此始矣。

和銅七年といえば、長屋王の妻吉備内親王に対して「勅以₌三品吉備内親王男女₋、皆入₌皇孫之列₋焉」（『続紀』霊亀元年二月丁丑条）という優遇措置がとられる前であるが、ｏによると、孫王の中では唯一高市皇子の子長屋王が封租全給の特例に与っている。別稿A・Bで述べたように、長屋王は高市皇子の権威・財力の継承者であり、その死後は鈴鹿王が高市皇子の子孫を代表する存在と目されていた（k）。実はこの点こそが鈴鹿王が知太政官事に登用される理由であり、また彼以後にそのような権威の欠如する孫王が起用されることはなかった所以であると考えてみたい。

天平九年藤原四子死去の際、ともに従三位の鈴鹿王が知太政官事、橘諸兄が大納言に任命された（b）が、鈴鹿王は一貫して諸兄の下位に位置づけられており、この時期の政治首班は橘諸兄であった。したがって鈴鹿王の知太政官事就任は、高市皇子の子で、天武の諸皇子と並ぶ権威を有する存在として、藤原四子急死で混迷する政界の安定装置としての役割を期待されたものであり、その政治力発揮を求めてのことではなかったと思われる。

では、鈴鹿王は全く政治的活動を行っていないのであろうか。第一節で見た安宿王らの政界復帰は天平九年であり（b・c）、これはやはり藤原四子の死去によって、長屋王の変による逼塞状態が開放されたことに基づくものと思われる。ちなみに、『続紀』天平十年七月丙子条の大伴子虫（長屋王に仕える）の中臣宮処東人（変の密告者）殺害事件も、こうした時代の変化によって起こったものと推測される。この点は措くとして、安宿王らに対する一連の措置は、鈴鹿王の知太政官事就任に随伴していることに注目したい（b）。即ち、高市皇子の子孫を率いる者としての鈴鹿王の存在があって、初めて長屋王子女の政界復帰が成就したのであり、ここに高市皇子の権威を引き継ぐ鈴鹿王の位置を重視する所以がある。

p『続紀』宝字元年閏八月癸亥条

夫人正二位橘朝臣古那可智、無位橘朝臣宮子・橘朝臣麻都賀、又正六位上橘朝臣綿裳・橘朝臣真姪改二本姓一、賜二広岡朝臣一。従五位下出雲王・篠原王・尾張王、無位奄智王・猪名部王、賜二姓豊野真人一。

第一節で触れたように、橘奈良麻呂の乱は当初黄文王擁立を中心に与党が形成されたのであるが、それは天平十七年頃のことであり、丁度鈴鹿王が死去する時期であった。おそらくこの時までは長屋王の遺児も含めて、高市皇子の子孫に対する鈴鹿王の統制は維持されていたと推定される。しかし、奈良麻呂の乱により、黄文王は杖死、安宿王は佐渡配流となり、pに見えるように、鈴鹿王の子どもたちは豊野真人賜姓に与る、また安宿王・黄文王を密告した弟山背王は藤原氏の一員となる（a）という具合に、高市皇子の子孫は分散状態になってしまう。pの橘氏の人々の改姓が奈良麻呂の乱と関係することは別稿Cで述べた通りであり、鈴鹿王の子らの行為も乱との関わりを否定するためのものであったと考えられる。鈴鹿王の死後、高市皇子の子孫の筆頭は安宿王であり、彼の誤った判断が高市皇子の子孫＝「北宮王家」の分裂を招いたのであった。

『新撰姓氏録』では右京皇別に「豊野真人。天武天皇皇子浄広壱高市王之後也。続日本紀合。」とあり、豊野真人は安宿王の子孫高階真人とともに、高市皇子の血統を残すことができた（その他、左京皇別上の「永原朝臣。天武天皇皇子浄広壱高市王之後也。続日本紀合。」は、山背王の子孫と考えられる）[23]。この豊野真人はnにあるように、鈴鹿王の財産を受け継いでいたが、政治的には皇族を離れ、奈良時代後半の政治抗争とは別の場所で、官人としての生活を送ることができたのである。

以上を要するに、鈴鹿王は高市皇子の子孫の最後の栄光を示し、彼の代までは「北宮王家」のまとまりが存続した可能性が高いと考える。そこには高市皇子―長屋王の後を継ぐ者としての鈴鹿王の存在意義が窺われ、長屋王の遺児を始め、高市皇子の子孫の人々の安寧を保ったところに彼の役割があったと見たい。第二節で触れた河内女王・粟田女王の後宮出仕はあるいは鈴鹿王の配慮も存したと思われ、とすると、女性王族の生活にも目配りを行っていたことがわかるのである。このように見てくると、長屋王死後の高市皇子の子孫の人々にとって、また朝廷にとっても、鈴鹿王の地位の重要性を再認識する必要があるのではあるまいか。と同時に、「北宮王家」の位置についてもさらに検討せねばならないと思うが、ここでは問題提起に留め、後考に俟つことにしたい。

むすび

本章では安宿王・河内女王・鈴鹿王を取り上げて、八世紀の王族の生活の一端や政治的地位に言及しようとした。この三人の人物については、長屋王没後の高市皇子の子孫の動向を検討することができ、高市皇子や長屋王の政治的位置づけを再確認し、長屋王家木簡の世界を考える手がかりも得ることができたのではないかと思う。

冒頭で述べた『日本霊異記』の女王を始めとする、王族の宴会は、あるいは同一系統内での結合を示すものであった可能性があり、王族を全体としてとらえるのではなく、個々の系統の集合として検討する視点も必要なのかもしれない。[24]しかし、その一方で天皇・皇后らの周辺で生活する王族女性の存在があるように、王族の宗家としての天皇の役割も重要であったと考える。

以上のような王族の存在形態は、奈良時代後半の高市皇子の子孫の臣籍降下に見られるように、この時期以降変容していくことが予想されるが、この点は他の系統の王族の人々の動向の検討や平安時代の王族のあり方についての考察[25]と合せて、今後の課題とし、拙い稿を終えることにしたい。

註

（1）　拙稿A「長屋王家木簡再考」（『弘前大学国史研究』九六、一九九四年）、B「長屋王邸の住人と家政運営」（『平城京左京二条二坊・三条二坊発掘調査報告』奈良国立文化財研究所、一九九五年、本書第一部参照）。以下、別稿A・Bと称する。

（2）　大山誠一「藤原房前没後の北家と長屋王家木簡」（『長屋王家木簡と金石文』吉川弘文館、一九九八年）、森田悌「貴族死後の家政機関」（『日本歴史』五九九、一九九八年）、田辺征夫「長屋王の邸宅」（『平城京 街とくらし』東京堂出版、一九九七年）など。

（3）　安宿王の伝記は、長屋王家木簡出土以前に呈された論考であるが、滝川政次郎「安宿王」（『古代文化』一一の二、一九六三年）に詳しい。但し、天平九年以前の生活については、長屋王の佐保宅で成長したという推定を記すのみで、殆ど言及されていない。

（4）　井上薫『奈良朝仏教史の研究』（吉川弘文館、一九六六年）四四六頁・四四九頁、須田春子『律令制女性史研究』（千代田書房、一九七八年）三一四頁、栄原永遠男「藤原光明子と大般若経書写」（『古代の日本と東アジア』小学館、一九九一年）、勝浦令子「古代の「家」と僧尼」（『日本史研究』四一六、一九九七年）など。

（5）　高屋赤万呂については、鬼頭清明「高屋連赤万呂の世界」（『日本古代都市論序説』法政大学出版局、一九七七年）、皇后宮職に関しては、同「皇后宮職論」（『奈良国立文化財研究所研究論集』二、一九七四年）、鷺森浩幸「藤原光明子家に関する一史料」（『続日本紀研究』三〇五、一九九六年）などを参照。

（6）　須田註（4）書、勝浦註（4）論文、西洋子「岡本宅小考」（『国史談話会雑誌』三八、一九九七年）四三頁〜四四頁。

（7）　渡辺晃宏「二条大路木簡と皇后宮」（『平城京左京二条二坊・三条二坊発掘調査報告』奈良国立文化財研究所、一九九五年）。

（8）　渡辺直彦「令制家令の研究」（『日本古代官位制度の基礎的研究』吉川弘文館、一九七二年）。

（9）　新編日本古典文学全集『萬葉集』四（小学館、一九九六年）四四二頁頭注。

（10）　拙稿「橘家と恵美太家」（『海南史学』三三、一九九五年、本書所収）。以下、別稿Cと称する。

（11）　田村円澄『飛鳥仏教史研究』（塙書房、一九六九年）八七頁〜九三頁。

（12）　西本昌弘「建部門参向者交名をめぐる憶説」（『続日本紀研究』二九五、一九九五年）、渡辺晃宏「平城宮東面宮城門号考」（『律令国家の政務と儀礼』吉川弘文館、一九九五年）など。但し、参向者の中には、藤原豊成、塩焼王、大伴古万呂など、橘奈良麻呂の与党になった者も含まれており、単純に参向者全員が大炊王を歓迎していたとは解せない。安宿王については、後述の奈良麻呂の乱への参加形態から見て、一応この時点では仲麻呂側と位置づけてみたい。

(13) 不破内親王事件については、後掲史料g・hが関連記事である。不破内親王に関しては、早川庄八「「かけまくもかしこき先朝」考」(『日本歴史』五六〇、一九九五年)を参照。

(14) 新日本古典文学大系『続日本紀』四(岩波書店、一九九五年)三六二頁脚注は、藤原仲麻呂の与党かとする。

(15) 野村忠夫『後宮と女官』(教育社、一九七八年)は諸氏族出身の女官には注目されているが、女性王族の動向という視点は考慮されていないようである。

(16) 吉川真司「律令国家の女官」(『日本女性生活史』一、東京大学出版会、一九九〇年)は、内侍(紫宸殿上)─闈司(南庭)という平安宮の奉宣のあり方は、この記事の女王(大殿上)─采女(庭中)という形と基本的に相通じる点があることを指摘し、女王─女孺─その他という宮人の等級が存したことを示している。但し、主題とはずれるため、女性王族のあり方という方向での検討は行われていない。

(17) 新日本古典文学大系『続日本紀』三(岩波書店、一九九二年)三五〇頁脚注。

(18) 林陸朗「奈良朝後期宮廷の暗雲」(『上代政治社会の研究』吉川弘文館、一九六九年)は、県犬養姉女が中心となって、不破内親王と結合し、宮廷の女性達を一味に引き込んだものとする。その他、倉本一宏『奈良朝の政変劇』(吉川弘文館、一九九八年)も参照。

(19) 忍坂女王、石田女王はともに系譜不明である。註(14)書二四〇頁脚注によると、忍坂女王は『続紀』天応元年九月己未条で無位→従五位下、延暦五年正月乙巳条で→従五位上となった人物に比定され、石田女王=磐田女王とすると、天応元年二月庚寅条で無位→従五位下になっており、また景雲元年十一月の東大寺越中国礪波郡井山村墾田図(『大日本古文書』家わけ・東大寺文書之四─一四図)に治田が見え、没後の延暦十七年八月文室真人長谷らによってその仏像・一切経・水田等が東大寺阿弥陀院に施入された(同三─四一～四二、『東大寺要録』巻四)という。文室真人は長親王の後裔氏族であるが、石田女王との関係は不詳である。

(20) 虎尾達哉「律令国家と皇親」(『日本史研究』三〇七、一九八八年)二三頁は、「藩屏」としての皇親という立場から、鈴鹿王の知太政官事就任は、孫王が親王に代わって王権を擁護する存在になったことを示すとするが、一方で、孫王の地位を過大に評価できないとも述べられている。なお、倉本一宏「律令制下の皇親」(『日本古代国家成立期の政権構造』吉川弘文館、一九九七年)、

註(18)書は、「藩屏」としての皇親という考え方に反対し、奈良時代を通じて皇親の地位は低下していくと見ている。その他、鈴鹿王の位置を論じたものとして、石田敏紀「奈良・平安初期における二世王の存在形態」(『高円史学』一三、一九九七年)は、長屋王の死後、鈴鹿王が二世王の最年長者となり、位階が急に上昇すると見ている。但し、二世王の最年長者の昇叙が早められる傾向の指摘のみでは、知太政官事就任などの待遇の理由が解けないと思われる。また井上亘「光明立后の史的意義をめぐって」(『日本古代の天皇と祭儀』吉川弘文館、一九九八年)では、以下で指摘する鈴鹿王の位置に関する考え方と同様に、高市皇子系の特別な地位が存したことが述べられているが、鈴鹿王の動向に即した具体的な分析は行われていない。

(21) 新田部親王宅については、『続紀』宝字七年五月戊申条と『後紀』延暦二十三年正月戊戌条から考えて、註(17)書五七九頁〜五八〇頁補注が整理するように、新田部親王宅→塩焼王・道祖王に伝領→没官地→唐招提寺への施入という過程がわかり、邸宅の伝領の事例とすることができる。

(22) 最近の研究として、篠川賢「「知太政官事」小論」(『日本常民文化紀要』一九、一九九六年)、倉本一宏「律令国家の権力中枢」(註(20)書)、虎尾達哉「知太政官事小考」(『日本古代の参議制』吉川弘文館、一九九八年)などを参照。

(23) 佐伯有清『新撰姓氏録の研究』考証篇第一(吉川弘文館、一九八一年)二九九頁〜三〇〇頁。

(24) 土橋誠「皇親における族長権の所在について」(『ヒストリア』一一〇、一九八六年)。

(25) 平安時代の皇親については、安田政彦『平安時代皇親の研究』(吉川弘文館、一九九八年)を参照。

(付記) 安宿王が鑑真入京を迎えたことについて、『唐大和上東征伝』に見える長屋王の袈裟千枚送付に関連して、その関係者として安宿王が起用された可能性も考慮すべき旨、東野治之氏より口頭での御教示を賜った。ありうべき考え方として、紹介・付加しておきたい。

第三部　長屋王家木簡の周辺

第一章　荷札木簡の研究課題

はじめに

　荷札木簡とは、調庸などの税、贄といって海産物を中心に天皇などの供御物として貢進されるものなど、物品に付けられて、文字どおり荷札としての機能を果す木簡を指す。その記載内容は、国郡郷里名、貢進者名、税目、物品名・数量、年月日等であり、各々の要素について新たな史料を呈する。

　古代の国郡郷里名といえば、『和名抄』が著名であるが、その原資料は九世紀頃のものといわれ、八世紀には遡らない。ところが、平城宮跡から八世紀の荷札木簡が出土し、さらに藤原宮跡や飛鳥京跡出土のものにより、七世紀の地名までも知られるようになった。郡評論争に決着をつけたのも藤原宮木簡の出土であった。また『和名抄』と異なる用字法は地名のよみを確定するという点でも重要で、国語学にも寄与するところは大きい。次に貢進者名からは、古代の氏姓、氏姓分布の資料を得ることができ、部民制など、古代史の大問題に新たな光を投ずることになる。物品名に関しては、各地域の貢進物をまとめたものに十世紀に成立した『延喜式』があるが、荷札木簡は時代を遡ってそれを検証・補訂し、各地の貢納品の姿を明らかにする。

このように荷札木簡は、材料の乏しい古代の地域史に関する豊富な史料を呈し、地方史の解明に役立つことが期待される。しかし、荷札木簡は税などの貢進物に付された荷札である点を顧みる時、史料として最も注目されるのは、古代税制史の上に果す役割であろう。律令には賦役令という編目があり、税制の規定はそこにまとめられているが、国郡段階でいかに税を集め、それを梱包・荷札を付けて中央へ送ったか、また中央へ納入する際の具体的手続きはいかがであったか等々となると、不明の点が多い。これは国郡機構の運営形態全体にも関わってくる問題である。荷札木簡はこうした諸点を解明する鍵となるものであり、その検討が重要になる。

以上、荷札木簡の史料としての可能性に触れた。本章では特に後者の点、古代税制史の上に果す役割を中心に、まず研究史の整理から始めたい。一九八八年八月までの木簡出土点数は、全国で六万点、うち平城宮跡が三万点といわれており、以下の記述でも平城宮木簡の分析が主となる。

一　研究の足跡

本節では、荷札木簡の研究史をいくつかの論点に分けて整理する。まず調庸などの税に荷札をつけることは、賦役令調皆随近条「凡調皆随レ近合成。絹・絁・布両頭、及糸・綿嚢、具注二国郡里戸主姓名・年月日一、各以二国印一々レ之*。」によるといわれる。正倉院にはこの規定に基づいて調庸の布類に墨書した所謂調庸墨書銘や調綿紙箋が現存する（松島順正編『正倉院宝物銘文集成』吉川弘文館、一九七八年）。ところが、米、塩、魚介類・海藻などの水産物、獣肉類や果実などの場合は、これらに墨書するわけにいかない。そこで、荷札木簡が必要となるのである。

1　平城宮木簡と藤原宮木簡

今、平城宮木簡から荷札木簡の例を一つ掲げる。賦役令の規定をほぼ満たすものである。

①・若狭国遠敷郡 木津郷少海里 土師竈御調塩三斗
・　神亀五年九月十五日　132・26・4　031

ところで、こうした荷札木簡の書式は一朝一夕に出来上ったものではない。時代を遡る藤原宮木簡の例を示すと、用字の違いの他に、一見していくつかの相違点を指摘できる。

②庚子年四月 若佐国小丹生評 木ッ里秦人申二斗　170・33・5　031

庚子年は文武四年（七〇〇）であるが、年月日が冒頭に来ること、この点は文書木簡にも該当し、大宝令以前の書式とされる。次にこの木簡には「二斗」とあるだけで、若狭で斗単位といえば、塩かと推定されるが、税目も品目も見えない。特に税目に関しては、浄御原令制下の木簡には、大贄と数例の御調を除くと、税目の記された例は少なく、調、庸、中男作物、贄など様々な税目が見える平城宮木簡とは租税制度の整備の度合が異なることがわかる。またこの木簡では「某里＋人名」となっているが、「某里人＋人名」という書式のものも多いことが指摘されており、これは平城宮木簡にも引き継がれ、漸く和銅・養老頃から見えなくなるという。このような表記は税目よりもむしろ行政地名記載・所属に重点があるのではないかという意見もある。そして、最後に貢進月日に触れれば、賦役令調庸物条では、調庸物は八月中旬より徴収し始め、近国は十月三十日、中国十一月三十日、遠国十二月三十日という貢進期限が定められている。令集解古記の引く民部省式によれば、若狭は近国で、平城宮木簡の調庸の荷札の日付はほぼこの規定に合致するが、藤原宮木簡にはこの貢進期日に拘らない日付を持つものがあるというのが、一つの特色である。

なお、この二例の若狭国の木簡にはいずれも割書き部分が存するが、平城宮木簡の分析によると、国毎に書式の特色が存する例があることが明らかになっている。例えば、隠岐国の木簡は、大きさは小型で、片面のみに二行書きないし一部を割書きにし、材質は杉材が多く、〇三一型式のものが多いとされ、若狭国は大きさは中型程度、遠敷郡では日付は必ず裏面に記入する（藤原宮木簡は異なるが）といわれ、双行書きのためか、長さに比べて幅が広い。そして、こうした特色は、隠岐国の場合、既に藤原宮木簡から窺われ、律令国家における地域性が意外に古くから存したことが判明する。

以上、平城宮木簡と藤原宮木簡の比較を行い、藤原宮木簡の書式の特徴、そこから租税制度の未整備が窺える点などを述べた。こうした租税制度は、和銅六年の風土記勘造命令、霊亀三年の郷里制施行などによる地方行政区画の把握強化、養老元年中男作物の成立、租税台帳たる計帳の制度的整備等々により、和銅〜養老年間に整備・確立が進むという。では、このようにして確立した荷札木簡はいったい何のために付けられたのか。

2　荷札木簡の機能

先に引用した賦役令調皆随近条の＊部分集解には、「穴云、年月日、謂国勘訖国印之日耳。非二元輸日一也。」とあり、荷札木簡を作成する目的として、まず租税収取の際の勘検に備える、あるいは勘検の終了を示すという点が考えられる。その最も顕著な例が長岡京跡出土の地子物付札である。

③・近江国米綱丁大友醜麻呂

・五月十三日秦「安万呂」　　180・15・3　011

④・美濃国米綱丁勝栗万呂

・延暦九年五月十九日「秦安万呂」　　(165)・24・2　051

これらの木簡に登場する秦安万呂は、同時に出土した他の木簡から太政官の下級役人と推定され、複数の国の木簡に署名部分のみ異筆で現れることから、太政官厨家に地子を納入する際の勘検署名であることがわかる。では、調庸物についてはいかがであろうか。この点で興味深いのは、同一内容、同筆の荷札の存在である。

⑤上総朝夷郡健田郷戸主額田部小君戸口矢作部林調鰒六斤□□□〔條〕 天平十七年十月　　404・33・4　051

⑥朝夷郡健田郷戸主額田部小君戸口矢作部林調鰒六斤卅四條 天平十七年十月　　331・28・3　011

⑦矢作部林　　115・25・5　032

⑧三方郡弥美郷中村里別君大人 三斗　　201・41・4　051

⑨三方郡弥美郷中村里別君大人 三斗　　202・41・6　031

複数の同一の荷札の発見例は、荷札木簡全体の数から見ると極めて少なく、例外的といえる。しかし、それらの記載内容は、特別な貢進物・者に関するものではなく、むしろありふれた内容である。そこで、殆どの場合、一つの貢進物につき複数の荷札が付けられていたが、消費の段階まで残されたのは原則として一枚だけであったとの見方が呈されてくる訳である。つまり荷札木簡には物実納入時の検収終了後、とりはずされる荷札と最後まで残る荷札とがあったことが知られる。そして、平城宮跡から出土する木簡は国郡郷を記した⑤のような型が最も多く、これは賦役令の書式に近く最も整ったものである。この型が最終段階まで残る荷札であった。但し、⑥・⑦も中央で廃棄されているから、国での勘検以後も物実に付されて中央に運ばれたことがわかる。三方郡の二枚の荷札のように同一内容で型式の異なる例は、荷札を付ける場所の違いを想定させる。また荷札には「国」から始まるもの、「郡」から始まるものなど、様々な型があるが、いったいこれらの荷札木簡はどこで作成されたのだろうか。そこで、次に荷札の作成段階の問題に進もうと思うが、その前に荷札木簡の機能として、勘検・収納以外のものも想定されているので、その見解を紹介しておこう。

それは、一つの発掘区から同一国の木簡や同種類の品目（例、海産物）がまとまって出土する例があることから、貢進物の保管・支給形態を復元しようとする試みである。この研究によると、平城宮木簡の場合、大分類—品目別整理、小分類—貢進順に国毎に整理による収納・保管が行われていたとされ、荷札木簡は貢進物の整理に、また記載数量が出給目安として利用され、最終的に物実消費地で廃棄されるまで、多様な目的で使用されたということになる。なお、特定の荷札木簡の出土地分布を出土遺構の性格と合せて考えようとする研究も存する。例えば、庸米付札出土地は衛士・仕丁・采女らの何らかの労役場所であろうと推定される。また贄札については、藤原宮段階では天皇の居所や宴会の場所との関連は見出せないが、平城宮になると、内裏、東院および聖武天皇の大嘗会関係のものを含むとされる造酒司関連遺構などに集中し、贄が天皇の供御に供されるものであるという属性を反映していることが指摘され、興味深い。木簡が基本的には発掘によって出土するものである点を考慮する時、出土地点・遺構との関係は常に留意しておかねばなるまい。

3　荷札はどこで作成されたか

今日、木簡の作成場所については、二つの説が存する。一つは在地首長としての郡司の役割を重視し、国名しか記さず、現存戸籍・計帳など国から中央に送られる文書に見られる国衙公文様書風で書かれ、明らかに国段階で作成されたことがわかるもの以外は、まず郡で作成されたと見る立場である。若狭国を例にとると、遠敷郡では年月日記入、表裏二面使用で、筆の穂先を用いた細みの書蹟の一群があるのに対して、三方郡は年月日なし、一面のみ使用で、太めの濶達な調子の書風であることが窺われ、A郡毎に書式、書風が類似する。またB同郡別郷で同筆の荷札が存し（『平城宮木簡』〔以下、平と略す〕四〇四・四〇五号、二三五七・二三五八号など）、郡司が署名した荷札もある（平二七〇四号）。そして、C郡段階で作成された荷札には国衙公文様書風のものがない、ことなどが論拠となる。これに対して、a郡の統制下に郷・里で書かれた場合でも同じ結果になる、b国段階で書かれた調庸墨書銘にも同様の例があり、国段階でも起こり得る、c郡名以下を記した荷札にも国衙公文様書風の例があり（城12-10）、国での作成もある、などの反論を掲げ、より多様な場での作成を想定する見方がある。郡名以下を記した荷札で国衙公文様書風の例は少ないが、郷長・村長の署名や五保（戸）を記すものがあり（平三一八・二七一五号、二三五五・二三六一号）、郡以下の段階での作成も充分に考慮しておくべきだろう。

この点で興味深いのは都城跡以外の地方官衙跡などで出土した荷札木簡である。

⑩　若狭国三方郡　能登里中臣廣足一斗　私部首宇治麻呂一□
　　　　　　　　［三家人□□一斗］　〔竹田部カ〕□□□首□麻呂一斗
　　　　　　　　　　　　　　　　　右五斗　　227・38・7　031　福井県田名遺跡

⑪　二方郡温泉郷五戸私部庭足四斗六升　　221・31・4　032　但馬国分寺跡

⑫　上日郷戸主舟木浄足戸□□〔西岡カ〕　　282・33・4　051　能登国分寺跡

⑬・若倭部五百国布二
　・丈八尺縹　　91・20・3.5　032　伊場遺跡

これらの例に見るように、様々な型があるが、地方出土の荷札木簡で最も多いのは郷名以下を記す⑫の型あるいは「上日戸主…」のように郷を省略したもので、それらはいずれも郡名（国名）が見えず、一郡（国）内で物品が動くことが予見されていたことを示すとされる。特に⑬は布に付けられた荷札の唯一の例で、地方官衙に集積されるまでは木簡が利用され、そこで改めて布に墨書が行われるものと推定され、物実の勘検と新たな荷札（墨書）の作成とを窺わせる。⑩は国郡里を記すが、五人で五斗と、都城跡出土の木簡とは異なる。あるいはこの後五人（戸、保）の代表者の名前を記した荷札を作成し、平城宮木簡の例のような一人で五斗を納めた形の荷札木簡となるのかもしれない。ただ、いずれの例も税目、品目が見えず、この点で都城跡出土の木簡と大きく異なる。地方官衙出土の木簡は荷札木簡作成の段階を考える上で視野に入れておかねばならない重要な事例である。

木簡がどこで作成されたかを判断するのは難しい。国名だけで、国衙公文様書風のものは国段階、郡名、国郡名だけの荷札は一応郡段階での作成と考えられるが、問題は最も一般的な国郡郷里の記された荷札がどこで作られたかである。この点は史料の増加をまって今後の検討課題としたい。

二　長屋王家木簡と二条大路木簡の出土

一九八八年に平城京跡のデパート建設に伴う事前調査で長屋王家木簡、二条大路木簡の二つの木簡群が見つかったのは周知のとおりである（奈良国立文化財研究所編『平城京長屋王邸宅と木簡』吉川弘文館、一九九一年）。これらは計十万点に達するものと予想され、質・量ともに木簡研究に深化・転換を迫るものといえよう。そうした新史料の出現をどのように受けとめるべきか、ここでは研究方法や課題に言及したい。

1　長屋王家の荷札木簡

長屋王家木簡は平城京左京三条二坊八坪の地で出土したもので、長屋王家の家政に関わる木簡を主とし、年紀は和銅三年〜霊亀三年と、奈良時代初期の史料としても注目される。

a	大上郡甲良里子部伊知米六斗	156・19・4　051
b	周防国大嶋郡屋代里田部蓑御調塩三斗	270・35・6　033
c	・備後国葦田郡葦田里	
	・氷高親王宮舂税五斗	193・34・6　033
d	宗形郡大領鯛醬	105・27・3　032

この木簡群の荷札木簡の特色は、次のようである。貢進国は三十余国に及ぶが、中でも近江、越前、周防、讃岐の

四国で過半数を占める。多くはaのように国名や税目、年月日を省略し、さらに貢進者名や物品名、数量を欠くものもあり、このような簡略な書式は、貢進国のかたよりと合せて、長屋王家の封戸の所在と関わるのではないかと推定される。次に、個人宛ないしは宛先を記した荷札が存する点。cの他に、北宮、長屋皇子宮などがあり、やはり封戸などの存在を窺わせる。こうした封戸の経営方法は不明の点が多かったが、今後これらの木簡の分析により、封戸の所在とその経営の解明が期待されよう。また郡司の荷札も珍しい。dの宗形郡司は長屋王の祖母の実家にあたり、あるいはその点と関係する特例かとも思われるが、他に葛下郡司のものがある（城21-13）。こうした事例の存在は、在地豪族と高級貴族・王族との関係を考える材料として重要であり、先の封戸と合せて、さらに時代を遡って、律令制成立以前の「宮」の経営、部民制や屯倉のあり方をも推定する可能性を持っているのではないか。氷室の所有など、長屋王家には律令の規定にはずれる要素が存し、これらはあるいは律令制成立以前の「宮」の要素を継受しているのではないかと思われるからである。

2　二条大路木簡の特色

二条大路木簡は長屋王邸の北、二条大路の北側と南側の路肩上に掘られた三条の東西溝から出土したもので、年紀は天平三〜十一年、特に天平七、八年が多い。二条大路木簡の枠組はいまだ不明の点が多く、天平八年八月二日の「中宮職移兵部省卿宅政所…」木簡を手がかりに藤原麻呂関係の木簡群が存することが指摘されているが、その他に天皇・皇后関係の一群を含むことが明らかになりつつあるというところである。

二条大路木簡の荷札は、貢進国はほぼ全国にわたり、調・中男作物・贄としての海産物がその大半を占める。中でも、参河・駿河・伊豆・安房・若狭・隠岐のものが多く、これらの国々では荷札木簡の史料が倍（あるいは三倍）増した。しかも、同一国同一年の荷札を比較検討することができ、質・量ともにより綿密な研究が可能となる。これが二条大路木簡が荷札木簡の研究に及ぼす最大の影響と言ってよいだろう。次に長屋王家木簡と同様、個人宛の荷札が存すること。eは麻呂の兄右大臣武智麻呂に宛てたものと考えられる。また麻呂関係と目される木簡群には近江国坂田郡上坂田郷からの庸米付札が大量に存し（城二十四―二六〜二八頁）、封戸の庸ではないかと推定され、麻呂の封戸の所在と経営を考える上で興味深い。

e　石見国那賀郡右大殿御物海藻一籠納六連
　　天平七年六月　335・40・6　031

f・武蔵国足立郡土毛蓮子一斗五升
　・　天平七年十一月　156・22・5　032

g・備前国上道郡沙石郷御立里
　・若倭部五百足同若倭部百足二一俵
　　　五戸秦部得丸　110・26・3　011

h・讃岐国那珂郡調備頭打二斗
　・「那珂郡調備頭打二斗五升」　198・28・3　031

そして、従来見られなかったタイプの荷札木簡が現れたという点も重要である。fは土毛の唯一の例で、今後、律令などの規定だけで、他に史料の知られていないものも、実例が出現する可能性を期待させる。また徴税・検収過程を窺わせる木簡にも注目したい。gは五保の検収に関わるものかと推定され、hは裏の文字が筆太の異筆で、備頭打の数量も異なる。あるいは郡から二斗五升で納入したものを国で検査した結果二斗と判断され、調としては二斗として中央に運ばれたという過程を示すのかもしれない。これらは従来の荷札木簡からはわからなかった国郡段階での検収のあり方をかいまみせるものとして、さらに分析を加えていく必要があろう。

3 研究の方法と課題

伊豆国の木簡は二条大路木簡の出土により、従来の三倍にも増えた。ここでは先に保留した荷札の作成段階について、二条大路木簡を用いた研究を紹介し、研究方法の展開や課題などに触れたい。

α・**伊豆国那賀郡入間**郷中村里戸主矢田部衣万呂口矢田部角万呂調堅魚十一斤十両 十二烈五丸
・ 天平七年九月　375・31・6　051

β・**伊豆国那賀郡入間**郷賣良里戸主物部曾足口物部千嶋調堅魚十一斤十両 十連三丸
・ 天平七年九月　343・37・4　033

伊豆国の堅魚の木簡には、重量表記「○斤○両」とともに形態表記「○連○丸」を記し、駿河国の堅魚木簡と比べて、まず国毎の特色が窺われる。次に郡毎の特色として、賀茂郡―十月、那賀郡―九月、田方郡―九月と十月という貢進月の違いが指摘でき、品目表記にも賀茂郡―荒堅魚、田方郡―殆どが荒堅魚、那賀郡―堅魚が多く、荒堅魚もあるという相違が存する。一方、貢進月の田方郡の九月は久寝郷のみであり、那賀郡では石火郷だけが月日まで記すなど、郷毎の特色にも注意せねばならない。

このように国郡郷各々に特色が窺われるのであるが、荷札の作成段階にかかわる書体、同筆・異筆の関係に目をむけよう。伊豆国の木簡には「○連○丸」の部分、さらには「○斤○両」や貢進年月の部分にも異筆の例が存する。まず本文の同筆関係を整理すると、里が異なるもので同筆はあっても、郷の範囲を越えて同筆が確認できるものはない。つぎに「○連○丸」の追記部分については、那賀郡射鷲郷と石火郷、射鷲郷と丹科郷に同筆の例がある。したがって伊豆国那賀郡では、本文は郷毎に書き、郡に集められて、何人かの手で追記（追記部分の筆跡は複数である）が行われたという荷札木簡の作成過程が推定されるのである。また貢進月が郡毎に異なるのは、貢進年月の部分に異筆の例が存する点と合せて、郡での書き込みの存在を裏付けよう。なお、α・βは太字部分が同筆で、入間郷で木簡を作成する際に、事前に郷名までまとめて書いておき、それに複数の手で各貢進者名を書き加えたと考えられ、木簡作成の実際を示す興味深い事例となる。

以上、二条大路木簡を用いた新しい研究を紹介した。荷札木簡の研究方法が記載内容の考察、書式の検討、書風や同筆・異筆関係の観察とそこからの推論である点には変わりない。しかし、同一国同一年の大量の荷札出現により、国毎の細かい分析が可能になった点が最大の成果であり、例えば安房国なども同様の作業が可能かと思われ、今後各国での検討が期待される。

三　贄について

荷札木簡の出土によって大きく研究が進んだ分野に贄がある。贄は『延喜式』の規定を除くと、記紀の伝承的記載や断片的な史料しかなく、その制度は不明の点が多かったが、木簡により、収取形態、品目、調・中男作物・雑徭などとの関係の考察、『延喜式』との対応・比較が可能になった。

1　研究史の概括

I　武蔵国男衾郡川面郷大贄一斗（鮒背割）天平十八年十一月　161•13•5　032

II　参河国播豆郡篠嶋海部供奉七月料御贄佐米楚割六斤　284•17•2　011

III・二筑麻醬□　御贄三□〔斗カ〕六升
・員五十四文［　　］　181•28•3　032

まず八世紀の贄については、I国郡郷里という律令制的行政単位、II浦・埼・海などの地名や海部等の集団、III大膳職所属の雑供戸（職員令大膳職条集解所引官員令別記）、の三つの収取単位が明らかにされており、『延喜式』との対応を示せば、次のようである。

（宮内省式）　（内膳司式）
畿内…贄戸系〜諸国所進御贄…旬料・節料―III　↓所司へ
畿外…服食系〜諸国例貢御贄…年料―I・II　↓内裏へ

次に収取方法については、賦役令雑徭条集解古記に雑徭により「御贄・獦贄」を送るとあり、雑徭による調達が推定されるが、贄札には中男作物（『続紀』養老元年十一月戊午条に雑徭、天平宝字八年十月甲戌条に贄との関連が窺われる）で調達した例（平四六六八号、城22-35）や調（平二七六八号、城24-30）、交易（城21-29、22-22・32頁）などによるものがある。

2　問題点の所在

そして、贄貢上の意義については、特に服食系とされる諸国からの贄貢上を、国造貢献物の伝統を引くとされる賦役令土毛条・貢献物条に依拠したものと見て、律令国家成立以前からの伝統、服属儀礼の側面を強調する見解が有力である。これに対して、贄には独自の徴収方法が見あたらず、またその用途も必ずしも供御に限られず、あいまいな性格を持つことから、むしろ律令国家の確立、古代天皇制の成立に伴って、食料品確保のために設けられた新しい制度ではなかったかとの見方も呈されている。改新詔第四条には「凡調副物塩・贄、亦随$_{二}$郷土所$_{一}$出」とあり、制度としての贄の未確立が窺え、持統六年五月庚午条には、大宝令以後は集団による貢納しか見えない贄に、個人貢上の例が見える（奈良県教育委員会『藤原宮跡出土木簡概報』四三号にも例がある）など、浄御原令制下あるいはそれ以前の贄制度にはさらに検討が必要となろう。

なお、先には触れなかったが、長屋王家木簡、二条大路木簡にも数多くの贄札が存する。長屋王家木簡の贄札は長屋王家に直接貢納されたのか、一旦宮内に納められ、下賜されたのか、二つの考え方があると思うが、前者とすれば、「贄」という用語の使用方法も含めて、贄貢進の意義を改めて考察しなければなるまい。また二条大路木簡には、従来海部の集団とされてきた参河国播豆郡析島、篠島について、析島郷、篠島郷と記す木簡が現れ（城22-21、24-24）、若狭国では、贄戸集団が居住したとされる遠敷郡青郷以外の贄札も存在することが知られた（城24-28）。青郷に関しては贄以外に調を出していることがわかっており、贄と調・庸などの負担との関係がいかなるものであったかも大きな検討課題である。今後、贄札史料の増加を受けて、こうした諸問題の解明が進むことが期待される。

むすびにかえて

本章では、荷札木簡が持つ史料としての可能性のごく一部について、研究史と新史料をふまえた課題の提示を行ったにすぎない。最後に、考古学の観点から木製品としての木簡を考察した研究が僅少である点を指摘し、そうした検討も含めて、さらなる新史料の出土を俟って、荷札木簡の研究が進展することを願って、拙い稿を終えたい。

（参考文献）

今泉隆雄「貢進物付札の諸問題」（『古代木簡の研究』吉川弘文館、一九九八年）

狩野　久「庸米付札について」（『日本古代の国家と都城』東京大学出版会、一九九〇年）

鬼頭清明「贄貢進荷札の分析」（『古代木簡の基礎的研究』塙書房、一九九三年）

東野治之『日本古代木簡の研究』（塙書房、一九八三年）

舘野和己「荷札木簡の一考察」（『奈良古代史論集』一、一九八五年）

高島英之「貢進物付札をめぐる若干の問題」（『史友』一九、一九八七年）

樋口知志「律令制下の贄について」（『東北大学附属図書館研究年報』二一・二二、一九八八・八九年）

（※贄の研究史は樋口論文を参照していただくとして、個々の論文名を省略した）

今津勝紀「調庸墨書銘と荷札木簡」（『日本史研究』三二三、一九八九年）

寺崎保広「最近出土した平城京の荷札木簡」（『水茎』九、一九九〇年）

山中　章「考古学からみた古代木簡」（『しにか』二の五、一九九一年）

同　　「考古資料としての古代木簡」（『日本古代都城の研究』柏書房、一九九七年）

第二章　平城宮跡の墨書土器

はじめに

平城宮・京跡は奈良時代の日本の首都であった。平城宮跡は特別史跡として九割強が国有地として保持され、奈良国立文化財研究所による発掘・研究や整備が進められている。平城京についても、近年の都市開発により、県・市など関係各機関の発掘件数は増大し、大きな話題を呼んだ長屋王邸跡等を始め、重要な知見が日々増加しているという状況にある。

こうした中で、出土した墨書土器も膨大な数にのぼる。一般に墨書土器の墨書内容は、①官司・官職名、②人名、③地名、④吉祥句・呪符、⑤土器の器種、⑥方角、⑦数字、⑧習書・落書などに分類される。平城宮・京跡出土のものは、それらすべてを含んでおり、まずバラエティーが豊富である。そして、①からは平城宮内の役所の配置がわかる例があるなど、その内容に関しても、当時の都のあり方や奈良時代史の復原に役立つものが多いという特色がある。また文献史料や共伴して出土した木簡などを併用することにより、墨書の内容理解をより深めることができるというのも、首都ならではの事柄であろう。

そこで、以下では平城宮・京の研究や奈良時代史の諸様相を理解するのに興味深い事例を紹介し、平城宮・京跡の墨書土器が持つ史料としての可能性を整理したい。

一　平城宮の研究と墨書土器

平城宮跡資料館の「平城宮の保存と研究」のコーナーに、一九二八年奈良県技師岸熊吉が当時の史蹟指定地東北方で石積溝を発掘し、「内掃」と記された墨書土器を発見したことで、平城宮の広がりの証拠を得た旨が特筆されている。「内掃」は宮内省被管の内掃部司で、宮中諸行事の設営を担当する部署である。岸氏が発掘した石積溝は、現在の内裏、東区大極殿・朝堂院地区東側の平城宮の基幹水路の一つで、東大溝と称している石組の溝ＳＤ二七〇〇のことであり、その後、奈良国立文化財研究所の発掘で木簡・墨書土器など、大量の遺物が出土している。

平安宮については古図が残り、膨大な文献史料と相俟って、役所の位置・建物配置などの考証が蓄積されているが、平城宮では発掘の知見以外の材料は乏しい。特に官司名を記した墨書土器や各官司の執務に関連した木簡の出土は、平城宮の様子を知る上で大いに役立つ。今、その成果を平安宮宮城図と対比してみると、相似点とともに相違点もあることがわかる。

まず八省クラスでは、式部省、兵部省の位置が墨書土器から明らかになっている。壬生門及び門を入った東西の地域の発掘から、「式」「式部省」「式曹」「式部外曹司」や「兵部」「兵部厨」などの墨書土器が出土し、朱雀門と壬生門と門こそ異なるが、二つの朝堂院地区を持つ平城宮において、東区大極殿・朝堂院地区の南方という、平安宮宮城図とほぼ等しい位置にこの二省が配されたことが確実になった。その他、「内厩」「主馬」の墨書土器が出土し、長大

図 8　平城宮（上）と平安宮宮城図（下）
（奈良国立文化財研究所の原図に加筆）

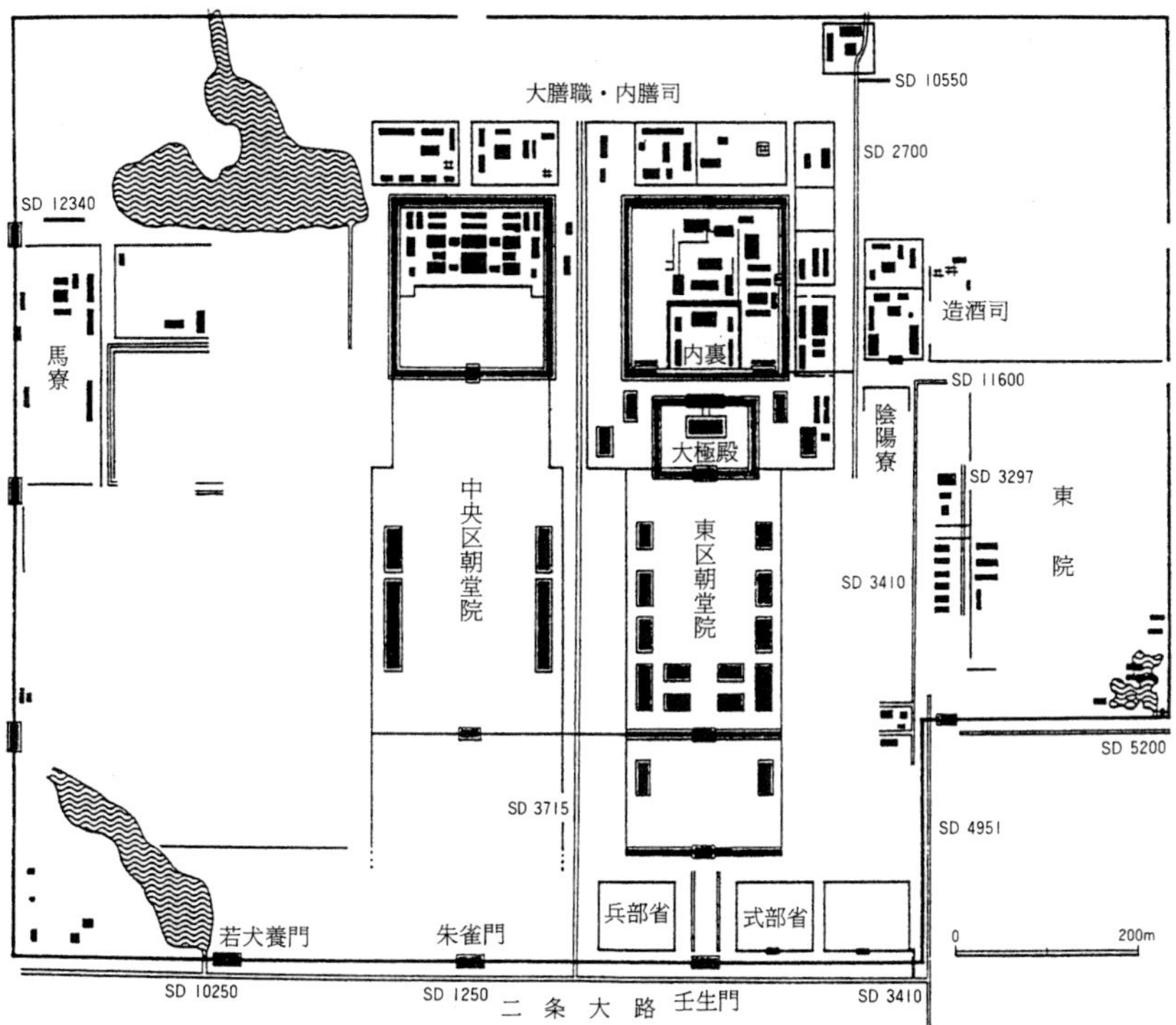

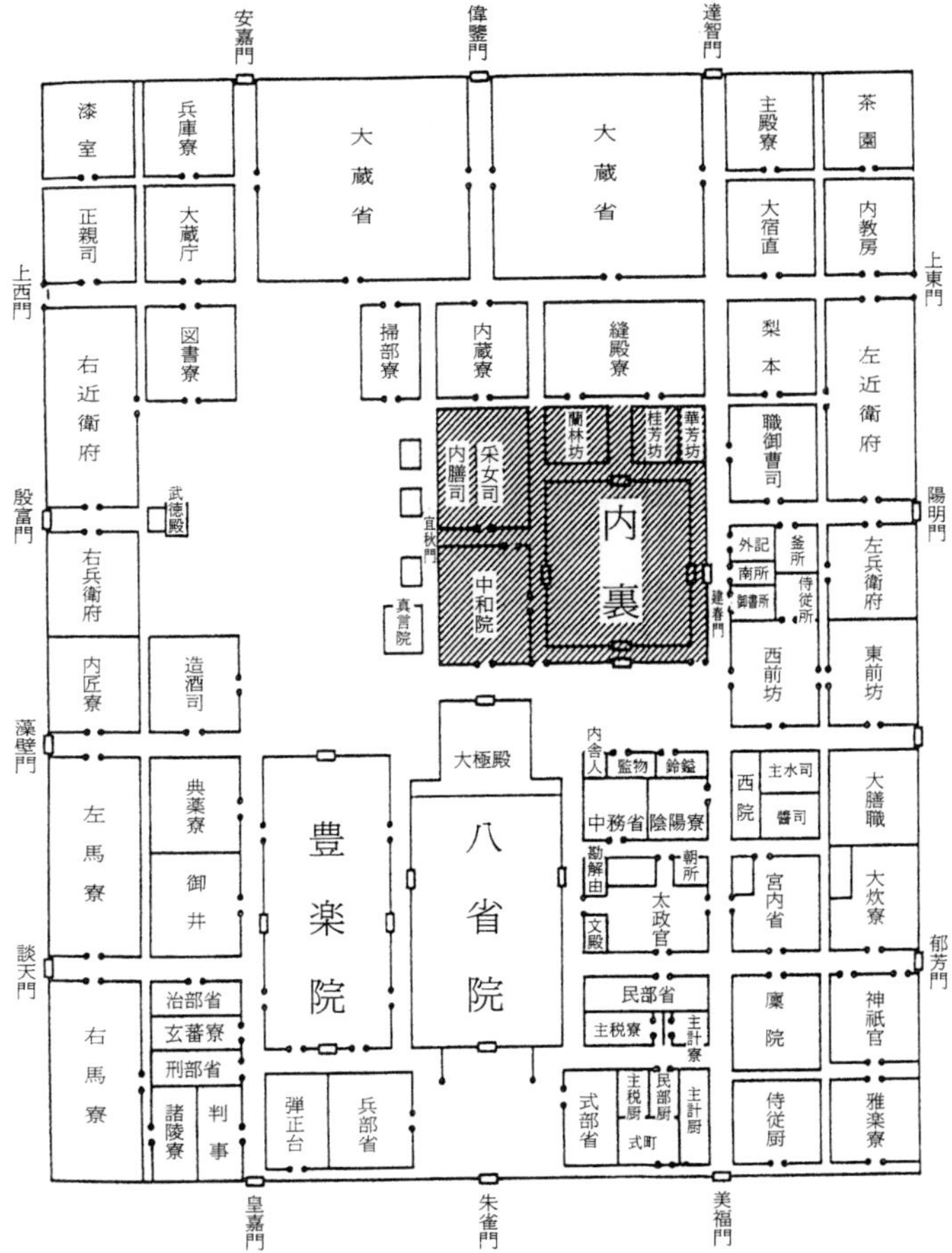
安嘉門
偉鑒門
達智門
漆室
兵庫寮
大蔵省
大蔵省
主殿寮
茶園
正親司
大蔵庁
大宿直
内教房
上西門
上東門
右近衛府
図書寮
掃部寮
内蔵寮
縫殿寮
梨本
左近衛府
蘭林坊
桂芳坊
華芳坊
内膳司
采女司
職御曹司
殷富門
武徳殿
宜秋門
内裏
陽明門
右兵衛府
中和院
外記
釜所
南所
御書所
侍従所
左兵衛府
真言院
建春門
内匠寮
造酒司
西前坊
東前坊
藻壁門
大極殿
内舎人
監物
鈴鎰
西院
主水司
大膳職
左馬寮
典薬寮
豊楽院
八省院
中務省
陰陽寮
造司
御井
勘解由
朝所
宮内省
大炊寮
太政官
文殿
談天門
郁芳門
治部省
民部省
玄蕃寮
主税寮
主計寮
廩院
神祇官
刑部省
右馬寮
諸陵寮
判事
弾正台
兵部省
式部省
主税厨
民部厨
主計厨
式町
侍従厨
雅楽寮
皇嘉門
朱雀門
美福門

な建物（厩舎？）や空間部（馬場？）が検出され、馬寮関係の役所が存するとされる佐伯門を入ってすぐ北方の地域、SD二七〇〇から「宮内省」の墨書土器が多数出土し、現在宮内省の建物が復原されている地域、木簡出土により陰陽寮の存在が推定されている地域などは、平安宮宮城図とほぼ合致する位置である。

一方、内裏の東方で、大型の井戸や「酒司□／□〔造カ〕酒」の墨書土器が出土し、一九九三年度の第二四一次調査でも酒甕と思われる土器を据えた穴を持つ建物が検出され、「造酒司召…」「酒米」などの木簡が出土し、造酒司に比定される地域、内裏の北方で、食料供給に関わる木簡や「大膳」「膳」「内裏盛所」「羹所」などの墨書土器が出土したことから、大膳職・内膳司に比定される地域などは、平安宮宮城図とは位置を異にしており、平城宮の独自性を窺わせる。ちなみに大膳職の位置については、東区朝堂院地区の東方、東院地区との間の地域で「大膳」の墨書土器が出土している地点があり、そこを大膳職の候補地とする意見もある。こちらであれば、宮城図の位置に近い。

もう一つ事例を紹介しよう。若犬養門付近の発掘で、「雅楽寮」「雅楽」「雅」などの墨書土器が出土している。宮城図では雅楽寮は東南隅に位置しているが、雅楽寮が所属する治部省や同じ被管官司の玄蕃寮、諸陵寮は皇嘉門（若犬養門）を入って西のところに位置するから、雅楽寮も当初はこの付近にあったのかもしれない。『拾芥抄』には、皇嘉門は「歌司（雅楽寮）御門」とも称するとあり、これは雅楽寮が皇嘉門の近くにあった時代に生じた別称で、それが雅楽寮の移転後も残ったものと推定され、平城宮の雅楽寮の位置を比定する裏付けとなろう。若犬養門付近で「雅楽寮」の墨書土器が出土したのは、充分な理由があってのことであった。

以上、平城宮内の役所の配置と墨書土器による研究成果を紹介した。平安宮宮城図とは必ずしも一致しない独自の配置の例もあり、奈良時代の政務運営の思想の解明などにつながれば一層興味深い。その他、平安時代初期に設立された著名な令外官である蔵人所に関して、平城宮東院地区から「蔵人所」「蔵（倉）人」の墨書土器が出土しており、官司・官職の由来・変遷を考える際にも、墨書土器は有益であろう。

二　長屋王邸跡とその周辺

平城京跡では、寺院や東西市、官営工房、貴族の邸宅や下級官人・庶民の宅地など様々な発掘事例があり、関連する墨書土器が出土して、興味深い例が多いが、ここでは左京三条二坊一・二・七・八坪に存した長屋王邸跡とその周辺を掲げる。長屋王は天武天皇の孫で、左大臣にまでのぼった奈良時代初期の皇族政治家であるが、七二九年藤原氏の陰謀で長屋王の変に追い込まれた人物として名高い。八坪東南の南北溝ＳＤ四七五〇から約三万六千点の長屋王家木簡が出土し、この地が長屋王邸であることが判明した。また北側の二条大路からは七三六年頃のものを中心に約七万四千点と推定される二条大路木簡が東西溝ＳＤ五一〇〇、五三〇〇・五三一〇から出土し、北の左京二条二坊五坪には長屋王の政敵藤原四子のうち藤原麻呂の邸宅があったこともわかっている。さらに奈良時代後半の旧長屋王邸跡の様子もわかり、奈良時代を通じて平城宮に近接するこの地域がどのように利用されたかがわかる事例として注目される。

まず長屋王の変について、『続日本紀』には、衛府の軍隊が長屋王邸を囲んだとある。それに符合するように、長屋王邸の東側の東二坊坊間路西側溝ＳＤ四六九九からは七二九年の紀年木簡とともに、「左兵衛府」「中衛府」の墨書土器が出土しており、衛府の軍隊がこの地に駐屯していたことを窺わせる。

次に二条大路木簡の中には聖武天皇・光明皇后関係の木簡群が含まれており、また墨書土器にも「中衛府」「中衛府厨／右兵衛」「左兵衛府」「右兵衛」など衛府関係のものが多い。これらが南の旧長屋王邸から廃棄されたとすると、

図9　長屋王邸とその周辺
（奈良国立文化財研究所の原図に加筆）

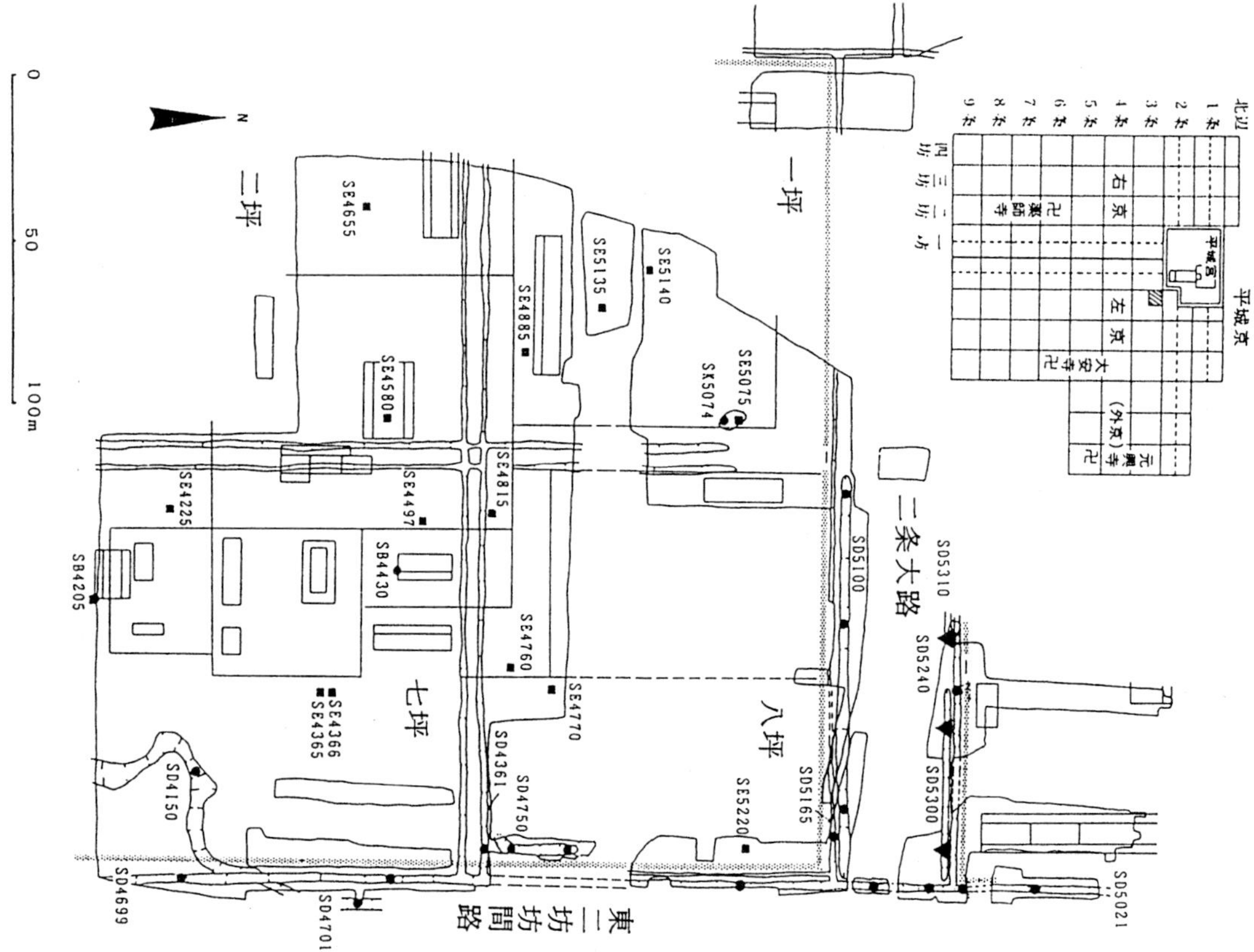

長屋王の変後はこの地は没官地となり、衛府が警護する天皇・皇后関係の施設が存したと推定することができる。また左京二条二坊五坪には藤原麻呂邸があったと言ったが、これは二条大路木簡に「中宮職移兵部卿宅政所…」という文書木簡があり、当時兵部省の長官であった藤原麻呂の姿が浮かび上がったためである。その木簡出土地点の近くから「兵部卿宅／□□」の墨書土器が出土したことは、この推定をより確実なものにした。

そして、奈良時代後半に左京三条二坊一坪には太政官の財政を担当した太政官厨家が存したと推定される。奈良時代後半の井戸SE四八八五から地子米の木簡、SE五一四〇からは七七六年の紀年木簡とともに「官厨」の墨書土器が出土したことが主な根拠である。その他、包含層中にも「官厨」「官」の墨書土器が存する。ちなみに平安京では左京一条二坊五町、長岡京では左京三条二坊八町（新条坊呼称）に太政官厨家が存したとされており、長岡京のとは相似する位置にあると言ってよかろう。平安宮と同様、平城宮においても、太政官厨家が宮外官衙として存在したことが知られ、平城宮に南接する地域の性格を検討する際に、宮外官衙の存在を考慮しておかねばならないことを示している。近年の発掘でも、左京三条一坊七坪、同十五・十六坪には官衙風の遺構が検出されており、宮外官衙の比定が進むことが期待される。

三　「名と器とは人にかさず」――属人器の明示

以上、平城宮・京の研究に墨書土器の読解が果す役割を整理した。ところで、「官厨」などの官司名あるいは人名の墨書は、その器がその官司、人物によって使用されるものであることを示している。それ故、官司の所在地比定などに有効な訳である。墨書土器には「酒坏」「高坏」のように、器名、器種名が記され、その土器がどのように使用されていたかを窺わせるものもあるが、官司名・人名の墨書は、占有・専用を示し、属人器と称すべきものである。食器には共用器、銘々器、属人器などがあり、平城宮内で不特定多数の官司や人によって使われる可能性のある器に対して、自己の意志を表現するものとして属人器が現れているのは興味深い。北畠親房著『神皇正統記』（一三三九年）には「名と器とは人にかさず」という当時のことわざが引用されており、名と器はその人の人格と一体不二のもので、他人に貸与することができないという認識が存したことが知られる。その萌芽を平城宮の墨書土器に見出すことができる。

属人性を表わすものとして、官司名・人名墨書以外に、a～dのような例も注意される。いずれも内裏北方の大膳職・内膳司地区から出土したものである。

a 弁坫勿他人取

b 弁垸勿他人者

c 醴太郎／炊女取不得／若取者笞／五十

d 莫採／鸜鵒鳥坏／⿱⿰我君念／⿱⿰道為金

e （内面）

二辛

土
高佐良一　饔都支十口　□都支二［　鋺形卌　毛比卌　□佐良八　高佐良九

［佐良卌］　毛比卌　片真利廿　匏五柄

（外面）

天平十八年潤九月廿七日□□［

a・bは「埦を弁別し、他人のものとするな」の意で、他人の使用を禁止したものである。dはオウム（当時新羅から輸入された記録がある）の餌入れの器であったようだが、やはり「採（取）る莫れ」という語句が見える。なお末尾二字は、「君我を念ひ、我君を念ふ」「道を為すは金なり、金を為すは道なり」とでも読むべきもので、習書風の字句である。前者は近世では夫婦の離別に関わる呪符として用いたという。cは醴太郎、即ち呑んべえ者の占有だから、「炊女取るを得ざれ、若し取らば笞五十とする」という内容で、醴は一夜酒（甘酒）のことである。文字は器の口縁外面～底部外面に記されている。とすると、この器（坏）は、甘酒を作る壺・甕の口にかぶせた蓋であった可能性があり、厨房で働く炊女たちに酒を失敬するなと警告したものであろうか。彼女たちが酒を失敬する要領よさに加えて、文字を読む力を持っていたというのは興味深い。またその警告に律の規定（笞五十は窃盗罪の最軽量〈未遂罪〉の刑）が記されているのも、律令の浸透の度合を窺わせる。

なお、墨書の位置に言及すると、口縁外面に縦書きで「勅旨省」などと記された例もあるが、a・bのように横書きされたもの、底部外面に記された例が圧倒的に多い。口縁外面縦書きのものは、器を棚に並べる、あるいは上下に重ねて取り出す時などに、その文字が目に入り、器の区別が可能である。口縁外面横書きでも可能であるが、やや見にくいし、底部外面となると、逆重ねでないと見えない。この点については、洗って伏せられた器の山に、張紙のように置かれていた注意札のようなものではなかったかとする推測が呈されており、土器洗浄・乾燥の作業が彷彿されることになる。

ちなみに属人器ではないが、土器の数を書いた墨書土器の例を紹介しておこう。eは東院地区の庭園の池から出土したもので、辛櫃に納める須恵器と土師器のセットを記しており、食器の構成を知る上からも注目される。帳簿様の墨書であり、土器が紙や木簡の代わりに使用された例として注意され、土器に文字を書くことが日常的な事柄であることを示唆していよう。

四　官吏の学習、教養

前節では習書風の墨書土器の存在にも触れたが、中にはかなり字数の多いもの、何らかの文章を写したと思われるものもある。まず木簡と同文の墨書が見える墨書土器の例を紹介しよう。

f 岡本宅謹申請酒五升右／岡本宅謹申請酒五升右／為水葱撰雇女等給料天平／八　年七月廿五日／岡本宅謹申請酒
五升

これは二条大路木簡中の藤原麻呂関係と推定している木簡群と共伴して出土したもので、近接する地点から次の木簡が出土している。

・岡本宅謹　申請酒五升　右為水葱撰雇女
・等給料　天平八年七月廿五日　六人部諸人　　（城 24-7）　256・(23)・4　081

この木簡は奈良県生駒郡斑鳩町の法起寺（岡本寺）付近に存した藤原麻呂の田庄から、水葱を選別する雇女に給付するために酒五升の送付を請求してきたものである。墨書土器の方は文章に重複が見られるので、習書であろう。問題は木簡との関係、木簡を書く準備の習書か、木簡の文面を見て、それを写したのかである。木簡の内容解釈、また木簡と墨書土器の筆跡の違いからは、後者の可能性が高い。今のところ木簡との対応がわかる例はこの一点しかないが、木簡と土器が身近にある執務風景が想像される。

「岡本宅…」の習書を行ったのは、藤原麻呂家に仕えた家令などと推定されるが、こうした下級官人は「刀筆之吏」と称され、筆を携帯し、木簡に文字を書き、小刀で文字を削り落し、また墨書するという形で執務した。文章を書くのは役人の基本的な能力であり、そのために当時の人々がどのような書物を読み、教養を深めたかについては、出土木簡に現れる書名などから、様々な検討が進められているが、墨書土器の記載も史料とすることができる。

g 論語

h 文選巻／「□面添手」／研盤／「見」

i 川尓佐／波奈尓／久夜己

j □尓波都尓／奈（戯書）

g『論語』は学令に規定された学生の学習の基本書であった。h『文選』は文章作成の手引きとして、下級官人でもこれを蔵する者があるなど、広く普及していたようで、隣国の新羅では教科書の一つに定められていた。hとともに『文選』の習書木簡の断片が出土していること、hには墨が点々と飛び散っており、「研盤（すずりざら）」が示す通り、硯をのせた皿であろうとされることから、『文選』の習書を木簡に行いながら、土器にも「文選」の文字を記したとも想像され、墨書の風景が窺われる。

下級官人の学習、教養は漢籍だけに留まらない。『古今和歌集』序には難波津の歌と浅香山の歌は「うたのちちははにてぞ、てならふ人のはじめにもしける」とあり、「なにはづにさくやこのはな冬ごもり、いまははるべとさくやこの花」の歌は古来手習い始めの歌としてよく知られていた。i・jはこの難波津の歌を習書したもので、法隆寺五重塔初層天井組子落書や平城宮・京跡出土木簡の例と合せて、既に奈良時代において万葉仮名の手本となっていたことがわかる。正倉院文書には常用仮名ばかりで記した仮名文書は二点しかないが、近年木簡にも仮名文書の例が増加し、万葉仮名の体系的使用が当時の人々にとって教養の基層になっていたことを示すと言われる。古代日本の漢文は、語順などに非漢文的・日本語的な表現を見せるもので、変体漢文と称される。こうした変体漢文の表記方法を支える国語の体系のあり方を、難波津の歌の墨書土器に看取することができる。

むすびにかえて

以上は平城宮・京跡出土の墨書土器の一端を紹介したにすぎない。その他、美濃国池田郡の分立の時期を限定できる例、朱雀門付近の旧下ツ道（飛鳥時代から大和盆地を南北に貫く幹線道路の一つで、朱雀大路はこの道路を踏襲している）の西側溝から出土した「五十戸家」の墨書土器により、平城宮造営により消滅した大野里の役所の存在とその名称が明らかになった例など、地方支配に関わる知見を得ることもできる。日々の発掘で出土する墨書土器の史料としての有効性を強調し、平城宮・京の研究のさらなる進展を期待したい。

（参考文献）
奈良国立文化財研究所『平城宮出土墨書土器集成』Ⅰ（一九八三年）・Ⅱ（一九八九年）
　同　　『平城京長屋王邸宅と木簡』（一九九一年）
立木　修「平城宮の大膳職・大炊寮・内膳司」（『文化財論叢』同朋舎出版、一九八三年）
佐原　真「食器における共用器・銘々器・属人器」（同右）
東野治之『正倉院文書と木簡の研究』（塙書房、一九七七年）、『日本古代木簡の研究』（塙書房、一九八三年）、「南都所伝宮城図残欠に

ついて」（『古文書研究』二〇、一九八三年）
鬼頭清明「太政官厨家跡と地子の荷札」（『長岡京古文化論叢』II、一九九二年）
原秀三郎「土器に書かれた文字―土器墨書」（『日本の古代』一四、中央公論社、一九八八年）

第三章　二条大路木簡と門の警備

はじめに

平城京左京三条二坊の旧長屋王邸の北側、二条大路上の北側と南側の路肩に掘られた三条の東西溝SD五三〇〇・五三一〇（北溝）、五一〇〇（南溝）から出土した二条大路木簡は、天平七、八年を中心とした、総計七万四千点にのぼるかと推定される木簡群である。この木簡群については、その内容と出土地区から、A藤原麻呂関係の木簡群、B聖武天皇・光明皇后に関わる木簡群、に大別されることが指摘されているが、二条大路木簡の全体的な性格、それがどこから廃棄されたのか、などについては不明の点が多いと言われる[(1)]。特にB群の性格究明は二条大路木簡の全体像を明らかにする上で重要である。

このBの木簡群には門の名称と人名を記した木簡、門の通行に関わる木簡なども含まれており[(2)]、平城宮跡出土の西宮兵衛木簡を除けば、門関係の木簡がこれほどまとまって出土するのは珍しい。また二条大路木簡の全体像の解明には部分部分からのアプローチも必要と思われ、そうした観点から門の木簡を取り上げる意義もあるかと考える。

なお、二条大路木簡の中には、「○東門鎰／○東殿門鎰」（出土地区JD28）、「○西門鎰一匙／○西門鎰一匙」、「○南

門　匙／○南門□」（以上、JD34）など、門の鎰・匙の存在を示す木簡がある。但し、これらは左京二条二坊五坪の南面中央に位置する門SB五三一五に近接する地区から出土しており、五坪に存したかといわれる麻呂関係の邸宅から廃棄された可能性が高いとされ、Aの木簡群に含められる。一方、本章で取り上げる門の木簡は、どちらかといえば、北・南溝の東の方に集中して出土しており(3)、両者は一応区別して考察する必要があると思われるので、以下では、門の名称と人名とを記した木簡に限定して検討を試みる次第である。

一　門の木簡とその特色

ここではまず門の木簡を掲げ、その特色を整理する。

a　一門　間人　守部　(155)・21・3　019　JF14

b　・一門

・幡結 入檜　(36)・31・2　081　UO15

c　・一御門 十市 □□　山代 ［　］　安□

・御□給申　当月　(112)・25・3　019　UO15

d　・二門　佐伯 大伴　皇后宮雪 丈　少山田 土部　画師 参河　壬生 下　借馬番長 太野番長

・合十二人　依数入奉宮　長二人謹状　241・24・2　011　JD17

e・二門　佐伯□□□〔下乙別ヵ〕　皇后

・海□□〔下野ヵ〕　綾　鴨田六人　(137)・28・2　081　UO15

f・二門　佐伯ヽ日下　皇后宮□　下野ヽ□　鴨田多　合七人

・　[　　]　(179)・28・1　019　UO11

g・二門　河合　間人　臺　長　栗　山代　壬生　高屋

・右八人　天平八〔×七〕年七月・廿五日　197・34・2　011　JF11

h・二門　□合〔川ヵ〕　長　間人　大伴　□□〔壬生ヵ〕　臺

・粟　合七人常飯受　193・(15)・3　081　JF11

i・二門　佐伯　大伴　石作　雪　太　恵師　阿麻　下野　鳥取　額田

・下番　磯城　出波　下　合十三人　(247)・20・6　019　JD24

j・二門　佐伯　大伴　雪　丈　下野　海　刺金レ　大石　生部
・宇治　春日部　下番　生部　下　合十三人　(226)・(23)・5　081　JD22

k・二門　川合　下　額田部　高　額田　白髪部　右六人常食給申
・　八月廿一日　(268)・31・3　019　JF12

l・三門　出雲　丸部　物部　右三人
・別申飯一加給申　140・17・4　011　JF12

m・北門　安宿戸　依網津　播磨　賀毛　紀伊　右五
・三門　音太部　出庭　桑原　達沙　宇治　合五　(247)・24・3　019　JD23

n・北門　安宿　額田　紀伊　檜前　合四人
・三門　尾張　川上　大鴨　私田　合四人　(132)・15・3　019　UO15

o・南門　高屋　丈部　大部　高麗　縣　凡人足　金刺
・合八人　117・31・3　011　JD23

p・南門
　笠　蝮
・私部
　右五人常食　(168)・(22)・4　081　JF11

q　外南門　大原　礒部　二人　(165)・(18)・13　081　JF12

r　外南門　(38)・15・2　081　UO11

s・三井上　三嶋　掃守　財　県　□　(城 29-43 で訂正)
・　右五人　(109)・14・2　081　JD17

t・三井上　三嶋
・考　秦□人万呂　(71)・(9)・2　081　JD20

u・御井於　見嶋　掃守　英多　宅良
・安麻　右伍人　使衛士　筆取見嶋　149・20・4　011　JF12

v　御井於門　丸部嶋守　263・(20)・6　081　JD35

w・弥上井門 掃守 三嶋　寺 穴　合四
・天平八年八月十二日　158・30・2　011　UO10

x・□門 川合 白鳥　額田 安刀　額田部 長谷部　三宅 下乙兄　大伴 大蔵　出庭

・右十一人常食欲　209・34・3　011　JF12

y・山口　額田　額田部　大伴　下　出庭　阿斗

・□　合十四人　受食一斗四升　(179)・15・4　019　JD26

z　□〔三ヵ〕門　十市 多米　雀 山代　□□　生部　(192)・21・3　081　JD35

＊（補遺史料）…城 29-14～18 所載のもののうち、門関係の木簡と判断したものを補遺史料として掲げる。

・二門　[　]　長　[　]　臺　間人

・□□〔山代ヵ〕合六人飯□〔受ヵ〕　141・(9)・1　081　JF08

・二門　川合　□

・臺　□　(109)・(22)・2　081　JF10

・二門　川合　間人　粟

・長　臺　丼五人　132・(26)・3　081　JF11

・二門　川合　□□〔間人ヵ〕　[　]

・　□　(75)・(10)・3　081　JF11

・二門　川合 額田　下 三宅　大伴 額田部　阿刀 白鳥　間人

・長谷部　并十人　(197)・(27)・4　011　JF12
・二門常食給〈川合　下　三宅／額田　白鳥　額田部〉

・〈長谷部／大伴〉　阿刀　右九人　183・18・5　011　JF12
・二門〈川合　白鳥　三宅　□〔額カ〕□［／額田　阿刀　大伴　□〔長谷カ〕□［〉
・下　并九人　(106)・(23)・3　081　JF12

・二門□□〔額田カ〕［　　］
・［　］　并九人　(142)・19・3　019　JF12

・二門　川合　間人　大伴
・粟　長　臺　六人　144・(14)・5　081　JF12

・二門　下　阿刀　三宅
・　并三人　130・23・4　011　JF12

・二門　川合　□
・今依□食□　(95)・24・3　019　JF12

・二門　川合　□〔間カ〕[

・下　白□□　207・(12)・6　081　JF12

・二門[〔髪部カ〕]　[　　]

・　合□〔五カ〕人　[　　]　(179)・(6)・31　081　JF13

・二門雪
　　下毛野　書〔画カ〕師

・鳥　取　石作　下番□〔額カ〕田
佐伯　大伴[　　]　140・27・2　011　JD26

・三門食　尾張

・葛木　□部　秦　(97)・(20)・3　081　JF12

三門小治田　□□
[　　]　(186)・(9)・5　081　JD22

三門　小治田　(79)・(12)・5　081　JD29

・三門

・北門　(24)・21・3　019　JF11

・三門　出雲　物部　丸部　三人

・北門　能歌　葛木　穴太　三人

158・30・4　011　JF12

・三門　受　尾張　□部　合□
　　　　　　葛木　秦　食入給

・北門能歌　丸部　客人　上番
　小治田　六人部　合五□

221・(27)・2　081　JF12

・三門□□□〔食出雲カ〕　[ ]　□〔秦カ〕　[ ]

・四人　北門　□□〔能歌カ〕　佐伯　[ ]

187・(13)・2　081　JF12

・□□〔三門カ〕　出雲

・北門　能歌

・三門　出雲

(64)・21・3　081　JF12

・北門　□〔受カ〕□

(77)・(11)・2　081　JF12

・□□〔三門カ〕
　葛木　秦　合四人

・□□〔北門カ〕
　□□〔佐伯カ〕□□□□□

(210)・(16)・6　081　JF13

・三門　食三人
・北門　能歌　(127)・(16)・2　081　JD22

・三門　小治田　□
・北門　能歌　□　139・(21)・4　081　JD22

・三門　[　　　　　　　]
・北門　能歌　□□〔佐伯カ〕　□□　(186)・(14)・5　081　JD28

・北門
・□□　(24)・20・3　019　JFO8

・北門　能歌　□
・　合三人　(97)・(16)・2　081　JF10

・北門　能歌　□□〔佐伯カ〕　□□　□□□
・□□〔葛木カ〕　□□　□　□□□□□〔人食カ〕　(219)・(11)・2　081　JF11

・北門　食　能歌　小治田
・六人部　丸部　客　合五人　137・28・2　011　JF12

北門　受　能歌　葛木　加又余食二口／人給宜　157・21・3　011　JF12

・北門　安宿　依羅津　鴨田　合
・三人　食入□　(230)・21・3　051　JF12

・北門　能［
・［　］　(80)・(17)・3　081　JF12

北御門　合六口小能口／治田　(99)・23・5　019　JF12

・南門葛井　大蔵／笠　蝮部
・右□〔四カ〕人　120・26・2　011　JF11

南門□間／大倭周防大石□　□　(128)・(22)・2　081　JF12

・□□〔南門カ〕私　出□〔庭カ〕大石
・播磨　右四人　147・16・6　011　JF12

・南門　間人　大倭□
・大石　三宅　右［　　(91)・16・1　019　JF13

・南門　高屋　白髪部
・尾張　凡合五人　　(92)・35・3　011　JD17

外南門　大原　磯部　二人　　(118)・17・(3)　019　JF12

・御井上門　三嶋　掃守　縣　財　海
・常食人別少々加給人宜　　(255)・28・1　019　JF12

・］□〔井カ〕於　三嶋……□〔縣カ〕　財
・　右五人　……□　　(64＋47)・21・3　081　JF12

・三井上　三嶋
・　右合五　　(74)・18・2　019　JD17

］上門　三嶋　掃守　□　　(153)・(11)・1　081　JD17

・御井□〔於カ〕　三嶋　掃□
・□　秦　□〔右カ〕四人　　(128)・(17)・3　081　JD26

・□〔東カ〕一門　山代足国　私大道

・［　　　　　　］　(110)・(9)・2　081　JF12

□〔東カ〕一門　山口□　田辺　長右五人　194・(11)・2　081　JF12

・東□□〔一門カ〕　十市部多米　山背□三□　大石□□〔嶋カ〕

・生部　□□君足　□□首［　］　270・(21)・3　081　JD17

・東方一門　□

・□　□　(89)・(16)・2　081　JD17

・北府　日奉　海国足　二人

・食充□〔給カ〕　195・19・2　011　JF10

北府　白石　新家　右二人　145・11・3　011　JD26

・□□〔門カ〕　白鳥　三宅　阿刀

・［　　　　　　］　(141)・(9)・3　081　JF12

］□〔門カ〕吾川　高屋　(87)・(15)・1　081　JF12

□□〔門カ〕　大伴　□□　額田　下　□　□□〔画師カ〕　(238)・(8)・3　081　JF13

・］門　桑原　秦□
・□□申飯一加受　(106)・20・3　081　JF13

・］門　依網津　□□　□
・□□　合八升飯給　(126)・(9)・4　081　JD17

・］家　大原
・常食給　(68)・(12)・2　081　JF09

・新家　三宅
・常食□〔給カ〕　60・11・2　011　JF10

・新家　大原　石部　右人常食
・給請申　天平八〔年脱〕七月廿六日　191・11・2　011　JF11

・葛木　上番　品治□〔乙カ〕人

・　□原　合三人　(170)・(12)・3　081　JF11
・尾張　葛木　新家

・□□　合五人　□入　(110)・(6)・3　081　JF12
・新家　大原　磯部　右三人

・　□□〔廚司ヵ〕前常食解　191・11・3　011　JFZ
　桑原　秦　大屋　三合　大　154・16・4　031　JD18

・薗部　財　草原　郡　小治田　日□〔置ヵ〕
・　合六人　(236)・17・6　019　JD22

門の木簡とは、門名をあげてその下に人名を列記し、その員数を合計するという書式をもつものである。まず門の名称としては、一門、二門、皇后宮、三門、北門、南門、外南門、弥上井門・三井上（門）・御井於門がある（補遺史料の東（方）一門、北府は後述）。これらのうち、弥上井門・三井上（門）・御井於門は名称およびその下に記された人名（三（見）嶋、掃守）の類似から、同一の門と見てよかろう。次に各門相互の関係を示せば、一門と皇后宮は同一木簡に出てくることがある。皇后宮は独立しては出てこない。三門と北門は同一の木簡に出てくることがあるが、三門は独立の木簡にも現れる、となる。

記載内容の点では、「常食」等と記されたものが存し、これらの木簡は門の警護者の食料請求・給付に用いられたのではないかと思われる（補遺史料には「廚司」への請求が見える）。また「番長」の語が見え、律令格式の中で番長の存在が知られるのは、この時期では兵衛か中衛であり、二条大路木簡の中に兵衛・中衛の木簡、伴出遺物に兵衛・中衛の墨書土器が含まれている点と合せて興味深い。特に、兵衛と思われる間人石勝の牒が存し、門の木簡の門名の下の人名にも間人姓者が見える点、「卒（率）所」・「翼所」など兵衛府の「所」を記した木簡があることなど（城24-6・22、29-17・18）は、ここに現れた人々が門を警護した兵衛である可能性を支持するであろう（城29-30には門の木簡にも登場する客・草原姓の者が「大志曹司」と金銭の授受を行っている木簡が見えるのも、中衛よりは兵衛である可能性を示唆する）。門相互の関係では、二門は必ず皇后宮よりも上位に記され、二門を守るのは大伴・佐伯など伝統的な氏族であった。なお、警護者として見える氏姓は約百氏に及ぶ。

こうした特徴は西宮兵衛木簡と類似し、二条大路木簡の門の木簡の内容理解のためにも、次に西宮兵衛木簡との比較を試みたい。

西宮兵衛木簡とは、

・西宮東一門 室／川上 ＼矢田部／茨田 膳／館 右七人

・二／三 檜前／野 ＼錦部／土師 ＼漆部／尾張 合六人

206・28・3 011（『平城宮木簡』九二号）

とあるがごときもので、西宮の門名を掲げてその下に人名を列記し、その員数を合計するという書式を持つ。出土地は平城宮内裏地区の土坑SK八二〇で、共伴して出土した木簡から、天平十七年五月の平城還都後、天平末年をそう遠く下らない時期のものと考えられている。その特色を整理すると、次のようになろう。(4)

①門の名称としては、南門・角門（南門とともに記され、人名も両者を合せて通計しているので、南門近くの腋門かとされる）、東一門・東二門、東三門・北門・北府（東三門は北門、北府とともに見える）の三つのグループに分けられ、これらはい

ずれも西宮の門で、北炬門の名称が存在することから、西宮は北門を理門としたといわれ、北府は警備者の詰所であろうかといわれる。

②これらの木簡に見える人名については、番長の存在（九六号）から兵衛ではないかと推定されており、宮城十二門―門部、中門―衛門と衛士、閤門（内門）―兵衛という守衛場所の区別からも、この推定は支持される。すなわち西宮を守衛した兵衛に関する木簡である。

③木簡の用途は、「朝夕料」（九七号）、「食司日下部太万呂状」（一〇〇号）などから、門を警護する兵衛の食料をいずれかに請求することを目的とした記録である。SK八二〇からは兵衛本府が兵衛と推定できる牟儀猪養を召喚している文書（五四号）が発見されており、この西宮兵衛木簡を廃棄したのは、宮内省大炊寮や兵衛の本府などではなく、西宮東半部の警護任務を持つ兵衛の詰所ではなかったかと考えられる。食料請求のための木簡がこの詰所に残存したのは、本府（あるいは大炊寮）が食料を支給する際に、それが誰に支給されるものであるかを明らかにするために、この請求伝票を食料につけて戻したものと説明できる。なお、木簡の型式は〇一一、〇一九、〇八一など、短冊型を呈する。

④門を警護する者は五十一氏が知られており、兵衛の出身氏族の名称が明らかになる貴重な史料となる。

以上の西宮兵衛木簡の特色を先に整理した二条大路木簡の門の木簡と比較し、門の木簡の性格を考える手がかりとしたい。

まずともに番長が存在する点は共通する。とすると、門の守衛を行っていたのは兵衛で、閤門に相当する門の警護に関する木簡ということになる。そして、用途の面ではやはり食料支給に関わるもので、西宮兵衛木簡と共通することから、同様に食料支給の際に一緒に警備場所に返却されたものと考えられる。木簡の型式は〇一一、〇一九、〇八一など、短冊型を呈する。つまり二条大路木簡の門関係の木簡は西宮兵衛木簡と共通する性格をもつ史料と見なすことができるのである。

なお、門の名称については、西宮兵衛木簡には「東一門」のように番号のついた門に方位が記されているが、二条大路木簡の一、二、三門にはそのような方位は見られない。二条大路木簡の門を一つの区画のものと考えた場合、南門、北門があり、一、二、三門は東西どちらか一面の三門と見るか、東西どちらか一面にしか門がないと見るかであるが、後者の想定はあまり現実的でないので考慮外とする。また南門、北門とは別の区画と見るのも一案であるが、北門は三門とともに記され、一、二、三門と南門、北門が二条大路木簡としてまとまって出土している点が説明し難いと思われる。したがって一つの区画に南門、北門、一・二・三門が存し、一・二・三門は東西どちらか一面であるが、それは自明のこととして記されなかったと考えておきたい（補遺史料の中の「東（方）一門」については、警備者の姓名を記す点が、姓のみを記すのを原則とする方位を冠さない一・二・三門などと異なり、別の面ではないかと考える。これは後述の一・二・三門を西面の門とする推測を裏付けるものとなろう。また西宮兵衛木簡と同様、二条大路木簡の門関係の木簡でも、「北府」が警備者の詰所であった可能性が推定できる）。

以上を要するに、二条大路木簡の門の木簡は西宮兵衛木簡と共通する性格をもつ史料である。そこに現れた氏姓は約百氏と西宮兵衛木簡を上回り、兵衛の出身氏族や階層を考察する新たな材料を呈する。また二条大路木簡は東西溝から出土し、出土地点によって木簡の性格に特色が見られるという特質が存する。そこで、出土地点による廃棄状況の推定も可能ではないかと思われ、土坑から出土した西宮兵衛木簡とは異なった分析方法もできよう。次節ではこうした観点から、二条大路木簡を用いて、門の警備形態を整理し、西宮兵衛木簡で解明された諸点の検討を行いたい。

二　二条大路木簡から見た門の警備

まず律令の規定から知られる門の警護や兵衛の勤務形態を整理しておく。兵衛は考課の対象になるには年間百四十日以上の勤務が必要で、季禄支給のためには半年で日夜各八十日以上（禄令兵衛条古記では大宝令は百日以上）が要せられた。つまり月平均十四日以上は勤務が必要であった訳である。その他、節会・会集の日は、上番・下番を問わず、参集しなければならなかった（禄令兵衛条古記）。次にその勤務は、左右各四つの番（百人単位）が、番長に統率されて交替で任務につくものであったと推定され（職員令左衛府条）、宮衛令兵衛上番条「凡兵衛々士上番（衛士上番、謂本国初上者*。）、皆須㆘検㆓点正身㆒、然後奏聞㆖」、*集解古記「古記云、皆須㆘検㆓点正身㆒、然後奏㆖。謂兵衛者毎月二番上、毎㆑番検点奏聞。但衛士者番代之事、一度奏聞、以後不㆑奏故、注謂㆘自㆓本国㆒初上番者㆖也。上、謂参上也。今行事、門部亦奏。」（義解・令釈も兵衛については同説）から、兵衛は内裏守衛という重要な任務を持つので、番を組むたびに奏聞を行う。そして、古記に「毎月二番上」とあるのは、門籍は毎月一日と十六日に換える（宮衛令宮閤門条、本注に「宿衛人准㆑此」と見える）とあり、延喜左近衛府式「凡毎月一日・十六日、具録㆓当番近衛歴名㆒、次官以上奏進。（下略）」や兵衛の月別上日数が半月ほどであったことを併せて考えると、この両日に兵衛の番換が行われたのであろう。なお、宮衛令上番条に「凡宿衛人、応㆑当㆓上番㆒、而有㆑故不㆑得㆑赴、及下番須㆓一日程以上行㆒者、皆本府申牒、具注㆓所㆑行之処㆒。若不㆑満㆓一日程㆒者、聴㆓暫往還㆒。」と見え、故あって下番する時の規定が存する。西宮兵衛木簡の人名の下にやや小さく「下」とあるのは、下番の意であろう。

次に西宮兵衛木簡から明らかになった兵衛の勤務形態や門の警備方法に関する知見を記しておこう。まず西宮兵衛木簡は一時期に限られる記録なのか、数年に及ぶ記録のごく一部なのか。この木簡には、同一人と思われる同姓者がいくつかの木簡に共通して見られる（表19－（1））。つまり、西宮兵衛木簡には日付を持つものが一点しかなく（一〇〇号）、期間を絞ることができないので、全てか否かは不明であるが、ある部分についてはある時期の一番の兵衛に関する記録である可能性が存するのである。そこで、表19－（2）から人数の最大値をとると、兵衛の守衛人数が推定できるのではあるまいか。この作業によると、昼間が二十四人、夜間が半数の十二人程（九一号に「北炬兵衛…合十二人」とあり、北炬は北門の夜間の禁衛の表現と考えられる）となり、この両方を合せた人数が西宮東半部の諸門の守衛者であったと考えらる。したがって西宮兵衛の一番の兵衛数は多く見積っても五十人を越えるものではなかった。これは延喜左近衛府式「凡閤門者、将曹一人、率近衛八人開閉。〈五人開閤門、三人開腋門。〉」の守衛人数に近く、とするならば、律令の百人単位ではなく、実際には内裏の守衛には五十人程の一隊が当たったのではないかと推定される（ちなみに、中衛府は中衛三百人で番長六人、一番五十人の編成をとっていた）。

以上の律令の規定及び西宮兵衛木簡から明らかになった門の守衛形態に、二条大路木簡からはどのような知見・確認を加えることができるだろうか。

二条大路木簡にも同一人と思われる同姓者がいくつかの木簡に共通して見られる（表20－（1））。但し、門の木簡に見られる日付を整理すると、天平八年七月二十五日（g）、（補遺史料中の天平八年七月二十六日）、天平八年八月十二日（w）、八月二十一日（k）が存し、毎月一日・十六日に番換が行われたとすると、三番（以上）の警護者の木簡を含んでいることになる。一方、点数の多い二門関係の木簡を見ると、出土地区の近接するgとh、iとjなどは、警護者名が近似し、同番内での日による違いと考えることができるかもしれない。この点は、二条大路木簡の出土地区の分布にある程度意味があるとの見解に従えば、近接する日付、同番内での木簡を同時に廃棄したので、近接した地区

表19　西宮兵衛木簡に見える兵衛

（1）兵衛氏姓の分析（括弧内の数字は頻度数）

門　名	兵　衛　氏　姓
南門（5）	大野、春部、上、君子、日下部、舂米、船、茨田（2）、室
角門（2）	鴨、達沙、丹比部、奈林
東一門（7）	敢、大伴（2）、膳、川上（4）、君子、多紀、館、錦部、茨田（5）、室、矢田部
東二門（8）	綾（2）、漆部、大原、尾張、軽、奈林（3）、錦部、額田、土師（2）、檜前、三野（3）
東三門（2）	漆部、各務、丹比部、錦部、額田（2）、秦、林、茨田、神
三門（1）	番長、安曇息、大原大魚、上広足、田口牛甘、民金万呂
北炬門（1）	磯、石前、枝井、尾張、河内、宗我、田部、道守、錦部、八戸、養徳、若麻
北門（1）	県、日下部
北府（1）	大伴、服結
その他（推定を含む）	県若虫、大伴、大原大魚、大原、尾張、各務（2）、膳広麻呂、春部、上広足、上、勝、川上足榫（2）、川上、河内五百足（2）、河内、紀、君子、日下部、田口、牛甘（2）、丹波、鳥取、錦部岡万呂、錦部、土師（2）、秦古麻呂、秦、林、檜前、舎人倭麻呂、茨田（4）、三野、三野部石畠、神、牟儀猪養、室（3）、矢田部（5）、養徳

（2）兵衛員数表

門　名	兵　衛　員　数				
南門	3	4			
角門	2	2			
東一門	2	2	4	4	7（6）
東二門	1	4	4	4	6
東三門	6	5＋α			
北門	2				
北府	2				
北炬門	12				

表20　二条大路木簡に見える兵衛

（１）門別の兵衛氏姓の分析（括弧内の数字は頻度数）

門　名	兵　衛　氏　姓
一門（３）	十市、楢、間人、幡結、守部、山代、安□
二門（22）	阿刀（４）、阿麻・海（２）、粟（４）、雪（３）、石作（２）、宇治、台（６）、恵師〔画師〕（２）、太〔多〕、大石、大伴（９）、春日部、金刺、川（河）合（11）、日下、高、佐伯（５）、磯城、下（５）、下野・下毛野（３）、下乙別、白髪部（２）、白鳥（３）、高屋、出波、鳥取（２）、長（２）、額田（７）、額田部（４）、間人（６）、丈、長谷部（２）、壬生・生（４）、三宅（４）、山代（２）
皇后宮（３）	海、綾、雪、画師、多、太野番長、少山田、借馬番長、鴨田、下、下野（２）土部、丈、参河、壬生
三門（17）	出雲（５）、宇治、大私、音太部、尾張（３）、葛木（３）、鴨田、川上、桑原、雀、達沙、多米、出庭、十市、秦（４）、生部、物部、山代、丸部（２）
北門（20）	安宿戸（３）、能歌（13）、小治田（３）、葛木（３）、賀毛、鴨田、紀伊（２）、客、客人、佐伯（３）、額田、秦、播磨、檜前、依網津（２）、六人部（２）、丸部（２）
南門（７）	県、大石（３）、大蔵、凡、凡人足、大部、尾張、笠（２）、金刺、私部（２）、高麗、白髪部、周防、高屋（２）、出庭、蝮・蝮部（２）、間人、播磨、葛井、三宅、大倭（２）
外南門（３）	磯部（２）、大原（２）
弥上井門（10）	英多、県（４）、穴、安麻・海（２）、掃守（４）、寺、宅良、財（３）、秦、秦□人万呂、三（見）嶋（９）、丸部嶋守
北府（２）	海、白石、新家、日奉
東一門（４）	大石、私、田辺、十市部、長、生部、山口、山代（背）（２）
その他	吾川、安刀・阿斗（３）、石部・磯部（２）、画師、大蔵、大伴（２）、大原（３）、大屋、小治田、尾張、葛木（２）、川合、草原、桑原（２）、郡、下（２）、下乙兄、白鳥（２）、薗部、高屋、財、出庭（２）、新家（４）、額田（３）、額田部（２）、長谷部、秦（２）、日置、品治、三宅（３）、山口、依網津、間人石勝

（２）兵衛員数表

門　名	兵　衛　員　数
一門	2　2　5＋α
二門	2　2　2　8　7　13　13　6／6　5　10　9　9　9　6　3　5
皇后宮	10　4　5
三門	3　5　4　6／3　4
北門	5　4　／3　5　5　2　3　6
南門	8　5／4　4　5
外南門	2　／2
弥上井門	5　5　1　4／5　4
北府	2　2
東一門	5

から出土したと理解することが可能になる。つまり二条大路木簡には同番内の史料を含み、また番が違っても各門を守る兵衛の数は大きくは異ならないと考えられるのである。

こうした特徴を考慮して、二条大路木簡から知られる兵衛の守衛人数を推定すると、二条大路木簡には昼夜の区別は見えないので、最大数をとると（表20－（2））、四十二人となり、西宮兵衛木簡から推測された一番の兵衛人数五十人と近似する。ちなみに、二条大路木簡には次のような木簡が存する（城24-6）。

・牒　五十長等所　進入人提家主右人

・取今月五日酉時進入如件九月五日付得嶋建部□万呂　　253・29・3　011　JD19

日付は九月五日で、門の木簡の番とはずれるが、「五十長等所」の記載には注目される。宮衛令宮閤門条には「凡応レ入二宮閤門一者、本司具注二官位姓名一、送二中務省一、付二衛府一、各従二便門一著レ籍。（下略）」、応入禁中条には「凡無レ籍応レ入二禁中一、及請迎・輸送・工匠人役者、中務省臨時録レ名付レ府。五十人以上、当衛録奏。（下略）」と門内に入るには必ず警護の衛府に届けることが必要であった。この木簡はまさに門内への進入を請うたものである。衛府で「五十長」といえば、五十人を率いる者の意味であると推定され[5]、「五十長等所」はその「五十長」（＝番長か）が守衛する場所を示すのではあるまいか。つまり門の警護が五十人を単位とするものであることを裏付ける木簡と言えよう。なお、二条大路木簡には「下番」と明記して人名を記す例があり（i、j）、故あって下番した者の申告が行われていたことがわかり、この点でも西宮兵衛木簡の考察結果を支持する。

次にdには番長が二人いたことが記されているが、これは如何であろうか。先述のように職員令左兵衛府条には兵衛四百人に対して番長は四人であった。これは百人一番を想定してのことであるから、まして五十人一番とすれば、一番に番長が二人もいては、番長の過重勤務になってしまう。では、dの番長二人はどのように理解すればよいのであろうか。dには「依〻数入〻奉〻宮」とあり、兵衛は番につく毎に奏聞するという規定に従えば、これは番の交替に際して、新たに番につく者を新旧番長が上奏した文書ではあるまいか。番長二人を含めて計十二人になる点がやや気にかかるが、木簡に即して番長二人が番につくものと解しても、木簡の機能自体には変わりない。このように二条大路木簡からは、新旧両番の交替に際しての具体的な手続き例をも得ることができるのである。

なお、uでは衛士の役使が窺われる。この木簡を書いたのは「筆取」の見（三）嶋某であり、御井於門を守っていた兵衛の一人である。それが同僚の食料請求の文書を認め、その使者に衛士を充てたことを示している。衛士の雑役への役使という従来からの見解[6]には否定的な見方も呈されているが[7]、uにより衛士役使の一例を示すことが可能かと思われ、雑役への役使もあったと見ては如何であろうか。

以上、二条大路木簡の門関係の木簡について気づいた点を整理したが、二条大路木簡の門の木簡は、兵衛の一番の人数、下番者名の申告、上番時の奏聞、また兵衛の守護する場所での衛士の役使など、西宮兵衛木簡以上に門の守衛形態を具体的に教えてくれる史料であるとまとめることができよう。

三　兵衛の氏姓分析（補遺）

先述のように西宮兵衛木簡には五十一氏の兵衛氏姓が見られた。二条大路木簡ではそれを上回る約百氏が登場し、兵衛の氏姓の分析について格好の材料を呈している。西宮兵衛の氏姓に関しては、既に笹山晴生氏による詳細な分析が行われており[8]、二条大路木簡と重複する氏姓も存する。そこで、ここでは、笹山氏の方法に従い、兵衛氏姓を分類

表21　二条大路木簡に見える兵衛氏姓

（A）武門としての中央貴族、もしくはそれに準じる氏

…大伴、大野〔大野朝臣〕、紀伊、佐伯、物部、《蝮》〔丹比連・宿禰〕

（B）畿内に基盤を持つ在地の中小豪族

大和～《額田〔村主〕》・《額田部〔宿禰〕》・大原〔史〕（平群郡）、賀毛・桑原〔史〕・葛木（葛上郡）、磯城〔県主・連〕（城上郡）、大倭（城下郡）、小治田（高市郡）、十市〔県主〕・太（多）〔朝臣〕（十市郡）、音太部、山口〔忌寸〕

河内・和泉～《山城（背）〔忌寸〕》（石川郡？）、高屋〔連〕（古市郡）、安宿戸（安宿郡）、寺（高安郡？）、《額田〔首〕》（河内郡）、阿斗・安刀〔連・宿禰〕（渋川郡）、達沙（志紀郡）、依網津〔依網連？〕（志紀郡、丹比郡）、葛井〔連〕（丹比郡）、下〔村主〕（河内？）、土部・鳥取（河内もしくは和泉）

摂津～三嶋〔県主〕（嶋上郡）、三宅〔忌寸〕（西成郡）、台〔忌寸〕

山背～間人〔宿禰〕（乙訓郡、愛宕郡）、秦（葛野郡）、大石〔村主〕・《出雲〔臣〕》・《山城（背）〔忌寸〕》（愛宕郡）、《宇治〔宿禰〕》・多米〔連〕（宇治郡）、掃守〔連・宿禰〕（相楽郡）

その他～画（恵）師、大蔵〔忌寸〕、雀〔雀部朝臣〕、白鳥〔村主〕、田辺〔史〕、出庭〔臣〕、椅〔曰佐〕

（C）畿外の伝統的在地首長

…磯（石）部・新家（伊勢）、尾張（尾張）、参河（参河）、県（美濃）、《出雲》（出雲）、播磨（播磨）、笠（備中）、周防〔周防凡直〕（周防）、《額田部〔直〕》（長門）、粟〔粟直・粟凡直〕（阿波）、綾（讃岐）、雪〔伊吉連〕（壱岐）、大私〔大私（部）造〕

（D）近国・東国の在地層

…穴〔穴太〕・川上（近江）／高麗（武蔵）、金刺・下野・檜前・壬生（生部）

（E）その他不明、もしくは出自を確定しえない氏

…吾川、海・阿（安）麻、石作、《宇治》、凡、大屋、少山田、借馬、春日部、鴨田、川（河）合、私部、客、客人、日下（部）、草原、郡、白髪部、下乙兄（別）、白石、薗部、高、財、《蝮》、宅良、出波、長、能歌、丈部、幡結、長谷部、日置、日奉、品治、守部、六人部、丸部、安□

し、その補遺としたい。

まず二条大路木簡の兵衛氏姓の分類結果を呈示する[9]（表21の下線は西宮兵衛木簡にも現れる氏姓、点線はその他の史料に兵衛として見える例があるもの、《　》は他の可能性もあり、重複して記載した）。

ここでは紙数の都合からそれぞれの氏について解説を加えることができないが、〔　〕内に推定する氏の姓またはカバネなどを記したので、註(9)に掲げた参考文献で比定していただきたい。

軍防令によると、兵衛の出自には、a郡司子弟（兵衛条）、b内六位以下八位以上嫡子で二十一歳以上・見無役任者の中等（「身材強幹、便於弓馬」）者（内六位条）があり、aは地方豪族、bは中央下級官人の子弟に対応している[10]。上記の氏姓分類はまさにこうした規定を具体的に裏付けるものといえよう。二条大路木簡の整理が進めば、さらに兵衛の出自を明らかにすることができると期待される。

むすびにかえて

本章では二条大路木簡の中の門の警護に関わる木簡を取り上げて、西宮兵衛木簡との対照・検証を行い、門の警備の諸様相や兵衛の出身階層などに言及した。では、門の木簡はどの場所の警護に関するものであったのだろうか。また二条大路木簡の全体像との関係は如何であろうか。最後にそれらの点に関して憶説を記し、むすびにかえたい。

まず門の木簡に現れる兵衛の守備地については、皇后宮と考えるのが最も妥当であろう。門の木簡の中では皇后宮は二門とセットになっており、二門と皇后宮は近接した場所であったと見なさざるを得ない。また一・二・三門、南門・北門が一つの区画に関わるものであるとすると、全体が皇后宮に関係ありと考えられるのである。二条大路木簡

図10　皇后宮の構造模式図

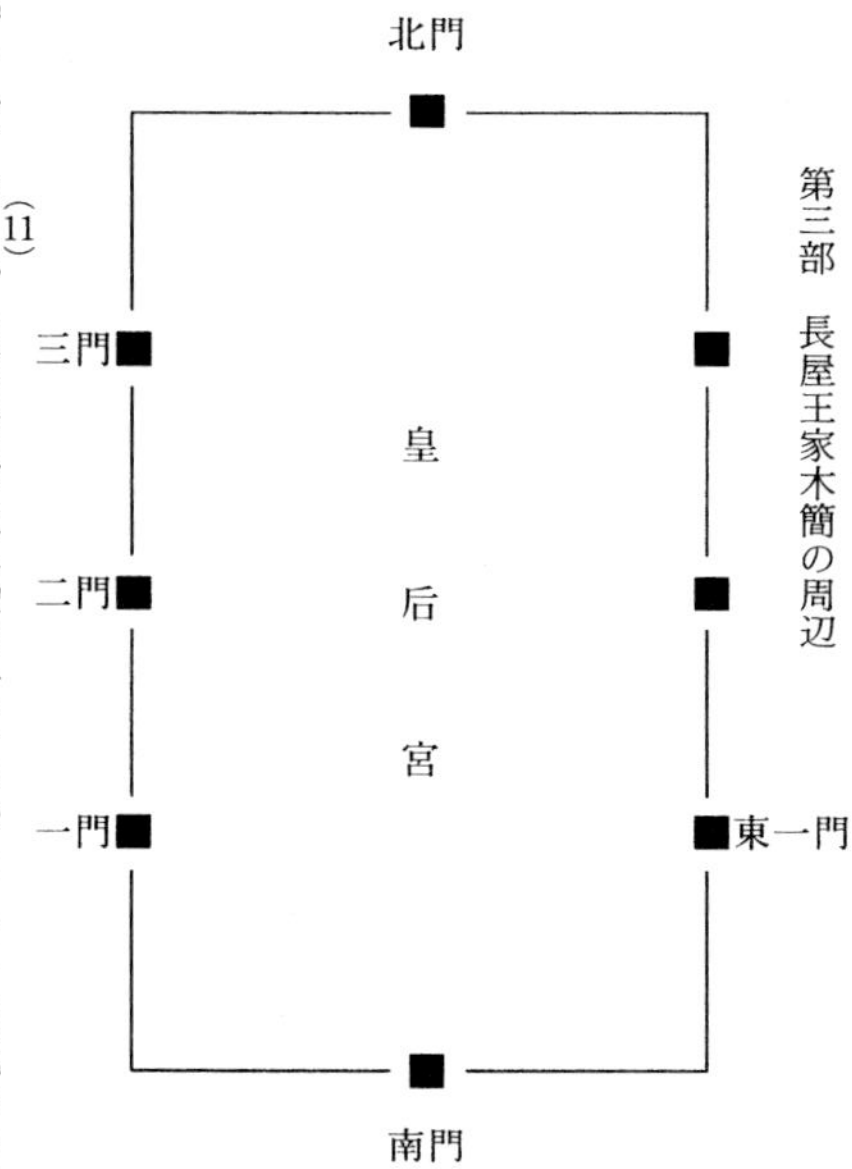

の年紀の中心をなす天平七、八年頃の皇后宮は現在の法華寺にあった。『続紀』天平十七年五月戊辰条には「是日行二幸平城一。以二中宮院一為二御在所一、旧皇后宮為二宮寺一也。諸司百官各帰二本曹一。」と、宮寺、すなわち法華寺が遷都前の皇后宮であったことが明記されている。これ以前の記事を見ても、天平二年正月辛丑条「移二幸皇后宮一」、同九年十二月丙寅条「幸二皇后宮一」などと、聖武天皇が皇后宮に入る時にはすべて「幸」と記されており[11]、皇后宮が平城宮外にあったことを窺わせよう[12]。神亀四年十一月辛亥条には「大納言従二位多治比真人池守引二百官史生已上一、拝二皇太子於太政大臣第一。」とあり、この地はもと光明皇后の父藤原不比等の邸宅であり、光明子が皇子をそこで生んでいるように、不比等死後、聖武天皇と結婚してからもこの邸宅に居住し続けたことが知られる。

とするならば、二条大路木簡から皇后宮の外部構造がわかるのではあるまいか[13]。つまり皇后宮を中心に東西に南から一・二・三門（三門は北門とセットになって登場し、北門に近接していたと考えられる）があり、南北にも門が開くという基本形をもっていたのである。その他、外南門の存在も知られ、さらに外郭の施設が存したのかもしれない。また皇后宮が現在の法華寺にあったとすると、次の点にも注目される。二門を警護するのは大伴、佐伯など、伝統的な門衛氏族であり（d、e、f）、二門を西面中央門とすれば、この門が平城宮に対する皇后宮の正門ではなかったか。東大寺については二条大路の延長上に来る西面の門に「西大門」の呼称があり、現在のように南大門を正面とするのではなく、あくまでも天皇の居所平城宮に対しての正面ということで、「西大門」が正面の門であったといわれる[14]。そのような例を参照すると、皇后宮についても上記のような憶測が可能ではあるまいか。なお、二条大路木簡の門の木簡を皇后宮関連のものと考えると、皇后宮の門は閤門の扱いを受けていたことになる。

では、二条大路木簡は皇后宮に関わる木簡群なのだろうか。最後に二条大路木簡の全体的性格に触れ、むすびとしたい。

二条大路木簡の中で確実に皇后関係と目されるのは、門関係のものを除けば、「皇后宮職」と記された削屑一点だけであり（城24-34）、その他、「山房解」の返抄（城22-8）が関係があるかと考えられる程度で、むしろ天皇に関係する木簡の方が多い。京職からの鼠の進上状（城22-9・10、24-7・8、29-13）は鷹の餌として鷹所（城24-18、29-18）に納められたものと思われるが、これは聖武天皇の鷹狩に関わるものであった[15]。また「勅旨」により食料などを請求する木簡（城24-5頁）、「内」つまり内裏に物品を進めたり、内裏から物が返送されたりという授受に関わるもの（城22-14、24-21・22、29-13）、園池司が「内侍尼」に供養料として数種の物を進上した木簡（城24-7。天平八年八月二十日という日付、尼である点から見て、『続紀』天平八年七月辛卯条の元正太上天皇の病気平癒祈願に関係か。他に「僧座席」と記された木簡（城24-23）も出土しており、何らかの法会が行われたらしい）などは、大量の荷札木簡の出土と合せて、法会等の儀式や天皇の日常の食料供給という点で、大膳職、内膳司など食事を掌る役所の介在を推定させ、実際、大膳職、主菓餅、網曳司、内膳司などの名称を記した木簡や文書木簡も出土している。役所の名称という点では、これら食料関係の部署だけには留まらない。中務省関係では皇后宮職・中宮職・左大舎人寮・内礼司、兵部省関係では兵部省・隼人司、刑部省関係は囚獄司、大蔵省関係で蔵部、宮内省関係では宮内省・大膳職・主菓餅・網曳司・木工寮・大炊寮・主殿寮・内膳司・造酒司・官奴司・園池司・（意保御田[16]・櫟本三宅）、衛府関係で中衛府・兵衛府・衛門府・左右衛士府・（宇太御厩）など多くの役所・部署や役職名が現れ、それぞれに関連する文書木簡、進上状・召札・帳簿・価格表など多種多様な内容のものが見られ、まさに平城宮跡出土の木簡と相似するといって過言であるまい。

ちなみに西宮兵衛木簡を出土した土坑ＳＫ八二〇の木簡にも多くの役所名が見え、内容も多種多様な文書木簡、大量の荷札木簡、付札状のものなど、二条大路木簡と類似する傾向にある。二条大路木簡についてはその性格とともに、どこから廃棄されたのかも問題であり、南の旧長屋王邸に存した施設との関連の有無、またその施設の性格付けなどとも関わるとされる。しかし、このように多彩な内容は一施設のみでは包摂し得ず、年紀の下限が木簡では天平十一年、墨書土器では十二年までであることと合せて[17]、天平十二年の恭仁京遷都を契機に、宮内各所からのものが廃棄されたという見方も充分に考慮されてよいのではあるまいか[18]。

二条大路木簡の整理については、約七万四千点という概数と木簡釈読の概報は報告されているが、木簡釈読の正報告書が刊行されるまでには至っていない。また北溝は年紀の下限が天平八年であるのに対して、南溝は整理分だけでも、天平九、十年のものも多く、十一年まで下がる、北溝は近江国坂田郡の庸米付札を除けば、荷札木簡の点数は少なく、文書木簡が目立つのに対して、南溝は荷札木簡が多いなど、両溝の微妙な性格差にも注意したい[19]。今後の整理・研究の進展により二条大路木簡の全体像がさらに明確になることを期待し、雑駁な論考を終えたい。

註

（１）　奈良国立文化財研究所編『平城京長屋王邸宅と木簡』（吉川弘文館、一九九一年）。

（２）　奈良国立文化財研究所『平城宮発掘調査出土木簡概報』二十二、二十四、二十九。

（３）　木簡出土地点の位置関係については、『平城宮発掘調査出土木簡概報』二十四の四頁の図を参照。

（４）　奈良国立文化財研究所『平城宮木簡』一（解説）〔一九六九年〕。

(5) 軍防令軍団大毅条には校尉は二百人、旅帥は百人、隊正は五十人を率いると規定されているが、実際にはその統率する人数により、二百長、百長、五十長などと呼ばれた。

(6) 竹内チヅ子「衛士考」(『九州史学』九、一九五八年)、笹山晴生「中衛府の研究」(『古代学』六の三、一九五七年)、井上薫「造宮省と造京司」(『日本古代の政治と宗教』吉川弘文館、一九六一年)など。

(7) 橋本裕「衛士制の運用をめぐって」(『ヒストリア』七三、一九七六年)。

(8) 笹山晴生「兵衛についての一考察」(『日本古代の政治と文化』吉川弘文館、一九八七年)。

(9) 氏姓分布の調査には、『日本古代人名辞典』、佐伯有清『新撰姓氏録の研究』考証篇(ともに吉川弘文館刊)を参照した。なお、個別の氏については特に次の諸論考がある。借馬——松原弘宣「「讃岐国戸籍」断簡と物部借馬連氏」(『続日本紀研究』二四九、一九八七年)、掃守——鈴木靖民「掃守氏と相楽神社」(『古代対外関係史の研究』吉川弘文館、一九八五年)、私部——岸俊男「光明立后の史的意義」(『日本古代政治史研究』塙書房、一九六六年)、白髪部——岸俊男「「白髪部五十戸」の貢進物付札」(『古代史論叢』上巻、吉川弘文館、一九七八年)、丈部——佐伯有清「丈部氏および丈部の研究」(『日本古代氏族の研究』吉川弘文館、一九八五年)、三宅——原島礼二『日本古代王権の形成』(校倉書房、一九七七年)、丸部——岸俊男「ワニ氏に関する基礎的考察」(『日本古代政史研究』塙書房、一九六六年)。

(10) 笹山晴生「令制五衛府の成立と展開」(『日本古代衛府制度の研究』東京大学出版会、一九八五年)。

(11) その他、天平十四年二月丙子朔条「幸二皇后宮一」、同年四月甲午条「御二皇后宮一」、『万葉集』巻六—一〇〇九、天平八年十一月九日「太上天皇・皇后共在二于皇后宮一」などと見える。

(12) 平城宮内の施設に関しては天皇の移動は概ね「御」と記され、「行幸」とは記されない。一方、平城宮外北方にあったとされる松林宮については「御」と「幸」(天平十年正月丙戌条、同十四年正月癸丑条)の両方の用例が、その他、大学、大蔵省に「幸」と記す例がある(神護景雲元年二月丁亥条、宝亀三年六月己卯条)。ちなみに宮外の施設(寺院、離宮など)への移動はすべて「幸」と記されており、大学、大蔵省(倉庫群か?)は平城宮外の近接する地にあったと推定される。

(13) 皇后宮の諸機関については、鬼頭清明「皇后宮職論」(『奈良国立文化財研究所研究論集』II、一九七四年)参照。

(14) 岸俊男「平城京と「東大寺山堺四至図」」(『日本古代宮都の研究』岩波書店、一九八八年)。

(15) 拙稿「京職と鼠の進上」(『朝日新聞奈良版』一九八九年一一月一二日)、「聖武天皇と鷹」(同一一月一九日)。

(16) 意保御田が令制官田の一部を成すことについては、舘野和己「畿内のミヤケ・ミタ」(『新版古代の日本』五、角川書店、一九九二年)を参照。

(17) 二条大路木簡の年代については、寺崎保広「平城京「二条大路木簡」の年代」(『日本歴史』五三一、一九九二年)を参照。

(18) 田辺征夫『平城京を掘る』(吉川弘文館、一九九二年)二一〇～二一一頁。なお、岸俊男「籍帳備考二題」(京都大学読史会編『国史論集』一、一九五九年)によると、正倉院文書中の戸籍・計帳や正税帳は恭仁京遷都の際に破棄されたものであるという。

(19) 北溝と南溝の違いについては、寺崎註(17)論文でも言及されている。参照されたい。

(付記) 本章の元原稿は一九九二年一二月に成稿・提出し、その要旨は一九九三年二月三日第三回奈良国立文化財研究所総合研究会において発表した。その後、『平城宮発掘調査出土木簡概報』二十九が刊行され、関係史料が倍増したことによって、一九九五年一月に補訂を行った。但し、補訂は補遺史料の加筆と、論証に関わる最低限の書き加え(東一門の解釈など)、および補遺史料呈示に伴う表20や兵衛氏姓一覧の改訂などに留め、出来るだけ当初の原稿の姿を残している。この点ご了解いただきたい。なお、鬼頭清明「二条大路出土の門号記載木簡について」(『律令国家の政務と儀礼』吉川弘文館、一九九五年)が近刊であることを知ったが、元原稿の校正の時点で内容については不詳であり、参照できなかった。是非併読していただきたい。また、その後、渡辺晃宏「二条大路木簡と皇后宮」(『平城京左京二条二坊・三条二坊発掘調査報告』奈良国立文化財研究所、一九九五年)が呈され、二条大路木簡の新しい解釈が示されているが、門木簡の評価については異論が残る。

第四章　二条大路木簡中の鼠進上木簡寸考

はじめに

一九八八年の長屋王家木簡出土に相前後して平城京跡左京二条二坊・三条二坊の三本の東西溝ＳＤ五一〇〇（南溝）、ＳＤ五三〇〇・五三一〇（北溝）から出土した二条大路木簡は、まだ整理途上ながら、約七万四千点の一大木簡群であり、年紀は天平七・八年を中心として、天平十一年を下限とする（伴出した墨書土器には天平十二年のものがある）、天平年間前半の史料として重要な考察材料である。木簡群の全体的な性格については、北溝は年紀の下限が天平八年であるのに対して、南溝は天平九・十年のものも多いという年紀の差や北溝は近江国坂田郡の庸米付札を除けば、荷札木簡の点数は少なく、文書木簡が目立つのに対して、南溝は荷札木簡が多いなど、両溝の微妙な差違も含めて、今後さらに論議していく必要があるが、Ａ藤原麻呂関係の木簡群、Ｂ聖武天皇・光明皇后関係の木簡群に大別されることはまちがいない。二条大路木簡の中には後の東大寺の写経所で勤務する人名も見えており、正倉院文書の写経所関係の文書が天平十二年頃から残っていることをふまえると、「プレ正倉院文書」とも称すべき史料が検出されたことになる。(1)

二条大路木簡は質・量ともに稀有の史料群であり、今後多方面から検討されるべきであるが、その際に全体的な考察とともに、部分部分からの分析も必要と思われる。本章は私がかつて木簡整理に関与した中で興味を抱いている京職関係の木簡、特に鼠進上木簡に焦点を絞り、木簡という新史料の解釈の深化を試みようとするものである。[2]

一　鼠進上木簡の検討

鼠進上木簡とは次のようなものを指す。

a・左京職　進鼠廿頭

・[　　　　　　　]少進正七位上勲十二等春日蔵首「大市」　　（城22-9）　204・(20)・6　081　UO42

この種の木簡は、「左（右）京職　進」と進上状の書式をとり、以下に物品名＋数量、日付（aでは［　］の部分に存したか）、進上責任者たる京職官人の署名が続き、aのように、名前の部分が自署である場合もある。木簡に自署が登場するのは珍しく、それだけ進上物に対する責任の重要さが存したことを窺わせるものと言えよう。今、鼠進上木簡を左・右京別、日付順に整理すると、表22のようになる。表22によると、進上物は鼠以外に雀・鶏・馬宍が見え、右京からは槐花を進上した例も存する。槐花については京内の街路樹から取られたもので、種々の薬効を期待してのことであったとする説が有力である。[3]

では、鼠については如何であろうか。

表22　鼠進上木簡の整理

年　月　日	物品名・数量	日　下　署　名	出典
（左京）			
天平8・4・8	鼠30・雀8	？	城24-7
4・13	鼠19・雀25	少進百済王全福	城24-8
4・14	鼠16・雀2・鶏1・馬宍3村	少進百済王全福	城24-8
4・15	鼠21	少進百済王全福	城29-13
7・22	鼠11	大属膳造石別	城24-8
9・18	鼠21	大属膳造石別	城24-8
10・27	鼠8・馬宍6村	少進春日蔵首大市	城24-8
11・10	鼠20	少進百済王全福	城30-5
11・10	鼠20	？	城29-13
天平8・？	？	少進春日蔵首大市	城29-13
天平10・1・19	鼠20	少属衣縫連人君	城31-12
2・14	鼠？	少属衣縫連人君	城22-9
4・16	鼠14	大属膳造石別	城22-9
4・16	？	大属膳造石別	城22-9
4・17	鼠9	少属衣縫連人君	城22-9
天平？・8・30	鼠17	少属衣縫連人君	城22-10
？・3・2	？	大属（膳造石別）	城31-12
？	鼠20	少進春日蔵首大市	城22-9
？	鼠20	少進春日蔵首大市	城31-12
（右京）			
天平8・4・7	鼠？・鶏？	？	城29-13
4・8	鼠30・雀10	？	城24-8
8・5	？	少属室原馬養造田主	城24-8
10・25	鼠25	大属田辺史真立	城24-8
天平9・4・6	？	？	城31-12
天平10・2・12	鼠10	少属大網君智万呂	城22-10
5・6	？	少属大網君智万呂	城31-12
5・14	？	少属大網君智万呂	城31-12
6・6	？	少属大網君智万呂	城22-10
6・8	槐花6斗	少属大網君智万呂	城22-10
6・8	槐花7斗5升	少属大網君智万呂	城22-10
天平10・？・8	槐花？	少属大網君智万呂	城22-10
？・？・8	？	少属大網君智万呂	城31-12
？	？	少属大網君智万呂	城31-12

b
・○左京職　進　鶏一隻　馬宍三村
　　　　　　　　雀二隻　鼠一十六頭
・○　天平八年四月十四日
　　　　従六位上少進勲十二等百済王「全福」　（城24-8）199・35・4　011　JF10

鼠進上木簡の中にはbのように鶏・馬宍・雀・鼠を進上したものがあり、これらの物品の組み合わせといえば、『新修鷹経』（弘仁九年五月二十二日成立）の「養鷹法」の記述が注意される。

c『新修鷹経』養鷹法

凡調レ肥者、以二馬・豕・莵・鼠・鶏・雉宍一哺レ之。（中略）凡調レ痩者、豕・莵宍者、切湛二之温湯一、少之去レ汁哺。馬・鼠宍者、切湛二之温湯一、以レ箸攪之両遍、換レ湯二度、去レ汁而哺〈馬・鼠食塩鹹傷レ鷹、故必濯之也〉。鶏・雉・水鳥宍者、爨二割胸宍一湛二之温湯一、令二気徹一而上韝、令二其啄一之〈水鳥不二必哺一之者、聴レ哺二雑小鳥一。鴾者与二鶉・雀・鼠一。若之餌鳥、其哺レ鳥法与レ鷹同也〉。

『万葉集』巻十七―四〇一一～四〇一五（天平十九年九月二十六日作）によると、越中守大伴家持も逃げた鷹を呼び戻すのに「腐鼠之餌呼留靡レ験」と、鼠を用いたことが記されており、鼠進上木簡に登場する物品は、既に指摘されているように、鷹の餌であったと考えてよいと思われる。(4)

この点をさらに裏付けるものとして、鼠進上木簡の出土地点の近くから、「鷹所」と記された木簡が検出されていることに注目したい。

d・鷹所　薗部伊賀麻呂　雪牛養
　　　　凡人足　　　　　鳥取咋麻呂

・雲国足　并五人　（城24-18）　203•32•5　032　JF11

e・鷹所　笑原　檜前　周防
　　丈部　高田　佐伯
・三宅　合七人　大直所　三宅加佐万呂　（城24-18）　(153)•(20)•11　051　JD28

f・○伊賀国阿拝郡油
　　見栖鷹　鼠
・○天平九年歳次丁丑　（城30-7）　38•15•3　022　UO30

d・eはいずれも北溝出土木簡であり、年紀の下限は天平八年である。eには「大直所」の文字があり、d・eは鷹所に勤務した人々の名前を記したもので、用途は不明であるが、勤務の確認あるいは食料請求のためのものと推定される。鼠進上木簡の物品の納入先はこの鷹所であったと見てよかろう。

鷹所の所属機関としてまず思い浮かぶのは兵部省所管の主鷹司であり、その変遷は次の通りである[5]。大宝令制に存した主鷹司（放鷹司）は、『続紀』養老五年七月庚午条でおそらく元明太上天皇の不予平癒祈願のため（死去は十二月己卯条であるが、五月己酉条以後病床にあったことが推定される）、女の元正天皇によって実質上廃止されたが、聖武天皇の即位に伴って、神亀三年八月壬戌条の鷹戸復置とともに復活したと考えられる。聖武天皇は神亀四年九月の山村での狩猟に関する説話（『日本霊異記』上巻第三十二話）にも窺えるように、狩猟を好んだようであり、『続紀』神亀元年五月癸亥条では重閣門で猟騎を観るなど、即位後直ちに狩猟とも関連するような行事を実施している。神亀五年八月甲午条では某王の不予に際して、「不ㇾ欲ㇾ養ㇾ鷹、天下之人亦宜ㇾ勿ㇾ養」と令しているが、「其待㆓後勅㆒、乃須ㇾ養之」とあり、これは主鷹司や鷹戸の廃止にはつながらなかったと理解されよう。天平十年度筑後国正税帳（『大日本古文書』二―一四八）・周防国正税帳（二―一三三）によると、二条大路木簡の年代にも筑後国から鷹三十羽・犬十五頭（大宰府で選別されたのか、周防国通過時は鷹二十羽・犬十頭に絞られている）の貢上が行われており、主鷹司や養鷹はまちがいなく存していたと考えられる。

とすると、京職という公的機関から、しかも日々大量の鼠などの物品が納入されていることから見て、木簡の「鷹所」は主鷹司所属の一部署と解するのがよいのではあるまいか。(6) ちなみに、王・貴族についても養鷹の例が知られる。奈良時代末～平安時代にかけて、養鷹の禁止と天皇による許可を受けた者への認可の命令が出されており（『三代格』巻十九大同三年九月二十三日官符所引宝亀四年正月十日官符、『日本紀略』延暦十四年三月辛未条、『後紀』同二十三年十月甲子条、『三代実録』貞観元年八月十三日条、同三年三月二十三日条、同五年三月十五日条、同八年十月二十日条、同九年十月十日条など）、その前提として王・貴族の養鷹の風習が窺われ、先述の『万葉集』の大伴家持（鷹の養吏が存した）は奈良時代の貴族の養鷹例である。『宇津保物語』吹上巻上にも「政所、鵜飼・鷹飼・網結など、日次の贄たいまつれり」と紀伊国牟婁郡の長者神南備種松の家の様子が描写され、その後に一同が鷹狩に出かけるという叙述になっているので、王朝文学の世界でも貴族の鷹狩は重要なテーマであった。

次に鼠の進上状の年月日や数量などについて言及したい。『新修鷹経』によると、調肥の場合は長さ一寸・広さ〇・五寸の切宍を碁子状の団子にし、四・五枚（個）を与えるとある。また調痩に関しては、馬宍・鼠などはその塩分が鷹に好ましくないので、よく湯通しを行うと記されており、多くの場合は一日に二～三回与えるとあるが、一回の分量が不明である（あるいは上述の四・五枚か）。一応、宍片の大きさを長さ一寸・広さ〇・五寸として、一回分（調肥では一日分）を四・五枚と見ておきたい。その他、大伴家持が行方不明の鷹を呼び戻すために用いたのは「腐鼠之餌」であるが、残念ながら分量はわからない。

今、鷹の飼育に必要な餌の量を以上のように考えるとして、鷹所にはどれくらいの数の鷹がいたのであろうか。この点も不明であるが、まず職員令主鷹司条集解古記所引官員令別記によると、鷹養戸は十七戸で、「経レ年毎レ丁役」とある。『三代実録』元慶七年七月五日条では弘仁十一年以降のこととして、「主鷹司鷹飼卅人・犬卅牙」と見えている。次に鷹の貢上については、先に触れた天平十年度筑後国正税帳・周防国正税帳では各々鷹養人三十人・持鷹二十人と記されており、鷹一羽に一人がつくと想定して、二十羽の鷹貢上を割り出した。しかし、この二十羽が全国から貢上される鷹のすべてではなく、fの伊賀国阿拝郡油見栖からの進上例も存する。したがって鷹所の鷹飼人の人数、一人で何羽の鷹を担当するのか、また鷹の総数などはいずれも正確にはわからないが、以上の数字を一つの目安として指摘しておくに留めたい。そして、三センチメートル程の宍片を四・五枚、これを一日二回、つまり宍片十枚程度を一羽分の一日の餌とすると、ここでもまた鼠一頭からどれ程の宍片がとれるのかがわからないという制約が存するが、表22によると、例えば天平八年四月八日には左京から鼠三十・雀八、右京から鼠三十・雀十が進上されており、連日のように進上が確認されるところもあるから、一応毎日鼠六十頭・雀二十隻程度を消費するくらいの鷹がいたと推定できる。但し、ここでも基数が不明なので、目安の数字を整理したに留まる。

以上、二条大路木簡中の鼠進上木簡について、その用途・進上先・貢上の形態（日量等）などに言及した。京職では日々鼠六十頭・雀二十隻くらいを確保する必要があったことになるが、その賦課形態は如何であったか。どのようにしてこれらの物品を得ていたのか。また京職が中央官司の一部署たる鷹所への物品納入を手がけていた理由は何か。以下、これらの点を検討し、鼠進上木簡の理解を深化することにしたい。

二　京職と鼠の確保

鼠進上木簡は日下に京職官人の署名があり、この進上が京職の責任の下に行われたことを物語る。京職の物品徴収形態の検討に入る前に、ここではこれらの物品が京内で調達可能であったか否かを考えることにしたい。先述のように、表22に見える槐花は京内の街路樹から取られたものである可能性があり、鼠その他に関しても京内での捕獲の可否を確かめておく必要がある(7)。

『書紀』によると、鼠は遷都の予兆記事に登場するなどしており（大化元年十二月癸卯条、白雉五年正月戊申朔条、十二月己酉条、天智五年是冬条など）、都城と鼠は不可分の関係にあったと考えられる。但し、予兆記事に鼠が登場するのは思想の産物であり、それらによって都城に多くの鼠が生息していた証左とすることは難しい。むしろ鼠生息の環境として考えるべきは、都城の衛生状況であろう。律令条文には喪葬令皇都不得葬埋条「凡皇都及道路側近、並不レ得二葬埋一」、宮衛令宮墻条「凡宮墻四面道内、不レ得レ積レ物。其近二宮闕一、不レ得下焼二臭悪物一、及通中哭声上」とあり、宮内近辺や京内の道路を清浄に保つべきことが見えるが、実際には道端に埋葬する風習も存し（賦役令赴役身死条、捕亡令有死人条、『続紀』慶雲三年三月丁巳条、『後紀』延暦十六年正月壬子条、『日本霊異記』上巻第二話など）、都城においても必ずしもこの規定が遵守された訳ではないようである(8)。奈良時代の様相を窺わせる材料は少ないが、京内を流れる佐保川には髑髏があったことが知られ（『続紀』景雲三年五月丙申条）、「京城内外多有二穢臭一」（『続紀』慶雲三年三月丁巳条）の藤原京、「京中髑髏」の埋葬（『類聚国史』巻百七十三大同三年正月乙未条、『文徳実録』天安元年二月己丑条）や「京畿百姓出二棄病人一」（『三代格』巻十九弘仁四年六月一日官符）、「露二汗穢於墻外一」（巻十六弘仁十年十一月五日官符）と見える平安京の様相を参照すると、平城京の衛生状態も同様なものではなかったかと推定できよう。(9) とすると、このような衛生状態、弘仁十年官符に描かれたような汚水処理の不適切な状況を考えると、都市に鼠が生息する条件は充分に存したと思われる。

なお、『続紀』宝亀六年四月己巳条には「河内・摂津両国、有三鼠食二五穀及草木一。遣レ使奉二幣於諸国群神一。」と、鼠の大量発生が問題となっており、これは都城ではないが、当時の衛生状況や環境から見て、あり得べき事柄であったと考えられる。ちなみに、京職が祥瑞として動物を献上した例として、霊亀（『続紀』霊亀元年八月丁丑条・九月庚辰条）、白燕（慶雲元年七月丙戌条）、白鼠（神亀三年正月辛巳条）、白雀（神亀四年正月丙子条、天平四年正月乙巳朔条）などがあり、白鼠や白雀に関しては、普通の鼠や雀は珍しくない程多数生育していたことを窺わせるものとすれば、平城京内の動物生息の状況をかいまみることのできる材料となろう。さらに鼠進上木簡が出土した遺構のうち、南溝からは鼠の遺体が検出されるという例のない成果が確認されている。(10) この鼠は鷹の餌の残滓である可能性も指摘されており、拠るべき見解であろう。まさに鼠進上木簡とともに鼠そのものの残滓も廃棄されていることが知られ、また動物遺存体は東二坊坊間路西側溝ＳＤ四六九九にも多いと報告されているので、京内の道路側溝の汚染ぶりがわかると言える。したがって鼠が生息する環境は、発掘調査のデータからも裏付けを得ることができるのである。(11)

では、京職では鼠を如何にして捕獲して進上に供し得たのであろうか。次に京職の都城管理のあり方と鼠の進上方法を検討することにしたい。まず律令の規定によって、京内の租税負担の様子を整理すると、調は正調のみ、しかも畿外諸国の半分の負担で（賦役令調絹絁条）、庸は納入しない（同歳役条）ことがわかり、庸によって資養される仕丁・衛士などの労役も出さないと考えられる。(12) その他、雑徭や義倉は特例規定は見えないので、規定通りの負担を行ったのであろう。なお、天平五年右京計帳には、各戸末尾に別筆・朱筆で「輸調銭」、「依身役申銭不輸」、「役身申」、「〈正丁一／少丁四〉二百四十」、「正丁一　百廿」などの書き込みがあり、「輸調銭」は調銭を納入した旨、その他は

雑徭を銭納（一人一日二文）した旨の記載であって、これらの負担が銭納されていることがわかる。(13)

では、鼠進上はこうした税負担に関わるものであろうか。表22によると、鼠等の鷹の餌以外にも、槐花、その他に礫（城22-10）、白土（城24-8）などが京職から進上されていることが知られる。槐花に関しては、既に紹介したように、これを平城京の街路樹に比定する見解が呈されており、(14)『延喜式』の京職の役割として見える「凡神泉苑廻地十町内、令₂京職栽₁柳〈町別七株〉」、「凡道路辺樹、当司・当家栽レ之」、雇使員数の「守₂朱雀樹₁四人」などと関連づけての説明が試みられている。

g　右京四条進槐花六斗六月八日少属大網君
　　　　　　　　　　　智万呂　　　　（城22-10）　264・37・3　011　UO30

h・右京三条進礫六斛　乗車弐両一礼比古[　]
　　　　　　　　　　　　　物部連加保□
・　天平八年十月廿三日坊令文伊美吉牟良自　　（城22-10）　360・48・4　011　UO15

i・右京進□槐花八条四斗
　　　　　　五条三斗五升　　六月八日　○
・少属大網君智万呂　　　　　　　　　○　　（城22-10）　(209)・38・3　019　UO30

j・左京五条進槐花一斗八升坊監中臣君足
　　　　　　　　　　　□小子五人功銭十五文功別五
　　　　　　　　　〔拾ヵ〕　　　　　　　　　升
・　天平八年六月十四日坊令大初位下刑部舎人造園麻呂　　（城22-10）　262・31・3　011　UO27

鼠等の進上主体は概ね京職官人であるが、槐花、礫の場合は、坊令の責任で進上しているもの（h）や各条による進上であるが、京職官人が責任者になっている例（g）が存する。後者の事例に関しては、iにより、各条の進上を京職でまとめたことが知られ、各条単位の賦課がなされたことが推定できる。そして、その負担のあり方を考える材料として、jには注目されよう。jによると、各条進上の槐花は、坊監（他に所見がなく、性格不明であるが、坊令よりは下で、条別の仕事を担った者か）の責任の下に小子五人を使役して拾わせたもので、使役に対しては功銭が支払われており、最終的には坊令の署名の下に進上されていることがわかる。これをもとに、gのように、各条による進上ではあるが、京職官人が署名する木簡として、進上の形を整えることも可能であったと思われる。jの功銭の計算は一文につき五升とすると、十五×五升で七斗五升の槐花を拾い集めることができた筈であるが、この木簡で一斗八升となっているのは、その一部を進上したものか、あるいは別の計算があるのか不明である。ともかくも功銭支払いによる労役であったことを強調しておきたい。

以上のような槐花の進上方式と木簡の記載のあり方を参考にすると、鼠等の鷹の餌に関しても、各条の負担、坊令等による責任で功銭支払いによる労役で調達されたと見ることができるのではあるまいか。天平五年右京計帳でも、計帳手実の回収には坊令が従事しており、京内行政において坊令が占める役割は大きかったと考えられる。したがって鼠等の調達が坊令、各条などに委ねられ、それらを集めて京職が進上する形で進上木簡を作成したことは充分に想定できるのである。なお、槐花が小子によって集められている例があることは、鼠などの小動物も小子によって捕獲されたものもあったのではないかと推定されてくるが、小子労働のあり方と合せて、この点は措くことにしたい。(15)

三　鷹所への進上

以上のようにして京職によって調達された物資が如何なる根拠で中央官司に納入されたのか、この点を最後に考えてみたい。京・畿内で浮浪・逃亡がかなり厳密に把握されていた理由として、臨時徴発という形の力役、雇役による労役徴発の負担を課するためであったという見解が呈されている。[16]この点は『三代格』巻六大同三年二月五日官符「応レ停二畿内諸国事力一事」の「但畿内諸国、近二接都下一、雖レ事二調徭一、無レ輸二庸物一、比二於他国一、良以為レ軽、而百姓困弊未レ期二家給一。尋二其所由一、実在二臨時差科繁多徭丁数少一」、巻十五大同四年九月十六日官符「応レ授下居二住外国一京畿内百姓口分田上事」の「件百姓等、離二去郷邑一、就レ田居住、雖レ不レ闕二調徭一、而臨時徴発有レ名無レ身」などの法制史料や宮都・山陵造営への畿内からの徴発（『続紀』宝亀元年八月癸巳条、延暦八年十二月丙申条、同九年閏三月丁丑条、『日本紀略』延暦十九年十月己巳条、『後紀』大同元年三月壬午条、『続後紀』承和七年五月癸未条など）によっても裏付けることができるという。今のところ、律令条文の中で鼠等の捕獲・進上に相当する税目は見あたらず、先述のように、これらが雇役によって調達されたとすれば、この臨時徴発との関係が想起されてくるが、造都・造営などの大規模な徴発以外にどれくらい充当されたのであろうか。日常的ともいえる業務への投入例があるか否かを検討しておかねばならない。そこで、ここでは京職の日常業務運営や中央官司との関係のあり方などを考察し、鼠等の進上の、京職の職務としての位置づけを明らかにしたい。

今、諸史料に見える京職に対する様々な臨時の諸役賦課を整理すると、次の通りである[17]（出典を記したもの以外は、いずれも当該国史が出典。官符は『三代格』が出典）。

（A）労役差発

（イ）山陵造営・葬儀関係…宝字元年四月辛巳条、宝亀元年八月癸巳条、同十年七月丙子条、延暦八年十二月丙申条、同九年閏三月丁丑条、大同元年三月壬午条

（ロ）造宮（含修造）・造寺…宝字七年正月戊午条、天長三年十一月二十四日東寺請曳材状（『平安遺文』五二号）、斉衡二年九月十九日官符、長元四年八月二十七日条（『小右記』、瓦夫）

（ハ）長屋王の変に伴う差発…天平元年二月壬午条

（ニ）佐保川の築堤工事…宝亀四年二月三十日官符（『大日本古文書』二十一―二七九～二八〇）

（ホ）清掃…弘仁十年十一月五日官符、斉衡二年九月十九日官符

（B）軍事関係

（ヘ）騎兵…神亀元年五月癸亥条、天平三年十一月丁卯条、宝亀九年十二月丁亥条

（ト）兵士…延暦二十年四月二十七日官符、大同四年六月十一日官符、貞観四年三月八日官符

（チ）甲製造…延暦九年十月癸丑条

（リ）治安維持…貞観四年三月十五日官符、貞観九年二月七日宣旨・延長八年二月十三日官宣旨（『政事要略』）

（C）その他の賦課

（ヌ）宮中主催の大般若経転読の際の僧の布施銭徴収…貞観七年五月十三日条

（ル）東西堀河杭料の檜柱を出す…天長十年五月甲寅条

（ヲ）桑の植樹…承平四年五月一日官宣旨（『政事要略』）

（ワ）陵戸に充当…承和十年五月癸卯条

臨時の差発としては、(ニ)・(ル)の京の維持に直接関わるものもあるが、(イ)・(ロ)を始め、(ハ)・(ヲ)など多くは中央政府の必要による差役であると言えよう。これらのうち、(ニ)では中央政府が工事責任者を任命し、人夫食料は京職が支出すべきことを令しており、京職は中央の指示に従わざるを得なかったことが窺われる。以上はいずれも臨時差発などで、偶然に史料が残ったものであるが、『続紀』宝亀十年九月戊子条「又差二使雑徭一、事須二均平一。是以、天平神護年中有レ格、外居之人聴レ取二徭銭一。而職令三京師多輸二徭銭一、因レ茲百姓窮弊、遂竄二他郷一、為二民之蠹一莫レ大二於斯一」によると、八世紀代にも京職による雑徭差発が多かったことを物語る記載が存し、その他の差発も必要であったと推定される。

ところで、鷹所への鼠等の貢上は鷹の餌ということを考えると、恒常的な納入が必要であって、先述のように、日常的業務としての雇役投入が要せられる。京職管理下の人民の日常的な雇役への投入を窺わせる材料として、間接的ながら、次の史料が存する。

k『後紀』延暦十六年二月甲申条

勅、租税之本、備二於水旱一、銭帛之財、飢而不レ食。今聞、京職多有レ収レ銭、須二賤レ末貴一レ本、一絶レ収レ銭。但恐民有二貧富一、不三必蓄二穀。宜下聴二貧乏之徒進一レ銭、通計不上レ得レ過二四分之一一。

kは、京職においては「貧乏之徒」を雇役に差発し、彼らに銭を支払ったので、「貧乏之徒」も銭を持つことができたという状況を示すものと解され[18]、京職における雇役の盛んな様子が看取される。kは八世紀末、平安遷都後の史料であるが、天平期の木簡にも功銭支払いによる物資の調達・進上が見られ、調銭の納入と合せて、八世紀前半の平城京でも銭による雇役が盛んに行われたことは充分に想定できよう。

したがって中央政府の要請に基づく様々な臨時の差発と八世紀から京内では雇役が盛んであったという点から見て、

京職から中央官司たる鷹所への物資納入が日常的に行われていたことを推測することが可能であると思う。その他、営繕令須女功条「凡在京営造雑作、応ㇾ須二女功一者、皆令二本司造一。若作多、及軍事所ㇾ用、量謂不ㇾ済者、申二太政官一、役二京内婦女一。」には、中央官司に京内の女功が差用されることが規定されており、中央官司による役使は常態であったと考えられる。律令条文に窺われる中央官司と京職との関係は多岐にわたり、次のように京内の事柄であっても、中央官司が介入する場合が多い。

玄蕃寮…職員令図書寮条義解・京内の諸仏事、同玄蕃寮条・客館管理、僧尼令身死条・死亡僧尼の届け出
民部省…職員令民部省条・橋道
主税寮…倉庫令受地租条・田租徴収
刑部省…厩牧令闌遺物条・未決の贓畜
囚獄司…職員令囚獄司条集解・宮闕辺、東西厠の掃除、物部簡点
大蔵省…職員令大蔵省条集解・市の估価、関市令官私権衡条・平校
闈司……職員令闈司条集解・京城門の鎰管理
弾正台…職員令弾正台条集解・京内の非違、賦役令造宮条・京内大造営の際の巡行、倉庫令在京倉蔵巡察条・倉蔵の巡察、獄令在京繋囚条・安置、役使の不如法の巡行
衛府……職員令衛門府条集解・京城門の守衛、宮衛令開閉門条、同分衛条・京内の行夜、同車駕出行条集解・巡幸時の按行、防禁、同車駕出入条・行幸時の警備、獄令犯罪条義解・非京貫者や行夜時の糺捉者、同徒流囚条・在役時の防援

その他、関市令欲度関条義解によると、官人の場合は、京人であっても、過所発給は本司を経由するとあり、勝宝

二年五月二十四日造東大寺司移（『大日本古文書』三―四〇二）はその実例である。但し、橋道の修理、田租徴収の実務や弾正台巡察時の随行（『延喜式』左右京職式、弾正台式も参照）など、実務は京職に依存する面もかなり大きかったことには留意しておきたい。時代は下るが、（ト）の貞観四年三月八日官符「応下毎二坊門一置二兵士十二人一、令レ守二朱雀道一幷夜行兵衛巡中検兵士直否上事」の衛府の行夜は、京職兵士による警備を前提としたものであり、京職によって支えられる側面が存した。こうした関係の中で、直接の収取機構を持たない中央官司への日常的な貢納などでも、京職がその手助けをすることがあり、その一例が鷹所への鼠貢上であると見なしたい。つまり鼠等の貢上は、以上のような中央官司と京職との関係の構造からも必要な任務であったのである。

む す び

本章では二条大路木簡中の鼠進上木簡について検討し、次の点を明らかにした。

（1）二条大路木簡に見える京職からの鼠進上状は、鷹の餌として鼠等を進上したものであり、進上先は中央官司たる兵部省所管の主鷹司の鷹養飼の部署鷹所であった。

（2）京職からの進上は、実際には条別に賦課され、坊令が中心となって功銭支給による雇役によって調達される物資を進上したものであり、坊令・条の役割や京職における物品調達、徴税形態などを考究する上で参考になる。

（3）こうした京職と中央官司の関係は、直接の収取機構を持たない中央官司には不可欠のものであり、律令条文に規定された中央官司の京内行政への介入という構造とも不即不離の事柄であったと思われる。したがって首都に存する機関としての京職の特殊な位置づけに注目せねばならない。

奈良時代の京職の行政のあり方は参考材料が少なく、二条大路木簡については京職と吉野行幸への関与の様相も明らかにされており[19]、本章で触れた鼠進上以外でも京職の役割を検討する材料が含まれていそうである。そうした史料を用いての今後のさらなる考究を課題として、ひとまず拙い稿を終えることにしたい。

註

（1）二条大路木簡の概要については、渡辺晃宏「二条大路木簡と皇后宮」（『平城京左京二条二坊・三条二坊発掘調査報告』奈良国立文化財研究所、一九九五年）を参照。但し、門関係の木簡の解釈については異論もあり、拙稿「二条大路木簡と門の警備」（『文化財論叢』II、同朋舎出版、一九九五年、本書所収）を参照されたい。

（2）拙稿「京職と鼠の進上」・「聖武天皇と鷹」（「くにはらを歩く」二五・二六、『朝日新聞奈良版』一九八九年一一月一二日・一九日）、「鼠を進上する木簡」（『古都発掘』岩波書店、一九九六年）、「少年犯罪の木簡」（『むれしか』三七九、一九九一年）。

（3）東野治之「二条大路木簡の槐花」（『長屋王家木簡の研究』塙書房、一九九六年）。

（4）東野註(3)論文、松井章「古代史のなかの犬」（『文化財論叢』II、同朋舎出版、一九九五年）。

（5）松崎英一「進膳監と放鷹司」（『九州史学』七一、一九八一年）、弓野正武「古代養鷹史の一側面」（『律令制と古代社会』東京堂出版、一九八四年）、秋吉正博「私養鷹禁断令の史的意義」（『延喜式研究』一五、一九九八年）。

（6）八世紀の「所」については、松原弘宣「「所」と「領」」（『律令制社会の成立と展開』吉川弘文館、一九八九年）、梅村喬「「所」の基礎的考察」（『日本律令制論集』上、吉川弘文館、一九九三年）など参照。

（7）東野註(3)論文は鼠等が京内で比較的容易に捕獲できるものであったと見ており、屋上屋を架することになるが、以下、私なりに説明を加えることにする。

（8）葬地の原則については、和田萃「東アジアの古代都城と葬地」（『古代国家の形成と展開』吉川弘文館、一九七六年）を参照。

（9）平城京のトイレのあり方については、松井章・金原正明・金原正子「トイレの考古学」（『発掘を科学する』岩波書店、一九九四年）を参照。

(10) 松井章「平城京左京三条二坊・二条二坊出土の動物遺存体」(『平城京左京二条二坊・三条二坊発掘調査報告』奈良国立文化財研究所、一九九五年)。

(11) 山中章「古代日本の都市生活」(『講座文明と環境』四、朝倉書店、一九九六年) は環境汚染の進展、平川南「古代都市と水害」(『河川』五四八、一九九二年) は水害による都市問題の所在を指摘している。

(12) 大津透「律令国家と畿内」(『律令国家支配構造の研究』岩波書店、一九九三年)。

(13) 青木和夫「計帳と徭銭」(『日本律令国家論攷』岩波書店、一九九二年)。

(14) 東野註(3)論文。但し、どのような負担に相当するのかは言及されていない。

(15) 京内に孤児が多数存したことは、『続紀』勝宝八歳十二月乙未条、『後紀』延暦十八年二月乙未条の葛木戸主・和気広虫夫妻の行為によって知られ、孤児が生計を立てる道としての小子労働の存在意義を考える方向で検討できるのではないかと思う。なお、平安京については、西山良平「〈王朝都市〉の病者と孤児」(『古代の日本と東アジア』小学館、一九九一年) を参照。

(16) 大津註(12)論文。

(17) 平安京における京職のあり方は、北村優季『平安京』(吉川弘文館、一九九五年)、中村修也「京職論」(『延喜式研究』一〇、一九九五年) などを参照。なお、奈良時代の京職については、市川理恵「八世紀における京職の財政とその機能」(『延喜式研究』一五、一九九八年) も参照されたい。

(18) 栄原永遠男『日本古代銭貨流通史の研究』(塙書房、一九九三年) 三〇六頁によると、「貧乏之徒」は共同体分解の過程で農業生産から遊離して都城に流入してきた人々であり、生存の道として彼ら自身の労働を売るしかなく、雇傭労働に従事したのであって、彼らの存在が律令制的徭役労働の解体 (九世紀) によって不足する律令国家の労働力を補ったとされる。

(19) 渡辺註(1)論文。

付　長屋王家木簡・長屋王邸関連論文目録（稿）

長屋王家木簡・長屋王邸関連論文目録（稿）

この文献目録は先に発表した拙稿「長屋王家木簡・長屋王邸関連論文目録（稿）」（『続日本紀研究』三〇四、一九九六年）に、その後の追補を加えたものである。依然として見落しも多いと考えられるので、より完備した文献目録にするために、不備な点について是非御教示をお願いしたい。

（凡例）

(1)長屋王家木簡を専論したものに限定せず、長屋王の変、家族関係など、長屋王の周辺を理解するのに関係しそうなものも収録する。

(2)論文名の末尾に＊を付したものは、長屋王家木簡出土以前に呈されたものを示す。長屋王の変を論じた歴史関係の論考、万葉歌人としての長屋王に言及した文学関係の論考は多数存するが、長屋王家木簡出土以前のものについては、代表的なもののみに留めた。

相原綾子「長屋王宅跡のいろいろ」『古代文化史論攷』一一、一九九二年
青木和夫「長屋王の邸の跡」『中央公論』一九八八年三月号、一九八八年
青葉　高「野菜の種類と渡来年代」『VESTA』一五、一九九三年
明石一紀「家令の基本的性格について」『家・社会・女性』吉川弘文館、一九九七年
麻野絵里佳「奈良時代における畿外出身女孺に関する一考察」『史観』一三一、一九九四年
綾村　宏
a　「長屋王家木簡」『朝日新聞』一九八八年一二月一九日夕刊、一九八八年
b　「平城宮跡・平城京跡出土の木簡」『奈良国立文化財研究所年報一九八八』、一九八八年
c　「最近出土の木簡から」『水茎』八、一九九〇年
d　「長屋王とその時代」奈良国立文化財研究所b、一九九一年
e　「「長屋王家木簡」その前後」『書道研究』五の六、一九九二年
荒井秀規「長屋王邸跡地出土の高座郡銘木簡について」『神奈川県立博物館だより』二六の二（通巻一三一）、一九九三年
石川千恵子
a　「長屋王と「宗形」木簡」『日本歴史』五五八、一九九四年
b　「高市皇子殯宮考」『日本古代国家の展開』下、思文閣出版、一九九五年
c　「高市皇子城上宮再考」『日本歴史』五九四、一九九七年
井上　薫

a　「都祁の氷池と氷室」『ヒストリア』八五、一九七九年＊
b　「竹渓の山は冲冲」『日本歴史』五一三、一九九一年
井山温子「古代の「家」とその継承」『政治経済史学』三三八、一九九四年
岩本次郎「木上と片岡」『木簡研究』一四、一九九二年
上野　誠
a　「香具山宮と城上宮」『萬葉』一五五、一九九五年→b著書に所収
b　「高市皇子と城上殯宮」『古代日本の文芸空間』雄山閣出版、一九九七年
c　「高市皇子と香具山宮」（b所収）
請田正幸「皇太子の蔭叙」『続日本紀の時代』塙書房、一九九四年
大津　透「〈書評〉東野治之『長屋王家木簡の研究』読後」『文学季刊』九の二、一九九八年
大塚初重・辰巳正明・豊田有恒・永山久夫・平野邦雄・町田　章
『悲劇の宰相　長屋王邸を掘る』山川出版社、一九九二年
大山誠一
a　「長屋王の生涯」『駿台フォーラム』七（一九八九年）、八（一九九〇年）、一〇（一九九二年）
b　「所謂「長屋王家木簡」の再検討」『木簡研究』一一、一九八九年→h著書に所収
c　「藤原房前没後の北家と長屋王家木簡」『日本歴史』五三四、一九九二年→h著書に所収
d　『長屋王家木簡と奈良朝政治史』吉川弘文館、一九九三年
e　「長谷寺銅版法華説相図銘の年代と思想」『日本律令制論集』上、吉川弘文館、一九九三年→h著書に所収

f　「「野中寺弥勒像」の年代について」『弘前大学国史研究』九五、一九九三年→h著書に所収
g　「再び「長谷寺銅版法華説相図銘」について」『仏教芸術』二二八、一九九五年
h　『長屋王家木簡と金石文』吉川弘文館、一九九八年
大脇　潔
a　「忘れられた寺・青木廃寺と高市皇子」『翔古論聚』、一九九三年
b　「「朝風廃寺」の再発見」『明日香風』四八、一九九三年
沖森卓也・佐藤信『上代木簡資料集成』おうふう、一九九四年
小口雅史「長屋王家木簡にみる土地経営をめぐって――付、長屋王家木簡関連論著目録（稿）――」『法政大学教養部紀要』一〇四、一九九八年
角林文雄「長屋王家政経済関係木簡考証」『続日本紀研究』二七七、一九九一年
勝浦令子
a　「木簡からみた北宮写経」『史論』四四、一九九一年
b　「古代の「家」と僧尼」『日本史研究』四一六、一九九七年
c　「日本古代の「家事」」『歴博』九七、一九九九年
d　「長屋王家の米支給関係木簡」『木簡研究』二一、一九九九年
加藤　優「「長屋王家木簡」の発見」『書道研究』三の五、一九八九年
門脇禎二「木簡――古代の京都と長屋王家木簡群――」『文化財報』六六、一九八九年
鐘江宏之「〔書評と紹介〕大山誠一著『長屋王家木簡と金石文』」『弘前大学国史研究』一〇五、一九九八年

金子裕之
a 「長屋王は左道を学んだか」『歴史読本』一九八八年一二月臨時増刊号、一九八八年
b 「平城京長屋王邸跡」『平凡社百科年鑑』八九の二〇五、一九八九年
c 『木簡は語る』（歴史発掘一二）講談社、一九九六年
d 『平城京の精神生活』角川書店、一九九七年
鎌田元一
a 「郷里制の施行と霊亀元年式」『古代の日本と東アジア』小学館、一九九一年
b 「郷里制の施行補論」『長岡京古文化論叢』二、一九九二年
亀谷弘明 「古代の封戸と交通」『古代交通研究』六、一九九七年
川崎庸之
a 「懐風藻について」『記紀万葉の世界』東京大学出版会、一九八二年＊
b 「天武天皇の諸皇子・諸皇女」『記紀万葉の世界』東京大学出版会、一九八二年＊
c 「長屋王時代」『記紀万葉の世界』東京大学出版会、一九八二年＊
川瀬一馬 「長屋王の願経」『日本書誌学之研究』一九四三年＊
関西学院大学古代史研究会
「長屋王家木簡索引」（その一～七）『続日本紀研究』二九三～二九九、一九九五年
岸　俊男
a 「光明立后の史的意義」『日本古代政治史研究』塙書房、一九六六年＊

b 「「嶋」雑考」『日本古代文物の研究』塙書房、一九八八年＊

鬼頭清明

a 「長屋王家木簡二題」『白山史学』二六、一九九〇年→f著書に所収

b 「平城京の保存と長屋王家木簡」『遺跡が消える』青木書店、一九九一年

c 「太政官厨家跡と地子の荷札」『長岡京古文化論叢』二、一九九二年

d 「長屋王家の謎」『古代宮都の日々』校倉書房、一九九二年

e 「万葉人の生活」『和歌文学講座』二、勉誠社、一九九二年

f 「木簡研究の成果と方法」『古代木簡の基礎的研究』塙書房、一九九三年

g 「長屋王家のしくみと生活」『木簡が語る古代史』上、吉川弘文館、一九九六年

木本好信

a 「長屋王の政権と実体」『米沢史学』五、一九八九年

b 「長屋王の年齢」『史聚』二四、一九八九年

櫛木謙周

a 「古代の荘園における郡司の立場」『日本古代国家の展開』下、思文閣出版、一九九五年

b 「日本古代の「労働価値」基準」『日本古代労働力編成の研究』塙書房、一九九六年

c 「都市手工業者形成論ノート」『日本社会の史的構造』古代・中世、思文閣出版、一九九七年

d 「首都における手工業の展開」『官営工房研究会会報』五、一九九七年

e 「長屋王家の経済基盤と荷札木簡」『木簡研究』二一、一九九九年

工藤力男「書評 東野治之著『長屋王家木簡の研究』」『萬葉』一六二、一九九七年
小泉 道「日本霊異記と続日本紀」『萬葉』一四四、一九九二年
小島憲之「「竹渓の山は冲冲」続貂」『萬葉』一三九、一九九一年
小林謙一「貴族と庶民の住宅」『古都発掘』岩波書店、一九九六年
駒井鵞静「「長屋王家木簡」の考察」『書道研究』三の五、一九八九年
栄原永遠男
a「藤原光明子と大般若経書写」『古代の日本と東アジア』小学館、一九九一年
b「北大家写経所と藤原北夫人発願一切経」『律令国家の政務と儀礼』吉川弘文館、一九九五年
鷺森浩幸
a「八世紀における王家の家産」『日本史研究』四〇五、一九九六年
b「八世紀の法華寺とそれをめぐる人びと」『正倉院文書研究』四、一九九六年
c「藤原光明子家に関する一史料」『続日本紀研究』三〇五、一九九六年
d「古代における王家と大土地所有」『日本史研究』四二八、一九九八年
櫻井信也
a「いわゆる「長屋王邸宅跡」出土の「志我山寺」の名を記す木簡をめぐって」『宗教社会史研究会会報』二、一九九四年
b「志賀山寺の「官寺」化と仏事法会」『日本書紀研究』二〇、塙書房、一九九六年
佐藤 信

a　「奈良の都と貴族社会」『古文書の語る日本史』一、筑摩書房、一九九〇年
b　「長屋王」『日本歴史「伝記」総覧』新人物往来社、一九九〇年
c　「古代文字資料の現在」『国語と国文学』七〇の一一、一九九三年
d　「封緘木簡考」『木簡研究』一七、一九九五年→『日本古代の宮都と木簡』吉川弘文館、一九九七年
e　「長屋王」『日本史重要人物一〇一』新書館、一九九六年
澤田　浩
a　「『薬師寺縁起』所引天武系皇親系図について」『国史学』一四二、一九九〇年
b　「七〜八世紀における王臣家の「初期荘園」」『日本古代の国家と祭儀』雄山閣出版、一九九六年
志田諄一「「長屋親王」の木簡をめぐって」『常総の歴史』三、一九八九年
渋谷啓一「「長屋王家木簡」関係人名索引（稿）」『史学論叢』一二、一九九三年
新川登亀男
a　「奈良時代の道教と仏教――長屋王の世界観――」『論集日本仏教史』二、雄山閣出版、一九八六年＊
b　「式部卿長屋王と和銅経」『日本古代の対外交渉と仏教』吉川弘文館、一九九九年
神野清一
a　「「長屋王家木簡」および「二条大路木簡」の奴婢」『日本古代奴婢の研究』名古屋大学出版会、一九九三年
b　「長屋王家の奴婢」『卑賤観の系譜』吉川弘文館、一九九七年
c　「長屋王家木簡削屑の奴婢」『日本古代の国家と村落』塙書房、一九九八年
鈴木景二「現地調査からみた在地の世界」『土地と在地の世界をさぐる』山川出版社、一九九六年

関根　淳「「長屋王の変」の構造」『歴史における史料の発見』平田耿二教授還暦記念論文集編集委員会、一九九七年
高橋和宏「古代日本の氷室制度について」『山形大学史学論集』一二、一九九二年
辰巳正明
a『長屋王とその時代』新典社、一九九〇年
b『悲劇の宰相長屋王』講談社、一九九四年
舘野和己
a「長屋王家の木簡」『古代史復元』八、講談社、一九八九年
b「長屋王と藤原氏」『摂陵』一一六、一九九一年
c「文書木簡の研究課題」『考古学ジャーナル』三三九、一九九一年
d「畿内のミヤケ・ミタ」『新版古代の日本』五、角川書店、一九九二年
e「長屋王家の食糧事情」『摂陵』一二〇、一九九二年
f「長屋王家木簡の舞台」『日本史における国家と社会』思文閣出版、一九九二年
g「長屋王」『日本の歴史を解く一〇〇人』文英堂、一九九五年
h「長屋王家木簡・二条大路木簡の〇五一型式木簡」『平城宮木簡』五（解説）、一九九六年
i「長屋王邸の人びと」『古都発掘』岩波書店、一九九六年
j「長屋王家の交易活動」『奈良古代史論集』三、一九九七年
k「日本木簡の特殊性」『木簡』大修館書店、一九九八年
田辺征夫

a　「長屋王邸宅跡」『月刊文化財』一九八九年一一月号（通巻三一四）、一九八九年
b　『地中からのメッセージ 平城京を掘る』吉川弘文館、一九九二年
c　「長屋王の邸宅」『平城京　街とくらし』東京堂出版、一九九七年
土橋　寛　『持統天皇と藤原不比等』中央公論社、一九九四年
角田文衛
a　「竹野女王」『平安人物志』上、法蔵館、一九八四年＊
b　「不比等の娘たち」『平安人物志』上、法蔵館、一九八四年＊
鶴見泰寿
a　「長屋王家木簡と奈良宮務所」『橿原考古学研究所紀要考古学論攷』一九、一九九五年
b　「書評　東野治之著『長屋王家木簡の研究』」『木簡研究』一九、一九九七年
寺内　浩　「長屋王家木簡」『新版古代の日本』六、角川書店、一九九一年
寺崎保広
a　「長屋王家木簡の出土」『日本文化財科学会会報』一七、一九八九年
b　「左京三条二坊一・二・七・八坪の調査 木簡」『昭和六十三年度平城宮跡発掘調査部発掘調査概報』、一九八九年
c　「長屋王家木簡の発掘」特別展「再現された奈良の都 平城京展」講演会記録、一九八九年
d　「奈良時代の貴族生活」『月刊奈良』二九の八、一九八九年↓s著書に所収
e　「長屋王家木簡」『奈良国立文化財研究所年報一九八九』一九八九年↓s著書に所収

f 「奈良・平城京跡」『木簡研究』一一、一九八九年

g 「長屋王家の文書木簡」『日本歴史』五〇〇、一九九〇年↓s著書に所収

h 「長屋王家木簡」奈良国立文化財研究所b、一九九一年

i 「「若翁」木簡小考」『奈良古代史論集』二、一九九一年↓s著書に所収

j 「木簡論の展望」『新版古代の日本』一〇、角川書店、一九九三年

k 「2万9千点 長屋王家木簡の削り屑」『朝日新聞』一九九四年三月五日夕刊、一九九四年↓s著書に所収

l 「日本木簡的特点与長屋王家木簡」『考古与文物』一九九四年二期、一九九四年

m 「古代都市論」『岩波講座日本通史』五、岩波書店、一九九五年

n 「長屋王家木簡郷名考証二題」『文化財論叢』二、同朋舎出版、一九九五年↓s著書に所収

o 「長屋王家木簡」奈良国立文化財研究所e、一九九五年

p 「書評と紹介 東野治之著『長屋王家木簡の研究』」『日本歴史』五九四、一九九七年

q 「長屋王家木簡にみえる小子と帳内」『国史談話会雑誌』三八、一九九七年↓s著書に所収

r 『長屋王』吉川弘文館、一九九九年

s 『長屋王家木簡と二条大路木簡』私家版、一九九九年

t 『日本古代木簡雑考』私家版、二〇〇〇年↑1日本語原稿を収載

※なお、寺崎氏には「長屋王木簡の発見」（光村図書出版『国語』6上、一九九二年）という小学校六年生用の教科書の文章、「長屋王宅の発掘をふりかえって」（国語学習指導書小学六年、一九九二年、s著書に所収）という文章もある。

東野治之

a 「『続日本紀』と木簡」『新日本古典文学大系月報』三、一九八九年

b 「長屋王家木簡の書風」『出版ダイジェスト』一三〇八、一九八九年

c 「古文書・古写経・木簡」『水茎』七、一九八九年

d 「古代人の日常文」『週刊朝日百科日本の歴史』別冊四、一九九〇年

e 「長屋王家木簡の文体と用語」『万葉集研究』一八、塙書房、一九九一年→q著書に所収

f 「北家と北宮」『日本歴史』五一二、一九九一年

g 「長屋王家木簡の文書と家政機関」『大阪大学教養部研究集録』四〇、一九九二年→q著書に所収

h 「長屋王家木簡からみた古代皇族の称号」『日本史における国家と社会』思文閣出版、一九九二年→q著書に所収

i 「長屋王家と大伴家」『続日本紀研究』二八三、一九九二年→q著書に所収

j 「日本語論」『新版古代の日本』一、角川書店、一九九三年→q著書に所収

k 「長屋王家の木簡」『書の古代史』岩波書店、一九九四年

l 「長屋王家木簡の醤・味滓請求文書」『日本医史学雑誌』四一の一、一九九五年→q著書に所収

l 「木簡が語る古代の文化・生活」『木簡が語る古代史』上、吉川弘文館、一九九六年

m 「『論語』と『爾雅』」『季刊考古学』五四、一九九六年→q著書に所収

n 「天平宝字八年造東大寺司牒の「故京職宅返抄」」『日本歴史』五七九、一九九六年

o 「『古事記』と長屋王家木簡」『古事記研究大系』一一、高科書店、一九九六年→q著書に所収

p 「『万葉集』と木簡」『萬葉』一五八、一九九六年→q著書に所収
q 『長屋王家木簡の研究』塙書房、一九九六年
r 「「長屋親王」考」q著書、一九九六年
s 「長屋王家の木簡を読む」『木簡が語る日本の古代』岩波書店、一九九七年

直木孝次郎
a 「長屋王の変について」『奈良時代史の諸問題』塙書房、一九六八年＊
b 「長屋王邸出土木簡に関する二、三の考察」『日本の宗教と文化』同朋舎出版、一九八九年

永井路子
a 「話題の人物・劇的に登場―長屋王」『よみがえる万葉人』読売新聞社、一九九〇年
b 「長屋王邸はほんとうに「長屋王邸」か」『異議あり日本史』文春文庫、一九九二年

中川　収
a 「長屋王とその王子たち」『政治経済史学』三〇〇、一九九一年
b 「長屋王の変をめぐる諸問題」『日本古代の国家と祭儀』雄山閣出版、一九九六年
c 「橘三千代と長屋王の変」『奈良平安時代史の諸相』高科書店、一九九七年

中西康裕
a 「藤原北家と「左大臣家」」『続日本紀研究』二八一、一九九二年
b 「『続日本紀』と長屋王事件」『続日本紀研究』三〇〇、一九九六年

長屋清臣「長屋皇宮と作宝楼」『東アジアの古代文化』五九、一九八九年

奈良国立文化財研究所
a 『平城京左京三条二坊六坪発掘調査報告』一九八六年＊
b 『平城京長屋王邸宅と木簡』吉川弘文館、一九九一年
c 奈良国立文化財研究所『長屋王　光と影』（展覧会図録）、一九九一年
d 『平城京木簡』一（解説）、一九九五年
e 『平城京左京二条二坊・三条二坊発掘調査報告』一九九五年
西　洋子「岡本宅小考」『国史談話会雑誌』三八、一九九七年
西野悠紀子「「長屋王家木簡」と女性労働」『日本古代国家の展開』下、思文閣出版、一九九五年
仁藤　敦
a 「スルガ国造とスルガ国」『裾野市史研究』四、一九九二年
b 「伊豆国造と伊豆国の成立」『古代国家と東国社会』高科書店、一九九四年
c 「「藤原京」の京域と条坊」『日本歴史』六一九、一九九九年
野田嶺志「律令国家の戒厳令」『古代の日本と東アジア』小学館、一九九一年
野村忠夫「長屋王首班体制から藤四子体制へ」『律令政治の諸様相』塙書房、一九六八年＊
早川庄八「「長屋親王宮」木簡を読む」『続日本紀』（岩波セミナーブックス）岩波書店、一九九三年
春名宏昭「官人家の家政機関」『日本律令制論集』上、吉川弘文館、一九九三年
平石　充
a 「「長屋王家木簡」にみえる家政機関」『史学研究集録』一七、一九九二年

b　「八世紀における貴族の家政機関と国家」『国史学』一五四、一九九五年
c　「税司に関する一考察」『日本古代の国家と祭儀』雄山閣出版、一九九六年
平野邦雄
a　「長屋王宮と平城京」『文化庁月報』二四四、一九八九年
b　「都祁の氷室」『角川日本地名大辞典月報』四六、一九九〇年
平林章仁「城上殯宮城上郡所在説考」『日本歴史』六一八、一九九九年
福原栄太郎
a　「長屋王家形成についての基礎的考察」『続日本紀研究』二七七、一九九一年
b　「長屋王家木簡にみえる乳母について」『神戸山手女子短期大学紀要』三六、一九九三年
c　「長屋王家木簡にみえる木上について」『日本歴史』五六二、一九九五年
d　「長屋王家木簡研究の現状と課題」『情況』一九九六年五月号別冊、一九九六年
e　「律令制の展開と宗像」『宗像市史』通史編第二巻、一九九九年
北條朝彦「古代人の動物観」『歴博』八九、一九九八年
増尾伸一郎「〈君が手馴れの琴〉考」『史潮』二九、一九九一年
町田　章「長屋王家の権力と財力」『月刊 Asahi』一九八九年九月号、一九八九年
松井　章「古代史のなかの犬」『文化財論叢』二、同朋舎出版、一九九五年
松原弘宣「「津税使」について」『続日本紀研究』二六一、一九八九年
水野柳太郎「皇子命宮について」『続日本紀の時代』塙書房、一九九四年

木簡学会編『日本古代木簡選』岩波書店、一九九〇年

森　公章

a　「長屋王邸の発掘」『歴史と地理』四〇六、一九八九年

b　「長屋王の変」『歴史読本別冊』一九九〇年七月号、一九九〇年

c　「都祁氷室」奈良国立文化財研究所b、一九九一年

d　「長屋王邸宅の住人と家政機関」奈良国立文化財研究所b、一九九一年

e　「荷札木簡の研究課題」『考古学ジャーナル』三三九、一九九一年

f　「奈良時代のIDカード」『むれしか』三九八、一九九二年

g　「奈良時代の医療事情」『赤旗』一九九二年一一月一三日、一九九二年

h　「卜部寸考」『日本歴史』五三九、一九九三年

i　「平城宮跡の墨書土器」『月刊文化財』一九九三年一一月号（通巻三六二）、一九九三年

j　「長屋王家木簡再考」『弘前大学国史研究』九六、一九九四年

k　「橘家と恵美太家」『海南史学』三三、一九九五年

l　「長屋王邸の住人と家政運営」奈良国立文化財研究所e、一九九五年

m　「ながやおうていたくあと　長屋王邸宅跡」『国史大辞典』一五上、吉川弘文館、一九九六年

n　「長屋王家木簡・長屋王邸関連論文目録（稿）」『続日本紀研究』三〇四、一九九六年

o　「長屋王家木簡三題」『木簡研究』一八、一九九六年

p　「「故京職宅返抄」を含む天平宝字八年の造東大寺司牒の読み方」『日本歴史』五八五、一九九七年

q 「王臣家と馬」『奈良平安時代史の諸相』高科書店、一九九七年
r 「書評 東野治之著『長屋王家木簡の研究』」『日本史研究』四二六、一九九八年
s 「長屋王家木簡と田庄の経営」『古代中世史料学研究』上、吉川弘文館、一九九八年
t 「書評と紹介 大山誠一著『長屋王家木簡と金石文』」『日本歴史』六〇六、一九九八年
u 「奈良時代の王族とその生活断章」『続日本紀研究』三一九、一九九九年
v 『長屋王家木簡の基礎的研究』吉川弘文館、二〇〇〇年

森田恭二 「長屋王の生活文化」『古代・中世のくらし文化』和泉書院、一九九六年

森田 悌
a 「北宮木簡」『東アジアの古代文化』六三、一九九〇年
b 「北家牒にみえる家令」『日本歴史』五〇五、一九九〇年
c 「北家・北宮と家政機関」『日本歴史』五二〇、一九九一年
d 「貴族家の考察」『金沢大学教育学部教科教育研究』二八、一九九二年
e 「北宮と長屋王」『東アジアの古代文化』七三、一九九二年
f 「北宮と奈良務所」『金沢大学教育学部紀要』四二、一九九三年
g 『長屋王の謎』河出書房新社、一九九四年
h 「天平宝字八年「造東大寺司牒」の故京職宅」『日本歴史』五六八、一九九五年
i 「長谷寺銅版説相図銘の再検討」『政治経済史学』三六一、一九九六年
j 「貴族死後の家政機関」『日本歴史』五九九、一九九八年

k　「光明子の家政機関」『群馬大学教育学部紀要』四七、一九九八年
文殊正子「女竪考」『続日本紀の時代』塙書房、一九九四年
八木　充
a　「「長屋王家木簡」と皇親家令所」『日本史研究』三五三、一九九二年
b　「長屋王家と万葉歌」『上代文学』六九、一九九二年
c　「再び長屋王家木簡と皇親家令について」『木簡研究』二〇、一九九八年
d　「長屋王家木簡の大御飯米について」『続日本紀研究』三二二、一九九九年
山口　博『王朝貴族物語』講談社、一九九四年
山崎正伸「「北宮」語義考」『文学・語学』一二九、一九九一年
山下信一郎「二つの家政機関」『古都発掘』岩波書店、一九九六年
山中　章
a　「古代都城の考古学」『考古学　その見方と解釈』下、筑摩書房、一九九三年
b　「古代日本の都市生活」『講座文明と環境』四、朝倉書店、一九九六年
c　「古代都市の構造と機能」『考古学研究』四五の二、一九九八年
吉川真司「勅符論」『古代・中世の政治と文化』思文閣出版、一九九四年
吉川敏子「大宝継嗣令継嗣条と戸令応分条についての基礎的考察」『日本歴史』六〇三、一九九八年
吉田一彦「書評　大山誠一著『長屋王家木簡と金石文』」『史学雑誌』一〇八の一、一九九九年
和田　萃「発掘文字の世界」『考古学　その見方と解釈』下、筑摩書房、一九九三年

渡邉晃宏

a 「長屋王の影（くにはらを歩く三七・三八）」『朝日新聞奈良版』一九九〇年二月二五日・三月四日、一九九〇年

b 「奈良・平城京跡」『木簡研究』一二、一九九〇年

c 「長屋王家の経済基盤」奈良国立文化財研究所b、一九九一年

d 「長屋王家木簡と二つの家政機関」『奈良古代史論集』二、一九九一年

e 「書評と紹介　大山誠一著『長屋王家木簡と奈良朝政治史』」『日本歴史』五四八、一九九四年

f 「新刊紹介　寺崎保広著『長屋王』」『史学雑誌』一〇八の八、一九九九年

g 「削屑からみた長屋王家木簡」『木簡研究』二一、一九九九年

渡里恒信 「城上宮について」『日本歴史』五九八、一九九八年

あとがき

一九八八年九月十三日、新聞各紙は平城京跡の南北溝ＳＤ四七五〇から「長屋親王宮鮑大贄十編」木簡を始めとする約三万六千点の長屋王家木簡が出土したことを大々的に報道した。この年一月に井戸ＳＥ四七七〇から「長屋皇宮」木簡が検出されており、この邸宅が長屋王に関係するものであるとの見通しは得られていたが、それがさらに確実になった瞬間である。長屋王家木簡発見の経緯は奈良国立文化財研究所編『平城京長屋王邸宅と木簡』（吉川弘文館、一九九一年）七七頁のコラムに記されており、長屋王家木簡出土の意義については本書の中でいくつかの角度から検討したので、縷述はしない。

私が長屋王家木簡を実見したのは、この翌日の九月十四日であったと記憶している。たまたまこの年七月に奈文研の発掘調査員の募集があり、筆記試験に合格していた四名の者が、十一月に文化庁で行われる面接試験以前に、いわば「企業訪問」の形で奈文研の見学に呼ばれ（研究所側の事前チェックの目的もあったか）、そこで公表されたばかりの長屋王家木簡も見せていただくことができたのである。当時私は第一論文集『古代日本の対外認識と通交』（吉川弘文館、一九九八年）、第二論文集『古代郡司制度の研究』（吉川弘文館、二〇〇〇年）にまとめたような地方支配と外交という、都城・政治の中枢とは離れた事柄に関心があったので、この木簡群の発見も個人的な研究との関わりでは、それ程重大事とは感じていなかったように思う。

「東京にいて古代史の研究をするのは、ロンドンでギリシア・ローマ史の研究をするようなものだ」とは大先輩の某氏の持論であるが、新しい文字資料である木簡に接し、歴史考古学の発掘現場を体験するという目的で、東京大学大学院では一九八四年頃から、笹山晴生先生の御仲介で、院生一〜二名が夏休み中一ヶ月間ほど奈文研にお世話になり、木簡の水換え（保存処理前の水漬け木簡は、一年に一度水換えを行う必要がある）と発掘のアルバイトをするというしくみができていた。私も一九八七年に奈文研でアルバイトをさせていただき、今思い返すと、長屋王邸の正殿の発掘にも参加していたのであるが、何しろ当時は現場に出るのも初めてで、柱穴跡の検出など全くわからないままに終わっていた。この時は二度と発掘現場には出るまいと思っていたが、この体験があったことが奈文研の試験を受験する一つの動機になったと考える。

私が奈文研に入所したのは一九八八年十二月一日で、配属先は平城宮跡発掘調査部史料調査室、執務は木簡の整理・解読など文献史学の面から平城宮の研究に資することであった。一九八七年に奈文研にお世話になった時、四名いた室員のうち、後に室長として復任された舘野和己氏は奈良市役所文化課に出向、橋本義則氏は飛鳥藤原宮跡発掘調査部に異動されていたので、部屋の歴史関係の調査員は室長の綾村宏氏と寺崎保広氏の二名だけで、鬼頭清明氏転出の後、歴史研究室長を勤められた加藤優氏が長屋王家木簡整理の応援にあたるという状況であった。したがってとにかく働き手が必要ということで、十二月採用になったようである。

長屋王家木簡出土以前に、約三十年間の平城宮の発掘で出土した木簡の総点数は三万点であったから、約三万六千点もの木簡が一度に出土したのは空前の出来事であった。中国の漢簡などを視野に入れても、世界一の出土点数と断言してよいと思われる。その後、約七万四千点の二条大路木簡が出土して、大量の木簡出土は絶後ではなくなったが、二条大路木簡が二条大路路肩に掘られた三条の溝状土坑、総延長一八〇メートル強から検出されているのに対して、長屋王家木簡は二八メートル弱の溝状土坑からの出土であり、その密度の点では二条大路木簡を凌駕している。これらの木簡とともに出土した木製品、金属製品、土器、瓦などの遺物の量も過去に例を見ない程膨大なものであった。

私にとっては当然の環境であったが、長屋王家木簡出土の前後から調査部の仕事は飛躍的に忙しくなったらしく、室長は調査部の運営や外部との折衝など用務繁多で、なかなか実務には専念できない。そこで、現場で泥ごとコンテナで持ち帰った数千箱の木簡の洗い出し、腐食防止のためのホウ酸・ホウ砂水を入れたバットでの木簡整理・保管、仮釈文の作成と木簡の文字読み取りや現状観察の記帳の仕方、赤外線カメラ・テレビ装置の操作、写真撮影への立会い、写真整理と木簡概報作成の下準備としての釈読検討会の開催、図版のレイアウトと概報の編集、保存処理への立会い、さらには正報告書の作成など、木簡の整理・研究に伴う諸々の行程については、万事寺崎氏が指南役であった。寺崎氏とは研修現場でも御一緒させていただき、発掘の手順や異分野の研究員との交流などについても教えていただいたのは有り難かった。奈文研で培われた木簡学の一端に接することができたのは、ひとえに寺崎氏の御指導の賜物と感謝している。

その後、一九八九年四月には同学の渡辺晃宏氏が史料調査室に着任され、部屋の体制が整うとともに、現場の方では五月に長屋王家木簡出土遺構の北端を確認する発掘に参加し、長屋王家木簡の最後の取り上げと土層図取りをやらせていただいたことも思い出に残る。また相前後して出土した七万四千点の二条大路木簡の発掘にも携わることができ、木簡に接する訓練ができたことは幸いであったと思う。長屋王家木簡の研究という点では、学部・大学院・日本学術振興会特別研究員として在学中一貫して指導教官をお願いしていた笹山先生から、山川出版社の『歴史と地理』に長屋王邸の発掘・木簡の紹介の文章を書くようにとお話しをいただいたことは、長屋王家木簡に対する自分なりの考えをまとめる契機として大きかったと考える（「長屋王邸の発掘」『歴史と地理』四〇六、一九八九年）。入所して長屋王家木簡の重要性を実感し、自分なりのノートを作り始めていたこと、概報作成の作業に伴い、木簡の理解を深めておく必要があったことなどの状況があり、原稿書きの話は長屋王家木簡に接する自分なりの視点を整理する上で有益であった。

以上、長屋王家木簡に関わりを持ち始めた頃の様子をやや詳しく述べたが、奈文研の一調査員の当時の仕事ぶりを書き留めておくことも、記録として何がしかの意味があるのではないかと思い、感慨を込めた文章になった次第である。私の奈文研在職は五年四ヶ月であったが、この間、長屋王邸・木簡の概報、発掘調査の正報告書に長屋王家木簡についての考察を執筆することができたのは、自分なりに木簡学や都城研究の鍛錬を行う場として大いに役立ったと考える。ちなみに、二条大路木簡のコンテナの洗いが終了したのは入所五年目のことであり、この時期の木簡出土ぶりのすさまじさを物語る事実であろう。この間、町田章部長（現奈文研所長）を始めとする平城宮跡発掘調査部の方々、特に前出の歴史関係の研究員の方々の他に、考古・建築・測量・保存科学など異分野の研究員諸氏には、発掘調査を進める上で、また文献とは別の視点で平城宮を考えることにおいても、色々とご教示していただいた点に深謝の意を述べたい。また長屋王家木簡釈読検討会で木簡に対する接し方を「観察」させていただいた鬼頭氏・東野治之氏・岩本次郎氏など旧所員の方々や木簡学会の仕事を通じてお近づきになることができた関西の第一線の古代史研究者の方々からも多くの事柄を学ばせていただいた。ただ、高知大学に職場移動した今となっては、当時は木簡整理その他に多忙で、日本史研究会、続日本紀研究会などの例会に参加できないままで過ごしてしまったため、関西の大学院生クラスの方々とはあまり面識を得ることができなかったのは心残りである。

本書出版の契機は、前著『古代郡司制度の研究』の「あとがき」に記したように、一九九九年二月初に吉川弘文館編集部から、笹山先生のお口添えで地方支配と長屋王家木簡関係の論文をまとめて『日本古代行政機構の研究』のような形で論文集にしてはどうかという話があるが、というお手紙をいただいたことにある。長屋王家木簡関係を別途にという意向をお伝えしたところ、この出版事情が厳しい中、希望をかなえていただくことになった。出版にあたっての笹山先生のご配慮、編集部の方々のご尽力には心からお礼を申し上げたい。

なお、私事で恐縮ではあるが、やはり前二著と同様、妻明子をはじめとする家族への謝意を最後に添えさせていただきたい。

二〇〇〇年二月

森　公　章

西山良平 ……356
仁藤敦史……71,190,192,248
野口　剛 ……191
野村忠夫 ……136,248,275

は　行

橋本　裕 ……337
橋本義彦 ……115
早川庄八 ……175,275
林　陸朗 ……275
羽床正明 ……192
原秀三郎 ……192,307
原島礼二 ……337
春名宏昭……71,209
樋口知志 ……293
平石　充 ……67,98,250
平川　南 ……356
平野邦雄 ……190
平野博之 ……178,190
福原栄太郎……67,70,71,99,138,158,174,248,
249,250
福山敏男……70
藤木邦彦……70
古瀬奈津子……98
堀池春峰……70

ま　行

松井　章 ……355,356
松崎英一 ……355
松原弘宣……99,100,337
黛　弘道 ……137
宮崎康充 ……250
森田　悌……67〜69,142,143,145,146,274

や　行

八木　充……67〜69
安田政彦 ……276
山口英男 ……209,249
山崎正伸……71
山中　章 ……115,293,356
山中　裕 ……191
山本幸男 ……249
弓野正武 ……355
横田健一 ……136,190,209
義江明子 ……137,248
吉川真司……99,248,275
吉川敏子 ……145
吉田　孝 ……115,249
米沢　康 ……137

ら　行

利光三津夫……99

わ　行

和田　萃 ……209,355
渡辺晃宏 ……67〜70,72,98,99,114,115,137,
138,157,158,174,175,208,274,338,355,
356
渡辺直彦 ……69,70,138,274

岩橋小弥太……190,191
岩本次郎……69,98,99,138,249
梅村 喬……355
大津 透……356
大山誠一……66～69,71,98,114,115,250,274
大脇 潔……70
岡田隆夫……70
小澤 毅……71
大日方克己……208

か 行

角林文雄……99
勝浦令子……70～72,98,142,143,145,146,208,274
加藤友康……99
金子裕之……114,115,191
狩野 久……99,175,293
亀谷弘明……250
川口常孝……69
川尻秋生……209
川端守幸……190
岸 俊男……70,114,136,138,209,250,337,338
北村優季……115,356
北山茂夫……136
鬼頭清明……66,68,71,98,99,138,142,174,274,293,307,337,338
木下正史……71
木本好信……114,136
金原正明・金原正子……355
櫛木謙周……98,191
倉本一宏……67,275,276
黒田日出男……249
胡口靖夫……137,138

さ 行

佐伯有清……209,276,337
栄原永遠男……145,274,356
鷺森浩幸……274
笹川進二郎……99
笹山晴生……331,337
佐竹 昭……192
佐藤 信……175,250
佐藤雅明……192
佐原 真……306
澤田 浩……68
志田諄一……115
篠川 賢……192,276
下向井龍彦……209
庄司 浩……67
神野清一……248,249
杉本一樹……138
鈴木靖民……114,337
須田春子……142,274
須原祥二……138
関 晃……69,209
関根真隆……98
薗田香融……69,249

た 行

高島英之……293
高橋和広……98
高橋 崇……99
滝川政次郎……191,274
瀧浪貞子……137
竹内チヅ子……337
立木 修……306
舘野和己……68～70,98,99,174,175,248,250,293,338
田辺征夫……70,99,274,338
田村円澄……274
角田文衛……68,137
寺崎保広……66～68,98,114,174,293,338
東野治之……35,36,67～69,71,138,146,174,208,230,248,249,276,293,306,355,356
土橋 誠……276
虎尾達哉……190,275,276

な 行

直木孝次郎……99,137,250
永井路子……67,71,115
中川 収……136
永留久恵……190
中西康裕……69
中村修也……356
中村英重……191
中村順昭……71,248
西 洋子……70,274
西野悠紀子……154,155,174,249
西宮秀紀……191
西本昌弘……274

た　行

大日本古文書……10,38,41,42,44,45,47,51,56,80,81,86,92,99,107,110,129,130,134,136,138～141,143,182,183,188,198,207,214,215,234,245,254,255,257,268,275,344,351,354
竹野王塔銘……31
帝王編年記……42
東大寺要録……275
唐大和上東征伝……63,155,257,276

な　行

寧楽遺文……41
日本紀略……344,350
日本後紀……184,219,344,346,350,352,356
日本三代実録……70,179,344,345
日本書紀……10,37,55～58,85,100,102,105,184,198～202,217,219,233,238,263,346
日本文徳天皇実録……70,346
日本霊異記……43,70,107,133,187,191,251,256,273,343,346
額田寺伽藍並条里図……231

は　行

扶桑略記……66,102
平安遺文……41,42,128,221,234,242,243,351
本朝皇胤紹運録……40,114,115

ま　行

松尾社家系図……184
万葉集……9,10,13,14,24,25,30,31,33～37,39,51,54,56,58,64,66,68,70,86,88,101～103,106,119,121,124,125,127,188,210,226～228,230,234,250,255,257,261,342,344

や　行

薬師寺縁起……25

ら　行

律令条文
　職員令……177,182,183,197,198,326,330,345,353
　後宮職員令……43,104
　神祇令……184,188
　僧尼令……353
　田令……92,237
　賦役令……80,92,279～281,291,347,353
　選叙令……259
　考課令……183,184,191,241
　宮衛令……326,330,346,353
　儀制令……188
　公式令……133,205,215
　倉庫令……353
　厩牧令……353
　喪葬令……86,346
　関市令……353
　獄令……353
類聚国史……346
類聚三代格……55,88,180,182,183,197,199,203,206,219,238,242,344,346,350
類聚符宣抄……180,182

わ　行

和名抄……278

Ⅳ　研究者名

あ　行

青木和夫……69,356
秋吉正博……355
荒木敏夫……71
石井庄司……69
石田敏紀……276
市川理恵……356
井上　薫……274,336
井上辰雄……190
井上　亘……276
今泉隆雄……175,249,293
今津勝紀……293
井山温子……72

藤原豊成……37,41,121,124,129,130,134,138,144,274
藤原仲麻呂(恵美押勝)……37,41,42,44,45,105,118,122,131,133〜136,142,144,205,214,215,258,275
藤原房前……38,39,108,124,137,145
藤原不比等……5,24,38,102,104,105,109,110,123,134,142,145,205,252,253,256,259,279,334
藤原麻呂……35,44,45,70,74,93,118,134,140,141〜143,145,215,287,288,299,301,304,305,308,309,339
藤原宮子……44,45,124,257,258
藤原武智麻呂……41,42,69,106,124,134,138,205,270,288
不破内親王……125,260,265,275
穂積皇子……34,54,267,270

ま 行

御名部内親王……9,10,51,60,103,114
美努王……123,129
牟射……17,27
宗像(朝臣)氏……55,242
村国連島主……131,133
村国連武志(虫)麻呂……131,133,141
牟漏女王……124,137
物部麻蘇女……27,75
文武天皇……50,53,60,102,103

や 行

山形女王……9,23,25,55,66,156,174
山背王(藤原弟貞)……110,125,254〜256,259
余義仁……128〜130
余明軍……36,128,143,230

ら 行

理願……35,36

III 史 料 名

あ 行

宇津保物語……24,75,79,225,344
延喜式……86,92,93,112,128,177,182〜184,190,198,203,207,218,237,248,278,290,291,326,348,354

か 行

懐風藻……101〜103,105
蜻蛉日記……186
家伝……106,134
官員令別記……176,177,183,345
儀式……183,184
行基年譜……81
玉葉……187
公卿補任……66,114,134,261
元亨釈書……66
源氏物語……24
古今和歌集……128,305
国造本紀……180

さ 行

執政所抄……186,187
拾芥抄……298
小右記……351
続日本紀……5,9,24,25,37〜40,55〜57,60,66,70,71,89,92,94,96,103〜105,107〜111,119,120,143,145,189,193,199,201〜204,206,208,215,234,245,246,252,253,256,258〜267,269〜272,275,276,291,299,334,335,343,346,347,350,352,356
続日本後紀……40,70,15,350
新修鷹経……342,344
新撰亀相記……191
新撰姓氏録……137,272
神皇正統記……302
隋書……24
政事要略……43,179,351
尊卑分脈……38,101,103,114,127,128,145

忍海安麻(万)呂……75,158,214
小野朝臣東人……121,122,259

か　行

門部王……23,25
上毛野朝臣宿奈麻呂……109,246
上道臣斐太都……122,125
河内女王……25,253,260〜266,273
鑑真……63,104,257,258,276
神戸(門)臣……96,100,135,138,242
神奈備種松……75,225,344
貴室虫万呂……141,255
紀若翁(紀女王)……23,24,263
吉備内親王……5,7,8,9,11,23,24,26,27,32,50,51,53,59,60,62,64,72,73,74,87,94,103,104,109,114,154〜156,174,271
黄文王……24,110,121,252,254,259,272
草壁皇子……51,56,60,66,102,103
日下部乙麻呂……44,140〜142
国造豊足……95,97
桑田王……40,109,115
元明天皇……8,9,51,60,102,108,343
孝謙天皇(称徳天皇)……43,121,263,266,269
光明皇后……105,109,124,125,137,254,259,262〜264,266,299,308,334,339
巨勢朝臣堺麻呂……122,125
許母……26,246

さ　行

佐伯全成……121,122
坂上郎女……34〜36,64,137,229,231,236
坂上大嬢……35,37
佐味宮守……120,125,129
志貴親王……92,104
持統天皇……102,103,199,234,270
聖証尼……140〜142,144,146
聖武天皇……37,43,105,107〜109,121,124,257,259,260,270,299,308,334,339,343
次田赤染造石金……107,135
鈴鹿王……25,126,252,253,266〜273,275,276

た　行

高階真人氏……39,40,88,110,115,259
高市皇子……3,9〜11,25,26,32,35,39,40,45,51,53,54,56〜58,60,65,71,73,87,88,94,97,102〜104,113,135,145,158,193,199,202,207,211,213,217,218,242,247,259,262,266,267,269〜273,276
竹野王……40,41,66,156,174,260
橘古那可智……124,125,137
橘佐為(佐為王)……123〜125
橘奈良麻呂……120〜126,205,257,259,274
橘三千代(県犬養宿禰三千代)……38,64,123,124,126,129,137,145
橘諸兄(葛城王)……39,106,119〜121,123〜129,133,205,261,271
太津嶋……86,214,220
田辺黒万呂……17,27,29,158,226
田辺史……96,134
田持王……25,68
珍努若翁(珍努女王)……23〜25
天智天皇……10,60,66,103
天武天皇……25,102,199,202,270,271
徳廉進……128,131
舎人親王……67,68,92,104,259,267,270

な　行

中臣宮処連東人……109,271
長親王……23,25,26,92,104
長屋王……3,5,7〜11,16,22〜26,30,31,35,40,45〜47,50〜53,55,59,62,63,65,66,68,72〜74,80,87,88,92,94,99,101〜107,109,110,113,114,120,154〜156,158,174,193,199,205,213,217,242,252,253,256,259,260,266〜269,271,273,276,287,299
新田部形見……75,214
新田部親王……67,92,104,259,265

は　行

筥入女……8,26,27,64,75,155
秦廣嶋……75,79,214
秦連稲栗……14,17,18,23
秦望万呂……62,79,149
林若翁……23,24
氷高内親王(元正天皇)……3,9,10,51,60,72,103,107,261,264,266,335,343
火三田次……85,86,220
藤原訓儒麻呂(久須麻呂)……44,142〜144,146,214
藤原多比能(吉日)……124,126,137

跡見庄……33,36,37,43,88,229

な 行

長屋王の変……5,89,101,108〜112,205,208,252〜254,266,268,269,299,301
奈良宮……12,18,22,26,27,30,32
奈良務所……12〜14,18,19,22,26,28〜30,32
II系統の家政機関(家令職員)……5,7〜9,11〜19,22〜32,38,39,46,53,59,64,65,74,75,84,213,214
西宅……33〜35,60,62
西宮……4,5,60,62,73,149,154,185
西宮兵衛木簡……323〜327,331,333,336
二条大路木簡……44,70,76,93,98,111,112,114,115,118,140,142,143,168,169,172,286,287〜290,292,299,301,304,308,322〜325,327,330,331,333〜336,339,340,345,354,355
荷札木簡……73,89,92,93,159〜161,166〜168,170,172,173,207,243,244,278〜290,292
縫殿……63,73,155

は 行

氷室……85,86,96
封戸(食封)……2,9,80,87,89,92〜97,126,137,141,144,160,198,287,288
藤原仲麻呂の乱……131,133,205,209
不破内親王事件……260,264,265

ま 行

政所……75,79,80,225,229,241
屯田(官田)……237,239〜241,250
御田・御薗……73,81,83,84,86,88,94,210,211,214,218,219,221〜223,235,240〜242,247,249
耳梨御田司……10,81,87,219,220,222
宗像郡司家……10,87,102,242,287
宗像神社……39,40,88

や 行

矢口司……81,87,155,219,220,222
山形皇(王)子宮……3,4,65
山背薗(御田)……18,19,31,65,74,75,81,83,86,211,213,214,218〜222,235,249

わ 行

若翁……24,25,62,185

II 人 名

あ 行

赤染豊嶋……10,15,29,54,68,107,135,217
赤染造徳足……10,54,135,217
県犬養宿禰広刀自……124,125,136,260
安積親王……109,136,205
安宿王……24,40,99,110,115,121,252〜256,258,259,271,272,274〜276
安宿奈杼麻呂……256,257
安倍大刀自……156,185,246
尼子娘……55,242
粟田女王……25,261〜263,266,273
石川内命婦……35,64,137
石川夫人……155,165,185,246
出雲臣安麻呂……47,48,52,79
猪名部造常人……44,133
石村村主広足……12,17,18,28
大伴氏……14,33,36,37,43,44,88,128,210,226,230,231,233〜236,247,249
大伴稲公……36,229
大伴古麻呂……121,122,274
大伴子虫……109,271
大伴旅人……34〜36,128,143,270
大伴家持……34〜37,125,127,143,229〜231,234,235,242,344,345
大伴安麻呂……33,36,64,137,230
太津嶋……86,214,220
置始国足……8,14,17〜19,22,28,75,213,214,218,234,243
置始連長谷……233〜235
刑部親王……267,270
他田神護……44,45

索　　引

（凡例）
・史料・人名は当該頁にしか出てこないものは，煩雑になるので，省略した．
・「長屋王家木簡」は煩雑に亘るため，立項しなかった．また「付　長屋王家木簡・長屋王邸関連論文目録（稿）」の研究者名も索引にはとらなかった．

Ⅰ　事　　項

あ　行

青木千坊（橋本廃寺）……39,40
旦（朝）風……31,41,66,69
伊豆国造……176,180,189,190,192
Ⅰ系統の家政機関……5,7,8,10～13,15,16,22,26～32,46,53,65,74,75,84,213
位田……87,92,93
馬司…57,193,194,197～199,202,203,207,208
卜部……80,176～180,182～186,188～192
大命……8,18,23,24,28,63,65

か　行

香具山之宮……9,51,54,56,58,59,64,65,71,87
家従……12,14,15,17,18,27,28,83
片岡司……40,75,81,83,87,88,218～220,222,242,245
家扶……5,14,15,17,18,23,27,28,83
家令……5,8,10,12,15～17,23,26～29,32,79,128～131,141,217
北宮……5,16,46,47,50～53,57～59,64,92,113,287
畿内武装化政策……199,202,203,209
木上司……10,75,78,79,81,87,158,199,211,219,220,222,242
宮外官衙……113,115
故京職宅……140～144,146

さ　行

佐保……81,104,105,220
佐保宅…33～35,59,106,107,114,137,254,274
志賀（我）山寺……10,31
資人……16,79,120,126,128,131,137,140,144,148,205,206,214～216,230,236,255
少子……26,79,148,149,156,185,214,349
少書吏……5,7,13～15,17～19,28,75
書吏……5,14,16,28,79,131,159
壬申の乱……36,54,102,124,217,218
税使（司）……95～97,135,242,250

た　行

太政官厨家……112～114,282,301
大書吏……5,7,13～15,17,18,28,63,83,131
鷹所……342～344,352,354
竹田庄……33,36,43,88,229
高市皇子宮……53～59,64,65,72,98,267
竹野王子山寺……4,31
橘奈良麻呂の乱……39,119,120,125,126,129,130,133,205,252,257～259,272
田庄……2,33,36,37,97,126,154,159,221,229～231,233,235～237,245～247,250
中宮（職）捉稲使……94,97
帳内……3,4,8,16,62,65,79,105,148,185,197,198,206,207,214～216,236
都祁氷室……85,86,211,218,222

著者略歴

一九五八年　岡山県生れ
一九八八年　東京大学大学院人文科学研究科博士課程単位取得退学
奈良国立文化財研究所平城宮跡発掘調査部主任研究官を経て
現在　高知大学人文学部助教授・博士（文学）

〔主要著書・論文〕

『古代日本の対外認識と通交』（一九九八年、吉川弘文館）
『「白村江」以後』（一九九八年、講談社）
『古代郡司制度の研究』（二〇〇〇年、吉川弘文館）
「国書生に関する基礎的考察」（『日本律令制論集』下巻所収、一九九三年、吉川弘文館）

長屋王家木簡の基礎的研究

二〇〇〇年（平成十二）五月十日　第一刷発行

著　者　森（もり）　公（きみ）章（ゆき）

発行者　林　英男

発行所　株式会社　吉川弘文館
郵便番号一一三―〇〇三三
東京都文京区本郷七丁目二番八号
電話〇三―三八一三―九一五一〈代〉
振替口座〇〇一〇〇―五―二四四番

印刷＝藤原印刷・製本＝誠製本

長屋王家木簡の基礎的研究（オンデマンド版）

Digital Publishing

2019年9月1日　発行

著　者　森（もり）　公章（きみゆき）

発行者　吉川道郎

発行所　株式会社 吉川弘文館
〒113-0033　東京都文京区本郷7丁目2番8号
TEL　03(3813)9151(代表)
URL　http://www.yoshikawa-k.co.jp/

印刷・製本　株式会社　デジタルパブリッシングサービス
URL　http://www.d-pub.co.jp/

森　公章（1958～）
ISBN978-4-642-72347-3